#16006567

JON 1223

W0012248

Doris Reisinger
Christoph Röhl
Nur die Wahrheit rettet

Doris Reisinger
Christoph Röhl

NUR DIE WAHRHEIT RETTET

Der Missbrauch in der katholischen Kirche
und das System Ratzinger

PIPER

Mehr über unsere Autorinnen, Autoren und Bücher:
www.piper.de

Inhalte fremder Webseiten, auf die in diesem Buch (etwa durch Links)
hingewiesen wird, macht sich der Verlag nicht zu eigen. Eine Haftung
dafür übernimmt der Verlag nicht.

MIX
Papier aus verantwor-
tungsvollen Quellen
FSC® C014496

ISBN 978-3-492-07069-0
© Piper Verlag GmbH, München 2021
Satz: Kösel Media GmbH, Krugzell
Gesetzt aus der Minion Pro
Litho: Lorenz & Zeller, Inning am Ammersee
Druck und Bindung: GGP Media GmbH, Pößneck
Printed in Germany

Inhalt

Vorbemerkung

Dieses Buch ist anders als alle anderen Bücher über Joseph Ratzinger/Papst Benedikt XVI. Es ist keine biografische Erzählung. Es ist kein Pamphlet und sicher keine Apologie, und es erhebt auch keinen wissenschaftlichen Anspruch. Es will nicht so sehr den Menschen Joseph Ratzinger beschreiben, sondern vielmehr hartnäckig einer Frage nachgehen: Welche Rolle spielte dieser Mann, der über ein Vierteljahrhundert die katholische Kirche entscheidend prägte, in ihrem Versagen in der Missbrauchskrise? Dabei versuchen wir, so nah an Joseph Ratzinger/Benedikt XVI. zu sein wie möglich und seine ureigensten Beweggründe nachzuvollziehen: Was wusste er? Was hätte er tun können? Was tat er? Was tat er nicht, und, vor allem, warum? Warum beispielsweise ließ Ratzinger Missbrauchstäter im Priesteramt jahrelang unbehelligt, während er vermeintliche Abweichler in der Doktrin gnadenlos verfolgte? War er sich der Widersprüche seines Handelns bewusst?

Dieses Buch beschränkt sich nicht auf einzelne isolierte Fälle. Es möchte ein größeres Bild zeichnen. Dafür bleiben – mangels Zeit und Raum – nur wenige Pinselstriche. Unsere Methode ist einfach: Wir betrachten Ratzinger als eine Figur in einem komplexen kirchlichen System. Wir bringen seine Biografie in Kontakt mit Ereignissen und Fakten, die zwar längst öffentlich, aber erstaunlich wenig bekannt sind. Wir stellen Ereignisse, Daten und Namen nebeneinander, führen Handlungsfäden zusammen, die uns immer wieder zu Ratzinger führen, die seinen Charakter erhellen, die sein Handeln in neuem Licht erscheinen lassen, die manche Fragen klären und viele andere aufwerfen. So entsteht Seite für Seite ein Bild von diesem Mann, das ganz anders ausfällt als jenes vom schüchternen Gelehrten, vom stillen Helden, vom »Panzerkardinal« oder vom »Mozart der Theologie«. Letztlich wirkt nicht nur das Scheitern seines Pontifikats vor diesem Hintergrund als unvermeidlich, sondern womöglich sogar das Scheitern seiner Kirche.

1 Eine hagiografische Skizze

oder: Ratzingers Geschichte als die eines Helden

In der Frage, wer für die Missbrauchskrise in der römisch-katholischen Kirche verantwortlich ist, wer den massenhaften Missbrauch von Schutzbefohlenen durch Priester hätte verhindern können, wer geholfen hat, ihn zu vertuschen, wer Täter gedeckt und Opfer zum Schweigen gebracht hat, leuchtet zwischen den Namen vieler inzwischen verurteilter, angeklagter oder zwielichtiger katholischer Würdenträger der Name Joseph Ratzingers als rühmliche Ausnahme hervor. Selbst Gegner bescheinigen dem Kardinal und späteren Papst, dass er den Ernst der Lage und das Leid der Opfer früher als andere gesehen und verstanden hätte. Sie rechnen ihm hoch an, dass er als erster Papst Missbrauchsopfer getroffen hat, und sagen, er hätte entschieden gegen Täter durchgegriffen, und zwar trotz des scharfen Widerstands seiner Kardinalskollegen im Vatikan, die ihn später, in den schwierigsten Momenten seines Pontifikates, alleinließen, bis hin zu seinem historischen Amtsverzicht im Jahr 2013.

Dass ihm bis heute kaum jemand seinen Einsatz gegen den Missbrauch zu danken scheint, macht die Heldenhaftigkeit dieses Mannes in den Augen seiner Anhänger perfekt. Für sie ist er ein verkannter Heiliger. Und auch wenn seine Theologie und Amtsführung in den Augen mancher weltfremd, autoritär oder unbarmherzig gewesen sein mag, in einem sind sich Anhänger wie Gegner Ratzingers bis heute weitgehend einig: Wenn es um die Verfolgung und Verhinderung von Kindesmissbrauch in der katholischen Kirche ging, war er unbestechlich und handelte als einer der wenigen frühzeitig und mutig.

Aber stimmt das?

Um beurteilen zu können, was von der Geschichte des einsamen Helden Joseph Ratzinger zu halten ist, muss man sie erst einmal kennen. Daher beginnt dieses Buch mit den zentralen Elementen der Geschichte Ratzingers, die insbesondere von seiner Anhängerschaft propagiert und weit darüber hinaus von vielen bis heute geglaubt wird.

Seine kindliche Einfachheit

Praktisch alle Weggefährten und Beobachter sind sich einig: Joseph Ratzinger ist von seinem Wesen her ein eher introvertierter Mensch, mehr ein feinsinniger Denker als ein zupackender Politiker. Er gilt nicht nur als ausgesprochen einfach, schüchtern und zurückhaltend, sondern habe zeitlebens ein geradezu kindliches Gemüt bewahrt. Einem seiner engsten Freunde, dem ehemaligen Kölner Erzbischof Kardinal Joachim Meisner wird die Äußerung zugeschrieben, Ratzinger sei »der Mozart der Theologie, gescheit wie zehn Professoren und dabei fromm wie ein Kommunionkind«[1], und Wolfgang Beinert, ein langjähriger Weggefährte in Ratzingers jungen Jahren, formuliert es so: »Trotz der vielen wichtigen Ämter, die er innehatte, kann man wohl sagen, dass Ratzinger im tiefsten Grunde seines Herzens ein sehr schlichter, einfacher – ja, ein Junge geblieben ist.«[2] In biblischer Sprache könnte man sagen, er war rein, arglos, ohne Falsch (ἀκεραίους[3]). Er meint die Dinge so, wie er sie sagt, und sagt sie so, wie er sie denkt, und denkt, sie seien so, wie er glaubt.

Seine Einfachheit und Bescheidenheit behielt er auch als Papst. Menschen, die ihn aus der Nähe kennen, fiel seine geradezu berührende kindliche Frömmigkeit auf. Sie ist tief in der kirchlichen Prägung seiner Kindheit verwurzelt, im dörflichen bayerischen Katholizismus der 1920er- und 30er-Jahre. Wie eng seine Herkunftsfamilie, seine Kindheit und sein Glaube miteinander verflochten sind – und wie einfach sein Glaube trotz seiner akademischen und kirchlichen Laufbahn geblieben ist –, wurde gelegentlich auch vor einer größeren Öffentlichkeit sichtbar. So zum Beispiel, als er beim Weltfamilientreffen in Mailand 2012 auf die Frage eines kleinen Mädchens sagte: »Wenn ich mir vorzustellen versuche, wie wohl das Paradies aussehen könnte, dann kommt mir immer die Zeit meiner Jugend, meiner Kindheit in den Sinn (…), und ich denke, dass es im Paradies ähnlich sein muss wie in meiner Kinder- und Jugendzeit. In diesem Sinn hoffe ich, eines Tages ›heimzugehen‹, der ›anderen Welt‹ entgegen.«[4] Ein anderer Moment, in dem seine Schlichtheit spürbar wurde, waren seine ersten Worte als neu gewählter Papst auf der Loggia des Petersdomes: Er, der jahrzehntelang Präfekt einer der wichtigsten Behörden des Vatikans gewesen war, der die Weltkirche geprägt hatte wie wenige seiner Generation, nannte sich einen »einfachen und demütigen Arbeiter im Weinberg des Herrn« und fügte hinzu, es tröste ihn, dass Gott auch mit ungenügenden Werkzeugen arbeiten könne. Ebenso schlicht und bescheiden mutete sein Rücktritt vom Papstamt an, ein Schritt mit einer historischen Dimension, unwägbaren Konsequenzen und rechtlichen Komplikationen, der jedem anderen in seiner Situation unerträgliches Kopfzerbrechen bereitet hätte. Für Joseph Ratzinger dagegen war es nach eigenem Bekunden vor allem eine Frage des Glaubens und seiner persönlichen Gottesbeziehung. Seine Antwort auf die Frage, wie er eine Entscheidung von solcher Tragweite treffen konnte, lautete ganz einfach: »Mit dem lieben Gott spricht man ja ausgiebig darüber.«[5] Wer Ratzinger kennt, weiß: Das meinte er wörtlich. Das Kindliche an Ratzinger ist alles andere als kindisch, vielmehr schwingt in Aussagen wie dieser eine ganz besondere Art von Ernsthaftigkeit mit, eine, der doppeldeutige, ironische oder zynische Zwischentöne fremd sind.

Das ist wichtig, denn es hilft zu verstehen, woher gerade in Glaubensdingen jene Geradlinigkeit rührte, die ihn auszeichnet. Man könnte auch sagen: Er ist ein durch und durch korrekter Mensch, der den Glauben und seine hohen moralischen Anforderungen ausgesprochen ernst nimmt. Das bedeutet auch: Es verbindet ihn nichts mit jenen Kirchenmännern, die es gewohnt waren, in moralischen Dingen beide Augen zuzudrücken und ohne Gewissensbisse großzügige Ausnahmen für sich selbst und ihre Freunde zu machen. Und es gibt keinen Zweifel daran, dass es vor allem solche Männer waren, die auch nicht davor zurückschreckten, sexuelle Gewalt gegen Kinder sehenden Auges zu vertuschen, Opfer zum Schweigen zu bringen und ungerührt weitere Opfer in Kauf zu nehmen. Die Mentalität dieser Männer ist Joseph Ratzinger fremd. Mehr noch: Sie ist ihm zuwider. Denn für ihn ist sie ein Verrat an dem, was ihm heilig ist, am christlichen Glauben.

Auch ist ihm schleierhaft, warum Menschen so agieren. Joseph Ratzinger ist kein guter Menschenkenner. Er tut sich schwer, hinter die Fassade und Selbstinszenierung eines Menschen zu blicken, und er war auch als Papst noch nicht auf menschliche Abgründe in seiner vermeintlich vertrauten und vom Glauben geprägten Umgebung gefasst. Er konnte mit diesen Abgründen nicht umgehen, erst recht konnte er sich mit ihnen nicht abfinden. Entsprechend fiel auch seine Reaktion aus, wenn er mit Missbrauchsfällen konfrontiert wurde. Charles Scicluna, viele Jahre Chefankläger an der Glaubenskongregation, arbeitete lange Zeit eng mit Ratzinger an solchen Fällen. Er beschreibt, wie Ratzinger auf Missbrauchsfälle reagierte: »Ich habe Kardinal Ratzinger als einen Mann gekannt, der den Menschen vertraut und von ihnen das beste Verhalten erwartet, und er war schockiert, als er mit Fällen konfrontiert wurde, die zeigten, wie ungeheuerlich bestimmte von Geistlichen begangene Verbrechen waren. (…) Sein Schock angesichts der Realität war sehr tiefgreifend, und er verursachte Kardinal Ratzinger großes Leid.«[6] Das heißt, anders als andere Kirchenmänner konnte Ratzinger schon von seiner Gemütsveranlagung her solche Taten nicht entschuldigen oder relativieren, denn er glaubte ehrlich an die Heiligkeit der Kirche und ihrer Sendung.

Seine geniale Theologie

Ratzingers Charakter prägt seine Theologie. Das genial Anmutende an ihr ist gerade ihre Einfachheit. Er will keinen abgehobenen theologischen Elfenbeindiskurs führen, er will den Glauben in verständlichen Worten erklären und damit überzeugen, und zwar über rein akademische Debatten hinaus. Sein Wirken als junger, aufstrebender Theologe in der Mitte des 20. Jahrhunderts war ganz wesentlich darauf ausgerichtet, den Glauben vom Ballast der damals dominierenden hochkomplexen neuscholastischen Denksysteme zu befreien und ihn wieder in Kontakt zu bringen mit dem Glauben der einfachen Leute, ihn wieder verständlich zu machen in einer Zeit, in der er anscheinend immer weniger verstanden wurde. Diesem Ziel blieb er durch alle Stationen seiner Laufbahn treu, denn »Ratzinger zielte sicherlich nicht auf eine große Karriere. Er wollte eigentlich nur eines sein, und zwar Professor. Ein Lehrer der Theologie. Und das ist er auch durch alle Karrierestufen eigentlich geblieben. Bis hin zum Pontifikat. Es hat meines Wissens nie einen Papst gegeben, der als Papst (…) ein auf Wissenschaftlichkeit Anspruch erhebendes Werk veröffentlicht hat wie das Jesus-Buch. Und eben zwar als jemand, der Papst ist, aber nicht mit päpstlicher Autorität, sondern der das als Diskussionsbeitrag eines Wissenschaftlers geschrieben hat. Das ist sicher einmalig und sagt etwas aus über seine Persönlichkeit. Er ist im Grunde seines Herzens ein Lehrer der Theologie.«[7]

Um verstehen zu können, worin die genial anmutende Einfachheit von Ratzingers theologischem Stil besteht, muss man sie vor dem Hintergrund der theologischen Standardsprache seiner frühen Zeit betrachten. Das heißt, man muss sich vor Augen führen, wie hölzern und schwer verdaulich, durchsprenkelt mit lateinischen Formeln und vor allem bar jeden Gegenwartsbezuges und jeglicher kritischen Selbstreflexion typische theologische Texte Mitte des 20. Jahrhunderts in aller Regel daherkamen. Als Beispiel kann der »Ott« dienen, ein theologisches Standardwerk, das in über zehn Sprachen übersetzt wurde und im Deutschen insgesamt elf Auflagen erreichte. Auf rund 600 Seiten listet dieses Lehrbuch Satzwahrheiten auf, klassifiziert nach Gewissheitsgraden, angefangen mit »absolut gewiss« (sententia de fide) bis »geduldete Lehrmeinung« (opinia tolerata). Dort heißt es beispielsweise über die Existenz Gottes:

An der Spitze der kirchlichen Glaubenssymbole steht der funda-

mentale Glaubensartikel: Credo in unum Deum. Das Vatikanische Konzil lehrt: Sancta catholica apostolica Romana Ecclesia credit et confitetur, unum esse Deum. Die Leugnung der Existenz Gottes erklärt dasselbe Konzil als Häresie. Nach Hebr 11,6 ist der Glaube an die Existenz Gottes eine unerlässliche Heilsbedingung (…). Die übernatürliche Offenbarung der Existenz Gottes bestätigt die natürliche Gotteserkenntnis und bewirkt, dass das Dasein Gottes von allen leicht, mit fester Gewissheit und ohne Beimischung von Irrtum erkannt werden kann.[8]

Studierende, die sich mit solchen Texten herumschlugen, lebten in Deutschland aber schon in den 1950ern, erst recht in den 60ern und 70ern, als Ratzingers akademische Karriere ihren Höhepunkt erreichte, in einer Welt, in der nicht nur der Duktus solcher Texte, sondern auch die Rede von »übernatürlicher Offenbarung« oder »unerlässlichen Heilsbedingungen« fragwürdiger wurde. Die Menge der Menschen, die nichts vom Dasein eines Gottes spürten, wuchs; und das war nur eine der vielen Fragen, die junge Theologiestudierende umtrieb. Außerdem stellten sich Fragen nach der jüngeren Vergangenheit. Nach und nach kamen mehr Details über die Verbrechen der Nazis ans Licht. Die Autorität der Elterngeneration, der Politik und Geistlichkeit wurde brüchig. Hinzu kamen neue Thesen der Sprachphilosophie, neue technische Möglichkeiten in der Raumfahrt, der Atomtechnik und den Humanwissenschaften, ganz zu schweigen von neuen Geschlechterrollen und Lebensmodellen. Alles das beschäftigte und prägte junge Studierende nachhaltig. Vor allem aber war die religiöse Sprache für viele von ihnen unzugänglich geworden. Ratzinger schien das zu spüren. Deshalb waren seine Vorlesungen zum Bersten voll. Denn wenn der junge Professor Ratzinger vom Glauben an das Dasein Gottes sprach, begann er nicht mit einem scheinbar unantastbaren Lehrsatz, zu dem er dann auswendig zu lernende Schriftbeweise und Kirchenvätertexte herunterbetete. Er tat nicht so, als wäre alles klar, er schreckte nicht davor zurück, die ungeheure Frage zu stellen:

Was ist das eigentlich, »Gott«? In anderen Zeiten mochte diese Frage problemlos klar scheinen, für uns ist sie wirklich neu zur

Frage geworden. Was kann dieses Wort »Gott« überhaupt sagen? Welche Wirklichkeit drückt es aus, und wie kommt den Menschen die Wirklichkeit zu, von der hier gesprochen wird?

Und seine Antwort liefert er nicht im Stile einer Satzwahrheit, sondern er nähert sich ihr mit einem existenzialistischen Impetus:

Wo der Mensch sein Alleinsein erfährt, erfährt er zugleich, wie sehr seine ganze Existenz ein Schrei nach dem Du ist und wie wenig er dazu gemacht ist, nur ein Ich in sich selbst zu sein. Dabei kann die Einsamkeit sich dem Menschen in verschiedenen Tiefen zeigen. Fürs Erste kann sie gestillt werden durch das Finden eines menschlichen Du. Aber dann gibt es den paradoxen Vorgang, dass nach einem Wort von Claudel jedes Du, das der Mensch findet, sich zuletzt als eine unerfüllte und unerfüllbare Verheißung erweist; dass jedes Du im Grunde doch auch wieder eine Enttäuschung ist und dass es einen Punkt gibt, wo keine Begegnung die letzte Einsamkeit übersteigen kann: Gerade auch das Finden und Gefundenhaben wird so wieder zum Rückverweis in die Einsamkeit, zu einem Ruf nach dem wirklich in die Tiefe des eigenen Ich hinabsteigenden, absoluten Du.[9]

Es war ganz wesentlich diese eingängige theologische Sprache Ratzingers, die ihm eine große und begeisterte Zuhörerschaft einbrachte, sowohl in seiner Zeit als Professor als auch später als Bischof, Kardinalpräfekt und Papst. Joseph Ratzinger blieb diesem theologischen Stil und Vorhaben immer treu: Glaubenswahrheiten, die in einer modernen Zeit unverständlich geworden waren, in einer zugänglichen, bestechend einfachen und menschlichen Sprache so auszudrücken, dass die Menschen sie verstehen können. Dabei setzte er sich zunehmend auch von den akademischen Diskursen seiner Theologengeneration ab, die mit den Entwicklungen anderer Disziplinen Schritt zu halten versuchte, deren Fragestellungen aufgriff und deren Methoden für die theologische Forschung nutzbar machte. Die so entstehenden neuen theologischen Ansätze und Theorien erscheinen Ratzinger zu verkopft und abgehoben. Mit einem Seitenhieb auf die damalige Forschung zum »historischen Jesus« bemerkt er schon in seiner *Einführung ins Christentum*: »Für meinen Teil gestehe ich freilich, dass ich (…) lieber und leichter zu glauben imstande bin, dass Gott Mensch wird, als dass ein solches Hypothesen-Konglomerat zutrifft.«[10]

Nachdem er 1982 Präfekt der Glaubenskongregation (Congregatio pro doctrina fidei, CDF) geworden war, blieb er diesem Anliegen treu. Obwohl er sich in dieser Zeit durch eine Reihe von Instruktionen und Lehrverurteilungen den Ruf des »Panzerkardinals« zuziehen sollte, sah er selbst seine Aufgabe völlig anders. Ganz im Einklang mit seiner Haltung als Theologe ging es ihm als Präfekt darum, den katholischen Glauben gegen seine Kritiker zu verteidigen, und zwar als Dienst am Glauben der einfachen Menschen. Das geht unter anderem aus einem Brief hervor, den er als scheidender Erzbischof an seinen Klerus schrieb. Dort heißt es über seine neue Aufgabe in Rom:

Das Amt, das mir übertragen wurde, hat ja in Deutschland keinen guten Ruf. Das Stichwort »Inquisition« ist nahe bei der Hand; man spricht vom Ketzerjäger. Und einige haben mir das Wort vom »Wachhund« untergeschoben. Wenn ich meinen Auftrag recht verstehe, geht es einfach darum, dem Petrusamt zu dienen, das im Neuen Testament mit verschiedenen Stichworten, wie Binden und Lösen, Schlüsselgewalt, Weiden, umschrieben wird. Der Aspekt, in dem ich mit meinem Teil Hilfe leisten soll, scheint mir am ehesten anzuklingen in dem lukanischen Herrenwort »Stärke deine Brüder« (Lk 22,32). Dem Petrusnachfolger ist damit aufgetragen, das Wort des Glaubens immer neu in diese Welt hineinzusprechen und den Maßstab des Evangeliums aufzurichten.[11]

Das Wort des Glaubens verkünden: Das war seine Aufgabe, und das war sein Ziel, nicht nur wenn er predigte oder wenn er Stellungnahmen herausgab, sondern auch wenn er einzelne Lehrmeinungen von Theologinnen und Theologen verurteilte. Es ging ihm nicht ums Verurteilen. Es ging ihm letztlich darum, den Glauben der Menschen zu schützen und zu stärken. Er hatte die Verantwortung dafür, dass sie nicht durch einen unkontrollierten Wildwuchs aller möglichen theologischen Trends verunsichert wurden. Der Glaube war Eigentum der Getauften, der einfachen gläubigen Menschen, nicht der Gelehrten. Er war Lebensgrundlage, nicht Spekulationsobjekt. Er durfte nicht zum

Gegenstand eines intellektuellen Gedankenspiels oder akademischer Selbstbeschäftigung degradiert werden. So sagte Ratzinger es schon in einer Predigt, in der er sich an Silvester 1979 hinter die Lehrverurteilung Hans Küngs stellte: »Nicht die Gelehrten bestimmen, was an dem Taufglauben wahr ist, sondern der Taufglaube bestimmt, was an den gelehrten Auslegungen gültig ist.« Theologen, die sich von diesem Taufglauben entfernen, betrieben wie Küng »Theologie sozusagen im Alleingang, allein mit sich und der modernen Vernunft«.[12] Es ist keine Frage, dass viele Theologinnen und Theologen Ratzingers Verurteilungen für verfehlt hielten. Dabei wird gelegentlich übersehen, dass andere, weniger medial sichtbare und eloquente Menschen Ratzinger dankbar waren. Sie fühlten sich von ihm verstanden und beschützt.

Sein frühzeitiger Einsatz gegen Missbrauch

Der Einsatz Joseph Ratzingers gegen Kindesmissbrauch und für eine effektivere kirchliche Strafverfolgung begann, glaubt man seinen Anhängern, mit einem bemerkenswerten Vorgang, der lange Zeit in den Akten der Römischen Kurie verborgen blieb: mit einem Brief im Februar 1988 – rund fünfzehn Jahre bevor der *Boston Globe* in einer Pulitzerpreis-gekrönten Recherche ausführlich über sexuellen Kindesmissbrauch durch Priester berichtete. In seiner Funktion als Präfekt der Glaubenskongregation schrieb Ratzinger an Kardinal Castillo Lara, den Präsidenten der damaligen Päpstlichen Kommission für die Codex-Interpretation.[13] Um Anlass und Inhalt dieses Schreibens angemessen beurteilen zu können, lohnt es sich, etwas tiefer in die Logik des katholischen Kirchenrechts einzutauchen.

Das Kirchenrecht, zentral der Codex des kanonischen Rechts (Codex Iuris Canonici, CIC), regelt unter anderem kircheninterne Strukturen und Verantwortlichkeiten. Es enthält Vorgaben darüber, wer in der Kirche welche Rechte und Pflichten hat und wie verschiedene kirchliche Verfahren abzulaufen haben. Entsprechend legt das Kirchenrecht auch fest, wie mit dem Bruch einzelner Regeln umzugehen ist, und in bestimmten Fällen sieht es dafür Strafen vor. Zu den Straftaten, die der CIC erwähnt, gehören unter anderem das Vertreten von Irrlehren, Gotteslästerung, Verunehrung der Eucharistischen Gestalten[14], Verletzung des Beichtgeheimnisses und anderes mehr. Die härteste Strafe, die der CIC kennt, ist die Exkommunikation, die völlige Rechtlosstellung eines Kirchenmitgliedes bei gleichzeitiger Aufrechterhaltung aller seiner Pflichten. Geringere Strafen können den Verlust bestimmter Privilegien, Ämter oder Rechte beinhalten. Die meisten Ämter und Privilegien sind in der katholischen Kirche unverheirateten, geweihten Männern vorbehalten, die kraft ihrer Weihe dem sogenannten klerikalen Stand angehören. Alle nicht geweihten Gläubigen, die sogenannten Laien, gehören dagegen dem laikalen Stand an. Die härtesten Strafen, die Kleriker treffen können, sind – abgesehen von der Exkommunikation – das einfache Verbot der Amtsausübung (Suspension) oder die Entlassung aus dem Klerikerstand, die manchmal auch Laisierung oder Versetzung in den laikalen Stand genannt wird. Die sogenannte Laisierung müssen wir uns genauer ansehen, um den oben erwähnten Brief Ratzingers zu verstehen, denn interessanterweise gibt es die Laisierung nicht nur als Strafe, sondern auch als Befreiung (Dispens).[15] Wenn ein Priester aus dem Klerikerstand entlassen werden möchte, beispielsweise um heiraten zu können, muss er um diese Dispens selbst ansuchen, und zwar direkt in Rom. Die Laisierung ist in diesen Fällen eine Art höchstkirchlicher »Gunsterweis«, der es Männern, die zu katholischen Priestern geweiht wurden und versprochen hatten, ehelos zu leben, doch noch ermöglicht, eine katholische Ehe einzugehen. Für die Frage, ob, wann und wem diese Gunst im Einzelfall gewährt wird, ist genau die Behörde zuständig, die ab 1982 von Kardinal Ratzinger geleitet wird: die Glaubenskongregation.

Allerdings musste Ratzinger in den 1980er-Jahren feststellen, dass neben den vielen Schreiben von Priestern, die laisiert werden wollten, um kirchlich heiraten zu können, auch Bittgesuche eingingen, die »alles andere als eines Gnadenaktes würdig«[16] waren. Diese Männer sollten durch die Laisierung eigentlich bestraft werden. Entsprechende Strafverfahren in Gang zu bringen wäre die Aufgabe der jeweiligen Ortsbischöfe gewesen. Weil die Regeln für Strafprozesse aber extrem kompliziert und die Verfahren ungeheuer langwierig waren, hatten die zuständigen Ortsbischöfe sich offenbar entschieden, einen anderen Weg zu gehen: Sie hatten den Straftätern nahegelegt, Bittgesuche um Laisierung zu schreiben, die die Bischöfe dann nach Rom weiterleiteten. Damit ersparten sie sich jahrelange Verfahren mit ungewissem Ausgang. Das störte Ratzinger anscheinend. Er wollte nicht nur sauber zwischen einem Gnadenerweis und einer Strafe unterscheiden, ihm waren wohl auch effektivere Strafverfahren für priesterliche Straftäter ein Anliegen. Und so beschloss er im Februar 1988, Kardinal Castillo Lara von der Kommission für die Kirchenrechts-Interpretation zu schreiben:

Eminenz, bei der Bearbeitung der Dispensgesuche von den priesterlichen Verpflichtungen stößt dieses Dikasterium [Amt der Römischen Kurie] auf Fälle von Priestern, die sich während der Ausübung ihres Dienstes schwerer und skandalöser Verhaltensweisen schuldig gemacht haben, für welche der CIC – nach einem entsprechenden Verfahren – die Verhängung bestimmter Strafen vorsieht, die Versetzung in den laikalen Stand nicht ausgeschlossen. Solche Vorkehrungen müssten nach Ansicht dieses Dikasteriums in einigen Fällen zum Wohl der Gläubigen einer möglichen Gewährung der Dispens, welche ihrer Natur nach einer »Gnade« zugunsten des Bittstellers gleichkommt, vorausgehen. In Anbetracht der Kompliziertheit des vom Codex dafür vorgesehenen Verfahrens ist jedoch vorhersehbar, dass einige Ordinarien bei seiner Umsetzung auf beträchtliche Schwierigkeiten stoßen werden. Daher wäre ich Eurer hochwürdigsten Eminenz für Ihre geschätzte Meinung dankbar, welche Möglichkeit bestehen könnte, in bestimmten Fällen ein schnelleres und vereinfachtes Verfahren vorzusehen.[17]

Was genau meinte Ratzinger mit den »schweren und skandalösen Verhaltensweisen«? Man kann die Taten, für die das römische Kirchenrecht die Entlassung aus dem Klerikerstand als Strafe vorsieht, grob in drei Kategorien einteilen: Neben schwerer Körperverletzung/Mord und der Verunehrung der Eucharistie können auch eine Reihe von Zölibatsverletzungen mit der Entlassung aus dem Klerikerstand bestraft werden, darunter sexueller Missbrauch von Minderjährigen.[18] Wie wir gleich noch sehen werden, wird angenommen, dass es Ratzinger um Letzteres ging, als er von »schweren und skandalösen Verhaltensweisen« sprach. Wie fiel die Antwort aus? Die Meinung der Kommission lautete knapp auf den Punkt gebracht: Die bestehenden Regelungen seien ausreichend. Es solle eben darauf gedrungen werden, dass die Bischöfe ordentliche Strafverfahren einleiteten. Der entscheidende Abschnitt in dem Brief, den Ratzinger nur drei Wochen später aus der Kommission für die Codex-Interpretation erhielt, lautet:

[Diese Päpstliche Kommission vertritt] die Ansicht, dass in geeigneter Weise gegenüber den Bischöfen (vgl. can. 1389) darauf zu dringen ist, dass diese – so oft es sich als notwendig erweist – es nicht versäumen, selbst ihre richterliche wie ihre Zwangsgewalt auszuüben, anstatt Bittgesuche um Dispens an den Heiligen Stuhl weiterzuleiten.[19]

Auf diesen negativen Bescheid antwortete Ratzinger knapp und ausgesprochen förmlich. Er hatte längst einen anderen Weg gefunden, seinem Anliegen Gehör zu verschaffen, nämlich das Ohr des Papstes.

Anfang 1988 war Johannes Paul II. mit Plänen für eine Kurienreform befasst. Die Zuständigkeiten und die Gesamtorganisation des Päpstlichen Verwaltungsapparates sollten neu geregelt werden. Die Neuorganisation erfolgte mit der Apostolischen Konstitution *Pastor Bonus*. Veröffentlicht wurde sie im Juni 1988, nur wenige Monate nachdem Ratzinger die negative Antwort aus Castillo Laras Behörde erhalten hatte. Die Konstitution sah unter anderem auch eine auf den ersten Blick unscheinbare, aber relevante Änderung in den Kompetenzen der Glaubenskongregation vor. Sie sollte nicht nur wie bisher »über Straftaten gegen den Glauben«, sondern auch »über schwerwiegendere Straftaten gegen die Sitten (…) nach Maßgabe des allgemeinen oder des besonderen Rechts«[20] entscheiden. Der Sekretär des Päpstlichen Rates für die Gesetzestexte war sich sicher, dass dieser Passus »offenkundig auf Betreiben der von Kardinal Ratzinger geleiteten Kongregation aufgrund ihrer eigenen Erfahrung in die Konstitution eingefügt«[21] wurde. Beides, der Brief und die neue Zuständigkeit der Glaubenskongregation für »schwerwiegendere Straftaten gegen die Sitten« schienen zu belegen, dass Joseph Ratzinger schon frühzeitig alles in seiner Macht Stehende tat, damit Priesterstraftäter auch tatsächlich bestraft wurden.

Lange Zeit blieb dieses Engagement jedoch praktisch völlig verborgen. Erst dreizehn Jahre später, im Jahr 2001, wurde die diesbezügliche Kompetenz der Glaubenskongregation erheblich erweitert – bis dahin hatte die Strafkompetenz der Glaubenskongregation in Moralsachen noch wenig Wirkung gezeigt. Denn bei welcher Behörde in der zentralen Verwaltung der Kirche in Rom die Zuständigkeit für Strafverfahren gegen klerikale Missbrauchstäter lag, war den meisten Bischöfen weltweit auch nach *Pastor Bonus* nicht klar. Viele schickten ihre Fälle an die Kleruskongregation; was allerdings nicht gut funktionierte, um es vorsichtig zu formulieren. Andere Fälle gingen beim Staatssekretariat, der Gottesdienstkongregation und vielen anderen römischen Behörden ein.[22] Um diese nach wie vor herrschende Verunsicherung hinsichtlich der Zuständigkeiten zu beenden, erschien schließlich im Frühjahr 2001 ein neues Päpstliches Dokument mit dem Titel »Sacramentorum sanctitatis tutela« (SST). Wir werden ihm in diesem Buch wieder begegnen, auch weil SST für viele eines der ganz großen Verdienste Ratzingers in der Bekämpfung von Kindesmissbrauch darstellt. Dieses Schreiben verkündete nun ganz offiziell die Zuständigkeit, und zwar die alleinige Zuständigkeit der Glaubenskongregation für »schwerwiegende Delikte« (graviora delicta) gegen die Sitten, inklusive sexuellem Kindesmissbrauch durch Kleriker. Joseph Ratzinger galt als einer seiner maßgeblichen Autoren und war in seiner Funktion als Präfekt der Glaubenskongregation der Unterzeichner eines Begleitbriefs, datiert auf den 18. Mai 2001, in dem die sogenannten schwerwiegenden Verstöße im Einzelnen definiert wurden.

Ab 2001 war also ganz klar, dass kirchliche Strafprozesse wegen sexueller Handlungen eines Klerikers an einem Minderjährigen von keinem anderen Kirchengericht als der Glaubenskongregation geführt werden durften. Die Folge war eine Flut von Fällen aus aller Welt. Der maltesische Priester und Kirchenrechtler Charles Scicluna, der ab 2002 Chefankläger an der Glaubenskongregation wurde, beschreibt, was damals geschah, so:

»Ich kam gerade im Oktober 2002 an die Kongregation, und im November trafen Fälle aus den Vereinigten Staaten ein. Es war eine regelrechte Lawine von Fällen, jeden Tag kamen Dutzende Fälle dazu. (…) Kardinal Ratzinger musste die Fälle wöchentlich überprüfen und entscheiden. Wir legten ihm wöchentlich etwa zwanzig Fälle zur Überprüfung vor. Die Erzählungen waren so ungeheuerlich, so schwerwiegend; man konnte sehen, dass so viele Opfer durch Missetaten verletzt worden waren. Und er war sehr tief berührt und bewegt – und auch verärgert über das, was er las und wovon er Zeuge wurde.«[23]

Ratzinger hatte es also geschafft. In den folgenden Jahren wurde in Tausenden Fällen ermittelt. Laut einer Aussage des Päpstlichen Botschafters bei der UNO in Genf wurden bis 2014 über 3000 Priester verurteilt, von denen über 2500 Sanktionen erhielten und über 800 laisiert wurden.[24] Für diesen Sieg hatte Ratzinger jedoch einen hohen Preis bezahlt: Er hatte sich im Vatikan mächtige Feinde gemacht.

Sein mutiges Handeln im Angesicht der Gegner

Ein gutes Jahr vor »Sacramentorum sanctitatis tutela«, im April 2000, gab es im Vatikan ein Treffen, bei dem es um Missbrauchsfälle ging und um die Frage, wie man zu effektiveren kirchenrechtlichen Verfahren gelangen könne, um schuldige Priester einer angemessenen Strafe zuzuführen. Bei diesem Treffen wurde offensichtlich, dass längst nicht alle Kurienkardinäle Handlungsbedarf sahen, im Gegenteil: Viele hielten das Problem für aufgebauscht und verstanden seine Dringlichkeit nicht. Tonangeber dieser Fraktion war der damalige Präfekt der Kleruskongregation, Kardinal Darío Castrillón Hoyos.

Wie Castrillón Hoyos, Präfekt der Kleruskongregation, nicht nur dachte, sondern auch handelte, veranschaulicht vielleicht am besten ein Brief, mit dem er ein Jahr später – also im selben Jahr, in dem SST erschien – einen französischen Bischof beglückwünschte, der einen beschuldigten Priester vor der staatlichen Strafverfolgung bewahrt hatte und deswegen selbst zu einer Gefängnisstrafe verurteilt worden war. Castrillón Hoyos schrieb ihm: »Ich gratuliere Ihnen, dass Sie den Priester nicht bei der staatlichen Polizei denunziert haben. Sie haben das Richtige getan, und ich freue mich, einen Kollegen im Bischofsamt zu haben, der in den Augen der Geschichte und aller anderen Bischöfe der Welt das Gefängnis der Denunziation seines Sohnes, eines Priesters, vorzog.«[25] Und er fügte hinzu, dass er Kopien dieses Glückwunschbriefes an andere Bischöfe weiterleiten würde. Ganz auf dieser Linie war bereits seine verweigernde Haltung auf der Zusammenkunft.[26] Viele der damals Anwesenden bemerkten, dass Kardinal Ratzinger eine deutlich andere Position einnahm. Ein Erzbischof erinnerte sich: »Die Rede, die er hielt, war eine Analyse der Situation, der entsetzlichen Dimension des Verbrechens, auf die umgehend reagiert werden musste. Ich hatte das Gefühl, dieser Mann versteht es, er versteht die Situation, in der wir uns befinden. Endlich kommen wir voran.«[27]

Dass Ratzinger es mit SST tatsächlich schaffte, gegen jene kurialen Würdenträger, die der Linie Castrillón Hoyos folgten, die alleinige Zuständigkeit seiner Behörde für Ermittlungen in Missbrauchsfällen durchzusetzen, nahmen ihm einige sehr übel. Einen Einblick in die angespannte Stimmung in Rom konnte auch Jörg M. Fegert gewinnen. Er war Anfang April 2003 zu einer Fachtagung an der Päpstlichen Akademie für das Leben eingeladen. Dem deutschen Kinder- und Jugendpsychiater kam dabei die Aufgabe zu, über die schwerwiegenden Auswirkungen von Kindesmissbrauch für die Betroffenen zu sprechen. Für ihn waren die Differenzen zwischen Ratzinger und vielen anderen Teilnehmern der Tagung deutlich zu spüren. »Ratzingers Motivation – so mein Eindruck – war, Belege für seine Position zu suchen, die durchaus zwischen den einzelnen Dikasterien umstritten waren. Er wollte durch die Konferenz deutlich machen, dass es richtig ist, die zentrale Verantwortung nach Rom zu ziehen.« Über SST gab es Fegert zufolge an der Römischen Kurie und bei Ortsbischöfen auch 2003 »noch eine große Diskussion (…). Er hat ja die Entscheidungszuständigkeit von den lokalen Verantwortlichen abgezogen und in die CDF konzentriert. Es war spürbar, dass das noch auf Empörung und Widerstand stößt.«[28] Fegert beschreibt speziell Vertreter eines anderen römischen Kirchengerichts, der sogenannten Rota Romana: »Leute aus der Rota haben mich direkt angesprochen und in etwa gesagt: Was Ratzinger dem Papst vorgelegt hat, habe dieser auch unterschrieben. Da war also eine richtige Empörung darüber, wie dieses päpstliche Gesetz entstanden ist. Sie haben insinuiert, dass er das dem kranken Papst untergeschoben habe. Das war der Eindruck, den ich damals hatte.«[29] Darüber, wie sehr Ratzinger das persönlich zu spüren bekam und wie nahe ihm das ging, können wir nur mutmaßen.

Das gilt auch für einen anderen, besonders spektakulären Fall, den Fall Maciel, in dem Ratzinger nicht nur eine beeindruckende Schar einflussreicher Kurienkardinäle gegen sich hatte, darunter den Kardinalstaatssekretär Angelo Sodano und den Präfekten der Religiosenkongregation, Eduardo Martínez Somalo, sondern auch den Sekretär des Papstes, Erzbischof Stanisław Dziwisz, und Papst Johannes Paul II. selbst.[30] Um hier nur das Nötigste über Marcial Maciel zu sagen, dessen Fall noch ein eigenes Kapitel gewidmet ist: Dieser Mann war der Ordensgründer der Legionäre Christi und des Regnum Christi. Über Jahrzehnte hinweg war er außergewöhnlich erfolgreich. Seine Gemeinschaften zogen Scharen junger, begabter Menschen an und unterhielten weltweit Schulen und Universitäten. So konnten viele nicht glauben, dass Maciel jahrzehntelang Kinder und junge Männer sexuell missbraucht haben sollte, als die ersten Beschuldigungen öffentlich wurden. Ratzinger aber, der Opfer Maciels persönlich getroffen hatte, glaubte es. Mehr noch: Er beschloss, schon als Johannes Paul II. im Sterben lag, gegen Maciel zu ermitteln. Im Frühjahr 2005 sandte er daher Charles Scicluna in die USA. Unterstützer Maciels an der Kurie versuchten bis zuletzt die Ermittlungen zu dementieren, aber der neu zum Papst gewählte Benedikt XVI. trieb sie weiter voran, sorgte dafür, dass Maciel 2005 von der Leitung der Legionäre Christi zurücktreten musste, und verurteilte ihn 2006 zu einem Leben in Zurückgezogenheit. Aber nicht nur das: Benedikt XVI. blieb sich auch in dieser Angelegenheit treu und verfolgte ein doppeltes Ziel; er verurteilte den Straftäter, aber das Gute, das dieser geschaffen hatte, rettete er und erhielt es am Leben: Er ließ die Legionäre Christi visitieren und stellte sie unter eine kommissarische Leitung, um die vielen jungen und unschuldigen Mitglieder in ihrem Engagement nicht zu verunsichern. Er wollte sie dabei unterstützen, einerseits der Realität über den Gründer ihrer Gemeinschaften in die Augen zu sehen, aber andererseits trotzdem ihren Weg im Dienst an den Menschen entschlossen fortzusetzen.

Dass die Menschen trotz allem ihren Glauben an die Kirche nicht verlieren, dass die Ehrlichen und Aufrichtigen ermutigt werden, die Übeltäter bestraft und die Opfer versöhnt, das war der Wunsch Benedikts XVI. Deswegen setzte er sich nicht nur für eine Reform der Strafrechtsordnung ein, sondern unterstützte auch neue geistliche Gemeinschaften, begeisterte auf Weltjugendtagen mit seinen unverwechselbaren Worten junge Menschen, stärkte und ermutigte Priester in ihrer Berufung, unter anderem durch die Ausrufung des Priesterjahres 2009, und nicht zuletzt traf er als erster Papst Missbrauchsopfer, mehrmals, auf vielen seiner Reisen. Es war seine tiefste Hoffnung, dass gerade auch sie es schaffen konnten, der Kirche eines Tages wieder zu vertrauen und sich in ihr neu zu Hause zu fühlen. Und er meinte das so, wie er es sagte. Was auch immer man über ihn sagen mag, ein Zyniker ist Joseph Ratzinger nicht.

Kurz: Joseph Ratzinger ist ein durch und durch einfacher und bescheidener Mensch, der selbst als Papst im Herzen kindlich blieb. Als Theologe entwickelte er einen eigenen, genial anmutenden Stil, der sich ebenso deutlich von hölzernen neuscholastischen Denksystemen der Vergangenheit wie von verkopften akademischen Diskursen der Gegenwart abhebt und somit Millionen von einfachen Gläubigen weltweit erreicht. Vor allem aber setzte er sich sehr frühzeitig, seit den späten 1980er-Jahren, für eine effektivere Bestrafung von klerikalen Missbrauchstätern ein. Trotz seines zurückhaltenden Charakters und trotz der Anfeindungen hochrangiger Gegner traf er in diesem Kampf sehr mutige Entscheidungen, die letztlich zur Verurteilung Tausender Straftäter führten, darunter auch so einflussreiche Männer wie Marcial Maciel. Das ist, im Wesentlichen, die Geschichte des Helden Joseph Ratzinger/Benedikt XVI. Wir werden sehen, was am Ende dieses Buches von ihr übrig bleibt.

2 Der Beginn der Missbrauchskrise

oder: Wider die Mär vom frühzeitigen Einsatz

Solange man glaubt, die Missbrauchskrise habe erst in den 2000er-Jahren so richtig begonnen und Kindesmissbrauch durch Kleriker wäre zuvor kaum ein Thema gewesen, weder in Rom noch sonst wo, schon gar nicht im Jahr 1988, so lange erscheint Ratzingers Brief von 1988 als ein außergewöhnlich frühzeitiger Schritt im Kampf gegen klerikale Missbrauchstäter. Davon kann freilich keine Rede sein. Die Missbrauchskrise begann wesentlich früher, deutlich vor 1988. Ratzinger wusste nicht nur darum, sondern er kümmerte sich nachweislich jahrelang nicht ernsthaft darum, auch dann nicht, wenn Fälle direkt auf seinem Schreibtisch landeten.

Der Fall Gauthe

Kindesmissbrauch gibt es in der Kirche schon seit Jahrhunderten.[1] Allerdings verursachte er lange keine institutionelle Krise. Dazu kam es erst, als Opfer Täter und deren Hintermänner bei der weltlichen Gerichtsbarkeit anzeigten. Wenn man einen präzisen Beginn der Krise nennen möchte, könnte man sagen, sie begann im Sommer 1984 in den USA, genauer, in Louisiana.

In diesem Jahr wurde dort ein Priester der Diözese Lafayette, ein Pfarrer um die vierzig namens Gilbert Gauthe, wegen sexueller Übergriffe gegen Minderjährige vor Gericht gebracht. Als 1985 das Urteil verkündet wurde, horchte das ganze Land auf: Gauthe hatte unter Eid gestanden und war schließlich für schuldig befunden worden, zwischen 1972 und 1983 insgesamt 37 Kinder in Hunderten Fällen sexuell missbraucht zu haben. Einen solchen Schuldspruch hatte es in den USA noch nie gegeben. Der Reporter Jason Berry recherchierte die Hintergründe des Falls. Seine seitenlangen Berichte erschienen in der *Times of Acadiana*[2] und wurden ab Mitte 1985 von der nationalen Presse aufgegriffen, unter anderem vom *National Catholic Reporter* und der *New York Times*[3]; HBO verarbeitete das Ganze zu einem Film mit dem Titel *Judgment*, der im Oktober 1990 ausgestrahlt wurde.[4] Von Anfang an machten diese Berichte nicht nur deutlich, wie verheerend die Taten waren, sondern vor allem, wie lange Gauthes Vorgesetzte davon wussten und wie ungerührt sie ihn und andere priesterliche Sexualstraftäter trotz allem weiterhin im pastoralen Dienst einsetzten.

Der junge Pfarrer war bei den Kindern beliebt. Gil, wie er von ihnen genannt wurde, organisierte Campingausflüge und war oft von einer Schar von Kindern und Jugendlichen umgeben. Dass er Kinder sexuell missbrauchte, kam erst ans Licht, als einige von ihnen, mühsam nach Worten suchend, die Aufmerksamkeit ihrer Eltern fanden. Das war nicht leicht. Den Kindern fiel es schwer, das zu benennen, was ihnen angetan worden war. Ein Neunjähriger sagte seiner Mutter: »Gott liebt mich nicht mehr.« Erst als Eltern nach solchen beunruhigenden Aussagen nachhakten, begannen sie zu verstehen, was geschehen war. Ein anderer Junge erzählte, dass Gauthe ihm gedroht hatte, wenn er spräche, würde er »seinen Vater töten und als Priester dafür sorgen, dass er in die Hölle kommt«.[5] Als die Eltern nach Details fragten, was denn genau passiert sei, bekamen sie zur Antwort: »Alles.«[6]

Schon 1972 wurde Gauthe das erste Mal von einer Gruppe von Eltern konfrontiert. Er selbst erinnerte sich später in einer Aussage so: »Sie fragten mich einfach, ob ich mit einem der Kinder etwas gehabt hätte, und ich sagte: ›Ja.‹ Und ich fragte sie, ob sie mir helfen würden, einen guten Psychiater zu finden.« Eine der anwesenden Frauen organisierte einen Termin für ihn, die Eltern zahlten Sitzungen für mehrere Monate, Gauthe ging hin und erzählte seinen kirchlichen Vorgesetzten nichts davon.[7] Nachdem sich Gerüchte verbreiteten und immer mehr Personen vor

Ort Verdacht schöpften, unter anderem Ordensfrauen, die an der örtlichen Schule unterrichteten und mitbekamen, dass Gauthe Kinder bei sich übernachten ließ, wurde Gauthe 1973 das erste Mal versetzt. Die Personen, die ihn gemeldet hatten, machten es sich nicht leicht. Eine der Ordensfrauen sagte rückblickend: »Wenn die meisten Menschen wie ich waren, hatten sie Angst, jemanden zu Unrecht zu beschuldigen.«[8]

Ein Jahr später, 1974, wurde Gauthe das erste Mal von seinem Bischof, Gerard Louis Frey, direkt mit einem konkreten Vorwurf konfrontiert. Der Bischof erinnerte sich später: »Ich habe mit Gauthe gesprochen, und er hat zugegeben, dass er einen Fehler gemacht hat, dass (...) es ein Einzelfall, ein Zwischenfall war, dass es nie wieder vorkommen würde.«[9] Ein Jahr später ernannte Bischof Frey Gauthe zum Kaplan der diözesanen Pfadfinder-gruppe.

Gauthe missbrauchte nach eigenen Aussagen Kinder auch in seinem Schlafzimmer, in einem Haus, in dem er gemeinsam mit anderen Priestern wohnte. Doch über Jahre hinweg konfrontierte keiner der Priester in seinem Umfeld ihn jemals damit. Erst 1976 sorgte der verantwortliche Pfarrer in der Pfarrei, in der Gauthe mittlerweile tätig war, dafür, dass Gauthe in psychiatrische Behandlung kam, diesmal auf Kosten der Diözese. (Der Pfarrer hatte zuvor mit den Eltern eines Opfers gesprochen.) Während der Behandlung ging Gauthe ungestört weiter seinen priesterlichen Aufgaben nach. Die einzigen Auflagen, die er vom Pfarrer bekam, bestanden in einem Verbot, Kinder bei sich übernachten zu lassen, und darin, dass sein Schlafzimmer in die obere Etage verlegt wurde. Trotzdem konnte er weiter Ausflüge mit Kindern machen und mit dem Jungen-Basketballteam eine Reise nach Puerto Rico unternehmen. Noch im selben Jahr fragte der Bischof beim zuständigen Pfarrer nach, ob es bei Gauthe neue »Vorfälle« gegeben hätte. Der Pfarrer verneinte. Ein Jahr später, 1977, bekam Gauthe seine erste eigene Pfarrei, St. John's in Henry, wo er die nächsten fünf Jahre allein im Pfarrhaus wohnte, umgeben von kleinen Jungen, die er häufig zu sich einlud. Die Katastrophe war vorprogrammiert.

1980 erhielt der Bischof einen Brief, unterschrieben von »Con-

cerned Parishioners of St. John's Parish«. Der Bischof gab den
Brief weiter an seine Mitarbeiter, die zu dem Schluss kamen, die
Vorwürfe gegen Gauthe wären oberflächlich. Nichts weiter
wurde unternommen. Weder der Bischof noch der Generalvikar,
Henri Larroque, nahmen Kontakt zu Gauthe auf. Erst als im Juni
1983 schließlich ein Vater aus Gauthes Pfarrei Kontakt zu einem
Anwalt herstellte, nahm die Sache Fahrt auf. Dieser Vater hatte
erfahren, dass drei seiner Söhne über Jahre hinweg von Gauthe
missbraucht worden waren. Der Anwalt, an den er sich wendete,
hieß Paul Hebert, selbst ein überzeugter Katholik. Der erinnerte
sich: »Mein erster Gedanke war nicht Schadenersatz, sondern
nur: Wir müssen diesen Priester loswerden. Es war eine Horror-
geschichte. Ich rief die Diözese in Lafayette an und wollte Bischof
Frey sprechen. Monsignore Larroque sagte mir, der Bischof sei in
seinem Ferienhaus in Bay St. Louis. Meine Antwort war, dass er
sofort zurückkommen sollte. Dann gingen wir zu Larroque.«
Der Generalvikar traf sich mit Hebert, dem Vater und zwei der
Jungen, drückte sein Mitgefühl aus und versprach, dass er handeln würde. Aber Hebert war das zu zögerlich. »Ich erinnere
mich, dass ich Larroque in den nächsten drei Tagen jeden Abend
anrief. Ich war besorgt, dass einige Eltern Gauthe etwas antun
würden.« Innerhalb weniger Tage waren es vier Familien, die
Hebert in diesem Fall rechtlich vertrat. Drei Tage nach dem Treffen mit Hebert brachte Larroque Gauthe einige Dokumente zum
Unterzeichnen mit: Er war suspendiert und musste die Pfarrei
binnen 24 Stunden verlassen. Das war Anfang Juli 1983. Hebert
nahm Kontakt mit anderen Anwälten und mit Psychiatern auf.
Die Kinder wurden befragt. Nach und nach kamen weitere Opfer
zum Vorschein. Die Diözese holte ihre Anwälte und Versiche-
rungsfachleute zusammen, und man begann außergerichtliche
Vergleiche auszuhandeln. Bis Frühling 1984 war kein einziges
Wort an die Presse durchgedrungen. Im Juni endeten die Verhandlungen mit einem Vergleich in Höhe von über 4 Millionen
Dollar.

Dann geschah etwas noch nie Dagewesenes: Ein Elternpaar,
Glenn und Faye Gastal, gaben sich nicht mit einer außergericht-
lichen Einigung zufrieden. Sie wollten ein Gerichtsverfahren

gegen Gauthe und reichten Klage ein. Dieser Sommer 1984 ist der präzise Moment, in dem die institutionelle Krise begann, denn ab diesem Moment gelang es dem führenden katholischen Klerus nicht mehr, seinen unverantwortlichen Umgang mit klerikalen Sexualstraftätern flächendeckend zu vertuschen, Betroffene zu besänftigen oder einzuschüchtern. Ab diesem Moment wurde ihr Versagen öffentlich angeklagt, aufgedeckt und diskutiert, und zwar über Jahrzehnte hinweg, zunächst in den USA und der englischsprachigen Welt, dann weltweit. Die irische Sozialwissenschaftlerin Marie Keenan stellt rückblickend fest, dass sich durch diese Klage im Fall Gauthe »in der englischsprachigen katholischen Welt die Schleusen öffneten, und in der Lawine, die auf die Berichterstattung in den Vereinigten Staaten folgte, kam der sexuelle Missbrauch von Kindern durch Geistliche auf die öffentliche Tagesordnung«.[10]

Die Lawine, die sich nun löste, nahm schnell Fahrt auf. Schon im nächsten Jahr war nicht mehr nur Gauthe Thema. 1985 war in der *New York Times* zu lesen, dass sich ein anderer Priester in Louisiana, der ein Heim für Jungen leitete, einer Anklage wegen Missbrauchs an einem zehnjährigen Jungen stellen musste. Und selbst Gauthes Anwalt, Ray Mouton, fand nicht nur Beweise dafür, dass die zuständigen Bischöfe schon lange wussten, dass sein Mandant ein Kinderschänder war, sondern er stieß bald auf Belege dafür, dass es einen weiteren Priester in der Diözese gab, der straflos Kinder missbraucht hatte. Dann fand er noch einen und dann einen weiteren und noch einen. Schließlich wusste er von sieben Tätern im Klerikeramt, alleine in der Diözese Lafayette. Ray Mouton, ein Katholik, verlor binnen weniger Monate seinen Glauben an die Kirche, einen Glauben, den er nie zuvor infrage gestellt hatte.[11]

Sobald es im September 1984 den ersten Medienbericht gab, in dem Gauthes Name als Angeklagter in einem Verfahren wegen sexuellen Kindesmissbrauchs auftauchte, erschien auch die erste Stellungnahme des Bischofs. Darin hieß es unter anderem: »Von Anfang an habe ich die Menschen, die geschädigt oder verletzt wurden, unterstützt und ihnen Hilfe angeboten.« Und abschließend: »Wir sollten unseren Glauben nicht erschüttern lassen, denn wir wissen, dass der Geist uns in unserer Schwäche hilft.«[12] Auch ein Sprecher der Amerikanischen Bischofskonferenz meldete sich zu Wort: »Wir wollen nicht den Eindruck erwecken, dass es ein weitverbreitetes Problem für die Kirche ist, denn das ist es nicht«, sagte er und fügte natürlich hinzu, dass schon ein Fall ein Fall zu viel wäre.[13] Schon zu diesem Zeitpunkt wirkten kirchliche Statements wie dieses wenig überzeugend. Und daran sollte sich auch in den folgenden Jahrzehnten kaum etwas ändern. Das ganze Elend kirchlichen Kommunikationsversagens und Glaubwürdigkeitsverlustes im Umgang mit straffälligen Priestern, das die Welt noch bis zum Überdruss kennenlernen sollte, schien hier schon vorgezeichnet.

Die Dynamik der Krise

Auch vor dem Fall Gauthe und parallel dazu gab es andere, ähnliche Fälle und Hinweise, die kirchlichen Verantwortlichen genug Anlass gegeben hätten, sich dem Problem des sexuellen Kindesmissbrauchs durch Kleriker zu stellen und verantwortungsvoll damit umzugehen. Abgesehen von den zahlreichen Fällen, die sich in diversen bischöflichen und kurialen Archiven, in Schubladen und auf Schreibtischen fanden, gab es auch vereinzelt Propheten. Schon 1962 wendete sich der US-amerikanische Pater Gerald Fitzgerald, Gründer eines Ordens und eines Zentrums zur Unterstützung behandlungsbedürftiger Priester, an Kardinal Alfredo Ottaviani in Rom, den damaligen Präfekten des Heiligen Offiziums (der späteren Glaubenskongregation), um mit ihm über pädophile Priester zu sprechen und ihm bewusst zu machen, dass man Pädophilie nicht heilen könne. Zwei Jahre später wendete sich Fitzgerald mit demselben Anliegen an Papst Paul VI.[14]

Außerdem gab es schon frühe Gerichtsverfahren und mediale Berichterstattung: Parallel zum Fall Gauthe in den USA wurden beispielsweise in Kanada Klagen gegen den Orden der Christlichen Brüder laut, die in St. John's in Neufundland das Mount Cashel Waisenhaus führten. Ihnen wurde vorgeworfen, Kinder reihenweise brutal geschlagen, festgebunden, misshandelt und sexuell missbraucht zu haben. Die Ermittlungen hatten dort schon im Jahr 1975 begonnen, wurden aber auf Anweisung des kanadischen Justizministeriums zwischenzeitlich eingestellt. 1982 begannen sie erneut und führten vorerst zur Verurteilung eines Ordensmannes. Erst als 1989 der Verdacht laut wurde, es hätte in diesem Fall systematische Vertuschung gegeben, wurde der Fall ein weiteres Mal aufgerollt. Schließlich wurden neun Ordensmänner der Misshandlung und des sexuellen Missbrauchs Minderjähriger angeklagt und verurteilt. Sie erhielten Gefängnisstrafen zwischen einem und dreizehn Jahren. Das Waisenhaus wurde geschlossen. Der zuständige Erzbischof wurde von einer unabhängigen Kommission »für seine Ineffektivität und Nachlässigkeit im Umgang mit Anschuldigungen des Kindesmissbrauchs« scharf kritisiert, entschuldigte sich und kündigte seinen Rücktritt an. Das war 1990.[15]

Bis dahin hatte der Gauthe-Fall in den USA schon eine ganze Menge ausgelöst. Wie aus keinem anderen Fall entspann sich aus ihm eine über Jahrzehnte anhaltende Dynamik von immer weiteren Gerichtsprozessen gegen immer mehr Priester, von Medienberichten über diese Fälle und einem entsprechenden Bewusstwerdungsprozess innerhalb der Kirche, der einerseits Vertuscher, andererseits Whistleblower, vor allem aber immer mehr Missbrauchsbetroffene auf den Plan rief und langfristig zu einer immer stärkeren, schließlich auch internationalen Vernetzung von Betroffenen führte.

Schon Anfang der 1990er war das Thema auch in Deutschland wahrnehmbar – für alle, die es wahrhaben wollten. So appellierte Karin Kortmann, die Vorsitzende des Bundes der Deutschen Katholischen Jugend (BDKJ) 1993 an die Deutsche Bischofskonferenz, »das Thema sexuelle Gewalt in die Lehrpläne für die Aus- und Fortbildung zu integrieren, kirchliche Beratungsstellen für die Opfer einzurichten, Therapieplätze für die Täter bereitzustellen«. Die Devise müsse lauten: »Kein Vertuschen, kein Verharmlosen, sofortige Suspendierung.« Aber auch Kortmann gab sich schon damals keinen Illusionen hin. Sie kannte die Systemlogik der klerikalen Hierarchie, die lieber »ihre Sünder zum Beten in Exerzitien – und in eine andere Gemeinde« schickte.[16] 1993 wurde auch in Deutschland, am Augsburger Landgericht, ein katholischer Pfarrer zu vier Jahren Gefängnis verurteilt. Er hatte seit den Sechzigern junge Mädchen missbraucht. Ebenfalls 1993 wurde am Krefelder Landgericht ein Priester, der sich an einem achtjährigen Jungen vergangen hatte, wegen sexuellen Missbrauchs verurteilt. In anderen Ländern gab es ähnliche Fälle.

Wäre dies ein Buch über die Missbrauchskrise, müssten wir ab diesem Punkt einer Fülle von Linien folgen, die sich ab Anfang der 1990er-Jahre zu einem weltweiten Netz entspannen. Aber wir möchten zurück zu Ratzinger kommen. Daher nehmen wir an dieser Stelle schlaglichtartig nur die Dynamik der Vernetzung von Betroffenen in den Blick, wie sie sich ab den 1980er-Jahren in den USA entfaltete. Ohne sie wäre das verantwortungslose Handeln der katholischen Hierarchie womöglich bis heute kein öffentliches Thema.

Am 7. Juni 1985 machte eine junge Frau, die in Chicago in einem Haus der Katholischen Arbeiterbewegung wohnte und arbeitete, eine kurze Pause und nahm die aktuelle Ausgabe des *National Catholic Reporter* in die Hand. Als ihr Blick auf einen seitenlangen Artikel über den Fall Gauthe fiel, stockte ihr der Atem. Schließlich wurde ihr so übel, dass sie nicht weiterlesen konnte. Sie legte das Heft zur Seite, rannte zur Toilette und übergab sich. Rückblickend erinnerte sich Barbara Blaine so: »Der Artikel löste Albträume, Flashbacks, Angstzustände, unkontrollierbare Tränen und Wut aus. (...) Es war eine emotionale Krise, auf die ich schlecht vorbereitet war.«[17]

Auch Barbara Blaine war als Kind von einem Priester missbraucht worden. Er war Ordensmann bei den Oblaten des hl. Franz von Sales, hieß Chet Warren und war in ihrer Heimatpfarrei in Toledo, Ohio tätig. Es war 1969, Barbara hatte gerade das siebte Schuljahr abgeschlossen und war 13 Jahre alt, als er damit begann. Der Missbrauch zog sich über fünf Jahre hin, aber Barbara fehlten die Ressourcen, um zu verstehen, dass es Missbrauch war. Pater Warren ließ sie glauben, es wäre alles ihre Schuld. Sie brächte ihn dazu, sexuelle Handlungen an ihr zu begehen, sie sei eine »Verführerin«. Barbara durchlebte ihre Teenagerjahre in einem undurchdringlichen Gefühlsnebel aus

Scham und Angst. Nach der Schule verbrachte sie zwei Jahre bei einem freiwilligen Einsatz auf Jamaika, kam zurück in die USA, studierte Theologie und Sozialarbeit und glaubte schließlich in der Katholischen Arbeiterbewegung ihre Bestimmung gefunden zu haben. Erst in jenem Moment am 7. Juni 1985 verstand die Frau um die dreißig, was Jahre zuvor geschehen war. Schließlich fuhr sie nach Ohio, um Chet Warren bei der Diözese und bei seinen Ordensoberen anzuzeigen. Sie forderte, dass er von Kindern ferngehalten würde und die Kosten für ihre Therapie übernommen werden sollten. »Ich war naiv und vertraute den kirchlichen Amtsträgern. Ich glaubte ihnen, als sie sagten, ich sei die Einzige, die Vergehen von Warren meldete. Ich vertraute ihnen, als sie sagten, sie wüssten es besser, wenn sie mir sagten, ich solle nichts bei der Polizei anzeigen.«[18] Der Fall verjährte schließlich, und Warren wurde nie von einem Gericht verurteilt. Es wurde vorerst auch kein kirchliches Verfahren gegen ihn eingeleitet. Mehr noch: Die Amtsträger hatten Barbara angelogen, denn tatsächlich gab es weitere Vorwürfe gegen Warren, die ihnen schon seit Mitte der Siebziger vorlagen.[19] Trotzdem blieb er weiter unbehelligt. Erst 1992, als Barbara in die Oprah Winfrey Show eingeladen wurde und dem zuständigen Bischof und Provinzial vorher mitteilte, dass sie dort seinen Namen nennen würde, wurde im Rekordtempo ein kirchliches Verfahren gegen ihn eröffnet. Binnen weniger Tage wurde Warren suspendiert. »Endlich waren andere in Sicherheit, aber das ist nicht das, was den Bischof und den Provinzial motiviert hat. Sie haben gehandelt, um ihren Ruf zu schützen«, erinnerte sich Barbara. Laisiert wurde Warren nie. Über die folgenden Jahre nahmen weitere seiner Opfer Kontakt mit Barbara auf, und bis 2015 hatte sie 21 Frauen kennengelernt, die wie sie als kleine Mädchen von ihm missbraucht worden waren.[20]

1985 ahnte Barbara das alles natürlich noch nicht. Sie spürte nur, dass die Kirche keine große Hilfe war, und machte sich auf die Suche nach anderen Opfern von klerikalem Kindesmissbrauch. So wie sie waren viele von ihnen durch die landesweite Berichterstattung über den Fall Gauthe aufgerüttelt worden, hatten zwischen Flashbacks, Wut und Tränen realisiert, was ihnen angetan worden war und dass sie nicht die Einzigen waren – wie Kirchenvertreter viele von ihnen glauben gemacht hatten. Gemeinsam machten sie nun die Erfahrung, dass der Umgang der Kirche mit Tätern und Betroffenen ihr Leid noch vergrößerte. Barbara fasste das im Blick auf ihre Erfahrungen so in Worte: »Ich konnte verstehen, wie ein einziger schlechter Priester durchs Raster fallen konnte, aber ich verstand nicht, warum Kirchenfunktionäre mich und meine Eltern anlügen mussten, warum sie ihn nicht einfach aus dem Dienst entließen, und warum sie mir und allen anderen weismachen mussten, ich sei nicht glaubwürdig. Die Bewältigung dieser Umstände war ebenso schwierig wie die Bewältigung des sexuellen Missbrauchs selbst.«[21]

Einige Betroffene blieben dauerhaft in Kontakt und beschlossen, etwas auf die Beine zu stellen, um dem kirchlichen Systemversagen im Umgang mit Sexualstraftätern ein Ende zu bereiten und anderen Betroffenen zu helfen. Als sie 1988 SNAP gründeten, das Survivors Network of those Abused by Priests, waren sie eine Gruppe von ungefähr zwanzig Mitgliedern. Viele von ihnen glaubten noch lange, dass die Bischöfe verantwortungsvoll handeln würden, wenn sie nur erst verstehen würden …, wenn sie nur erst mit ihnen gesprochen hätten … In Barbaras Worten: »Dreißig Jahre lang musste ich mich den Lügen der kirchlichen Verantwortungsträger und meiner eigenen Naivität (…) stellen. Ich wollte glauben, dass Kirchenverantwortliche Männer von Integrität sind, die nach der Botschaft des Evangeliums leben, die sie predigten. Aber sie haben mir das Gegenteil bewiesen.«[22] Ihre Versuche, mit der Amerikanischen Bischofskonferenz zu sprechen, ihre Einladungen an Bischöfe, ihnen zuzuhören und mit ihnen in einen Dialog zu treten, gingen über die Jahre immer wieder ins Leere. Aber die einseitige Verweigerung der Bischöfe führte nicht mehr, wie früher, zum sicheren Verstummen der Opfer. Jetzt wussten sie nicht nur ein für alle Mal, dass sie nicht die Einzigen waren, sie konnten sich auch gegenseitig ermutigen und unterstützen – und sie hatten das Ohr der Öffentlichkeit gefunden.

Barbara Blaine studierte noch einmal, wurde Juristin und vertrat als Anwältin Menschen, die als Kinder sexuell missbraucht worden waren. 1993 fand die erste Pressekonferenz von SNAP statt, und spätestens 2003 war SNAP zu einer etablierten Größe in der katholischen Landschaft der USA geworden. Heute gehören dem Netzwerk rund 25 000 Mitglieder an.

The Manual

Gehen wir noch einmal zurück an den Beginn des Jahres 1985. Während Gilbert Gauthe vor Gericht stand und ungefähr ein halbes Jahr bevor die ersten großen amerikanischen Zeitungen über den Fall berichteten, fand im Januar in Washington ein bemerkenswertes Treffen dreier Männer statt. Einer von ihnen war der bereits erwähnte Anwalt Gauthes, der Strafverteidiger Ray Mouton. Mittlerweile wusste er, dass es viele andere Täter im kirchlichen Dienst gab, die genau wie sein Mandant jahrelang wissentlich von ihren kirchlichen Vorgesetzten vor Strafverfolgung beschützt worden waren und derweil immer weiter Kinder missbraucht hatten. Er begann zu begreifen, dass »nicht nur ein Priester, der ein Kind missbraucht, aus einer Pathologie heraus handelt. Ein Bischof, der solche abscheulichen Verbrechen vertuscht, ist mit einer tieferen, dunkleren Pathologie behaftet, die eine ebenso große oder sogar noch größere Bedrohung für die Gesellschaft darstellt.«[23] Was Mouton zutage gefördert hatte, ließ ihm keine Ruhe. Auf seiner Suche nach einem Ort, an dem Gauthe behandelt werden konnte, entschloss er sich, den Kirchenrechtler um Rat zu fragen, der sich an der Apostolischen Nuntiatur[24] in Washington um den Schriftverkehr im Fall Gauthe kümmerte. Dieser Kirchenrechtler war der Dominikanerpater Tom Doyle. Er wiederum brachte Mouton in Kontakt mit seinem Freund Michael Peterson, einem Priester und Arzt, der in Maryland das Saint Luke Institute zur Behandlung psychisch kranker Priester und Ordensleute gegründet hatte. Kurz nach Neujahr 1985 trafen sich die drei Männer im Studienhaus der Dominikaner in Washington. Alle drei waren um die vierzig, und jeder hatte auf seine Art eine erfolgreiche Laufbahn begonnen: ein Jurist, ein Arzt, ein Kirchenrechtler. Alle drei waren überzeugte Katholiken, die ihrer Kirche im Wesentlichen vertrauten, trotz allem, was sie gerade erfahren hatten. Sie hatten zwar eine gewisse Ahnung, welch unangenehme Zeit auf die katholische Kirche in den USA zukommen könnte, aber sie konnten nicht wissen, wie weit selbst ihre schlimmsten Vorahnungen in den kommenden Jahrzehnten von der Realität übertroffen werden sollten und welche dramatischen Konsequenzen das für jeden von ihnen persönlich haben würde.

Mouton erklärte, dass Gauthes Bischof offenbar mehrere Missbrauchstäter wissentlich im Amt gelassen hatte. Peterson sagte, er wüsste aus vertraulichen Quellen, dass es im ganzen Land Priester gab, die Kinder missbraucht hatten. Sie alle drei beunruhigte das Bild, das sich nun vor ihnen abzeichnete: Sexualstraftäter, die mit dem Wissen ihrer Bischöfe unbehelligt dem priesterlichen Dienst nachgingen, nicht nur ein oder zwei in einer bestimmten Diözese, sondern vielleicht Dutzende, landesweit. Das Erste, was Doyle tat, war, den Nuntius, das heißt, den Botschafter des Papstes in den Vereinigten Staaten, Erzbischof Pio Laghi, über die Lage zu informieren. Fortan würde er ihn kontinuierlich über die Situation auf dem Laufenden halten. Auch Peterson sprach einige Tage später mit Laghi. Spätestens mit der Einbeziehung des Nuntius im Januar 1985 war also nicht nur der Fall Gauthe, sondern auch das Problem der systematischen Vertuschung weiterer Fälle bei einem Vatikanischen Spitzendiplomaten angekommen, der zweifellos nach Rom ans Staatssekretariat (gewissermaßen das vatikanische Außenministerium) berichtete und um Anweisungen bat, wie er weiter vorgehen sollte. Just im Frühjahr 1985 kam der Präfekt der Kleruskongregation, Kardinal Silvio Oddi, auf Besuch in die Nuntiatur in Washington. Laghi bat Doyle, den Gast aus Rom über die Situation in Kenntnis zu setzen. Doyle legte dem Kardinal alles vor, was er zu diesem Zeitpunkt wusste, über den Prozess im Fall Gauthe und öffentlich gewordene Vorwürfe gegen weitere Priester in Louisiana und landesweit. Er sprach über die schwerwiegenden Folgen von Kindesmissbrauch und darüber, dass Täter nicht leicht zu heilen wären, sondern dass es sich um ein hartnäckiges Verhaltensmuster handelte. Oddi kündigte an, wenn er wieder in Rom wäre, sollte es eine Sitzung aller Kongregationen geben, um ein Dekret in der Sache zu erlassen. Auch wenn Doyle ahnte, dass ein solches Dekret an der Römischen Kurie eine hochpolitische Angelegenheit werden würde, erleichterte ihn diese Ankündigung. Damals dachte er noch, »dass die Bischöfe, sobald ihnen bewusst würde, wie schrecklich der sexuelle Missbrauch eines Kindes sein kann, und sobald sie erkennen würden, dass der Kirche ein sehr ernstes Problem bevorsteht, sich der Sache schnell annehmen und das Richtige tun würden«.[25] Und tatsächlich geschah auch etwas. Laghi beorderte Gerard Louis Frey, den Bischof von Lafayette, und Philip Matthew Hannan, den Erzbischof von New Orleans, zu einem Treffen nach Washington. Letzteren deswegen, weil die Diözese von New Orleans der Metropolitansitz in der Region war und damit so etwas wie eine Aufsichtsfunktion gegenüber der Diözese Lafayette hatte, in der Gauthe als Priester tätig war.

Derweil beschlossen Doyle, Peterson und Mouton, der Amerikanischen Bischofskonferenz einen Vorschlag zu machen, der ihr helfen würde, mit derlei Fällen in Zukunft besser umzugehen. Schließlich standen der Kirche mit aller Wahrscheinlichkeit viele weitere Prozesse ins Haus, und zwar US-weit, mindestens. Der Vorschlag bestand aus drei Teilen. Zum einen wollten sie eine praktische Hilfestellung für Bischöfe zusammenstellen. Es entstand ein Handbuch in einem Frage-und-Antwort-Format, das später den Namen »The Manual« erhielt. Es machte unter anderem ganz deutlich, dass bisherige Praktiken unbedingt beendet werden mussten. Es ging nicht länger an, Beschuldigungen vor staatlichen Behörden geheim zu halten oder Akten über beschuldigte Täter zu vernichten, um sie vor Beschlagnahmung zu schützen. Letzteres galt für die Staatsanwaltschaft als Strafvereitelung (obstruction of justice) und Missachtung des Gerichts (contempt of court) und wäre strafbar. Dasselbe galt auch für die Praxis, beschuldigte Priester in andere Pfarreien zu versetzen. Stattdessen, so das Manual, müssten beschuldigte Priester bei staatlichen Behörden angezeigt werden, denn »Informationen über sexuellen Kindesmissbrauch durch einen Priester nicht an staatliche Behörden weiterzugeben, wenn solche Informationen verfügbar sind oder sich im Besitz des Ordinarius befinden, wird in einigen Staaten als strafbare Handlung betrachtet«.

Das war etwas vollkommen Neues für die katholische Kirche. Denn diese »strafbare Handlung« war bislang nicht nur gängige kirchliche Praxis, sondern sogar eine Anordnung, die direkt aus Rom kam, und zwar von der Kleruskongregation. Erst kurz zuvor, 1984, hatte Kardinal Oddi in einem anderen Fall an den zuständigen Bischof geschrieben: »Die Akten eines Bischofs über seine Priester sind gänzlich privat; ihr erzwungener Erwerb durch zivile Autorität wäre ein unerträglicher Angriff auf die freie Religionsausübung in den Vereinigten Staaten (...). Wir müssen uns darüber ganz klar sein, denn ein Fehler in dieser Hinsicht könnte eine Entwicklung in Gang bringen, die zu einem höchst ungünstigen juristischen Präzedenzfall führt und – genauso wichtig – die nicht wenige Priester, deren Akten vielleicht wenig schmeichelhaft sind, verunsichern und verärgern könnte.«[26] Doyle und seine Freunde kannten diese kirchliche Verheimlichungsroutine. Es war ihnen also durchaus bewusst, dass ihr Vorschlag gegen die gängige Praxis lief. Das galt auch für ihren Hinweis, dass es ein fahrlässiges Versäumnis wäre, wenn ein Bischof »einen Priester seine Funktion weiter ausüben lässt und dadurch das Wohl von Kindern gefährdet, nachdem er persönlich vertrauliches Wissen erhalten hat, dass dieser Priester bereits Kinder missbraucht hat«.[27] Ihnen war völlig klar: Diese Versetzungspraxis musste umgehend beendet werden, nicht zuletzt, weil kirchliche Verantwortungsträger sich durch diese Praxis strafbar machten. Was die drei ermutigte, diesen Bruch mit der bisherigen Praxis offen anzuraten, war ihr Glaube daran, dass die Bischöfe das Richtige tun, dass sie gewissermaßen zur Vernunft kommen würden, sobald sie die Ernsthaftigkeit der Lage verstanden hätten.

Zu ihrem Vorschlag gehörte außerdem eine Art Forschungsverbund, der von der Bischofskonferenz finanziert und damit beauftragt werden sollte, das Phänomen des sexuellen Kindesmissbrauchs durch Kleriker umfassend zu erforschen: zivil- und strafrechtlich, kirchenrechtlich, versicherungstechnisch, medizinisch und pastoral, sodass die Bischöfe für die anfallenden Entscheidungen auf die Ergebnisse dieser Arbeit zurückgreifen konnten. Schließlich rieten sie zu einem zentralen und einheitlichen kirchlichen Fall-Management, das es erlauben würde, den Überblick zu behalten, Gemeinsamkeiten, Entwicklungen und Besonderheiten der einzelnen Fälle und der Prozesse zu erkennen sowie Handlungsempfehlungen daraus abzuleiten.

Vor der Erstellung des Manuals setzten sie sich mit einigen Bischöfen in Verbindung. »Ich sprach informell mit dem Botschafter des Vatikans [Erzbischof Laghi] und mit einer Reihe von Bischöfen und Kardinälen über das Projekt. Alle, mit denen ich darüber sprach, unterstützten uns«, sagt Doyle, zumal »Gespräche mit den Bischöfen darauf hindeuteten, dass sie durchaus alarmiert und über das Problem besorgt waren«[28]. Der so entstandene Text sollte vertraulich bleiben und der Amerikanischen Bischofskonferenz zur Verfügung gestellt werden. Am 14. Mai 1985 stand schließlich die finale Version, und noch am selben Tag traf das Trio Erzbischof William Levada (Ratzingers späteren Nachfolger als Präfekt der Glaubenskongregation), der seine Freude über den Fortschritt zum Ausdruck brachte. Aber nur Stunden nach dem Treffen klingelte Doyles Telefon, und Levada teilte ihm mit, das Projekt wäre gestoppt worden. Ein Ausschuss der Bischofskonferenz wäre beauftragt, sich der Sache anzunehmen, und Doppelarbeit würde diesen Ausschuss in ein schlechtes Licht rücken. Was genau passiert war, erfuhr Tom Doyle nie. Dafür erfuhr er später, dass gar kein anderer Ausschuss eingerichtet worden war – der wurde erst viele Jahre später ins Leben gerufen.[29]

Für den Moment hieß das: Das Vorhaben wurde nicht angegangen. Eine ernsthafte und einheitliche Reaktion der Amerikanischen Bischofskonferenz auf die brisante Situation blieb vorerst einfach aus. Zwar wurde »im Dezember 1985 jedem Diözesanbischof in den USA über das Saint Luke Institute ein Exemplar des Handbuchs zugesandt«, aber »es gab von niemandem eine Antwort auf diese Geste«.[30] Niemand von der Bischofskonferenz sprach in den folgenden Jahren mit einem der drei Männer über das Manual – dafür nahm das Leben jedes Einzelnen von ihnen eine bittere Wendung.

Ray Mouton wurde über die Arbeit am Fall Gauthe alkoholkrank, und seine Ehe zerbrach. Viele Jahre später verarbeitete er seine Erfahrung in einem Roman mit dem Titel *In God's House*. Er ging nicht mehr in die Kirche.[31] Michael Peterson starb im April 1987 an Aids. Tom Doyle verlor schon 1986 seine Anstellung an der Nuntiatur. Daraufhin versuchte er zunächst, seine akademische Laufbahn als Kirchenrechtler fortzusetzen, vergeblich. Schließlich ging er in die Militärseelsorge. Doch die Missbrauchskrise ließ ihn nicht los. Es war für ihn keine Frage, dass dieses Problem nicht vorbei war. Er sagte sich: »Ich werde denen helfen, die durch dieses Übel geschädigt wurden, denn das ist es, was ein Priester tun sollte.«[32] In den folgenden Jahrzehnten wurde Doyle zu einer Schlüsselfigur in der Missbrauchskrise in den USA und darüber hinaus. Er sprach mit Opfern, beriet ihre Anwälte und wurde mit seinem Fachwissen zum Kronzeugen in zahlreichen Gerichtsprozessen, nicht nur in den USA, sondern auch in Europa. Seine eigenen Vorgesetzten in der Kirche, denen er hatte helfen wollen, hatten ihn gewissermaßen gezwungen, die Seite zu wechseln. Auch diese Erfahrung war paradigmatisch und sollte sich über die Jahrzehnte für viele engagierte Menschen in der Kirche wiederholen.

Was war die Strategie der Amerikanischen Bischofskonferenz? Trotz der bedrängenden Lage unternahmen die Bischöfe vorerst nicht viel. Es gab jahrelang keinen Ausschuss, der sich mit der Thematik befasst hätte. Die Presseerklärungen waren mager und ausgesprochen defensiv. Die Gerichtsprozesse und Medienberichte, die sich nun häuften, wurden genauso unvorbereitet und unsystematisch angegangen wie auch schon der Gauthe-Fall. Nach und nach begannen die Diözesen, mehr oder weniger unorganisiert, Entschädigungen in Millionenhöhe zu zahlen. Vielleicht hoffte man, dass es damit getan wäre, dass es nicht schlimmer und die Krise nach einigen Jahren von alleine wieder enden würde. Warum aber hatten die Amerikanischen Bischöfe Doyle, Mouton und Peterson zunächst ermutigt? War es möglich, dass ihr Sinneswandel in der Sache auf eine römische Intervention zurückging? Welche Weisungen hatte Laghi erhalten? Und was geschah in Rom?

Das Vera-Prinzip und die kirchliche Moral

Der Fall Gauthe und seine Folgen waren in Rom kein Geheimnis geblieben. Einige der führenden Männer im Vatikan waren direkt vom Päpstlichen Nuntius über die Lage informiert worden, darunter Kardinal Oddi von der Kleruskongregation sowie Kardinal Agostino Casaroli, der Kardinalstaatssekretär und damit zweitmächtigste Mann im Vatikan – und natürlich Papst Johannes Paul II. Andere vernahmen die Neuigkeiten über den Flurfunk oder direkt aus den amerikanischen Medien. In den Büros und Besprechungsräumen des Vatikans wusste man, dass sich ein katholischer Priester in den USA vor einem weltlichen Gericht schuldig bekannt hatte, in Hunderten Fällen über dreißig Kinder missbraucht zu haben, und dass er zu zwanzig Jahren Freiheitsstrafe verurteilt worden war. Man wusste, dass es inzwischen öffentliche Anschuldigungen gegen weitere Priester gab, denen man ebenfalls Kindesmissbrauch vorwarf. Man wusste, dass die führenden Medien der USA berichteten, die *New York Times,* die *Washington Post,* CBS, CNN und NBC, und dass die Nachrichten auch international aufgegriffen wurden. Dass Mitte 1985 irgendein vatikanischer Spitzenbeamter diesbezüglich ahnungslos gewesen wäre, kann als äußerst unwahrscheinlich gelten.

Wie diese Nachrichten im Vatikan aufgefasst wurden, ist allerdings eine eigene Frage. Es ist alles andere als ein leichtes Unterfangen, sich ein Bild davon zu verschaffen, denn das setzt eine zumindest rudimentäre Vertrautheit mit dem Weltbild kurialer Kleriker voraus – das wir auf den nächsten Seiten wenigstens zu skizzieren versuchen. Mindestens ebenso schwierig ist es nachzuvollziehen, wie vatikanische Spitzenbürokraten, unter ihnen Joseph Ratzinger, damals auf diese Entwicklungen reagierten, denn darüber ist offiziell wenig bekannt.

Ende Oktober 1985 flog Michael Peterson nach Rom. Er hoffte, unter anderem bei Kardinal Oddi nachhaken zu können, womöglich auch bei anderen vatikanischen Behörden, beispielsweise bei der Kongregation für die Ordensleute. Sein Ziel war es, die Männer an der Kirchenspitze von der Dringlichkeit der Lage zu überzeugen und sie dazu zu bewegen, angemessene Maßnahmen im

Umgang mit Missbrauchstätern im Priesteramt zu ergreifen. Der Versuch misslang. Peterson fragte an verschiedenen Stellen umsonst um Gespräche an. Stattdessen brachte er etwas in Erfahrung, was ihn gründlich ernüchterte. Als er aus Rom zurück war, erzählte er seinen beiden Mitstreitern: »Sie bringen ein Schreiben über Homosexualität heraus.« Und er fügte hinzu: »Es wird nicht von Oddis Leuten geschrieben, sondern an der CDF.«[33] Es war also Ratzingers Behörde, die die Aufgabe erhalten hatte, ein Schreiben zu verfassen.

Dieses Schreiben erschien rund ein Jahr später, am 1. Oktober 1986, unterzeichnet von Joseph Ratzinger. Sein lateinischer Titel lautet »Homosexualitatis Problema«, das Problem der Homosexualität. Es forderte Bischöfe weltweit auf, klarzustellen, dass Homosexualität zwar als Neigung keine Sünde war, homosexuelle Akte aber schon. Im O-Ton des Briefes klang das so: »Eifrige Seelsorger sollen (...) homosexuelle Personen ermutigen, ein keusches Leben zu führen, und sie an ihre unvergleichliche Würde erinnern, die Gott auch jenen Personen geschenkt hat.« Außerdem sollte man Homosexuellen »mit Achtung, Mitleid und Takt begegnen. Man hüte sich, sie in irgendeiner Weise ungerecht zurückzusetzen«.[34] Tom Doyles Reaktion: »›Wir lieben dich, aber du bist ein Freak.‹ Das ist genau das, was sie sagen – und was die Schwulen hören.« Und etwas analytischer: »Die Etikettierung des Problems als homosexuelles Problem bedeutete eine Ablenkung vom eigentlichen Problem.«[35]

Aber wie konnte aus römischer Perspektive ein Schreiben über Homosexualität auch nur im Entferntesten eine Antwort auf Sexualstraftäter im Priesteramt sein? Was auf den ersten Blick völlig abwegig erschien, ergab in einer spezifisch römisch-katholischen Logik tatsächlich Sinn. Am leichtesten ist es vielleicht, die lehramtliche Logik anhand des Vera-Prinzips zu erklären. Das Vera-Prinzip ist eine Art hermeneutischer Schlüssel für eine spezifisch römisch-katholische Methode: Die Verdoppelung gängiger Begriffe mit dem Ziel, sie zu »katholisieren«.[36] Das heißt, das römische Lehramt kennt von jedem kirchlichen Schlüsselbegriff – sei es Liebe, Dienst, Gerechtigkeit, Barmherzigkeit oder Erneuerung – zwei Versionen: eine wahre (lat. *vera*) und eine verkehrte. Die wahre Version zeichnet sich dadurch aus, dass sie in den Augen des Lehramtes mit der »Natur«, dem »Willen Gottes«, der »Wahrheit« übereinstimmt, kurz: mit kirchlichen Lehren und Geboten, wie sie in Rom vorgegeben werden. Die verkehrte Version dagegen verstößt gegen die »Natur«, den »Willen Gottes« und die »Wahrheit«, das heißt gegen das, was das kirchliche Lehramt für natürlich, wahr und für den Willen Gottes hält. In den Augen des Lehramtes kann nur die wahre Liebe, die wahre Gerechtigkeit, die wahre Freiheit die Menschen wirklich glücklich machen und sie zu Gott führen. Falsch verstandene Liebe, falsch verstandene Gerechtigkeit oder falsch verstandene Freiheit führen sie dagegen in die Sünde und das Unglück und letztlich ins ewige Verderben. Es geht hier nicht um wenig, sondern um das Wohl der Menschheit – und im Letzten um ihr ewiges Heil. Darum muss die Kirche, allen voran der Papst und die CDF, alles tun, um den Menschen die Schönheit des wahren Glaubens vor Augen zu führen und sie vor dem Irrtum zu bewahren.

Der Logik des Vera-Prinzips zufolge gibt es im Grunde nur zwei Arten von Sexualität: eine wahre, natürliche und Gott wohlgefällige Sexualität – und eine falsche, sündige Form von Sexualität. Gott wohlgefällig ist Sex gemäß der offiziellen Lehre der römisch-katholischen Kirche dann – und nur dann –, wenn er zwischen heterosexuellen Eheleuten stattfindet, die dabei keine Verhütungsmittel benutzen.[37] Jede andere Form von Sexualität ist in den Augen der Kirchenleitung unnatürlich, nicht vom Schöpfer gewollt und eine schwere Sünde, sei es Sex zwischen Eheleuten, die Verhütungsmittel benutzen, Sex zwischen (noch) nicht Verheirateten, Selbstbefriedigung, homosexueller Sex – oder eben auch Kindesmissbrauch. Für zum Zölibat verpflichtete Priester ist folglich jede denkbare sexuelle Handlung eine schwere Sünde: ob sie sich selbst befriedigen, ob sie mit einer Frau oder einem Mann schlafen oder ob sie eine Frau, einen Mann oder ein Kind vergewaltigen. Alles das ist Sünde. Alles das muss gebeichtet, kann dann aber auch von Gott vergeben werden.

Auch die Logik der weltlichen Sexualmoral kennt im Letzten eine einfache Unterscheidung zwischen moralischen und unmoralischen sexuellen Handlungen. Ihr grundlegendes Prinzip ist aber nicht »Wahrheit«, sondern Einvernehmen (consent), und damit letztlich der persönliche Wille des Einzelnen. Dem Einvernehmensprinzip zufolge ist jeder sexuelle Akt moralisch verantwortbar, dem die beteiligten Personen aus freien Stücken zustimmen. Gemäß dieser Logik ist weder Enthaltsamkeit noch Fruchtbarkeit per se verdienstvoll, sondern einzig der konsequente Respekt vor der Freiheit des jeweiligen Sexualpartners. Unmoralisch ist eine sexuelle Handlung nur dann, wenn sie gegen den Willen einer beteiligten Person vollzogen wird. Und weil die konkrete Freiheit einer konkreten Person in einer ganz bestimmten Situation von vielen Umständen geprägt ist oder beeinträchtigt sein kann, ist weltliche Sexualmoral um ein Vielfaches komplexer als kirchliche.

Legt man beide Logiken nebeneinander, kann man sofort sehen, dass Kindesmissbrauch sowohl in der kirchlichen als auch in der weltlichen Logik verwerflich ist – aber aus unterschiedlichen Gründen. In der kirchlichen Logik ist Kindesmissbrauch unmoralisch, weil er einen Verstoß gegen die Wahrheit menschlicher Sexualität darstellt, wie sie vom kirchlichen Lehramt verkündet wird. In der Logik der weltlichen Sexualmoral ist Kindesmissbrauch deswegen unmoralisch, weil er den freien Willen und die Gesundheit von Kindern verletzt. Es mag nach einer verwegenen Unterstellung klingen, hochrangigen Klerikern vorzuhalten, sie würden Kindesmissbrauch primär als Sünde gegen die »wahre, Gott wohlgefällige Ausübung von Sexualität« auffassen und hätten daher die Konsequenzen für die Kinder, die Opfer solcher Taten geworden sind, nicht vor Augen. Leider gibt es unzählige Wortmeldungen, Gesten und Taten von hochrangigen Klerikern, die das belegen. So beschreibt der schon zu Wort gekommene Kinderpsychiater Jörg Fegert, wie er noch 2003 im Vatikan auf Würdenträger stieß, die so dachten und daher fragten, »was an der Sünde ›sexueller Missbrauch von Knaben‹ schlimmer sei als an anderen sexuellen Sünden, schließlich seien solche Übergriffe in den zehn Geboten nicht erwähnt (…) Vielen Anwesenden war nicht gleich möglich, das Problem der Macht- und Abhängigkeitsverhältnisse zu verstehen. Nicht generell akzeptiert war das in der westlichen Welt anerkannte Informed

Consent Paradigma, welches auch in allen gebräuchlichen Definitionen des sexuellen Missbrauchs enthalten ist: Kinder können solchen Taten nicht frei zustimmen, weil sie die Dimension der Handlungen nicht absehen.« Und schließlich stößt auch er auf die Verknüpfung von Kindesmissbrauch und Homosexualität: »Es ging nicht um Machtausübung, Verantwortung und Ausbeutung abhängig Anvertrauter, sondern es ging um Sünde. In mehreren verwirrten Diskussionen ging es darum, wie man die Kirche vor Schaden schützen könne, indem man schwule Männer vor der Priesterweihe erkenne.«[38]

Wenn man Kindesmissbrauch primär als eine Sünde auffasst, hat das weitreichende Folgen dafür, wie man damit umgeht. Die richtige Strategie im Umgang mit Sünde ist Buße, Umkehr, Vergebung und Barmherzigkeit. Eine Verurteilung des Sünders, gar eine definitive, wäre unchristlich. Zumal dann, wenn der Sünder seine Tat bereut und Besserung gelobt. Wie wir weiter oben schon gesehen haben, waren diese Haltung der Geduld und die Furcht vor einer falschen Anschuldigung eines Klerikers nicht nur bei Bischöfen, sondern auch unter Gläubigen tief verwurzelt, so wie bei der Mutter, die Gauthe seine ersten Therapiesitzungen organisierte, oder bei jener Ordensfrau, die ihn 1973 erst nach langem Zögern bei Bischof Frey anzeigte.

Wir haben nun also einige Puzzleteile beisammen, mit denen wir uns bereits ein grobes Bild davon machen können, was zu Beginn der Krise in Rom geschah: Zum einen gab es dort Mitte der 1980er-Jahre viele taube Ohren, wie Michael Petersons vergeblicher Versuch zeigt, in Rom in Sachen Kindesmissbrauch durch Kleriker etwas anderes zu erreichen als das Schreiben zu Homosexualität von 1986. Zum anderen zeichnete sich nicht zuletzt in diesem Schreiben eine kirchliche Moral- und Wahrheitslogik ab, die sich schwertat, Kindesmissbrauch von Homosexualität zu unterscheiden und Missbrauch schlimmer zu finden als andere vermeintliche sexuelle Verfehlungen. Doch es fehlen noch Puzzleteile. Wie stand es zum Beispiel um das Bild der US-amerikanischen Kirche aus römischer Sicht?

Die Krise aus römischer Sicht

In den USA hatte Katholizismus im 20. Jahrhundert noch geraume Zeit als unamerikanisch gegolten. Noch Anfang der 1960er-Jahre war es für viele Menschen in den USA alles andere als selbstverständlich, dass ein Katholik zum Präsidenten gewählt wurde. In der zweiten Hälfte des 20. Jahrhunderts begann sich die katholische Kirche also gerade erst als ernst zu nehmender Teil der US-amerikanischen Gesellschaft zu etablieren. Nach und nach nahmen namhafte Katholikinnen und Katholiken wichtige Positionen in Politik, Wirtschaft und öffentlicher Verwaltung ein. Eine entscheidende Rolle spielten dabei katholische Bildungseinrichtungen, angefangen von Elementarschulen bis hin zu renommierten Universitäten wie der University of Notre Dame in Indiana oder der Catholic University of America in Washington. Diese Entwicklung freute den Vatikan. Andererseits hatte man in Rom bald den Eindruck, dass die Öffnung der amerikanischen Gläubigen für die Kultur und den Lebensstil ihres Landes zu weit gegangen war, denn seit den 1960er-Jahren sah Rom sich gezwungen, in zahlreichen Fällen zu intervenieren, Bischöfe und Priester zu ermahnen und irrige Auffassungen zurückzuweisen. In den 1980ern wurde man in Rom endgültig ungeduldig. Zwei besonders prominente Fälle, die den Vatikan gerade in der Zeit beschäftigten, als die Nachrichten über Gauthe in Rom ankamen, geben einen Einblick in die damalige Situation.

Da ist zum einen der Fall Curran. Charles Curran war Priester und Professor für Moraltheologie an der Catholic University of America in Washington. In seiner Forschung kam er zu Schlussfolgerungen, die ihn bestimmte Aspekte der kirchlichen Morallehre infrage stellen ließen. Daran war nichts Ungewöhnliches. Es dürfte seit Mitte des vergangenen Jahrhunderts wenige katholische Moraltheologen und Moraltheologinnen gegeben haben, denen das nicht geschah. Außerdem hatte Curran kein Dogma geleugnet und die kirchliche Lehrautorität nicht per se infrage gestellt. Allerdings stellte er in einer Reihe von Publikationen öffentlich infrage, ob Teile bestimmter nicht unfehlbarer Lehrmeinungen der Kirche nicht einer gewissen Revision bedürften.

Insbesondere tat sich Curran als Sprecher einer Gruppe von Theologen hervor, die 1968 der Lehre der Enzyklika *Humanae Vitae* (Über die rechte Ordnung der Weitergabe menschlichen Lebens) widersprachen, wonach die Verwendung von Verhütungsmitteln ausnahmslos immer moralisch verwerflich sei. Als Präfekt der Glaubenskongregation ließ Joseph Ratzinger Currans Schriften untersuchen und stellte 1983 eine lange Liste von »abweichenden Positionen« fest, in denen Curran nicht mit der offiziellen Lehre der Kirche übereinstimmte. Curran reagierte, verteidigte seine Positionen, von denen er weiterhin überzeugt blieb, und reiste in den Vatikan, wo er von Ratzinger zu einem Gespräch am 8. März 1986 vorgeladen worden war. Im Nachgang dieses Gesprächs bemerkte er in einem Schreiben vom 1. April 1986, dass er seinen Dissens deswegen für erlaubt hielt, weil er sich nur auf kirchliche Lehren bezog, die nicht mit unfehlbarer päpstlicher Lehrautorität verkündet worden waren. Vor allem aber bot er Ratzinger einen Kompromiss an: Er wäre bereit, darauf zu verzichten, Sexualmoral zu unterrichten, und sich auf andere Gebiete der katholischen Morallehre zu beschränken. Hierbei genoss Curran die Unterstützung seines Bischofs Matthew Clark, der kurz nach Currans Vernehmung durch Ratzinger erklärte, eine Verurteilung Currans wäre ein Rückschritt für die katholische Kirche in den USA. Auch Kardinal Joseph Bernardin unterstützte den Kompromiss, den Curran der CDF angeboten hatte. Aber vergeblich: Am 25. Juli 1986 verfasste Ratzinger einen letzten Brief an Curran, wies darin den angebotenen Kompromiss zurück und rügte Curran mit den Worten: »Sie sollen Intellekt und Willen in religiöser Hinsicht der Lehre unterwerfen, die der Pontifex Maximus oder das Bischofskollegium in Fragen des Glaubens und der Moral verkünden (...), auch wenn sie nicht beabsichtigen, die Lehre mit einem definitiven Akt zu proklamieren. Das haben Sie weiterhin abgelehnt zu tun.«[39] Und er teilte ihm mit, dass er fortan nicht mehr Professor der katholischen Theologie sein könne. Diese Verurteilung wurde auch international wahrgenommen und diskutiert. Sie verfehlte eine gewisse Wirkung auf andere katholische Theologinnen und Theologen nicht.

Der zweite prominente Fall, den wir hier anreißen möchten, betraf sogar einen Bischof, nämlich Raymond Hunthausen, den Erzbischof von Seattle. Er war noch erstaunlicher, denn Hunthausens Primärvergehen schien darin bestanden zu haben, dass er sich gegen die Abschreckungspolitik im Kalten Krieg positionierte. In Puget Sound, in einer Meeresbucht nur wenige Kilometer von Seattle entfernt, gab es eine U-Boot-Station mit einem der weltweit größten Atomwaffenlager. In einer berühmt gewordenen Rede nannte Hunthausen sie »das Auschwitz von Puget Sound«, und in einer Ansprache im Juni 1981 sagte er: »Als Menschen des Glaubens erhoffen wir unsere Sicherheit nicht von dämonischen Waffen, die alles Leben auf der Erde bedrohen. Wir erhoffen Sicherheit von einem liebenden, fürsorglichen Gott. Wir müssen unsere Terrorwaffen abbauen und unser Vertrauen auf Gott setzen.«[40] Mit dieser Positionierung machte Hunthausen sich zunächst in bestimmten Kreisen des amerikanischen Katholizismus unbeliebt, und das wiederum führte 1983 zu einer Untersuchung durch die Römische Kurie, namentlich die Glaubenskongregation, die schließlich zu dem Schluss kam, dass Hunthausens bischöfliche Führung in seiner Diözese »doktrinär schwach« wäre. Insbesondere wurde ihm ein gewisses Entgegenkommen gegenüber homosexuellen Katholiken und wiederverheiratet Geschiedenen vorgeworfen. Außerdem hatte Hunthausen Kinder zum Empfang der Erstkommunion zugelassen, die zuvor nicht gebeichtet hatten. In der Konsequenz wurde ihm ab 1986 für den Rest seiner Amtszeit ein rechtgläubiger Weihbischof zur Seite gestellt – eine übliche kirchliche Erziehungs- und Überwachungsmaßnahme gegenüber aus römischer Perspektive unzuverlässigen Bischöfen.

Aber Hunthausen war nicht der einzige US-amerikanische Bischof, der Rom Kopfzerbrechen bereitete. Die ganze Stimmung im US-amerikanischen Katholizismus missfiel dem Papst und mit ihm Kardinal Joseph Ratzinger. Umgekehrt missfiel dem amerikanischen Episkopat die vatikanische Politik im Fall Hunthausen und in zahlreichen anderen Fällen, sodass der Vorsitzende der Amerikanischen Bischofskonferenz, Bischof James Malone von Youngstown, Ohio, im November 1986 von einer

»erschütternden und gefährlichen Entfremdung einiger Teile der Kirche in den Vereinigten Staaten vom Heiligen Stuhl«[41] sprach und um eine Aussprache mit dem Papst bat. Die Reise von Johannes Paul II. im September 1987 war vermutlich eine Antwort darauf. Man kann annehmen, dass sie darauf abzielte, die Spannungen zwischen dem US-Episkopat und dem Vatikan abzubauen. Und man kann annehmen, dass es kein Zufall war, dass eine der neun Stationen des Papstes New Orleans war, der Metropolitansitz, in dessen Suffraganbistum Lafayette gut zwei Jahre zuvor der Fall Gauthe die ersten Schlagzeilen gemacht hatte.

Allerdings machte die Reise Spannungen eher sichtbar, als sie abzubauen. Zwischen diplomatischen Loyalitätsbekundungen zögerten die amerikanischen Bischöfe nicht, dem Papst ziemlich offen zu sagen, was sie dachten und was sie sich von ihm wünschten. So sagte Kardinal Bernardin: »Wir leben in den USA in einer offenen Gesellschaft, in der jeder die Freiheit genießt, seine Meinung zu sagen. Es gibt viele, die Dinge infrage stellen, vor allem die Dinge, die für sie wichtig sind, wie beispielsweise die Religion. Sie wollen wissen, warum bestimmte Entscheidungen getroffen werden, und sie nehmen sich die Freiheit, Kritik zu üben, wenn sie mit den Erklärungen nicht einverstanden oder nicht zufrieden sind.«[42] Und Erzbischof Weakland sagte ausdrücklich: »Ein autoritärer Führungsstil wirkt kontraproduktiv (…) Insbesondere Frauen streben danach, gleichberechtigte Partner bei der Teilhabe am Auftrag der Kirche zu sein. Die Kirche in den USA steht in einer enormen Schuld gegenüber den Ordensfrauen, die das Bildungs- und Gesundheitssystem aufgebaut haben, das zu den Stärken unserer Kirche gehört. Es gibt keine Worte, um den ungeheuren Schmerz so vieler kompetenter Frauen zum Ausdruck zu bringen, die sich heute in einer Kirche, die sie lieben, als Menschen zweiter Klasse fühlen. (…) Viele von ihnen (…) fürchten, dass die Kirche von männlicher Vorherrschaft und Dominanz geprägt bleibt.«[43]

Das waren öffentliche Äußerungen. Man kann davon ausgehen, dass hinter geschlossenen Türen auch klerikaler Kindesmissbrauch erneut zur Sprache kam, denn in den vergangenen Jahren waren nicht nur mehr und mehr Fälle bekannt geworden, auch die Medien berichteten weiter. Priester standen vor Gericht. Eltern missbrauchter Kinder gaben Interviews. Diözesen handelten teure Vergleiche aus. Papst Johannes Paul II. hatte dazu öffentlich nichts zu sagen. Bei einem Treffen mit Priestern in Miami sagte er, auch Priester hätten menschliche Schwächen und müssten sich täglich neu bekehren. Er ermutigte sie, regelmäßig zur Beichte zu gehen, zu beten und sich gegenseitig zu unterstützen. Er sprach über das große Problem des Priestermangels und sagte, die Kirche bräuchte dringend mehr neue Berufungen zum Priestertum, weshalb alle anwesenden Priester ihren Teil dazu beitragen müssten, junge Männer für diese Aufgabe zu begeistern. Vor allem aber schärfte er ihnen ein, dass sie ihr priesterliches Amt in Treue zur Lehre der Kirche ausüben müssten und gegenüber Gläubigen keine falsche Barmherzigkeit walten lassen sollten (das Vera-Prinzip lässt grüßen). Wörtlich sagte er ihnen: »Wenn das, was angeblich eine Geste der Barmherzigkeit ist, den Geboten des Wortes Gottes zuwiderläuft, kann es niemals wirklich barmherzig oder segensreich für unsere Brüder und Schwestern in Not sein.«[44] Und bei seiner Ansprache in der Kathedrale von New Orleans am 12. September 1987 erinnerte er die Gläubigen, in deren Nachbarschaft Gauthe über zehn Jahre lang kleine Kinder missbraucht hatte, daran, dass »die Kirche in Louisiana den vielen Priestern und Ordensleuten, die von Anfang an hier gearbeitet haben, zu großem Dank verpflichtet«[45] sei. Kurz: Johannes Paul II. hatte sich offenbar entschieden, vorerst in der Öffentlichkeit so zu tun, als gäbe es das Problem nicht.

Wenn es aus der Perspektive Roms Ende der 1980er-Jahre in den USA eine Krise gab, dann war es das unverhohlene Infragestellen der offiziellen Lehre der Kirche durch Theologen und Kleriker, der Rückgang der Priesterzahlen und eine Pastoral der falsch verstandenen Barmherzigkeit. Es waren Priester, die nicht mehr beichteten, und Bischöfe, die Gleichberechtigung für Frauen einforderten. Und es war die Tatsache, dass man über so etwas auch noch öffentlich sprach und damit riskierte, dass der Zwiespalt der Kirche und die Schuld hochrangiger Kleriker bekannt wurden und das Ansehen der Kirche beschädigten. Ob Priester, die wegen Kindesmissbrauchs vor Gericht standen, in den Augen des Papstes und seines Präfekten an der CDF nur ein weiteres Detail dieser unerfreulichen Gesamtgemengelage waren, ob sie als Folge einer sexuell allzu freizügig ausgerichteten modernen Moral betrachtet wurden, ob sie gemeinsam mit jenen, die offen homosexuell waren, oder mit jenen, die Wiederverheirateten die Kommunion spendeten, oder mit jenen, die das Priesteramt aufgaben, um heiraten zu können, unter dem Ärgernis »untreue Priester« abgebucht wurden, ob Rom einfach hoffte, dass dieses Problem durch beharrliches Beschweigen von alleine verschwinden würde: Genau können wir es nicht sagen. Was feststeht, ist aber: Eine auch nur halbwegs wahrnehmbare Reaktion aus der Römischen Kurie auf die Missbrauchskrise ließ sich jahrelang nicht registrieren, von einer halbwegs angemessenen Reaktion ganz zu schweigen. Dabei kamen in Rom längst Fälle aus der ganzen Welt zusammen – und manche davon landeten auf dem Schreibtisch von Joseph Ratzinger.

Stephen Kiesle: Der erste Missbrauchsfall des Präfekten

Im Sommer 1981 erreichte die Glaubenskongregation ein Brief aus Oakland. Noch hieß der Präfekt der Behörde Franjo Šeper. Der Brief war auf den 7. Juli datiert und von Bischof John Cummins unterzeichnet. Der Bischof übermittelte ein Bittschreiben eines gewissen Stephen Kiesle, eines Priesters der Diözese Oakland. Kiesle wollte laisiert werden. Neun Jahre zuvor, am 19. Mai 1972, war er zum Priester geweiht worden. Damals war er 25, jetzt 34 Jahre alt. Cummins schrieb, im Nachhinein würde deutlich, dass Kiesle gar nicht erst hätte geweiht werden dürfen. Er hätte zu viele Probleme gehabt, psychologische, emotionale und sexuelle. Vor drei Jahren, im August 1978 wäre er von der Polizei festgenommen worden, weil er seit November 1977 sechs Jungen im Alter zwischen elf und dreizehn Jahren missbraucht hatte. Das Gericht hatte ihn zu drei Jahren auf Bewährung verurteilt. »Unglücklicherweise«, schrieb der Bischof, »gab es seit dem ersten Gerichtsauftritt von Kiesle viel öffentliche Aufmerksamkeit für sein Verhalten. In allen großen Zeitungen in der San Francisco Bay Area sowie in ganz Kalifornien erschienen ausführliche Nachrichtenberichte. Einige der Publikationen druckten auch Bilder von Kiesle. Infolgedessen wurde sein Fall und sein angebliches Fehlverhalten maximal publik gemacht.«[46] Er fügte hinzu, dass Kiesle sehr bereitwillig therapeutische Hilfe in Anspruch nähme, aber leider ungehorsam wäre, wenn es darum ginge, auf seelsorgliche Arbeit zu verzichten. Cummins schloss den Brief mit der nachdrücklichen Bitte, dem Ansuchen Kiesles stattzugeben: »Unter Berücksichtigung aller Umstände dieses Falles und der unwiderruflichen Entscheidung von Kiesle, aus dem aktiven Dienst auszuscheiden, erscheint es mir sehr klug, seinem Gesuch stattzugeben.«[47]

Vier Monate später, am 17. November, wurde an der Glaubenskongregation ein Antwortschreiben verfasst. Cummins hatte auf Englisch geschrieben. Die Behörde antwortete, wie üblich, auf Latein: Es würden noch Unterlagen fehlen, die nötig wären, um den Fall bearbeiten zu können. Eingefordert wurden unter anderem schriftliche Aussagen seiner Ausbilder im Priesterseminar. Schon wenige Tage nach diesem Schreiben wurde Joseph Ratzinger zum Präfekten der Glaubenskongregation ernannt. Der Fall Kiesle würde also von ihm entschieden werden.

Cummins war schnell. Innerhalb von zwei Monaten, und dazu über die Weihnachtszeit, hatte er alle nötigen Unterlagen beisammen, und schon am 1. Februar 1982 schrieb er wieder nach Rom. Diesmal war sein Brief an Joseph Ratzinger adressiert. Er übermittelte ein Schreiben des damaligen Regens namens James Laubacher, eines betagten Herrn, der sich nur vage an Stephen Kiesle erinnerte; außerdem übermittelte er alle Unterlagen, die sich im Priesterseminar zu Kiesle finden ließen, und er fügte hinzu: »Wie ich bereits in meinem vorherigen Votum angedeutet habe, bin ich der Überzeugung, dass es zu keinem öffentlichen Ärgernis kommen würde, wenn dieser Petition stattgegeben würde, und dass es angesichts der Art des Falles in der Tat der größere Skandal für die Gemeinde wäre, wenn es Kiesle gestattet würde, in den aktiven Dienst zurückzukehren.« Er schloss den Brief, indem er mit Nachdruck um eine baldige Entscheidung in der Sache bat: »Ich glaube, damit sind alle Anfragen, die Eure

Eminenz gestellt haben, beantwortet, und ich hoffe, dass in diesem Fall so bald wie möglich eine positive Entscheidung getroffen werden kann.«[48]

Wie wir bereits wissen, war Ratzinger kein Freund solcher Bittgesuche. Sechs Jahre später, 1988, würde er deswegen an die Päpstliche Kommission für die Interpretation von Gesetzestexten schreiben. Aber was tat er selbst in einem solchen Fall, mit dem er schon kurz nach seiner Ernennung zum Präfekten konfrontiert wurde? Würde er den Bischof ermutigen, ein ordentliches Strafverfahren über mehrere Instanzen zu führen? Würde er Kiesle so schnell wie möglich laisieren? Würde er versuchen, den Fall an ein anderes Dikasterium oder an einen Päpstlichen Gerichtshof weiterzugeben? Oder würde er den Fall zum Anlass nehmen, das Problem mit anderen hochrangigen Männern im Vatikan oder gar mit dem Papst zu besprechen? – Nichts von alledem.

Im März 1982 erhielt Cummins eine Eingangsbestätigung, wieder auf Latein. In einem knappen Absatz wurde ihm für das Schreiben und die Unterlagen gedankt, der Fall würde zu gelegener Zeit (tempore opportuno) geprüft werden. Dann hörte Cummins erst einmal monatelang nichts mehr. Am 24. September schließlich hakte er nach. Er schrieb an Ratzinger, erinnerte ihn, dass der Fall nun seit über einem Jahr in der Glaubenskongregation lag, und fragte nach, ob vielleicht noch weitere Unterlagen benötigt würden. Was auch immer es wäre, was die CDF noch bräuchte, er würde es sofort nachreichen, wenn man es ihn nur wissen ließe. Im Oktober erhielt er erneut eine Eingangsbestätigung, wieder ein einziger Absatz, wieder hieß es, der Fall würde zu gelegener Zeit entschieden werden. Wieder hörte Cummins monatelang nichts aus Rom. Er beschloss, bei seinem nächsten Aufenthalt in Rom persönlich im Fall Kiesle an der Glaubenskongregation vorzusprechen.

Als Cummins im September 1983 mit einer Gruppe amerikanischer Bischöfe zum sogenannten Ad-limina-Besuch in Rom war, hakte er nach. Ein Angestellter der CDF, ein junger amerikanischer Priester namens Thomas Herron, nahm sich viel Zeit, Cummins zuzuhören, und versprach ihm, sich zu kümmern. In einem Brief, der auf den 2. Dezember 1983 datiert – und diesmal auf Englisch verfasst – war, ließ er ihn schließlich wissen, dass ein Fall Kiesle in den Unterlagen der CDF leider überhaupt nicht aufzufinden wäre. Cummins sollte die Protokollnummer des Falls übermitteln oder die Unterlagen einfach nochmals einreichen. Mit einem Schreiben vom 17. Januar 1984 übermittelte Cummins die Protokollnummer und fügte hinzu: »Ich gehe fest davon aus, dass die Akte verfügbar ist. Ich hoffe, es kann etwas für ihn [Kiesle] getan werden. Es wäre unmöglich, ihn in der gegenwärtigen Zeit wieder in den Dienst aufzunehmen.«[49] Wieder wartete er. Und diesmal wartete er lange. In der Zwischenzeit explodierte der Fall Gauthe.

Die Kirche in den USA trieben die landesweiten Schlagzeilen über Missbrauchstäter im Priesteramt um. Der Nuntius korrespondierte mit Rom, der Vatikan war informiert, Tom Doyle und seine Freunde suchten nach Lösungen. Vielen wurde klar, dass dieses Problem mehr als eine Handvoll Priester betraf und dass ein zögerliches, relativierendes oder defensives Handeln der Kirchenleitung das Vertrauen der Gläubigen und der Öffentlichkeit in die Kirchenleitung massiv beschädigen würde. Welche Wirkung hatte diese Entwicklung auf Ratzinger? Beeinflusste sie seine Entscheidung im Fall Kiesle?

Kiesle war, wie Cummins geschrieben hatte, nicht gut im Gehorchen. Er sollte sich eigentlich von Kindern und Jugendlichen fernhalten und eine Verwaltungstätigkeit in der Diözese wahrnehmen, aber ab 1985 arbeitete er wieder ehrenamtlich als Jugendseelsorger in St. Joseph in Pinole.[50] Cummins ließ nicht locker. Gut eineinhalb Jahre nach seinem letzten Schreiben an Herron, über vier Jahre nach seinem ersten Brief an die CDF und sieben Jahre nachdem Kiesle von einem Gericht verurteilt worden war, hakte Cummins am 13. September 1985 erneut nach. Diesmal schrieb er wieder direkt an Joseph Ratzinger:

»*Eure Eminenz: Dieser Brief erkundigt sich nach dem Status einer Eingabe, die der Heiligen Kongregation am 7. Juli 1981 im Namen von Stephen Miller Kiesle, einem Priester der Diözese Oakland, vorgelegt wurde. Am 17. November 1981 erhielten wir einen Brief von Eurer Eminenz mit der Bitte um zusätzliche Informationen, die wir am 11. Februar 1982 übermittelten. Unsere Beamten stellten am 24. September 1982 eine Anfrage, aus der hervorging, dass zu diesem Zeitpunkt keine weiteren Informationen geliefert werden konnten. Ich wäre dankbar, wenn ich über den Fortgang dieses Falles informiert würde, und wäre Ihnen dankbar für alle Informationen, die Sie uns geben können.*[51]

Diesmal erhielt Cummins eine Antwort von Ratzinger persönlich. Am 6. November 1985 schrieb dieser auf Latein:

Exzellenz, nach Erhalt Ihres Schreibens vom 13. September dieses Jahres über das Dispensgesuch eines Priesters Ihrer Diözese, Stephen Kiesle, von allen priesterlichen Pflichten, teilt meine Behörde Ihnen das Folgende mit: Auch wenn dieses Dikasterium die in diesem Fall angeführten Gründe für die Dispens als schwerwiegend erachtet, meint es doch, zugleich mit dem Wohl des Bittstellers auch das Wohl der Gesamtkirche in Betracht ziehen zu müssen, und kann daher den Schaden nicht geringschätzen, den die Erteilung der Dispens unter den Gläubigen anrichten könnte, vor allem angesichts des jungen Alters des Bittstellers. Die Kongregation muss diesen Fall daher einer sorgfältigen Prüfung unterziehen, die unweigerlich einen längeren Zeitraum in Anspruch nimmt. Bitte stehen Sie dem Bittsteller in der Zwischenzeit mit größtmöglicher väterlicher Fürsorge zur Seite und unterrichten Sie ihn über die Vorgehensweise dieses Dikasteriums, das für gewöhnlich vor allem das Wohl der Gesamtkirche im Auge hat. Ich nutze die Gelegenheit, Ihnen meine Wertschätzung auszudrücken.«[52]

Was sofort auffällt: Kein Wort der Entschuldigung für die lange und mühsame Prozedur, geschweige denn eine Erklärung für die Verspätung. Vor allem aber: keine Silbe, die Verständnis dafür andeutete, dass – wie Cummins wiederholt geschrieben hatte – das Ärgernis unter den Gläubigen wesentlich höher wäre, wenn ein wegen Kindesmissbrauchs verurteilter Priester wie Kiesle länger im Amt bliebe. Was verstand Ratzinger unter einem »Ärgernis für die Gläubigen«? Es lag der Verdacht nahe, dass er nicht die konkreten, tatsächlichen Gläubigen vor Ort in Kalifornien meinte und das, was sie zum Fall Kiesle zu sagen gehabt hätten. Seine Empathie galt einzig Kiesle selbst, den er mit der größtmöglichen väterlichen Fürsorge behandelt wissen wollte.

Auch wenn man weiß, dass die Kirche unter Priestermangel litt, dass sie alles tat, um dieses seltene Gut » Priester « zu schützen und zu mehren, und dass Priester, die jünger als vierzig Jahre alt waren, deshalb lange Zeit grundsätzlich nicht laisiert wurden, hilft das nicht, das Vorgehen Ratzingers im Fall Kiesle zu entschuldigen. Stattdessen entsteht der Eindruck, dass Ratzinger den Fall eines überführten Missbrauchstäters im Priesteramt mit einem Standardbrief beantwortete und ihn routinemäßig genauso behandelte wie einen Fall eines zum Priester geweihten heiratswilligen Mittdreißigers. Der Schaden, von dem er sprach und den er verhindern wollte, war die Sorge, einen Priester weniger im Amt zu haben, der die Sonntagsmesse für die Gläubigen halten und ihre Beichten hören konnte – und das Offenbarwerden eines schwerwiegenden klerikalen Fehlverhaltens. Es gibt dagegen keinerlei Anhaltspunkte dafür, dass Ratzinger auch nur versucht hätte, sich ein Bild des eigentlichen Schadens zu machen: vom Ausmaß von Kiesles Verbrechen, von den Traumata seiner Opfer, von der Empörung in der Diözese und von dem Vertrauensverlust, den dieses römische Hinauszögern bei Cummins und seinen Leuten, vor allem aber bei den Gläubigen in Oakland und ganz Kalifornien bedeutete.

Es dauerte schließlich noch einmal über ein Jahr, bis Kiesle seine Laisierung aus Rom erhielt. Sie wurde auf den 13. Februar 1987 datiert, einen Tag vor Kiesles vierzigstem Geburtstag. Später sollte herauskommen, dass Kiesle wesentlich mehr Kinder als jene sechs Jungen missbraucht hatte. Als die Opfer erwachsen waren und endlich die Kraft fanden, ihn anzuzeigen, waren die Taten in den meisten Fällen verjährt. Dennoch konnte er 2004 noch zu sechs Jahren Gefängnis verurteilt werden.[53]

Machtkampf

Die Erfahrungen von Bischof Cummins waren kein Einzelfall. Auch andere Bischöfe erlebten im Kontakt mit römischen Behörden, dass sich die Bearbeitung von Fällen endlos hinzog. Es endeten auch längst nicht alle, wie in Kiesles Fall, mit einer um Jahre zu spät kommenden Laisierung. Manchmal wurde die Laisierung, obwohl sie sowohl vom Beschuldigten als auch vom zuständigen Bischof ausdrücklich gewünscht wurde, von den römischen Behörden verweigert. In einem Bericht einer unabhängigen Untersuchungskommission hieß es:

Ein Bischof erzählte uns, dass seine Mitbischöfe den Rückgriff auf das kanonische Recht vermieden, weil »sie nicht sicher waren, wie Rom entscheiden würde«, und er fügte hinzu, dass »es extrem schwierig war, seinem Fall in Rom Gewicht zu verleihen und sicher zu sein, dass man gehört werden würde (…) Wir alle zögerten, einen kanonischen Prozess zu führen, denn wenn auch nur der kleinste Verfahrensfehler darin enthalten war, konnte die Sache bei einer Berufung nach Rom leicht verworfen werden.«[54]

Dabei war das Problem in der Zwischenzeit nicht kleiner geworden. Alleine bis 1988 lagen der Nuntiatur in Washington 135 Anklagen gegen Priester wegen sexuellen Missbrauchs von Minderjährigen vor.[55] In allen US-Bundesstaaten vermehrten sich Zivilklagen gegen die Kirche – mit den entsprechenden Bußgeldern. Und 1990 wurde ein neuer, für die katholischen Bischöfe in den USA gefährlicher Präzedenzfall erreicht. Der Anwalt Jeff Anderson erstritt für seinen Mandanten, der als Ministrant von einem Priester namens Thomas Adamson missbraucht worden war, erstmals nicht nur einen Schadensersatz, sondern darüber hinaus auch einen Strafschadensersatz (punitive damage), ein Konzept, das es nur in den USA gibt. Ein Strafschadensersatz kann nur bei nachweisbar vorsätzlichem Verhalten als Strafe verhängt werden. Anderson konnte ihn erstreiten, weil die beklagte Partei die Diözese des betroffenen Täters war und weil er nachweisen konnte, dass deren Verantwortliche schon vor dem Übergriff auf seinen Mandanten von anderen Taten Adamsons wussten und ihn trotzdem weiter im Dienst beließen. Die Summe, die die Diözese Saint Paul and Minneapolis alleine in diesem einen Fall zu zahlen hatte, lag insgesamt bei 3,6 Millionen Dollar. Ein Richter entzog später den Großteil des Strafschadensersatzes, aber dem Opfer blieben fast 1 Million Dollar, und der Präzedenzfall blieb bestehen.[56]

Dieses Urteil zog weitere ähnliche nach sich. Die Erzdiözese Santa Fe war 1991 schließlich als erste von vielen so weit, dass sie beinahe Insolvenz anmelden musste. Es war nämlich bekannt geworden, dass Priester, die wegen Missbrauchs in einem dortigen Therapiezentrum in Behandlung waren, nicht nur an den Wochenenden in Pfarreien der Umgebung geschickt wurden, um dort – als Teil der Therapie – Sonntagsmessen zu feiern, sondern dass sie diese Gelegenheiten genutzt hatten, um Kinder zu missbrauchen. Die Folge waren rund 200 Klagen, die praktisch zeitgleich über die Diözese hereinbrachen. Der finanzielle Ruin konnte letztlich nur durch die Veräußerung von Immobilien und durch Spendenaufrufe abgewendet werden.[57]

Schon Ende der 1980er-Jahre suchten die Amerikanischen Bischöfe fieberhaft nach einer Möglichkeit, übergriffige Priester schneller loszuwerden, das heißt, sie zu laisieren. In kirchenrechtlichen Fachzeitschriften begann eine lebhafte Diskussion, an der sich unter anderen auch Tom Doyle beteiligte. Ziemlich schnell war für die Fachleute eine Reihe von Fakten klar, nämlich erstens, »dass geistliche Begleitung, Strenge und Ermahnungen oder eine rasche Versetzung das Problem nicht lösen können«[58], und zweitens, dass bestehende kirchenrechtliche Regelungen wesentliche Faktoren außer Acht lassen, darunter nicht zuletzt die Betroffenen und die normalen Gläubigen. »Wenn der Bischof oder andere Diözesanbeamte gefragt werden, was getan wird, reicht es einfach nicht aus, den Menschen zu versichern, dass sich um das Problem gekümmert wird. (...) Die Menschen (...) wollen und verdienen konkretere Informationen. Diese sollten regelmäßig gegeben werden.«[59] Drittens wurde deutlich, dass Strafprozesse gegen missbrauchsbeschuldigte Priester eine ungeheuer komplexe Angelegenheit waren, bei der »eine große Menge Kanones [die Paragrafen des kirchlichen Gesetzbuches, DR] angemessene Berücksichtigung finden müssen«.[60] Vor allem aber wurde eines unweigerlich klar, nämlich »dass das Gesetz nicht mit Blick auf diese besondere Situation der straf- und zivilrechtlichen Verantwortung verfasst worden war. Zwar fanden sich im Gesetzbuch einige allgemeine Hinweise, die zeigten, wie man vorgehen sollte, aber die Normen bezüglich der Verhängung von Strafen waren so beschaffen, dass sie kaum je angewandt wurden. So musste zum Beispiel die Zurechenbarkeit nachgewiesen werden (c. 1321, § 1), es mussten Ermahnungen oder Warnungen ausgesprochen werden (c. 1339, § 2), der Beweis musste sicher sein (c. 1728, § 1), andere Mittel mussten zuerst erprobt werden (c. 1341) und so weiter.«[61]

Kurz: Das Kanonische Recht, jahrhundertelang ausschließlich von Klerikern für Kleriker geschrieben, ausgelegt und angewendet, erwies sich als Klerikerrecht. Es war ein Recht, dessen Hauptanliegen in einem Strafverfahren der Schutz des beschuldigten Klerikers war. Und es war ein Recht, in dem Geschädigte eines klerikalen Fehlverhaltens einfach nicht vorgesehen waren. Daher hatte das Wort der Opfer in einem Strafverfahren kaum Gewicht, und daher konnte ein Priester letztlich nur laisiert werden, wenn seine schwere Schuld zweifelsfrei nachgewiesen war, keine mildernden Umstände geltend gemacht werden konnten und Ermahnungen, die man ihm gegenüber ausgesprochen hatte, nachweislich nichts genutzt hatten. In Verfahren wegen Kindesmissbrauchs war das lange Zeit praktisch ausgeschlossen, unter anderem, weil Kindesmissbrauch (fälschlicherweise) als Folge von Pädophilie galt und Pädophilie als psychische Krankheit und diese wiederum als mildernder Umstand, was die Anwendung der für Kleriker schwersten Strafe, Laisierung, praktisch automatisch ausschloss.[62]

Den US-amerikanischen Bischöfen war also spätestens Anfang der 1990er-Jahre klar geworden, dass sie die Krise ohne eine substanzielle Veränderung des kirchlichen Straf- und Prozessrechts nicht bewältigen konnten. Ihnen war auch klar, dass eine Anpassung der einschlägigen Rechtsvorschriften nicht ohne den Heiligen Stuhl möglich war. Und es wurde schnell deutlich, dass man eine solche Änderung in Rom nicht wünschte. Was nun begann, war ein jahrelanges diplomatisches Ringen.

In einem Brief, den Johannes Paul II. 1993 an die Amerikanischen Bischöfe schrieb, erwähnte er schließlich die Thematik erstmals öffentlich: »Während der Ad-limina-Besuche kam es immer wieder zu Gesprächen über das Problem, wie diese Sünden von Klerikern das moralische Empfinden vieler schockiert haben.«[63] Auch zu diesem Zeitpunkt, fünfzehn Jahre nach der Verurteilung Kiesles, acht Jahre nachdem die *New York Times* über die Verurteilung Gauthes berichtet hatte, drei Jahre nach der ersten Strafschadensersatzzahlung einer amerikanischen Diözese und zwei Jahre nachdem die Diözese Santa Fe beinahe pleitegegangen wäre, sprach der Papst verklausuliert von »Sünden von Klerikern«. Die folgenden Absätze seines Briefes enthielten vieles, was uns als Versatzstücke der kirchlichen Krisenkommunikation später immer wieder begegnen wird, auch bei seinem Nachfolger. Da gab es vor allem – direkt nach der Erwähnung der Missbrauchsfälle – den Satz, dass »die überwiegende Mehrheit der Bischöfe und Priester hingebungsvolle Nachfolger Christi sind, glühende Arbeiter in seinem Weinberg und Männer, die für die Bedürfnisse ihrer Brüder und Schwestern zutiefst empfänglich sind«. Sehr beliebt und unzählige Male so oder so ähnlich wiederholt zudem der Gedanke, dass an erster Stelle Jesus und der Papst selbst litten, weil »diese Sünden sein Herz in der Tat schmerzlich treffen«. Außerdem, dass es auf Umkehr und Vergebung ankäme: »Jeder Sünder, der den Weg der Buße, der Umkehr und der Vergebung geht, kann die Barmherzigkeit Gottes anrufen, daher müsst ihr vor allem diejenigen, die auf Abwege geraten sind, ermutigen und ihnen helfen, sich zu versöhnen und Gewissensfrieden zu finden.« Und dass es gelte, »mit allen zur Verfügung stehenden Mitteln zu reagieren. Unter diesen Mitteln ist das erste und wichtigste das Gebet: ein inbrünstiges, demütiges und vertrauensvolles Gebet.«

Interessanterweise versuchte Johannes Paul II. in seinem Brief noch, das Problem als ein rein US-amerikanisches darzustellen. Er sprach ausdrücklich von der »speziellen Situation der Vereinigten Staaten«. Diese Kommunikationsstrategie wurde noch lange von Bischöfen der ganzen Welt benutzt. Der Vorsitzende der Deutschen Bischofskonferenz, Karl Lehmann, sagte noch 2002 in einem Interview mit dem *Spiegel:* »Wir haben das Problem nicht in diesem Ausmaß. Warum soll ich mir den Schuh der Amerikaner anziehen, wenn er mir nicht passt?«[64] Spätestens seit dem sogenannten Missbrauchsgipfel im Vatikan von 2019 funktioniert das nicht mehr. So tritt an die Stelle des Regionalisierens in der kirchlichen Krisenkommunikation heute verstärkt das Historisieren: Die Taten lägen lange zurück, man hätte viel gelernt und Maßnahmen ergriffen, sodass sie heute nicht mehr in diesem Ausmaß möglich wären.

Eine andere von Johannes Paul II. eingeführte Taktik scheint dagegen unverändert zu funktionieren: das Ablenken von der Mitwisserschaft und Letztverantwortlichkeit der Römischen Kurie. Der Papst schreibt im Stile des Oberhirten, der seinen Söhnen aus der Patsche hilft und sie darüber belehrt, was nun zu tun sei. Der Subtext: Ihr habt das Problem. Wir in Rom, und speziell ich, haben damit nichts zu tun, aber großzügig, wie wir sind, helfen wir euch dabei. Dass dieser Subtext an der Realität vorbeigeht, lässt sich schon erahnen, wenn man sich den Verhandlungserfolg ansieht, den die Amerikanische Bischofskonferenz nach ihrem jahrelangen Ringen 1993 endlich erreicht hatte und den der Papst im selben Brief erwähnte: eine Gemeinsame Kommission.

Im Mai 1993 richtete der Papst eine »Joint Commission« ein, bestehend aus Kirchenrechtlern der Amerikanischen Bischofskonferenz und des Heiligen Stuhls. Ihr Ziel war es, nach einer Lösung für eine Veränderung des kirchlichen Strafrechts zu suchen. Allerdings war die Kommission die Reaktion des Papstes auf einen Lösungsvorschlag, den die Amerikanischen Bischöfe ihm zuvor unterbreitet hatten, mit anderen Worten: Der Papst wollte die Lösung der Amerikanischen Bischöfe nicht annehmen und zwang sie stattdessen, mit ihm an einer anderen Lösung zu arbeiten. Was die US-Bischöfe eigentlich gewollt hatten, war »ein Entscheidungsprozess, bei dem der Diözesanbischof selbst den Priester aufgrund pastoraler Notwendigkeit und nicht als Strafe entlassen würde«.[65] Sie wollten einen Strafprozess vermeiden, weil der, wie eben dargestellt, wegen prozessrechtlicher Vorschriften und der Rechte des Angeklagten nicht nur lange dauerte, sondern auch nur in äußerst seltenen Fällen mit einer Laisierung endete. Stattdessen schlugen sie ein rein verwaltungstechnisches Verfahren vor, das es einem Bischof erlauben würde, einen Kleriker nicht als Strafe, sondern rein aus pastoraler Notwendigkeit aus dem Klerikerstand zu entlassen. Der Vorschlag, den sie dem Heiligen Stuhl 1992 unterbreitet hatten, basierte im Wesentlichen auf dem vom Kirchenrecht vorgesehenen »Verfahren bei Amtsenthebung von Pfarrern«, wie es in den Kanones 1740 bis 1747 geregelt wird. Dort heißt es beispielsweise: »Ein Pfarrer, dessen Dienst aus irgendeinem Grund, selbst ohne eine schwere Schuld, schädlich oder wenigstens unwirksam wird, kann von seinem Diözesanbischof seiner Pfarrei enthoben werden.« Als einer der möglichen Gründe werden im nächsten Kanon unter anderem Verhaltensweisen angeführt, »die für die kirchliche Gemeinschaft schweren Schaden oder Verwirrung verursachen«. In einer umfassenden Analyse aus dem Jahr 2017 heißt es dazu: »Auf diese Weise hätten die Probleme rund um die Verjährung, die Zurechenbarkeit und etwaige Komplikationen oder Schwierigkeiten im Verlauf eines Gerichts- oder Verwaltungsstrafverfahrens ausgeklammert werden können. (…) Letztlich wäre die Entscheidung des Bischofs kein Urteil über vergangene Ereignisse, sondern eine Wahl der pastoralen Situation in der Gegenwart, das heißt, ob es für seine Diözese besser ist, dass der betreffende Kleriker ein Kleriker bleibt oder nicht.«[66]

Vor allem aber hätten die Verfahren so wesentlich kürzer gedauert. Denn was die Bischöfe am meisten belastete, war die Situation, die Mike Jamail, ein Psychologe, der für die Diözese Houston arbeitete, 1993 so beschrieb: »Wir sind seit acht Jahren an einem Entlassungsverfahren beteiligt. Der Mann wurde vom Dienst suspendiert. Wir zahlen seine gesamte medizinische Versorgung und sein Gehalt. Ich sagte meinem Bischof anfangs: ›Rechnen Sie damit, dass es zehn Jahre dauern wird.‹ Er glaubte mir nicht.«[67]

Die Joint Commission machte deutlich, wie Roms unverhandelbare Standpunkte in Missbrauchsverfahren lauteten. Erstens: keine Laisierung ohne Rom. Und zweitens: kein Verzicht auf den kirchlichen Strafprozess bei missbrauchsverdächtigen Klerikern. An der Linie dieser römischen Logik sollte einige Jahre später »Sacramentorum sanctitatis tutela« anknüpfen. Was die Joint Commission Mitte der 1990er erarbeitete, waren erste Korrekturen am Strafrecht, unter anderem wurde das Schutzalter von 16 auf 18 heraufgesetzt und die Verjährungsfristen neu geregelt. Das waren zwar zwei von vielen kleinen und kleinsten Änderungen, die es in der Folge geben würde – die entscheidenden Punkte wurden aber nicht angetastet: Das Letzturteil blieb den römischen Behörden vorbehalten, beschuldigte Priester behielten umfangreiche Verteidigungs- und Schutzrechte, und Betroffene blieben, gemeinsam mit der kirchlichen Öffentlichkeit, Zeugen ohne Recht auf Auskunft, Einspruch oder Akteneinsicht, sie erhielten keinen Nebenklägerstatus. Aber nicht nur die Tatsache, dass der amerikanische Vorstoß von Rom zurückgewiesen wurde und an seiner Stelle Maßnahmen beschlossen wurden, die nicht einmal halb so weit reichten, zeugte von der Uneinigkeit zwischen den amerikanischen Ortsbischöfen und den römischen Behörden. Diese Uneinigkeit war in vielen konkreten Fällen weiterhin spürbar, etwa im Fall Cipolla.

Just in der Woche, als die Amerikanischen Bischöfe zum Ad-limina-Besuch beim Papst waren, und kurz bevor die Joint Commission ins Leben gerufen wurde, am 9. März 1993, hob die Apostolische Signatur ein Urteil in einem Missbrauchsfall auf. Der Bischof von Pittsburgh, der das Urteil Jahre zuvor gefällt hatte, Donald Wuerl, wusste nicht einmal, dass die Signatur ein Berufungsverfahren in diesem Fall führte. Er hatte 1988 einen Priester namens Anthony Cipolla suspendiert, nachdem ein junger Mann, der bei ihm Messdiener gewesen war, die Diözese verklagt hatte. Cipolla, ein Priester, der für seine Verehrung von Padre Pio bekannt und in einschlägigen Kreisen sehr beliebt war, erhielt ein Verbot, öffentlich die Messe zu feiern, und wurde ins Saint Luke Institute geschickt. Von dort kam die Empfehlung, Cipolla zur Behandlung in eine psychiatrische Klinik zu überweisen und nicht mehr mit Kindern arbeiten zu lassen. Cipolla, der sich schon am Saint Luke Institute schlecht behandelt fühlte, weigerte sich, in eine nicht christliche Klinik zur Behandlung zu gehen. Stattdessen legte er bei der Kleruskongregation Berufung gegen seine Suspension ein. Nachdem die Kleruskongregation Wuerls Urteil 1991 bestätigte, wendete er sich an die Apostolische Signatur. Dort wurde Wuerls Urteil 1993 schließlich nicht nur aufgehoben, dem Bischof wurden in dem siebenseitigen Dekret vom 9. März obendrein schwere Vorwürfe gemacht. »Die Entscheidung ist ziemlich hart gegenüber dem Bischof. Sie sagt mehrmals ausdrücklich, dass er das Verfahren nicht eingehalten und die

Beweise nicht richtig berücksichtigt hat«, kommentierte Ladislas Orsy, ein amerikanischer Kirchenrechtsprofessor.[68]

Teil des Vorwurfs schien zu sein, dass Wuerl dem – im Übrigen vom ganzen nordamerikanischen Episkopat geschätzten – Saint Luke Institute vertraute und dessen Einschätzung übernommen hatte. Cipollas Kirchenrechtsanwalt dagegen hatte angemerkt, dass dieses Institut von einem homosexuellen Priester – gemeint war der einige Jahre zuvor verstorbene Michael Peterson – gegründet worden sei und daher ungeeignet wäre, ein Urteil über die psychische Gesundheit eines Priesters zu fällen. Die Signatur übernahm diese Argumentationslinie in ihrem Urteil. Wuerl ließ sich allerdings vom Urteil der Signatur nicht beeindrucken. Er wusste, dass sie das laufende Zivilverfahren gegen Cipolla nicht berücksichtigt hatten, und setzte sich persönlich dafür ein, dass der Fall an der Signatur wieder aufgemacht wurde. Mit Erfolg: Die Signatur bestätigte schließlich Wuerls Urteil, und Cipolla wurde suspendiert. Davon wiederum ließ sich Cipolla nicht beeindrucken. Er feierte weiter die Messe und inszenierte sich als Opfer einer fehlgeleiteten kirchlichen Hierarchie. Erst nachdem er 2002 kühn genug war, in einer Kirche in Rom die Messe zu feiern, konnte Wuerl erreichen, dass ein Verfahren an der Glaubenskongregation eröffnet wurde. Im November 2002 wurde Cipolla schließlich laisiert.[69]

Priester, die Abtreibungen erzwingen

Nachdem die Krise Mitte der 1980er in den USA explodiert war, breitete sie sich zuerst in englischsprachigen westlichen Ländern aus, wo immer mehr Betroffene sich vernetzten und Medien berichteten. Zur selben Zeit gab es in Afrika eine Entwicklung, die von der Öffentlichkeit praktisch vollkommen unbemerkt blieb. Im Vatikan löste sie keinerlei spürbare Reaktionen aus, womit sie im Nachhinein mehr als jede andere römische Untätigkeit die abgrundtiefe Doppelmoral der Spitzenbeamten im Vatikan offenbarte. Vielleicht ist genau deswegen das Schweigen hierüber bis heute so besonders hartnäckig.

1988 erhielt Maura O'Donohue, eine irische Ordensfrau der

Medical Missionaries of Mary, eine neue Aufgabe: Sie, die schon über vierzig Jahre lang in afrikanischen Ländern gearbeitet hatte und damit quasi auf dem Kontinent zu Hause war, wurde Aids-Koordinatorin für die Catholic Agency for Overseas Development (CAFOD). In dieser Funktion hielt sie sich in verschiedenen afrikanischen Ländern auf, besuchte Krankenhäuser und kam in Kontakt mit anderen Fachleuten, Verantwortlichen, Pflegepersonal und mit Aids-Kranken. Als sie zum wiederholten Mal Ordensfrauen begegnete, die Aids hatten, wurde sie stutzig. Schließlich ist Aids eine sexuell übertragbare Krankheit. In vertraulichen Gesprächen erfuhr sie, dass diese Frauen zum Sex genötigt worden waren, und zwar von infizierten katholischen Priestern. O'Donohue war entsetzt. Immer wieder begegneten ihr ähnliche Fälle, von Land zu Land, von Jahr zu Jahr hörte sie von betroffenen Schwestern und deren Oberinnen ähnliche Geschichten. Ein Teil der Geschichte war, dass Priester seit dem Ausbruch der Aids-Epidemie seltener zu Prostituierten gingen, weil sie fürchteten, sich dort anzustecken. Stattdessen erzwangen sie Sex von Ordensfrauen. Manchmal im Gegenzug für Zertifikate, die die Frauen benötigten, manchmal im Zuge der Beichte oder in geistlichen Gesprächen. Teil der Geschichte war auch, dass es Frauenklöster gab, in denen Schwestern von der Oberin die Pille ausgehändigt bekamen, und dass es in vielen Klöstern schwangere Ordensfrauen gab. Als O'Donohue das Ausmaß des Problems realisierte, wurde sie zunächst von einem Gefühl von »Schock und Unglauben« überwältigt, dann begann sie die Fälle zu dokumentieren. Etwas musste geschehen. Rom musste eingreifen.

Maura O'Donohue war keine Aktivistin, im Gegenteil. Sie hielt sich an kircheninterne Abläufe und scheute die Öffentlichkeit. Noch Jahrzehnte später lehnte sie Interviewanfragen zum Thema ab. Sie beließ es beim Versuch, die kirchlichen Verantwortlichen zu erreichen. Aber sie war auch keine Anfängerin. Sie wusste, dass sie gut vorbereitet und hartnäckig sein musste, um in Rom irgendetwas zu erreichen. Aber dass sie es versuchen musste, war für sie keine Frage mehr, denn die Fälle, die ihr begegneten, waren teils extrem.

In Malawi stieß sie auf ein Frauenkloster, in dem 29 Schwestern zugleich schwanger waren. Der betroffene Orden war dem Ortsbischof unterstellt, daher hatten sich die Oberinnen bei ihm beschwert, woraufhin der kurzerhand die Oberinnen abgesetzt hatte. Das war nicht der einzige Fall. Dass Bischöfe den Schwestern diözesaner Ordensinstitute nicht halfen, sondern sie eher unter Druck setzten, still zu sein und zu kooperieren, wenn ihre Schwestern zum Freiwild des diözesanen Klerus wurden, kam häufig vor. »Ganze Gruppen von Schwestern lokaler Institute wendeten sich mit leidenschaftlichen Hilferufen an Mitglieder internationaler Kongregationen und erklärten, dass sie einfach ›nicht gehört werden‹, wenn sie selbst versuchen, bei ihren Bischöfen über Belästigungen durch Priester vorstellig zu werden.«[70] Die Ordensfrauen, oft sehr junge afrikanische Frauen, lebten in einem Klima, in dem Männer – vor allem geweihte Männer – das Sagen hatten und sie ihnen nicht nur unterlegen waren, sondern sich Klerikern gegenüber oft in einer dienenden Rolle befanden. Wenn Priester sie zum Sex nötigten, waren sie ihnen daher in vielen Fällen hilflos ausgeliefert. Je sicherer diese sich fühlten, desto rücksichtsloser gingen sie vor. Sie stellten ihre Forderungen ganz offen, behandelten Frauenklöster wie Bordelle und setzten Oberinnen unter Druck: »Eine Oberin (…) wurde von Priestern angesprochen, die verlangten, dass ihnen Schwestern für sexuelle Gefälligkeiten zur Verfügung gestellt würden. Als die Oberin dies ablehnte, erklärten die Priester, dass sie sonst ja gezwungen wären, ins Dorf zu gehen, um Frauen zu finden, und dass sie dadurch Aids bekommen könnten.«[71] Die Fälle, die O'Donohue zu dokumentieren begann, waren »absolut unerträglich und in einigen Fällen nahezu unaussprechlich. In einem Fall, so O'Donohue, brachte ein Priester eine Schwester zur Abtreibung, und sie starb während des Eingriffs. Er hielt später die Totenmesse für sie.«[72]

Maura O'Donohue blieb nicht allein. Sie fand Mitstreiter und Mitstreiterinnen, die ebenfalls begannen, Fälle zu dokumentieren und an internationale Verantwortliche zu appellieren. Eine von ihnen war Marie McDonald von den Missionary Sisters of Our Lady of Africa. In ihrem Bericht war zu lesen, dass »Vorwürfe über sexuelle Belästigung und sogar Vergewaltigung von Schwestern durch Priester und Bischöfe weit verbreitet« waren, und sie beschrieb auch, was üblicherweise geschah, wenn eine Schwester schwanger wurde: »Der Priester besteht darauf, dass sie abtreiben lässt oder (…) sie wird mit der Entlassung aus der Gemeinschaft bestraft, während der Priester oft nur in eine andere Pfarrei versetzt – oder zum Studium weggeschickt wird.«[73] Sie fügte mit Nachdruck hinzu, dass derartige Übergriffe nicht nur in afrikanischen Ländern vorkämen, dort wäre man nur als Erstes darauf aufmerksam geworden. Die weltweite Verbreitung dieser Fälle belegte auch der Bericht von Maura O'Donohue, die Fälle von allen Kontinenten und aus insgesamt 23 Ländern aufgelistet hatte, inklusive der USA, Irland, Italien und der Philippinen.

Es war 1994, als O'Donohue ihre umfangreiche, über Jahre gesammelte Dokumentation von Fällen in aller Welt samt Belegen nach Rom schickte. Es gelang ihr außerdem, ein Treffen mit Kardinal Eduardo Martínez Somalo, dem Präfekten der Religiosenkongregation, zu erreichen. Es fand am 18. Februar 1995 in Rom statt. Bei diesem Treffen unterrichtete sie ihn und führende Mitglieder der Kongregation über die Situation und die von ihr dokumentierten Fälle. Und die Mitstreiter und Mitstreiterinnen O'Donohues zogen nach: Marie McDonald präsentierte ihren Bericht im November 1998 bei einem Treffen der wichtigsten Repräsentanten internationaler Ordensinstitute und der Religiosenkongregation in Rom. Der Titel ihres Vortrags lautete »The Problem of the Sexual Abuse of African Religious in Africa and Rome«, denn es war offensichtlich geworden, dass auch Rom ein Hotspot des sexuellen Missbrauchs war: Junge Ordensfrauen aus aller Welt wurden im Zuge ihrer Ausbildung nach Rom geschickt und begegneten dort Priestern aus ihren Heimatländern, denen sie im Haushalt zu Diensten waren, bei denen sie zur Beichte gingen und von denen sie in einigen Fällen auch missbraucht wurden. Zwei Jahre später, im September 2000, sprach Esther Fangman, eine Benediktinerin, bei einem Treffen von 250 amerikanischen Benediktineräbten in Rom über sexuelle Ausbeutung von Ordensfrauen. Und noch einmal ein Jahr später, 2001, wurden Berichte von O'Donohue, Fangman, McDonald und drei weiteren Personen, darunter einem amerikanischen Priester, schließlich geleakt. Der *National Catholic Reporter* berichtete darüber, ebenso die *New York Times*[74] und Medien aus aller Welt. Überall war zu lesen, dass Priester Ordensfrauen zum Sex nötigten, dass es sich nicht um Einzelfälle handelte und dass Kleriker teils Abtreibungen erzwangen, um die Übergriffe zu vertuschen.

Bis zu diesem Zeitpunkt war der Vatikan absolut still geblieben. Mehr noch: Es gab keine Hinweise darauf, dass die Religiosenkongregation oder eine andere römische Behörde in diesen Fällen irgendetwas unternommen hätte. Es gab im Zusammenhang mit diesen Fällen keinen Hinweis auf Beauftragungen, Ermittlungen, Prozesse, Absetzungen oder auch nur eine einzige symbolische Geste – einfach gar nichts. Erst unter dem Druck der weltweiten Berichterstattung 2001 gab es eine erste römische Wortmeldung. Sie kam vom Pressesprecher Joaquín Navarro-Valls. Seine Worte legten nahe, dass der Vatikan in diesen Fällen dieselbe Strategie verfolgte wie in der Kindesmissbrauchskrise: Regionalisieren, Relativieren, Ablenken. Navarro-Valls sprach von »einem begrenzten geografischen Gebiet«, behauptete, dass man sich schon darum kümmerte (»Es wird sowohl an der Ausbildung der Menschen als auch an der Lösung von Einzelfällen gearbeitet«), und fügte hinzu: »Ein paar negative Situationen können den oft heroischen Glauben der großen Mehrheit der Ordensmänner, Ordensfrauen und Priester nicht vergessen lassen.«[75] Das war und blieb für beinahe zwanzig Jahre das einzige offizielle Statement aus dem Vatikan zur tausendfachen sexuellen Ausbeutung, Nötigung und Körperverletzung junger Ordensfrauen weltweit. Die dazugehörenden Zwangsabtreibungen wurden weder damals noch später jemals offiziell eingeräumt oder erwähnt. Und eben Letzteres ist das Verblüffende – und die Tatsache, dass die römische Kommunikationsstrategie diesmal aufging. Während der öffentliche Druck in Sachen Kindesmissbrauch in den folgenden Jahren stetig stieg, wurde es um die sexuelle Gewalt, die Kleriker gegenüber untergebenen Frauen ausübten, sehr bald wieder sehr still. Genau das offenbart die

Doppelmoral der kurialen Behörden in Rom, inklusive der Joseph Ratzingers, besonders deutlich.

Wenn es um Kindesmissbrauch geht, behaupten kirchliche Verantwortliche oft, sie hätten jahrzehntelang keine Ahnung davon gehabt, wie schlimm dieses Vergehen sei. Das ist natürlich einerseits eine Schutzbehauptung, denn erstens war vor dem Hintergrund der kirchlichen Sexualmoral und des Kirchenrechts immer schon klar, dass Kindesmissbrauch ein schweres Vergehen ist, und zweitens hatten kirchliche Verantwortliche spätestens 1985 nicht nur Zugang zu reichlichen Informationen von Fachleuten, sondern auch Anlass genug, sich diese Informationen zu besorgen. Andererseits stimmt diese Behauptung furchtbarerweise in vielen Fällen, denn wie wir aus Jörg Fegerts Schilderung wissen, gab es auch 2003 noch Kurienkardinäle, die vor dem Hintergrund ihrer kirchenmoralischen Logik nicht begriffen, was an sexuellem Kindesmissbrauch so besonders schlimm sein sollte. Wenn es allerdings aus kirchlicher Perspektive eine Sünde gibt, deren Abgründigkeit nie außer Frage gestanden hat, die nicht scharf genug verurteilt werden kann und die darum mit der sofortigen Exkommunikation bestraft wird, dann ist das Abtreibung.

Laut Kirchenrecht werden alle Personen automatisch exkommuniziert, die zu einer Abtreibung beigetragen haben oder ohne die sie nicht möglich gewesen wäre (can. 1329 § 2 CIC). Und eine härtere Strafe als die Exkommunikation gibt es im Kirchenrecht nicht. Die Verurteilung der Abtreibung als »verabscheuungswürdiges Verbrechen« zog sich wie eine rote Linie durch das Pontifikat von Johannes Paul II., der deswegen mit Blick auf moderne Gesellschaften, die Abtreibungen legalisierten, gerne von einer »Kultur des Todes« sprach und gemeinsam mit seinem Glaubenspräfekten Joseph Ratzinger nicht nur die deutschen Bischöfe in einem jahrelangen Ringen dazu brachte, die Zusammenarbeit mit donum vitae zu beenden, sondern der auch dem bis zuletzt widerstrebenden Bischof Franz Kamphaus die Schließung von donum vitae im Bistum Limburg aufzwang. Deren Schwangerenkonfliktberatungsstellen stellten nämlich Beratungsscheine aus. Einen solchen Schein zum Nachweis einer erfolgten Beratung benötigen Frauen nach deutscher Gesetzgebung, um eine Abtreibung straffrei vornehmen lassen zu können. Für Johannes Paul II. war das ein No-Go, denn für ihn war ganz klar, dass es einen noch so minimalen kirchlichen Beitrag zu einem derart schweren Verbrechen gegen das Leben nicht geben durfte. Wenn das die ehrliche moralische Überzeugung der Kirchenleitung war, wenn Kamphaus wegen seines Festhaltens an den Schwangerenberatungsstellen in Ungnade fiel, wenn einem Theologen wie Curran, der nur über einige Modifikationen der kirchlichen Position zu Abtreibungen nachdachte, die Lehrerlaubnis entzogen wurde – wie hätten dann erst ihre Maßnahmen gegen Priester aussehen müssen, die so weit gegangen waren, Frauen zu Abtreibungen zu zwingen, und die damit automatisch exkommuniziert waren? Das Mindeste wäre die umgehende Ermittlung der Beschuldigten, ordentliche Verfahren an Kirchengerichten, Erklärung der Exkommunikation und Entlassung aus dem kirchlichen Dienst gewesen. Dazu wäre eine ganze Reihe weiterer Maßnahmen denkbar, wie beispielsweise Verfahren gegen vertuschende Bischöfe, Beauftragung einer eigenen Kommission zur Ermittlung weiterer bislang unentdeckter Fälle, Fürsorgemaßnahmen für die betroffenen Ordensfrauen, Ursachenforschung, Präventionsmaßnahmen und vieles mehr.

Doch weder von Kardinal Martínez Somalo, der aus erster Hand von diesen Fällen wusste, noch vom Chef der Glaubenskongregation war etwas zu vernehmen. Letzterer war für schwere Verfehlungen gegen die Sitten und für die Reinerhaltung der kirchlichen Sexuallehre verantwortlich und hatte erst wenige Jahre zuvor ein ausführliches Schreiben »über die Achtung vor dem beginnenden menschlichen Leben und die Würde der Fortpflanzung« herausgegeben. Darin nannte Ratzinger die »Tötung des Kindes« ein »verabscheuungswürdiges Verbrechen«.[76] Hatte Ratzinger vielleicht nichts von diesen Fällen mitbekommen? Das kann, spätestens ab 2001, als äußerst unwahrscheinlich gelten. Hielt er sie nicht für schlimm? Ausgeschlossen. Hielt er sich vielleicht nicht für zuständig? Ebenfalls ausgeschlossen, und zwar nicht nur im Blick auf die Abtreibungen, sondern auch auf einige der von O'Donohue und anderen geschilderten Vergehen, für die seine Behörde zweifellos zuständig war, die sogenannte Sollizitation. Damit sind Fälle gemeint, in denen ein Priester die Beichte dazu nutzt, um die Person, die bei ihm beichtet, zu sexuellen Handlungen zu bewegen. Für dieses Vergehen war die Glaubenskongregation immer schon zweifelsfrei zuständig, auch schon vor SST. Ratzinger hätte die Ermittlungen in Sachen sexueller Ausbeutung von Ordensfrauen und erzwungene Abtreibungen also an sich ziehen können. So, wie er Mitte der 1990er einen Fall, der uns noch im vierten Kapitel beschäftigen wird, von der Religiosenkongregation übernahm. Warum er in diesem Fall stattdessen offenbar gar nichts tat, werden wir vielleicht nie erfahren. Dass er die ihm zur Verfügung stehenden Möglichkeiten zum Eingreifen nicht nutzte, belegt stattdessen einmal mehr: Ein Held war Joseph Ratzinger nicht. Aber lernte er wenigstens im Umgang mit Priestern, die Kinder missbraucht hatten, seit 1987 dazu?

Der Fall Lawrence Murphy

Im Sommer 1996, knapp fünfzehn Jahre nach dem ersten Brief im Fall Kiesle, schrieb wieder ein amerikanischer Bischof einen Brief an Kardinal Ratzinger. Diesmal war es Erzbischof Rembert Weakland von Milwaukee, der als liberal galt und in der Glaubenskongregation deswegen nicht wohlgelitten war – und der später selbst wegen Missbrauchs an einem jungen Mann angeklagt werden sollte. Seinem Brief lag kein Bittgesuch um Laisierung bei, stattdessen enthielt er eine kirchenrechtliche Frage. Bei Weakland hatten sich Opfer eines Priesters gemeldet, der seiner Diözese angehörte. Der Name dieses Priesters war Lawrence Murphy. Murphy war von 1950 bis 1974 als Priester in einer Schule für Gehörlose tätig gewesen, den größten Teil dieser Zeit hatte er die Schule geleitet. Später gab er zu, damals 19 gehörlose Kinder sexuell missbraucht zu haben. Allerdings gab es deutlich mehr Anschuldigungen gegen ihn. Schätzungen zufolge könnte die Zahl der von ihm missbrauchten Kinder zehnmal so hoch sein und bei etwa 200 liegen.

Bereits 1974 waren einige seiner ersten Opfer, mittlerweile

junge Erwachsene, zur Polizei gegangen. Allerdings wurde kein Verfahren eingeleitet, weil die von ihnen berichteten Taten damals schon verjährt waren. Opfer Murphys gingen auch zum damaligen Erzbischof William Edward Cousins, der alles andere als erfreut war. Sie erinnerten sich, dass er ihre Dolmetscher anschrie.[77] Untersuchungen oder einen kirchlichen Prozess gegen Murphy leitete er nicht in die Wege. Murphy wurde auch nicht suspendiert. Allerdings erhielt er auch keine neue Aufgabe in der Diözese. Er wurde erst vorübergehend wegen Krankheit beurlaubt und zog dann später zu seiner Mutter, feierte regelmäßig die Messe in umliegenden Pfarreien und war punktuell weiterhin seelsorglich für die Gehörlosengemeinde tätig. Seine Opfer versuchten lange Zeit vergeblich, Anklage gegen ihn zu erheben. Erst zwanzig Jahre später, als dem nächsten Erzbischof von Milwaukee, Rembert Weakland, klar wurde, dass Murphy einige seiner Opfer auch im Beichtstuhl bedrängt hatte – aus kirchenrechtlicher Sicht ein besonders schwerwiegender Übergriff –, beschloss er, sich an die Glaubenskongregation in Rom zu wenden, schließlich war die für solche Beichtstuhlfälle (Sollizitation, can. 1387 CIC) zuständig. Am 17. Juli 1996 schrieb Weakland einen Brief an Joseph Ratzinger. Er schilderte den Fall, den Stand der Fakten, versicherte, es handelte sich um glaubwürdige Beschuldigungen, die, wie er erst seit Kurzem wüsste, unter anderem auch Sollizitation beinhalteten. »Dabei geht es mir inzwischen nicht nur um die notwendige Gerechtigkeit, sondern noch mehr um eine heilende Antwort der Kirche für die Gehörlosen innerhalb der Erzdiözese, damit ihr Zorn gebannt und ihr Vertrauen in die kirchlichen Amtsträger wiederhergestellt werden kann.«[78] Was dann geschah, wirkt vertraut: Weakland erhielt fast ein halbes Jahr lang keine Antwort.

Im November beschloss er kurzerhand, selbst ein Verfahren zu eröffnen. Allerdings warnten ihn die Kirchenrechtler der Diözese, dass die Taten verjährt wären, und empfahlen ihm, doch lieber auf eine Antwort aus Rom zu warten. Nachdem weitere vier Monate lang keine Post aus Rom kam, schrieb Weakland am 10. März 1997 an einen anderen römischen Kirchengerichtshof, die Apostolische Signatur. Dort schilderte er den Fall und fragte nach den Verjährungsfristen. Er erwähnte auch, dass er sich im Jahr zuvor vergeblich an Kardinal Ratzinger gewandt hatte. Außerdem hoffte er auf eine Ausnahmeregelung bezüglich der Verjährung, denn es ging um »die Frage, wie die Kirche für Gerechtigkeit sorgen kann, wenn die Durchsetzung der Gerechtigkeit unmöglich war, weil es allen Betroffenen zum Zeitpunkt der Vorfälle oder kurz danach physisch verwehrt war, das Verbrechen anzuzeigen, weil es ihnen an Vokabular und den nötigen Fähigkeiten fehlte«.[79] Die Signatur leitete den Brief an die Glaubenskongregation weiter, und nur zwei Wochen später, am 24. März, schrieb der Sekretär der CDF, Kardinal Tarcisio Bertone, Weakland einen Brief – auf Englisch. Der Brief wurde offensichtlich schnell geschrieben und enthielt Fehler (unter anderem bezieht er sich auf einen Brief, den Weakland am 11. Dezember 1966 geschrieben hätte), vor allem aber enthielt er in einem technisch-formalen Ton die Erlaubnis, das Verfahren gegen Murphy fortzusetzen, nicht ohne darauf hinzuweisen, dass dem Beschuldigten genügend Zeit für die Verteidigung gelassen werden sollte. Weakland war erleichtert und nahm die Vorermittlungen wieder auf. Am 14. Dezember 1997 waren diese abgeschlossen, und das Gerichtsverfahren begann. Weil Murphy mittlerweile seinen Wohnsitz in der Diözese von Superior hatte, wurde das Verfahren am dortigen Kirchengericht geführt. Am 6. Januar 1998 wurde Murphy per Dekret aufgefordert, zu den Beschuldigungen Stellung zu nehmen. Die Dinge nahmen ihren Lauf. Die Sachlage schien eindeutig und Murphys Laisierung sicher.

Da wendete sich das Blatt: Am 12. Januar schrieb Murphy einen Brief an Kardinal Ratzinger. Er erwähnte das Verfahren, das die Erzdiözese gegen ihn eröffnet hatte. Er fühlte sich ungerecht behandelt. Deswegen, erklärte er, lege er bei der Glaubenskongregation Berufung ein. Er würde die CDF bitten, »das Dekret über die Vorladung durch die Diözese Superior für ungültig zu erklären«. Und er fügte hinzu: »Ich bin 72 Jahre alt, Eure Eminenz, und mein Gesundheitszustand ist schlecht. Ich habe erst kürzlich einen weiteren Schlaganfall erlitten, der mich in einem geschwächten Zustand zurückgelassen hat. (…) Ich habe für alle meine vergangenen Übertretungen Buße getan und lebe seit 24 Jahren friedlich im Norden von Wisconsin. Ich möchte einfach die Zeit, die mir noch bleibt, in der Würde meines Priestertums verleben. Ich bitte Sie um Ihre freundliche Unterstützung in dieser Angelegenheit.«[80]

Erzbischof Weakland hatte fast ein Jahr lang vergeblich auf eine Antwort auf seinen ersten, an Ratzinger adressierten Brief gewartet. Die Reaktion auf Murphys Brief erfolgte dagegen relativ schnell: Am 6. April, keine drei Monate später, schrieb Tarcisio Bertone an den Bischof von Superior, Raphael Fliss. In Großbuchstaben war »CONFIDENTIAL« (vertraulich) auf das Blatt gedruckt. Bertone zitierte ausführlich aus Murphys Brief und listete all dessen Argumente auf, dass er alt und krank wäre, dass die Vorfälle lange zurücklägen, dass es ihm leidtäte und so weiter. Bertone behauptete, die »ganze Situation« wäre an der Glaubenskongregation aufmerksam geprüft worden, und »lud Seine Exzellenz ein«, einen Kanon des Kirchenrechts sorgfältig in Betracht zu ziehen, nämlich den Kanon 1341 CIC. Dieser enthielte Maßnahmen, die »Ärgernisse beheben und Gerechtigkeit wiederherstellen« könnten. Schließlich wünschte er Fliss ein gesegnetes Osterfest »in der Freude des auferstandenen Christus«.[81]

In can. 1341 CIC steht, ein Bischof habe »dafür zu sorgen, dass der Gerichts- oder Verwaltungsweg zur Verhängung oder Feststellung von Strafen nur dann zu beschreiten ist, wenn er erkannt hat, dass weder durch mitbrüderliche Ermahnung noch durch Verweis, noch durch andere Wege des pastoralen Bemühens ein Ärgernis hinreichend behoben, die Gerechtigkeit wiederhergestellt und der Täter gebessert werden kann«. Es war einer der Kanones, der amerikanischen Kirchenrechtlern schon lange Bauchweh bereitete. Denn unter anderem wegen dieses Kanons verzichteten Bischöfe weitgehend auf Strafprozesse und beließen es stattdessen bei Ermahnungen gegenüber den beschuldigten Klerikern. Was Bertone sprachlich in eine »Einladung« kleidete, verstand ein erfahrener Bischof inhaltlich als die unverhohlene Drohung, das Verfahren zu stoppen, weil es sonst in Rom scheiterte. Das Verfahren in Superior sollte also kurz vor dem Urteil ausgebremst werden.

Was hier Mitte der 1990er-Jahre an Ratzingers Behörde geschehen ist, ist nicht zu beschönigen: Ratzingers Glaubenskongregation, die fast ein Jahr Zeit und obendrein eine Aufforderung durch die Apostolische Signatur brauchte, um dem Erzbischof überhaupt zu antworten, reagierte umgehend auf das selbstmitleidige Schreiben des Beschuldigten und nahm es zum Anlass, den Erzbischof nun, zwei Jahre nach dessen erstem Brief und ein Jahr nach der Bewilligung des Verfahrens, doch noch zum Einhalten aufzufordern, mit Rücksicht auf den Beschuldigten, dem immerhin vorgeworfen wurde, über zwanzig Jahre lang um die 200 gehörlose Kinder missbraucht zu haben.

Fliss wehrte sich. Am 13. Mai 1998 schrieb er einen Brief zurück, adressiert an Bertone: »Ich bin zu dem Schluss gekommen, dass ohne ein Gerichtsverfahren gegen P. Murphy der Skandal nicht ausreichend behoben und die Gerechtigkeit nicht ausreichend wiederhergestellt werden kann. Der Skandal und das Gefühl der Ungerechtigkeit, das die katholische Gehörlosengemeinde durchdringt, ist von einem solchen Ausmaß, dass eine sorgfältige Rechtsprechung in dieser sehr tragischen Situation unabdingbar ist.«[82] Er teilte Bertone mit, er beabsichtige, das Verfahren fortzuführen.

Zeitgleich traf sich der zuständige Kirchenrichter, Thomas Brundage, mit Opfern Murphys. Er fragte sie, was die Diözese noch für sie tun könnte, was sie sich wünschten. Die Antwort kam prompt und deutlich: Die einzige Gerechtigkeit, die sie sich erhofften, wäre die Laisierung Murphys. Brundage hörte Sätze wie: »Dieser Mann darf nicht in priesterlichem Ornat beerdigt werden.« Als Brundage erklärte, dass eine Laisierung am örtlichen Kirchengericht in der nächsten Instanz in Rom aufgehoben werden könnte, erwiderten die anwesenden Betroffenen, dass eine einzige Verurteilung Murphys, selbst wenn sie in der nächsten Instanz revidiert würde, ihnen viel bedeuten würde. »Sie würden sich dann fühlen, als seien sie gehört worden.«[83]

Weakland und Fliss beschlossen, beim bald bevorstehenden Ad-limina-Besuch bei der Glaubenskongregation vorzusprechen. Am 30. Mai 1998 trafen die beiden den Sekretär der Glaubenskongregation, Tarcisio Bertone, in Rom. Außerdem anwesend waren unter anderem der Untersekretär Gianfranco Girotti und Antonio Manna von der Disziplinarabteilung. Weakland schilderte die Situation: Es gab sehr viele Opfer Murphys, die Gehörlosengemeinde war aufs Äußerste erbittert darüber, dass dieser bislang straflos ausgegangen war, Murphy zeigte keine echte Reue und schien die Schwere seiner Taten nicht begriffen zu haben, und obendrein bestand das Risiko, dass dieser Fall medial publik gemacht würde. Bertone erwiderte, dass die Taten nun ja schon über dreißig Jahre her wären und dass es keine aktuellen Anschuldigungen gäbe. Man sollte Murphy verbieten, die Messe in der Gehörlosengemeinde zu feiern, und ihn dazu bringen, eine Entschuldigung zu formulieren. Auch machte er mit einigem Nachdruck klar, dass ein Strafverfahren wegen Sollizitation an sich schon eine sehr diffizile Angelegenheit wäre, ein kaum zu beweisendes Vergehen. In einem Fall wie diesem, wo die Vorfälle lange zurücklägen und die Zeugen gehörlos wären, wäre es praktisch ausgeschlossen, dass das Verfahren zu einer Laisierung führte. Schließlich einigte man sich darauf, Murphy zu ermahnen und von ihm klare Zeichen der Reue zu verlangen. Dazu empfahl Bertone, ihm eine Zeit der Einkehr aufzuerlegen. Im Protokoll der Kongregation hieß es abschließend eigens: »Vor dem Ende des Treffens möchte Seine Exzellenz Weakland erneut bekräftigen, dass es für die Gemeinschaft der Gehörlosen schwierig sein wird, den geringen Umfang dieser Maßnahmen zu begreifen.«[84]

Das Verfahren wurde eingestellt. Murphy war nicht zu Worten der Entschuldigung zu bewegen, bevor er wenig später, am 21. August 1998, starb. Angehörige der Gehörlosengemeinde erhielten Einladungen zur Beerdigung, die feierlich begangen wurde: Murphy wurde in priesterlichem Ornat im offenen Sarg aufgebahrt. Der Weihbischof stand der Feier vor. Am 2. September schrieb Weakland einen letzten Brief in dieser Sache nach Rom. »Trotz vieler Schwierigkeiten hoffen wir immer noch, dass wir unerwünschte Berichterstattung vermeiden können, die sich negativ auf die Kirche auswirken würde.« Und er schloss den Brief: »Danke für Ihre Hilfe in dieser Angelegenheit.«[85] Bertone antwortete am 28. September. Sein Brief ist kurz. Er endet mit dem Satz: »Dieses Dikasterium empfiehlt Pater Murphy der Barmherzigkeit Gottes und teilt mit Ihnen die Hoffnung, dass der Kirche in dieser Angelegenheit jede ungebührliche Bekanntmachung erspart bleibt.«[86]

Der Behördenchef, Kardinal Ratzinger, hatte in die Angelegenheit die ganze Zeit über nicht persönlich eingegriffen. Seine Verteidiger versuchten daher zu argumentieren, er hätte womöglich nichts davon gewusst oder zumindest die Details des Falls nicht gekannt. Einer von ihnen, Jimmy Akin, schrieb im *National Catholic Register:* »Wir wissen also nicht, ob Ratzinger den Brief gesehen hat, ob ihm davon erzählt wurde oder ob er etwas getan hat. Das ist wichtig dafür, wie wir die Geschichte bewerten (…) wir haben keine Beweise dafür, dass Ratzinger etwas mit schlechtem Gewissen getan hat.«[87]

Nun ist es nicht nur ein deutlicher Abstieg vom angeblichen stillen Helden, der in der Missbrauchskrise frühzeitig mutig handelte, zum Präfekten, der die Missbrauchsfälle, die in seiner Kongregation ankamen, nicht so genau kannte. Darüber hinaus kann es als sehr unwahrscheinlich gelten, dass Ratzinger vom Fall Murphy so gar nichts mitbekommen hatte. Und selbst wenn ihm die »Details« des Falls entgangen sein sollten, sodass er aus Unwissenheit mit Bertones Vorgehen einverstanden war, entlastet ihn auch das nicht, denn: Was waren die Details des Falls? Galt es an Ratzingers Behörde als ein Detail, dass dieser Priester womöglich 200 gehörlose Kinder missbraucht hatte? Wenn dem so wäre, dann wäre auch diese Laisierung – wie zehn Jahre zuvor die Kiesles – in den Augen der Kongregation in erster Linie ein bedauerliches Ausscheiden eines Priesters aus dem klerikalen Stand, das nach Möglichkeit verhindert werden sollte, wobei der Grund für die Laisierung, das hartnäckige Betteln der Ortsbischöfe und das Leid der Opfer, tendenziell vernachlässigenswert erschienen. Sollte die Stimmung an der Glaubenskongregation Ende der 1990er-Jahre tatsächlich so gewesen sein, schien der Behördenchef Ratzinger seine angeblich klare Haltung in der Missbrauchsfrage sorgfältig für sich behalten zu haben. Und sollte Bertone in dieser Sache am Ende gar eigenmächtig und wissentlich gegen Ratzingers Wunsch gehandelt haben, würde das nur zeigen, dass Ratzinger es nicht einmal schaffte, seine engsten Mitarbeiter in seinem Sinne zu führen und in so wichtigen Anliegen wie der Bekämpfung von Kindesmissbrauch eine klare Linie vorzugeben. Im Übrigen hätte Ratzinger, wenn es ihm zumindest im Nachhinein leidgetan hätte, sich wohl entschuldigt oder irgendwie zu erklären versucht. Zum Eingestehen von Versäumnissen in der Sache hat er sich aber niemals durchgerungen.

Wenn man am Ende dieses Kapitels auf Ratzingers Brief von 1988 zurückblickt, kann man nicht anders, als sich zu fragen, ob es ihm damals tatsächlich um eine Veränderung der Strafrechtsreform zur schnelleren Verurteilung von Missbrauchstätern im Klerikerstand ging. Denn wenn das sein Anliegen gewesen wäre, hätte er doch zumindest in den Fällen, die in seiner Behörde ankamen, selbst deutlich entschiedener handeln können. Zudem hätte er Personen wie Tom Doyle und Michael Peterson unterstützen können, die Ende der 1980er tatsächlich sehr engagiert, mit teils hohem persönlichen Risiko, um eine solche Strafrechtsreform rangen. Er hätte die Amerikanische Bischofskonferenz unterstützen können, die in *Pastor Bonus* formulierte Zuständigkeit seiner Behörde für schwere Vergehen gegen die Sitten auch tatkräftig einfordern und umsetzen können, im Fall der von Klerikern erzwungenen Abtreibungen ermitteln können und so weiter. Es sieht aber nicht so aus, als ob er irgendetwas in dieser Richtung getan hätte.

Vielleicht also bezieht er sich mit seinem Verweis »auf Fälle von Priestern, die sich während der Ausübung ihres Dienstes schwerer und skandalöser Verhaltensweisen schuldig gemacht haben«, gar nicht auf Kindesmissbrauch durch Kleriker, sondern auf andere Vergehen? Wir wissen es nicht. Was wir wissen, ist, dass Ratzinger entschieden gegen »Straftäter« vorgehen konnte, wenn es um Priester ging, deren Vergehen darin bestand, von der offiziellen Lehre der Kirche abzuweichen, darunter Leonardo Boff, Edward Schillebeeckx und Charles Curran. Nicht ausgeschlossen, dass er die lieber laisiert hätte als Männer wie Kiesle und Murphy, denen seine Behörde väterliche Fürsorge und einen Lebensabend in der Würde ihres priesterlichen Standes zukommen lassen wollte. Denn womöglich war es am Ende ganz simpel: Ihm war die Morallehre einfach um einiges wichtiger als die Moral. Ratzinger war im Abstrakten zu Hause. Das Konkrete ließ er nicht an sich heran. Um es in den Worten von Hermann Häring zu sagen: »Er denkt in abstrakten Prinzipien (...). Deshalb setzt er sich in der Regel gar nicht konkret mit dem Alltäglichen, mit dem Differenzierten (...) auseinander.«[88] Eine denkbar ungünstige Veranlagung für einen Mann mit so großer Verantwortung für Menschen, die nun einmal sehr konkrete Wesen sind.

Während an der Glaubenskongregation die letzten Briefe im Fall Murphy geschrieben wurden, stand Ratzinger schon der nächste üble Missbrauchsfall ins Haus. Diesmal einer, der sich nicht so leicht mit ein wenig Verzögerungstaktik und einem Verweis auf can. 1341 CIC zur Seite schieben lassen würde. Diesmal waren es auch keine Bischöfe, die sich bei ihm meldeten – es waren Opfer eines der einflussreichsten Männer der katholischen Kirche.

3 Maciel, der Held der konservativen Restauration

oder: Wider die Mär vom mutigen Handeln

Marcial Maciel Degollado ist hierzulande kaum bekannt, doch in Mittel-, Nord- und Südamerika sowie in allen spanischsprachigen Ländern, vor allem aber im Herzen der katholischen Kirche, in Rom, galt er jahrzehntelang als einer der ganz großen charismatischen Helden der konservativen katholischen Erneuerungsbewegung nach dem Zweiten Vatikanischen Konzil (11. Oktober 1962 bis 8. Dezember 1965). Im Alter von 24 Jahren empfing der junge Mexikaner 1944 die Priesterweihe. Schon drei Jahre zuvor, noch als Seminarist, hatte er die Kongregation der Legionäre Christi gegründet, eine Gemeinschaft von Priestern und Laienbrüdern, die im Geist einer strengen, quasi militärischen Disziplin lebten und hauptsächlich im Bildungsbereich sowie in der Seelsorge für Kinder, Jugendliche und Familien tätig waren. Um 1960 kam eine weitere Gemeinschaft hinzu, die Laienbewegung Regnum Christi (Königreich Christi), die nicht nur in der Spiritualität der Legionäre Christi lebte, sondern auch ihrer Leitung unterstand. Intern wurden sie oft nur als El Movimiento (die Bewegung) oder El Reino (das Reich) bezeichnet. Die Mitgliederzahl beider Gemeinschaften stieg in den folgenden Jahrzehnten rasant. Zu ihren besten Zeiten gehörten den Legionären um die 700 Priester und über 1000 Seminaristen an, während das Regnum Christi aus etwa 65 000 Laien bestand. Den Kern dieser Laienorganisation bildete eine Gruppe von etwa 1000 geweihten, ehelos lebenden Frauen.[1] Beide Gemeinschaften waren eine Einheit und arbeiteten unter der Führung Maciels eng zusammen.

Binnen weniger Jahrzehnte sollten sie zu einer mächtigen Institution in der katholischen Kirche werden, und für viele Bischöfe und Kardinäle weltweit waren sie eine vertraute und Hoffnung weckende Erscheinung: junge, unermüdliche, strahlende Frauen und Priester in schwarzen Soutanen, mit perfektem Seitenscheitel, immer zu zweit oder gleich in mehreren Dutzend unterwegs auf Weltjugendtagen, bei Audienzen auf dem Petersplatz oder bei großen kirchlichen Veranstaltungen.

Um Wesen und Arbeitsweise seiner Gemeinschaften zu beschreiben, benutzte Maciel von Anfang an militärische Metaphern: »Die Bewegung ist eine Armee im Dienst des Reiches Gottes«, schrieb er.[2] Ihre Mitglieder sollten für die Ausbreitung des Reiches Gottes arbeiten und in die Welt hinausziehen wie eine »Armee, die auf ein Schlachtfeld zieht«.[3] Das nahmen die Legionäre und die Mitglieder des Regnum Christi sehr ernst. Während sich andere Ordensgemeinschaften in der Zeit nach dem Zweiten Vatikanum liberalisierten und ihren Mitgliedern zunehmend Freiheiten und Auszeiten gönnten, stellten die Mitglieder von Maciels Gründungen ihr Leben mit einer Radikalität und Opferbereitschaft in den Dienst Gottes, die der von Soldaten durchaus vergleichbar war. Mit »Tausenden Regeln, die über jede unserer Bewegungen bestimmten«,[4] und mit dem Spruch: »Nicht Weisheit ist wichtig, sondern Gehorsam ist wichtig«,[5] wurden Mitglieder dazu motiviert, selbstständiges und kritisches Denken abzulegen und völlig vorbehaltlos den Weisungen Maciels und seiner Stellvertreter zu folgen. Hinzu kam, dass die Legionäre zusätzlich zu den drei im Ordensleben üblichen Gelübden (Armut, Keuschheit und Gehorsam) auch zwei Privatgelübde ablegen mussten. Zum einen gelobten sie, niemals schlecht über den Gründer zu reden und es ihren Oberen zu melden, wenn andere gegen dieses Gelübde verstießen. Zum anderen versprachen sie, niemals höhere Ämter anzustreben. Aber was motivierte diese jungen Männer und Frauen, sich Maciels Weisungen so umfassend zu fügen?

Die meisten von ihnen waren dazu bereit, weil sie Maciel schlicht über alle Maßen verehrten und ihm rückhaltlos vertrauten. Sie glaubten fest daran, dass er von Gott auserwählt und begnadet war und ihr unermüdlicher Einsatz und ihre absolute Regeltreue in seiner Gefolgschaft für die Ausbreitung des Reiches Gottes notwendig wären. Das Leben der Gemeinschaften war regelrecht auf den Kult um Maciels Persönlichkeit aufgebaut. Nicht nur, dass er sich als »Nuestro Padre« (unser Vater) ansprechen ließ. Er liebte es auch, Massenevents zu veranstalten, auf denen Hunderte, wenn nicht gar Tausende seiner Anhänger zugegen waren und deren Höhepunkt stets sein eigener Auftritt war. Es gibt Filmaufnahmen von solchen Veranstaltungen, auf denen Maciel buchstäblich wie ein Rockstar gefeiert und wie ein lebender Heiliger verehrt wurde. Innerhalb der Bewegung wurden Legenden gepflegt. Man erzählte sich von Wundern, die er vollbracht hätte: »Als er die Messe feierte, soll zum Beispiel einmal während der Konsekration (...) die Hostie in der Luft geschwebt sein. Außerdem erzählte man, wenn Maciel einem in die Augen sah, könnte er Gedanken lesen und sehen, ob man im Stand der Gnade war oder ob man log.«[6]

Zu dieser Legendenbildung trugen neben Maciel selbst vor allem seine engsten Vertrauten bei sowie jene Verehrer und Verehrerinnen, die ihm bis zuletzt die Treue hielten. Als eine Schlüsselfigur im Dienst am öffentlichen Bild Maciels wirkte der Ire David J. P. Murray, der Maciel bei allen möglichen Gelegenheiten filmte und so riesige Massen an Ton- und Bildmaterial schuf, das heute im Archiv der Hochschule der Legionäre, Athenaeum Pontificium Regina Apostolorum, in Rom aufbewahrt wird. Es wurden sogar »Reliquien« von Maciel gesammelt, um damit nach seiner erwarteten Heiligsprechung seine Verehrung weiter zu fördern. »Wenn Maciel sich schnitt, hob man das blutige Verbandsmaterial auf, auch Flugtickets oder gezogene Zähne wurden aufgehoben, um sich Reliquien des Heiligen zu sichern. Gleichzeitig wurden alle Unterlagen vorbereitet, sodass man sie nach seinem Tod so bald wie möglich vorlegen konnte, genau wie es für die Kanonisierung von Escrivá de Balaguer, dem Gründer des Opus Dei, gemacht worden war. Das heißt, man investierte große Summen in Werbung und heuerte Ärzte an, die die Echtheit einiger Wunder bezeugten.«[7] Aus diesem Vorhaben hat Maciel selbst keinen Hehl gemacht. Er pflegte zu sagen, dass man etwa dreißig Jahre nach seinem Tod abwarten müsse, um mit der Heiligsprechung anzufangen.[8] Entsprechend wurde auch seine Grabstätte vorbereitet. Im Souterrain der Basilika Nostra Signora di Guadalupe, jener Basilika, die Maciel in den 1950er-Jahren neben dem Mutterhaus der Legionäre in Rom errichten ließ, wurde auf seine Anordnung hin ein Mausoleum für ihn gebaut. »In einigen Kapellen der Legionäre gab es dieses Christusbild, das von zwei Säulen eingerahmt war. Auf einer war das Bild der heiligen Jungfrau, die andere war leer, reserviert für das Bild Maciels nach seiner Heiligsprechung. (…) Er hatte sogar schon seinen eigenen Altar in den Kirchen der Legionäre stehen.«[9]

Dass die Mitglieder des Regnum Christi und der Legion unermüdlich »für Gott«, das heißt, ohne Lohn, arbeiteten, und zwar mit Vorliebe im Kreis wohlhabender Katholiken, kam Maciel auch finanziell zugute. Es trug zu jenem beträchtlichen Reichtum bei, den er sich über die Jahre hinweg systematisch aufbaute und den er nutzte, um weltweit teure Bildungseinrichtungen ins Leben zu rufen, die ihrerseits der Vermehrung seines Reichtums dienten. So konnte er sich ein beachtliches Imperium schaffen. Auf dem Höhepunkt seiner Macht bestand seine Gemeinschaft aus einem Netzwerk von Universitäten und Schulen in 22 Ländern und hatte ein immenses Vermögen.[10] Der Aufbau seiner Bildungseinrichtungen wurde Maciel durch den Rückzug der Jesuiten erleichtert, die in Süd- und Mittelamerika zuvor die führende Rolle in diesem Bereich innehatten. Zum einen waren die Mitgliederzahlen der Jesuiten zurückgegangen, zum anderen waren viele von ihnen der Befreiungstheologie gegenüber aufgeschlossen, und ihr Engagement im Bildungsbereich trat zugunsten der »Option für die Armen«* tendenziell in den Hintergrund. Nicht zuletzt fielen sie durch ihre liberalen Positionen bei den Päpsten in Ungnade. Maciel füllte das Vakuum. Das konnte er auch deswegen tun, weil er mit seiner offensiv als papsttreu beworbenen Bewegung in den Augen der Römischen Kurie

---

* Die »Option für die Armen« ist ein befreiungstheologisches Prinzip, das vor allem in Lateinamerika populär war. Es stellt die Arbeit mit und für die Armen ins Zentrum des kirchlichen Lebens.

höchst willkommen war. Er vertrat zu 100 Prozent die offizielle Lehre der römischen Kirche, mitsamt ihrer Sexualmoral, ihrem Amtsverständnis und ihrem Kampf gegen den freiheitlichen Geist moderner Gesellschaften. Und er hatte Erfolg damit, das heißt: Seine Bewegung fand Zulauf. Das war besonders in Lateinamerika bedeutsam, wo die Kirche sich von mehreren Seiten bedroht fühlte: Einerseits durch das Aufkommen höchst erfolgreicher evangelikaler Pfingstbewegungen, denen sich scharenweise Gläubige anschlossen, die der katholischen Kirche den Rücken kehrten. Andererseits durch sozialistische Regierungen, die der katholischen Kirche teils offen feindselig entgegentraten und ihr das Leben schwer machten. Priester, die in diesem Klima die Option für die Armen wählten und im Geist der Befreiungstheologie politisch aktiv wurden, waren dem Vatikan zusätzlich ein Dorn im Auge. Die Römische Kurie geriet zunehmend in Bedrängnis in der Frage, wie sie in Lateinamerika Boden zurückgewinnen könnte. Hier kamen Maciels Legionäre wie gerufen. Daher war ihnen die Unterstützung aus Rom – vor allem durch Johannes Paul II. und später durch Benedikt XVI., aber auch durch einflussreiche Kurienkardinäle – sicher. Wie Maciel diesen Einfluss systematisch ausbaute, machte ein Ereignis auf der Mexikoreise Johannes Pauls II. im Jahr 1979 beispielhaft deutlich.

Es war die erste Reise des neu gewählten Papstes nach Mexiko. Maciel durfte ihn nicht nur begleiten, er hatte die Reise überhaupt erst ermöglicht. Denn einer seiner Priester war der geistliche Begleiter der Präsidentenmutter. Auf diesem Weg konnte Maciel Einfluss auf den ansonsten eher kirchenskeptischen Präsidenten José López Portillo gewinnen. Dass Maciel es geschafft hatte, dem Vatikan die Tür zu diesem strategisch wichtigen Mann zu öffnen, machte wiederum großen Eindruck auf den neuen Papst. In der Folge durfte Maciel Johannes Paul II. auch auf anderen Reisen begleiten. Seine Strategie, sich Zugang zur politischen Elite zu verschaffen, um darüber Einfluss bei mächtigen Kirchenmännern zu erhalten, war also voll aufgegangen und wurde von Maciel in den folgenden Jahrzehnten konsequent weiterverfolgt. Den Zugang zur politischen Elite fanden Maciel und seine Legionäre über ihre privaten Jungen- und Mädchenschulen, die sich gezielt an wohlhabende und einflussreiche katholische Familien wendeten.[11] Der Ire und ehemalige Legionär Peter Byrne, der in Mexiko als junger Lehrer am Irish Institute unterrichtete, schätzte die Rolle dieser Familien für die Pläne Maciels folgendermaßen ein: »Die Schulen der Legionäre waren Maciels Zugang zur mexikanischen Gesellschaft. Die Legionäre taten buchstäblich alles für Kinder, die aus wohlhabenden oder politisch einflussreichen Familien kamen. Sie taten ihnen jeden Gefallen, änderten sogar ihre Noten. (…) Es ging nicht darum, die Kinder auszubilden. Das war nicht der Zweck der Schule. Es ging darum, an Geld zu kommen, denn die Schule war sehr teuer. Natürlich ging es auch darum, die Familien der Kinder an die Legionäre zu binden, um diese Bindung dann auch später weiter zu nutzen und sich auch andere Gefallen von diesen Familien erfüllen zu lassen, und um noch mehr Geld von ihnen zu bekommen.«[12] Nachdem Maciel erste Schulen im Ausland gegründet hatte – zunächst in Spanien –, verfolgte er diese Strategie bald international, in den USA und in Irland beispielsweise.

Zu Maciels Unterstützern gehörte auch der mexikanische Geschäftsmann Carlos Slim, der zwischen 2010 und 2013 laut Forbes der reichste Mann der Welt war. Die Logik hinter dieser Strategie wurde dabei ganz offen benannt. Auf einer Benefizveranstaltung der Legion umschrieb die Veranstalterin sie mit folgenden Worten: »Die Seele eines Müllsammlers ist genauso wertvoll wie die Seele von Carlos Slim, aber wenn Slim sich bekehrt, malen Sie sich aus, um wie viel größer sein Einfluss ist und seine Macht, Gutes zu tun.«[13] Diese Vorgehensweise basierte auf Maciels Weltanschauung, derzufolge Reichtum ein Geschenk Gottes war, sodass die Reichen einen ganz besonderen Platz im Plan Gottes mit der Welt hatten. Ein ehemaliges Mitglied des Regnum Christi, ein Mann, der im Auftrag Maciels jahrelang Spenden gesammelt hatte, sagte, die katholischen Millionäre und Milliardäre liebten Maciel dafür. Zu sehr war ihnen von anderer Seite vorgeworfen worden, ihr außerordentlicher Wohlstand stünde im Widerspruch zur christlichen Lehre und trüge zum Erhalt ungerechter Gesellschaftsordnungen bei. Zudem hatten sie sich durch die sozialistische Politik in lateinamerikanischen Ländern in den 1970er-Jahren ohnehin in die Enge gedrängt gefühlt. Nicht so bei Maciel. »Maciel gab den reichen Eliten Mexikos das Gefühl, Jesus liebe sie mehr als andere Menschen und habe ihnen eine besondere Rolle in seinem göttlichen Plan eingeräumt.«[14] Sie hatten bald eine große Schar einflussreicher Freunde, die Maciel mit Millionenbeträgen unterstützten. Dazu zählte beispielsweise auch die mächtige und traditionell katholische Industriellenfamilie Garza Medina. Seine Unterstützer und Unterstützerinnen schenkten Maciel aber nicht nur Geld, sie schickten auch ihre Kinder in seine Schulen und befürworteten es, wenn ihre Söhne oder Töchter in die Gemeinschaften Maciels eintraten. Im mexikanischen Monterrey, wo die Garzas ihren Sitz hatten, gab es kaum eine Großfamilie, aus der nicht mindestens ein Sohn oder eine Tochter zu den Legionären oder zum Regnum Christi gehörte. Von den fünf Garza-Kindern waren es gleich drei. Diese Vernetzung mit wohlhabenden und einflussreichen katholischen Familien brachte den Legionären Christi einen erheblichen finanziellen Gewinn ein, sodass sie in Lateinamerika den Spitznamen »Los millonarios de Christo« erhielten, die »Millionäre Christi«. Zugleich verhalf Maciel die wachsende Nähe der Legionäre zu Bischöfen, Nuntiaturen, zu Kurienkardinälen und zum Papst schließlich zu einem enormen kirchlichen Einfluss[15] und zum Status eines praktisch Unangreifbaren. Um diesen Status auszubauen und zu verfestigen, schreckte Maciel auch vor äußerst zweifelhaften Mitteln nicht zurück.

Die »Amigos de Legión«

Zu Maciels Strategie gehörte es auch, wichtige Persönlichkeiten im Vatikan regelmäßig mit Geschenken zu bedenken, allen voran jene hochrangigen Kardinäle, die die Legionäre als »Amigos« (Freunde) bezeichneten. Das fing mit scheinbar harmlosen Aufmerksamkeiten an, beispielsweise mit exklusiven Weihnachtspräsenten: »Ein großer Korb, voll mit Parmaschinken, Whiskey, Cognac und teuren Weinen, wurde an alle wichtigen Kardinäle und besonders an die ›Amigos de Legión‹ geschickt, um die

Freundschaft mit ihnen aufrechtzuerhalten.«[16] Andere Kardinäle bekamen Bargeld überreicht. Pablo Pérez Guajardo, der zwanzig Jahre lang im Mutterhaus der Legionäre eng mit Maciel zusammenarbeitete, erzählt, wie Maciel die Höhe von Geldgeschenken für Kardinäle und Bischöfe staffelte. »Für eine zweistündige Konferenz oder für die Feier einer Messe bot die Legion einen Umschlag mit 10 000 Euro an. Bei einer Priesterweihe oder einer anderen wichtigen religiösen Feier konnte die Spende bis zu 50 000 Euro betragen.« Intern war von »opere di carità« die Rede. Den Kardinälen sagte man: »Wir spenden etwas für Ihre karitativen Einrichtungen.« Tom Doyle nennt das einen Euphemismus.[17] Zu den »Amigos de Legión« zählten unter anderem Personen, die uns schon im vorangegangenen Kapitel begegnet sind, darunter Ratzingers Sekretär in der Glaubenskongregation Tarcisio Bertone und Kardinal Castrillón Hoyos, der Präfekt der Kleruskongregation. Außerdem finden sich unter ihnen auch Kardinal Battista Re, der die Kongregation für Bischöfe leitete, und der Slowene Franc Rodé, der später Präfekt der Religiosenkongregation wurde. Alle diese Kardinäle hatten mächtige Positionen innerhalb der Kurie inne. Sie konnten Maciel und seinen Legionären in vielerlei Hinsicht nützlich sein.

Die Religiosenkongregation war für Maciel besonders wichtig, hatte sie doch die Aufsicht über die Institute des geweihten Lebens, und damit auch über die Legionäre Christi. Es obliegt dieser Kongregation, Gemeinschaften des geweihten Lebens anzuerkennen, ihre Statuten zu prüfen und, wenn es Missbräuche gibt, zu ermitteln und Sanktionen in die Wege zu leiten. In den Jahren 1976 bis 1984 war der argentinische Kardinal Eduardo Francisco Pironio der Präfekt dieser Kongregation. Maciel zahlte für die Renovierung seiner Residenz.[18] Kurz danach erkannte Pironio die Statuten der Legionäre an. Auch ein Nachfolger von Pironio, der spanische Kardinal Eduardo Martínez Somalo, wurde von den Legionären bedacht. Ein ehemaliger Legionär erzählte, wie er ihm einen Umschlag voller Bargeld übergab: »Ich habe mir nichts dabei gedacht. Ich bin einfach zu seiner Wohnung gegangen, überreichte ihm den Umschlag (er war dick mit Bargeld gefüllt) und verabschiedete mich wieder.«[19] Ein besonders wichtiger Befürworter Maciels war der Pole Stanisław Dziwisz, der Privatsekretär Johannes Pauls II. Dziwisz bekam regelmäßig 50 000 Dollar dafür, dass er reichen Mexikanern Zugang zu Privatmessen des Papstes gewährleistete.[20] Und als er 1998 zum Bischof geweiht wurde, fand die anschließende Feier bei den Legionären in Regina Apostolorum statt, mit 600 geladenen Gästen.[21] Dziwisz war bis zuletzt einer von Maciels größten Unterstützern.

Der Kardinal jedoch, der am engsten mit der Legion verkehrte, war Angelo Sodano. Maciel kannte ihn aus Pinochet-Zeiten, als Sodano Nuntius in Chile war. Die beiden verstanden sich. Sodano sah in den Legionären eine Chance, den aufkommenden Pfingstkirchen in Lateinamerika erfolgreich Boden abzuringen. Seiner tatkräftigen Unterstützung hatte Maciel es zu verdanken, dass die Legionäre in Chile überhaupt Fuß fassen und Schulen bauen konnten.[22] Als Sodano dann im Jahr 1990 von Johannes Paul II. zum Staatssekretär ernannt wurde und damit zum zweitmächtigsten Mann im Vatikan aufstieg, konnte er Maciel auch in Rom fördern. Unter anderem sorgte Sodano dafür, dass Maciel eine schnelle Baugenehmigung für seine Universität, Regina Apostolorum, bekam, indem er es ihm ermöglichte, übliche Genehmigungsverfahren zu umgehen.[23] Als Bauingenieur fungierte Sodanos Neffe Andrea Sodano.[24] Schon 1993 wurde Regina Apostolorum von der Bildungskongregation als Hochschule errichtet, und nur fünf Jahre später erhielt sie den Titel »Päpstliche Hochschule«. Im Gegenzug sorgten die Legionäre dafür, dass es Sodano gut ging. Er machte Urlaub in ihrem Sommerhaus in Sorrent,[25] bekam beträchtliche Summen Geld geschenkt[26] und wurde auch sonst regelmäßig mit Aufmerksamkeiten bedacht. Glenn Favreau, ein ehemaliger Legionär, sagte: »Als Sodano zum Kardinal ernannt wurde, kam er mit seiner ganzen Familie für ein großes Festessen zu uns. Das waren 200 Leute, und wir haben sie alle verköstigt. Als er Kardinalstaatssekretär wurde, gab es wieder eine Feier. Überhaupt kam er bei besonderen Angelegenheiten, zum Beispiel beim Spatenstich, mit einer Goldschaufel für das ›House of Higher Studies‹ und zum anschließenden Essen.«[27]

Umgekehrt nutzte Maciel seinen Kontakt zu hochrangigen

Kirchenmännern, um Informationen über sie zu sammeln. Auch hierbei ging er skrupellos vor. Als in Rom die Kurse für neu ernannte Bischöfe eingeführt wurden, die informell gern als »Babybischofsschule« verniedlicht werden, sorgte Maciel dafür, dass diese Kurse in Regina Apostolorum stattfanden.[28] Auf der einen Seite war es Maciels Anliegen, die Bischöfe mit der Legion vertraut zu machen und sie zu beeindrucken. Peter Byrne[29]: »Der Plan war, die Bischöfe während ihres Aufenthalts zu bearbeiten. Alle Brüder arbeiteten doppelte und dreifache Schichten, putzten, wuschen, taten alles Mögliche, um bei den Bischöfen einen bleibenden Eindruck zu hinterlassen, sodass sie dann mit dem Gefühl nach Hause gingen, die Legionäre Christi wären das Großartigste. Dadurch sollte ein Kontakt hergestellt werden, den die Legion später nutzen konnte, um in deren Ländern und Diözesen Fuß zu fassen.«[30] Auf der anderen Seite nutzte Maciel diese Gelegenheit aber auch dazu, die Bischöfe sowie die Kurienkardinäle, die sich bei ihnen vorstellten, auszuspionieren: »Maciel ließ im Konferenzraum Kameras installieren, sodass er hören konnte, was die Kardinäle den Bischöfen sagten. So konnte er verfolgen, was sie in ihren vertraulichen Sitzungen besprachen.«[31]

Die Stimmen der Opfer

Anfang der 1990er-Jahre war Maciel weit gekommen. Sodano war gerade zum zweitwichtigsten Mann an der Römischen Kurie befördert worden, der Bau von Maciels römischer Hochschule war angelaufen, sein weltweites Netzwerk von wohlhabenden und einflussreichen Persönlichkeiten in Kirche und Politik war international ausgebaut, und die Zahl der Menschen, die sich bedingungslos seiner Führung anvertrauten und damit auf konservativ eingestellte Katholiken einen tiefen Eindruck machten, lag im fünfstelligen Bereich. Da schien es nur ein weiterer Beweis für Maciels Erfolg zu sein, dass am 5. Dezember 1994 in der mexikanischen Zeitung *El Sol de México* ein Brief Johannes Pauls II. an Maciel erschien. Er trug die Überschrift »Felicita S. S. Juan Pablo al Pater Marcial Maciel«. In diesem Brief gratulierte der Papst Maciel zu seinem 50. Priesterjubiläum und feierte ihn als einen »wirkungsvollen Führer für die Jugend«. Abgedruckt war auch ein Foto, auf dem Johannes Paul II. Maciel umarmt. Dieses Zitat des Papstes hatte allerdings eine Wirkung, die sein Urheber sicher nicht beabsichtigt hatte. Es löste unter einer Reihe von Männern eine solche Empörung aus, wie nichts zuvor es vermocht hatte. Sie alle waren von Maciel missbraucht worden, teils schon Jahrzehnte zuvor, und sie beschlossen zu handeln.

Jeder Einzelne von ihnen hatte zunächst geglaubt, Maciels einziges Opfer zu sein. Nur wenige hatten versucht, gegen ihn vorzugehen. Nun aber, ausgelöst von ihrer Empörung über Johannes Pauls II. öffentliches Lob für Maciel, verbündeten sie sich und stellten fest, dass sie viel mehr Betroffene waren, als sie gedacht hatten. Es waren insgesamt zehn Männer, die schließlich Jason Berry kontaktierten, der uns schon als journalistische Schlüsselfigur im Fall Gauthe begegnet ist. Sie kannten ihn aus seinem 1992 erschienen Buch *Lead Us Not Into Temptation*. Er hörte den Männern zu und machte sich gemeinsam mit seinem Schreibpartner Gerald Renner an die Arbeit. Am 23. Februar 1997, zwei Jahre nach den päpstlichen Glückwünschen zu seinem Priesterjubiläum, erschien ihr Artikel über Maciel als Missbrauchstäter im *Hartford Courant*, der auflagenstärksten Tageszeitung in Connecticut.[32] In der Folge entstand auch ein mexikanischer Dokumentarfilm über den Fall, der im Fernsehen gesendet wurde.[33] Kurz darauf erschien die Geschichte, samt Fotos, in der mexikanischen Boulevardpresse.[34] Es war das erste Mal, dass die Öffentlichkeit die Geschichten von Maciels Opfern zu lesen und zu sehen bekam. Weitere Berichte folgten.

Derweil war der Inhalt der Presseberichte für die zuständigen Stellen an der Römischen Kurie nicht neu. In Rom lagen ähnlich lautende Berichte zum Teil schon lange vor. Vorwürfe, dass Maciel morphiumabhängig wäre und dass er kleine Jungen und Seminaristen missbraucht hätte, gab es schon seit den 1950er-Jahren. Ähnliche Gerüchte scheinen sogar schon dafür gesorgt zu haben, dass er Anfang der 1940er-Jahre aus mehreren Priesterseminaren flog, bevor ihn schließlich sein eigener Onkel doch noch zum Priester weihte. Schon im Jahr 1956 war die gegen ihn sprechende Beweislast so groß, dass der Vatikan gegen Maciel ermittelte und ihn während der laufenden Ermittlungen zwang, von der Leitung der Legionäre zurückzutreten. Das Verfahren lief jedoch ins Leere. Maciel durfte die Leitung wieder antreten. Es war ein erster großer »Erfolg« für den Missbrauchstäter Maciel. In den Jahren danach bezeichnete er diese für ihn schwierige Periode als »Great Blessing«.

Im Vatikan lagen aber nicht nur jene Untersuchungsberichte aus den 1950er-Jahren vor. Es gab auch danach – und noch vor dem Erscheinen des Artikels im *Hartford Courant* 1997 – einige ehemalige Legionäre, die Maciel in Rom anzeigten. Da war zunächst der Priester und Psychologieprofessor Juan Vaca. Er meldete seinen Fall in den 1970er-Jahren das erste Mal der Römischen Kurie. Das hätte in Rom Aufsehen erregen können, denn als Regionalleiter der Legionäre in den USA war er fünf Jahre lang Maciels wichtigster Mann in Nordamerika gewesen. Er schrieb zweimal nach Rom, 1976 und 1978, um Maciel anzuzeigen.[35] Er wäre von Maciel zum ersten Mal im Alter von zwölf Jahren missbraucht worden, schrieb er.[36] Er gab an, dass dieser Missbrauch dreizehn Jahre andauerte und erst endete, als er 25 Jahre alt war. Vaca hatte relativ bald entdeckt, dass er nicht Maciels einziges Opfer war. So konnte er Ende der 1970er nach Rom schreiben, dass ihm insgesamt zwanzig Männer ähnliche Geschichten erzählt hätten. Zusätzlich ließ er den Brief von einem weiteren Opfer Maciels, dem Priester Felix Alarcón, beglaubigen und schließlich von einem Bischof, John Raymond McGann, nach Rom schicken. Außer einer Eingangsbestätigung erhielt er jedoch keine Antwort, keinerlei Hinweis auf Untersuchungen oder irgendwelche anderen Maßnahmen, die auf seine Anzeige hin in Rom ergriffen worden wären. Lag es vielleicht daran, dass die Anzeigen auf dem falschen Schreibtisch landeten? Dass mächtige Fürsprecher Maciels im Vatikan intervenierten? Nach allem, was mittlerweile über die »Amigos de Legión« bekannt ist, kann man das vermuten.

Denn 2004 wurden Dokumente aus den Akten der Religiosenkongregation geleakt. Sie landeten bei Dr. Fernando González, einem Soziologen an der Universität Mexiko. Später schilderte er den Moment der Übergabe so: Er saß in seinem Büro und war gerade dabei, eine Dissertation zu begutachten, als ein Mann sein Büro betrat. »Sie kennen mich nicht, aber ich habe einiges von Ihnen gelesen, und ich weiß, dass Sie einige Zeit lang zu den Legionären Christi recherchiert haben. Ich möchte Ihnen sagen, dass einige von uns – fragen Sie nicht, wie – Gelegenheit hatten, das Dossier über Marcial Maciel im Archiv der Religiosenkongregation aufzutreiben. Wir haben erfahren, dass die Legionäre versucht haben, die Dokumente zu entwenden oder sie zwischen anderen Dossiers verschwinden zu lassen. Wir halten den Fall Maciel für eine Schande für unsere Kirche.«[37] Der Mann gehörte einer kleinen Gruppe von Ordensleuten an, die über das Nichthandeln der Kurie in der Causa Maciel empört waren. Sie empfanden eine moralische Verpflichtung, die Dokumente ans Licht der Öffentlichkeit zu bringen.[38] Als González das Dossier zu lesen begann, wurde ihm klar, dass diese Dokumente der endgültige Beweis dafür waren, dass man in Rom schon seit den 1950ern von Anschuldigungen gegen Maciel wusste. Diese Unterlagen bildeten dann auch die Grundlage für González' Buch *Marcial Maciel (Die Legionäre Christi: Unveröffentlichte Zeugnisse und Dokumente)*, das 2006 erschien.

Ratzingers Zögern

An der Religiosenkongregation wusste man also schon sehr lange sehr viel über Maciel, ohne dass dies echte Konsequenzen für ihn hatte. Aber es waren ja nicht alle Kurienkardinäle Amigos. Einer der mächtigsten Männer der Römischen Kurie, Kardinal Joseph Ratzinger, Präfekt der Glaubenskongregation, galt als unverdächtig. »Ratzinger weigerte sich. Er weigerte sich, Bestechungsgelder oder Geschenke anzunehmen«, bestätigt auch Tom Doyle.[39] Daher verwundert es nicht, dass Opfer Maciels gezielt versuchten, Kontakt zu ihm aufzunehmen.

Es war das Jahr 1998, in dem Ratzinger erstmals persönlich mit ihnen konfrontiert wurde, und zwar gleich zweimal. Den Kontakten ging ein mühsamer, jahrelanger Prozess voraus, bis die

Männer endlich einen Weg fanden, wie sie ihre Anzeige bei Ratzinger platzieren konnten. Ganz am Beginn dieser Geschichte stand ein Gespräch am Sterbebett des Betroffenen Juan Manuel Fernández Amenábar. Der Priester Alberto Athié, der für die Caritas in Mexiko arbeitete, erinnert sich: »Amenábar erzählte mir vom sexuellen Missbrauch. Er erzählte mir auch, dass er, als er noch jünger war, Maciel mit Dolantin versorgen musste, einer Art Morphium.« Amenábar fühlte, dass er Maciel noch vor seinem Tod vergeben müsse, doch er konnte es nicht – und das lastete schwer auf seinem Gewissen. Athié wollte Amenábar helfen: »Ich bitte Sie, Maciel zu vergeben. Dafür helfe ich Ihnen, Gerechtigkeit zu finden.« Daraufhin nahm Amenábar Athié ein Versprechen ab: »Ich weiß, dass ich bald sterben werde. Sagen Sie den Leuten auf meiner Beerdigung, dass ich vergeben habe und dass ich will, dass Gerechtigkeit hergestellt wird.«[40] Das tat Athié.

Es war Februar 1995, als er vor der versammelten Gemeinde bei der Beerdigung Amenábars diesen Satz zitierte. Er staunte nicht schlecht, als danach acht Männer, darunter ein Professor für Lateinamerikastudien am Instituto Tecnológico Autónomo de México namens José Barba, auf ihn zukamen: »Diese acht Männer sagten mir, wir verstehen Amenábars Botschaft. Wir sind auch Opfer Maciels – es gibt Hunderte von uns.«[41] Diese acht waren der Kern jener Gruppe von zehn Männern, die sich wenige Jahre zuvor an den Journalisten Jason Berry gewandt hatten.[42] Athié verabredete sich mit ihnen zu einem Treffen. Nachdem er ausführlich mit ihnen gesprochen hatte, ging er zunächst zu Kardinal Norberto Rivera Carrera, dem Erzbischof von Mexiko-Stadt, um ihn über Maciel aufzuklären. Aber Rivera war ein »Amigo de Legión«. Er nannte die Vorwürfe einen Komplott und warf Athié geradewegs aus seinem Büro.

Während Athié noch nach anderen Wegen suchte, dem Anliegen dieser Männer Gehör zu verschaffen, waren diese auf eigene Faust aktiv geworden. Sie hatten sich 1997 zunächst an den Apostolischen Nuntius Mexikos Justo Mullor García gewandt und ließen über ihn dem Papst einen Brief zukommen. Erst nachdem sie lange gewartet hatten und klar war, dass sie keine Antwort erhalten würden, rangen sie sich in ihrer Verzweiflung dazu durch, diesen Brief öffentlich zu machen.[43] Er war von allen acht unterschrieben und endete mit den prophetischen Sätzen: »Denn wenn nicht nach der Wahrheit gefragt und keine neue Gerechtigkeit hergestellt wird, wird ein weit größerer Skandal ausbrechen, und die Glaubwürdigkeit des kirchlichen Magisteriums wird in den Augen vieler für immer beschädigt sein.«

Zwei der acht Männer fanden schließlich doch noch einen Weg nach Rom. Am 17. Oktober 1998 bekamen Professor José Barba und Professor Arturo Jurado Guzmán Gelegenheit, persönlich in der Glaubenskongregation vorzusprechen. Im Vorfeld hatten sie sich Unterstützung von der Österreicherin Martha Wegan geholt, einer Kirchenrechtlerin, die sie zu dem Treffen an der Glaubenskongregation begleitete. Ihre Forderung: Die Glaubenskongregation sollte ein kirchliches Verfahren gegen Maciel einleiten. Sie bauten nicht zuletzt darauf, dass Ratzinger nicht dafür bekannt war, Geldgeschenke anzunehmen oder sich mit aufwendigen Empfängen, Essen oder Sommerurlauben bestechen zu lassen, im Gegenteil: Er war bekannt für seine Ordnungsliebe und Prinzipientreue und galt daher als unbestechlich. Der Weg zur Glaubenskongregation, anstatt zur Religiosenkongregation oder zu einem der anderen kirchlichen Gerichtshöfe, war ihnen kirchenrechtlich möglich, weil eines der Opfer Maciel eines besonderen kirchenrechtlichen Straftatbestands bezichtigte, der *Absolutio complicis in peccato contra sextum* (can. 1378 § 1 CIC). Das heißt, er beschuldigte Maciel, ihm nach dem Missbrauch die Lossprechung für die vermeintlich gemeinsam begangene Sünde erteilt zu haben. Das war nach Kirchenrecht eine schwere Straftat, eine, die automatisch die schwerste Kirchenstrafe nach sich zog, die Exkommunikation. Und für solche Fälle war die Glaubenskongregation zuständig.[44]

Ratzinger empfing die beiden Männer nicht persönlich, sondern beauftragte den Untersekretär Gianfranco Girotti, der uns schon im Fall Lawrence Murphy begegnet ist, ihre Aussagen gegen Maciel aufzunehmen.[45] Als sie nach der Unterredung am 17. Oktober 1998 das Büro verließen, kam es dann doch noch zu einer kurzen Begegnung mit Ratzinger. Er stand am Aufzug, Barba und Jurado grüßten ihn und küssten ihm, wie es in frommen katholischen Kreisen üblich ist, den Ring. Beide hatten den Eindruck, dass diese Begegnung nicht zufällig war, sondern dass Ratzinger absichtlich in den Gang getreten war, um ihnen in die Augen sehen und sie besser einschätzen zu können. Trotz der Aussagen der beiden entschied sich Ratzinger, kein Verfahren gegen Maciel zu eröffnen. Der Ordner mit der lateinischen Überschrift »Absolutionis complicis. Arturo Jurado et alii – Rev. Marcial Maciel Degollado«[46] wurde ad acta gelegt. Martha Wegan erklärte Barba später, Ratzinger wäre von Sodano unter Druck gesetzt worden: »Zu meinem großen Erstaunen«, so Barba, »sagte sie, dass Kardinal Sodano in Ratzingers Umgang mit dem Fall Maciel eingegriffen hätte. Sie sagte, das sei schwer zu verstehen, bestand aber darauf, dass es so gewesen sei.«[47]

In der Zwischenzeit war es Athié gelungen, mit dem Nuntius Justo Mullor García zu reden. Der hörte ihm zu und empfahl ihm, in dieser Sache Kardinal Ratzinger persönlich anzuschreiben. Um sicherzugehen, dass der Brief an der richtigen Stelle ankam, entschied er sich, den Versuch zu machen, Ratzinger seinen Brief persönlich zu übergeben. Er war ohnehin gerade auf dem Weg nach Rom. Aber trotz eines mehrwöchigen Aufenthalts in der Ewigen Stadt gelang es ihm nicht, bei Ratzinger vorsprechen zu dürfen. Dennoch gab Athié nicht auf. Sobald er zurück in Mexiko war, vertraute er seinen Brief einem befreundeten Bischof an, Carlos Talavera Ramírez, mit der Bitte, ihn Ratzinger zu überreichen. Was Talavera dann während seiner Begegnung mit Ratzinger erlebte, erzählte er Athié später so:[48] Ratzinger hätte den Brief in seiner Anwesenheit geöffnet und gelesen. Die erste Frage, die er stellte, lautete: »Kennen Sie diesen Priester?«. (Gemeint war Alberto Athié.) Talavera antwortete: »Ja, ich kenne ihn.« Darauf Ratzinger: »Halten Sie ihn für einen glaubwürdigen und aufrichtigen Mann?« – »Ja.«

»Glauben Sie, dass er die Wahrheit schreibt?« – »Ja.«

»Glauben Sie wirklich, dass das wahr ist?« – »Ja.«

»Es tut mir sehr leid, aber wir können diesen Fall nicht aufmachen, denn der Heilige Vater schätzt Maciel sehr. Er tut viel Gutes für den Papst.«

Es soll auch der Satz gefallen sein: »Es ist eine delikate Angelegenheit.« Unter allem, was Maciel Ratzinger zufolge Gutes für die Kirche getan habe, soll er explizit die vielen jungen Männer genannt haben, die Maciel auf den Weg zum Priestertum geführt hätte. Diese Berufungen sah Ratzinger offenbar in Gefahr. Deswegen fragte er sich, ob es klug wäre, diese als so wichtig empfundene Arbeit Maciels durch die Eröffnung von Ermittlungen zu gefährden.[49] Athié war entsetzt, als Talavera ihm von diesem Gespräch erzählte. Nur einen Monat später verlor Athié seine Stelle bei der Caritas. Der Erzbischof von Mexiko, Norberto Rivera Carrera, hatte ihm gekündigt.[50]

Was in den folgenden Jahren in Ratzinger vorging, kann man nur vermuten. Er wusste mittlerweile, wie verbreitet sexueller Missbrauch im katholischen Klerus war. Er wusste, dass die Schlagzeilen sich weltweit häuften. Er wusste nicht nur von den Anschuldigungen gegen Maciel, sondern auch, dass Maciel ein einflussreicher und wichtiger Mann war – und dass er wahrscheinlich weiter missbrauchte. Er wusste, dass seine Behörde zuständig wäre, gegen diesen Mann zu ermitteln. Und er wusste, dass der Papst über solche Ermittlungen alles andere als erfreut gewesen wäre. Er wusste, wie sehr es die Anhänger Maciels und Gläubige weltweit entsetzt hätte zu erfahren, dass dieser Mann reihenweise junge Männer sexuell missbraucht hatte, einmal abgesehen von seinen anderen Vergehen. Dabei standen diese Vergehen nicht infrage. Ratzinger hatte keinen Anlass, die Glaubwürdigkeit der Opfer in Zweifel zu ziehen. Und er wusste, dass diese Männer ihr Vertrauen in ihn und seine Lauterkeit setzten. Er befand sich also in einem ausgewachsenen Dilemma.

Wie sehr Ratzinger unter Druck stand, kann man anhand eines inzwischen bekannten Videoclips sehen, der im Internet viele Male gesehen und kommentiert worden ist. Richtig deuten kann man ihn allerdings nur, wenn man sich vor Augen führt, wie viel Ratzinger zu dieser Zeit schon über die Anschuldigungen gegen Maciel wusste. Die Aufnahme wurde 2002 von dem ABC-News-Journalisten Brian Ross für einen achtminütigen Beitrag über Maciel und seine Legionäre gedreht. Sie hat absoluten Seltenheitswert, denn es ist eine der ganz wenigen Aufnahmen, in denen man Ratzinger in einem nicht sorgfältig inszenierten Setting zu sehen bekommt. In dem Clip sieht man den Journalisten dabei, wie er Ratzinger direkt vor seiner Haustür, in der Nähe der Porta Sant'Anna, ein Mikro unter die Nase hält und ihn zum Fall Maciel befragt. Ratzinger hat gerade mit seinem Bruder Georg das Haus verlassen. »Ich möchte Ihnen eine Frage bezüglich Pater Maciel stellen«, beginnt Ross. Ratzingers Miene, zunächst offen, verdunkelt sich schlagartig. »Nein, ich bin nicht informiert genug«, erwidert er, noch verhalten höflich abweisend, auf Englisch. Der Reporter will gleich wieder ansetzen. Ratzinger lässt ihn aber nicht zu Wort kommen, seine Miene verdunkelt sich weiter, er wird wütend: »Ich finde es auch unangebracht, dass Sie jetzt zu mir kommen.« Ross: »Die Frage ist … « Dann schlägt Ratzinger dem Reporter auf die Hand. »Wenn es passt! Nicht jetzt! Das ist unerhört!« Ein Polizist eilt herbei, um die Ratzinger-Brüder abzuschirmen. Sie steigen in eine schwarze Limousine und fahren davon.

Dieser Clip bietet nicht nur einen einzigartigen Einblick in Ratzingers Charakter, er zeigt auch, mit welcher Selbstverständlichkeit kirchliche Amtsträger wie Ratzinger es als ihr Recht, ja ihre Pflicht betrachten, kircheninterne Angelegenheiten unter Ausschluss jedweder Öffentlichkeit zu regeln. Mehr noch: In den Augen kirchlicher Spitzenbeamter stellen solche Fragen eine gefährliche Einmischung dar: Die »Welt« würde die Angelegenheiten der Kirche mit ihren weltlichen Maßstäben beurteilen. Das gilt auch und gerade dann, wenn es um einen Missbrauchsskandal von der Dimension Maciels geht, und deshalb wimmelt Ratzinger den Reporter mit wenig überzeugenden Worten und unwirschen Gesten ab. »Ich bin nicht informiert genug.« – Dabei fällt die Angelegenheit in seine Zuständigkeit, und er weiß im Detail Bescheid. »Wenn es passt!« – Dabei liegt der Fall schon seit Jahren bei ihm auf dem Tisch, und er weiß ganz genau, dass er keine öffentliche Sprechstunde hat und keine regelmäßigen, offenen Pressekonferenzen abhält, in denen man sich mit solchen Fragen in einem »passenden Moment« an ihn wenden könnte.

Dennoch ist anzunehmen, dass Ratzingers Handeln aus seiner eigenen Perspektive völlig konsequent erscheint. Seine oberste Aufgabe ist der Schutz der Kirche und des Glaubens. Man kann zwar annehmen, dass ihm die Betroffenen nicht einfach egal waren. Immerhin waren es vielleicht die ersten Missbrauchsbetroffenen, die Ratzinger – wenn auch nur flüchtig – persönlich traf. Aus der Perspektive des Präfekten der Glaubenskongregation gab es aber wohl ein noch höheres Gut, das es zu schützen galt und das er letztlich über die Nöte der Betroffenen stellte. Pablo Pérez Guajardo, der über Jahrzehnte Mitglied des Regnum Christi war und eng mit Maciel zusammenarbeitete, drückt die dahinterstehende Überlegung so aus: »Besser acht Männer erleiden Ungerechtigkeit und Verleumdung, als dass Millionen von Katholiken den Glauben verlieren.«[51]

Dass die Betroffenen Ratzinger nicht egal waren, lässt unter anderem eine Begebenheit vermuten, die sich einige Jahre später zutrug, ein Treffen zwischen Ratzinger und einem Ex-Legionär namens Patricio Cerda.[52] Letzterer hatte heimlich belastende Dokumente kopiert, bevor er die Legionäre Christi im Jahr 2002 verließ. Danach nahm er zunächst Kontakt mit dem chilenischen Kardinal Jorge Medina Estévez auf, dem die Brisanz dessen, was Cerda zu berichten hatte, sofort klar war und der umgehend ein Treffen mit Kardinal Ratzinger in die Wege zu leiten versuchte. Cerda sagte später über das Gespräch mit Medina: »Wir sprachen sehr lang, und er sagte schließlich, dass er zwei Dinge vorhabe: Er würde mit Kardinal Ratzinger sprechen, und er würde das Dossier höchstpersönlich Johannes Paul II. übergeben.«[53] In der Tat fand schon zwei Tage nach seinem Treffen mit Medina ein Treffen zwischen Cerda und Ratzinger statt. Aber statt sich in Ratzingers Büro in der Glaubenskongregation zu treffen, insistierte Ratzinger, dass die Übergabe der Dokumente auf dem Petersplatz stattfinden solle. »Ratzinger wartete draußen (vor der Glaubenskongregation) auf mich, und wir spazierten über den Petersplatz«, erzählte Cerda in einem Interview später. »Wir sprachen ungefähr eine halbe Stunde. Ich sagte zu ihm: ›Ich habe Ihnen dieses Dossier mitgebracht, und ich möchte, dass Sie sich das ansehen.‹«[54]

Was Ratzinger dazu veranlasste, Cerda nicht in seinem Büro zu empfangen, ist unklar. Fühlte er sich beobachtet? Dass er, nach allem, was er ohnehin wusste, und nach seinem eigenen jahrelangen Zögern, einen weiteren Whistleblower aus Maciels Legion traf, scheint zumindest nahezulegen, dass ihm weder die Angelegenheit noch die Betroffenen völlig gleichgültig waren. Dennoch geschah, auch nachdem Ratzinger dieses Dossier erhalten hatte, erst einmal nichts. Es brauchte einen Affront der ganz besonderen Art, bevor er sich dazu entschließen konnte, doch noch etwas zu unternehmen.

Normita

2004 war Marcial Maciel auf dem absoluten Höhepunkt seiner Macht angekommen. Man kann annehmen, dass er sich zu diesem Zeitpunkt nicht zuletzt deswegen absolut unangreifbar fühlte, weil seine Opfer seit Jahrzehnten vergeblich gegen römische Mauern rannten, während sein Einfluss weiter wuchs. So zögerte Maciel nicht, allen Anschuldigungen und Vorwürfen zum Trotz, im November 2004 ausgerechnet nach Rom zu kommen, um dort sein 60. Priesterjubiläum zu feiern, natürlich im großen Stil. Unter anderem weihte er aus diesem Anlass in Sankt Paul vor den Mauern 37 junge Legionäre zu Priestern und stellte damit eindrucksvoll seine Macht zur Schau. Der Vatikan rollte Maciel einmal mehr den roten Teppich aus, indem er ihm feierlich gleich drei Geschenke machte: Die Statuten der Legionäre wurden bestätigt, der Papst übergab ihnen das prestigeträchtige Wallfahrtshaus Notre Dame Center in Jerusalem, das in fußläufiger Nähe zur Grabeskirche liegt, und zwei Tage später durfte Maciel an der päpstlichen Audienz auf dem Petersplatz teilnehmen und zu den dort anwesenden Menschenmassen sprechen. Nachdem er dem Heiligen Vater dafür gedankt hatte, dass die Legionäre der Kirche sechzig Jahre lang dienen durften, fuhr er fort: »Wir haben immer an der Überzeugung festgehalten, die in unserem Glauben wurzelt, dass Einheit mit dem Stellvertreter Christi, Einheit mit Christus selbst ist«, und er fügte hinzu: »Wir versichern Ihnen, dass wir die gesamte Energie unseres Charismas in den Dienst der Kirche stellen.«[55] Der von Alter und Krankheit gezeichnete Johannes Paul II. sagte der auf dem Petersplatz versammelten Menge, dass Maciels Wirken »voll des Heiligen Geistes« sei.[56] 4000 Legionäre und Mitglieder des Regnum Christi, die extra nach Rom eingeflogen worden waren,[57] bejubelten ihren »Nuestro Padre«.[58] Anschließend wurde ihm die Ehre zuteil, neben dem Papst Platz zu nehmen. Natürlich wurde das ganze Ereignis gefilmt und später zu Werbezwecken für die Legionäre genutzt. Auf ihrer Webseite veröffentlichten sie einen Brief des Heiligen Vaters, in dem Johannes Paul II. Maciel für die »sechzig Jahre seines intensiven, großzügigen und fruchtbaren priesterlichen Wirkens«[59] dankte.

Es war vorhersehbar, dass dieser Auftritt unter den Opfern Maciels das Vielfache jener Empörung auslösen würde, die sie zehn Jahre zuvor angesichts der päpstlichen Glückwünsche zu Maciels 50-jährigem Weihejubiläum empfunden hatten. Damals hatte diese Wut kein großes öffentliches Echo gefunden, aber mittlerweile hatte sich einiges geändert. Erstens war die Weltöffentlichkeit seit den 2002 veröffentlichten Recherchen des *Boston Globe* für sexuellen Missbrauch in der Kirche noch stärker sensibilisiert, und zweitens war das Internetzeitalter angebrochen. Die weltweit verstreuten Opfer Maciels tauschten sich online aus und teilten ihr Wissen und ihre Empörung nicht nur über Maciels Taten, sondern auch über die Untätigkeit der Römischen Kurie, namentlich über die Joseph Ratzingers, auf den sie so viel Hoffnung gesetzt hatten. Charles Scicluna, der seit Kurzem Chefankläger in der Glaubenskongregation war, bekam das mit. Er ging zu Ratzinger, um ihn von dem dringenden Handlungsbedarf in der Sache zu überzeugen. Es schockierte Ratzinger, dass er persönlich wegen des Falls Maciel öffentlich angeklagt wurde, und er erteilte Scicluna den Auftrag, eine Voruntersuchung in die Wege zu leiten. Sechs Tage später traf Ratzinger am Rande einer Veranstaltung auf Martha Wegan, jene Kirchenrechtlerin, die sechs Jahre zuvor mit José Barba und Arturo Jurado in seiner Glaubenskongregation zu Gast gewesen war. Ratzinger sagte ihr, er habe beschlossen, in der Sache Maciel Ermittlungen aufzunehmen. Nachdem sie daraufhin mit Scicluna telefoniert hatte, schrieb sie am 2. Dezember 2004 an Barba und Jurado, sie hätte den Eindruck, dass der Fall jetzt ernst genommen würde. »Nachdem wir den Brief bekommen hatten, rief ich Martha Wegan an und sagte ihr, dass wir natürlich wollten, dass es in diesem Fall vorwärtsging«, sagte Barba dem *National Catholic Reporter* in einem Interview. »Ich sagte auch, dass wir uns keinen Maulkorb verpassen lassen würden.«[60]

Gleichzeitig passierte etwas, das noch wesentlich brisanter beziehungsweise gefährlicher war – zumindest aus Sicht der Kurie. Am Tag von Maciels Weihejubiläum veranstaltete das Regnum Christi im Irish Institute in der Via della Giustiniana in Rom eine Privatfeier für den Gründer. Es waren etwa 300 geweihte Frauen des Regnum Christi und einige wenige Männer anwesend, darunter Maciels Privatsekretär Raffaele Moreno. Während der Veranstaltung tanzte ein junges Mädchen, kaum zwanzig Jahre alt, den spanischen Jota-Tanz vor Maciel. Das alleine hätte genügt, die anwesenden Frauen zu schockieren. Als das Mädchen sich anschließend auch noch auf Maciels Schoß setzte und ihn umarmte, war der Skandal perfekt. »Wir waren sprachlos«, erzählte eine der Anwesenden. »Aber Nuestro Padre machte ein Zeichen, als wollte er uns sagen: Alles in Ordnung.«[61] Raffaele Moreno war jedoch noch um einiges alarmierter als die anwesenden Frauen, denn er wusste genau, wer dieses Mädchen war: Sie hieß Normita und war Maciels Tochter.

»Das Schlimmste und Zynischste daran war, dass Maciel seine Tochter und seine Frau zu einem Fest brachte, bei dem er dafür gefeiert wurde, sechzig Jahre lang Priester gewesen zu sein. Diese sechzig Jahre hätten sechzig zölibatäre Jahre sein sollen, und diejenigen, mit denen er feierte, waren seine Tochter und seine Frau.«[62] Warum tat Maciel das? »Weil er es konnte«, sagt Pablo Pérez Guajardo. »Er wusste, es passiert ihm nichts. Maciel hat gedacht: Wenn jemand mich angreift, sind es der Vatikan und die katholische Kirche, die ein Problem haben. Niemand würde es wagen, Maciel anzugreifen, denn er ist ein Heiliger und genießt den Schutz der Kirche.«[63] Mit anderen Worten: Maciel fühlte sich absolut unangreifbar.

Der Vatikan, der ohnehin zunehmend Schwierigkeiten hatte, Maciels Missbrauchstaten zu vertuschen, hatte jetzt, mit Normita, ein gewaltiges Problem mehr, das um jeden Preis vor der Öffentlichkeit geheim gehalten werden musste. Denn auch wenn es nach gewöhnlichen Maßstäben kein Verbrechen ist, Kinder zu zeugen, so wog die Tatsache, dass Maciel eine Tochter hatte, in Rom bezeichnenderweise wesentlich schwerer als die vielen Fälle sexuellen Missbrauchs, die ihm zur Last gelegt wurden. Warum das so war, wird begreiflich, wenn man Christian Borgogno, einem Ex-Legionär, zuhört: »Ich erfuhr von Normita vor dem offiziellen Statement, weil meine Schwester mit den Oriols in Kontakt war.« Die Oriols waren, ähnlich wie die Garzas in Mexiko, eine der schwerreichen Familien, die über Jahrzehnte die Legionäre mit Millionensummen finanziell unterstützt hatten. »Zuerst glaubte ich es nicht. Aber es war meine Schwester.« Borgogno hatte zuvor schon von den Missbrauchsvorwürfen gehört, sie jedoch nicht geglaubt. Jetzt aber, wo es um Normita ging, stand die Option des Nichtglaubens einfach nicht länger zur Verfügung: »Der einzige Grund, aus dem ich schließlich glaubte, dass der Missbrauch wahr war, war Normita. Als ich verstand, dass sie wirklich seine Tochter war. Es ist einfach, einem Missbrauchsopfer nicht zu glauben, denn da gibt es keinen echten Beweis. Normita war für den Vatikan gefährlicher als die Missbrauchsopfer, merkwürdigerweise, denn es ist zwar eine weniger ernste Verfehlung, aber es ist viel sorgfältiger vertuscht worden. Denn sie war ein unumstößlicher Beweis. Wenn man einmal weiß, dass das wahr ist, fängt man auch an, alles andere zu glauben.«[64]

Raffaele Moreno, der 18 Jahre lang der Privatsekretär von Maciel war, war einer der wenigen, die schon auf der Feier im November 2004 wussten, wer Normita war. Nach dem Ereignis wurde er innerhalb der Gemeinschaft zum Whistleblower. Die Legionäre reagierten darauf, indem sie ihn in eine abgelegene mexikanische Ortschaft verbannten, wo er isoliert war und keine Gefahr mehr darstellen konnte.[65] Einer der wenigen, die es später noch geschafft haben, mit Moreno Kontakt aufzunehmen und ihn zum Sprechen zu bringen, ist der Journalist Raúl Olmos. Obwohl Moreno – so wie viele andere, die die Legionäre gegen sich aufgebracht haben – Angst hatte, erzählte er Olmos, was nach der Feier mit Normita geschah: »Ich ging zu Kardinal Franc Rodé und sagte zu ihm: ›Hier haben Sie die Beweise [Moreno zeigte ihm Fotos], und wenn Sie wollen, bringe ich Sie zu seiner Frau und Tochter!‹ Er sagte sehr vorsichtig: ›Das sind Fotomontagen.‹ Ich sagte zu ihm: ›Eminenz, wenn Sie möchten, gehe ich zur Presse und erzähle denen alles.‹« Moreno vermutet weiter: »Ich glaube, Rodé sprach sich mit dem damaligen Kardinal Joseph Ratzinger ab, und im Dezember 2004 schickten sie Charles Scicluna (…), um alles gründlich zu untersuchen.«[66] In einem Interview mit dem *National Catholic Reporter* sagte Franc Rodé später, er habe »Ende 2004 oder Anfang 2005« in der Tat eine VHS-Kassette mit Maciel und Normita gesehen und mit Charles Scicluna, der zu der Zeit besonders eng mit Ratzinger am Fall Maciel zusammenarbeite, über »das Problem« geredet. Auf die Frage, warum er nicht gleich dafür gesorgt habe, dass Maciel bestraft wurde, antwortete er: »Es war nicht meine Aufgabe, eine Strafe zu verhängen.« Ob er Maciel mit seiner Vaterschaft konfrontiert hätte? »Das war nicht meine Pflicht« Warum nicht? »Ich war nicht sein Beichtvater. Als Präfekt der Religiosenkongregation bestand meine Aufgabe darin, ihn zum Rücktritt zu bewegen. Und das tat ich.«[67]

Am 23. Januar 2005 fand das Generalkapitel der Legionäre statt, auf dem Maciel eigentlich hätte wieder zum Generaloberen gewählt werden sollen. Doch dazu kam es nicht. Stattdessen wurde nach einem Nachfolger gesucht. Man entschied sich ausgerechnet für Maciels langjährigen und engsten Vertrauten Álvaro Corcuera, einen 47-jährigen Mann, der sich seit seinem fünften Lebensjahr in der Nähe Maciels befand und niemals außerhalb der Gemeinschaft der Legionäre gelebt hatte.[68] Auch sonst blieb die gesamte Leitungsebene der Legionäre im Amt. Genau jene Männer, die Maciel beim Aufbau der Kongregation unterstützt hatten, die den Geist des Elitismus und des absoluten Gehorsams propagiert hatten und zum Teil geholfen hatten, Maciels Doppelleben zu verschleiern. Es war mehr als unwahrscheinlich, dass diese Männer zu einer echten Aufklärung der Straftaten Maciels und zu einer Reform der Gemeinschaften zu bewegen wären. Durch ihre Ernennung wurde allerdings ein Ziel erreicht: Der große öffentliche Skandal war verhindert, und das »Problem Maciel« schien vorerst unter Kontrolle. Dem Fußvolk der Bewegung, den Legionären und den Mitgliedern des Regnum Christi, sagte man, der 84-Jährige Maciel wäre zwar »einstimmig« wiedergewählt worden, aber der Gründer hätte aus »Bescheidenheit« die Wahl nicht angenommen. »Uns wurde erzählt, dass er zu alt sei. Wir glaubten weiterhin daran, dass er ein Heiliger sei«, sagt Peter Byrne dazu. Anders formuliert: Sie wurden ganz bewusst darin bestärkt, Maciel als Heiligen zu ehren. Das war aus der Perspektive der Römischen Kurie notwendig, um die riesige Bewegung zusammenzuhalten.

Unterdessen organisierte Charles Scicluna seine Reise nach New York und Mexico City, wo er die Opfer Maciels treffen und ihre Aussagen entgegennehmen wollte. Am 2. April 2005 traf Scicluna Juan Vaca. Vaca, der inzwischen nicht mehr Priester, sondern verheiratet war und als Lehrbeauftragter an einem College außerhalb von New York unterrichtete, begegnete Ratzingers Chefankläger mit Misstrauen. Schließlich war es volle 29 Jahren her, seitdem er sich zum ersten Mal mit seinen Vorwürfen gegen Maciel an den Vatikan gewandt hatte. Seitdem war in der Sache nichts geschehen. Schlimmer noch, er war Zielscheibe einer konzertierten Diffamierungskampagne der Legionäre geworden, die ihn als Lügner verunglimpft und diskreditiert hatten.[69] Nichtsdestotrotz erklärte Vaca sich bereit, Scicluna zu treffen, und ließ sich fünf Stunden lang befragen. Noch am selben Tag traf Scicluna Paul Lennon, einen ehemaligen Legionär, der zwar von Maciel nicht sexuell missbraucht worden war, der sich aber als Opfer spirituellen Missbrauchs betrachtete. Er hatte sich erfolgreich als Psychotherapeut etabliert, um anderen ehemaligen Legionären zu helfen, mit den psychologischen Folgeerscheinungen ihrer Zeit bei den Legionären fertigzuwerden. Noch während Lennon Sciclunas Fragen beantwortete, bekam dieser einen wichtigen Anruf aus Rom: Johannes Paul II. war gestorben.[70]

Zwei Tage später, am 4. April 2005, reiste Scicluna weiter nach Mexico City, wo er bis zum 10. April José Barba, Arturo Jurado und mehr als dreißig weitere Opfer aus Mexiko, den USA, Irland und Spanien befragte.[71] Scicluna, der mittlerweile erfahren hatte, wie die Legionäre mit ihren Kritikern umgingen, und der deswegen aus Angst kaum schlafen konnte, entschied sich, die Opfer nicht in der Apostolischen Nuntiatur zu treffen, wo Legionäre Zugang hatten, sondern an einem neutralen Ort. Wie es üblich war, verlangte Scicluna von ihnen, dass sie den Eid ablegten, mit dem sie sich verpflichteten, über diese Ermittlungen zu schweigen. Sie weigerten sich. Scicluna nahm ihre Aussagen trotzdem entgegen. Laut Scicluna hatte Ratzinger Angst, dass Sodano die Ermittlungen stoppen würde, wenn er davon Kenntnis hatte. Alberto Athié sagt dazu: »Scicluna sagte mir in Mexiko, dass Ratzinger die Ermittlungen im Geheimen begonnen hätte, sodass niemand davon erfahren würde. Wir entschieden uns, das einfach zu ignorieren, nahmen Kontakt mit den Medien auf und sagten ihnen, dass Scicluna in Mexiko war, um im Fall Maciel zu ermitteln.«[72]

Wenige Tage später kehrte Scicluna mit einem Koffer voller Vernehmungsprotokolle und einer Liste von weiteren Zeugen, die er noch treffen wollte, zurück nach Rom. Nachdem die laufenden Ermittlungen bekannt geworden waren, dementierte Sodanos Staatssekretariat die angeblichen Gerüchte in einem Fax, das am 20. Mai bei den Legionären Christi eintraf. Darin hieß es: »Es gibt keinen kanonischen Prozess in Bezug auf P. Maciel, und es ist auch für die Zukunft keiner vorgesehen.«[73] Zu diesem Zeitpunkt war Ratzinger schon zum Papst gewählt worden.

4 Die neuen Gemeinschaften

oder: Wider die Mär der unschuldigen Kindlichkeit

Es gab etwas am Fall Maciel, das Ratzinger nachhaltig beschäftigte, auch als Papst noch und selbst nach Maciels Tod. Ratzinger selbst formulierte es so: »Viele sind von einer falschen Gestalt letztendlich doch zum Richtigen gerufen worden. Das ist das Merkwürdige, der Widerspruch, dass sozusagen ein falscher Prophet doch eine positive Wirkung haben konnte.« Weil Maciel ein Leben führte, das »jenseits des Moralischen liegt, ein abenteuerliches, vertanes, verdrehtes Leben«, war es für Ratzinger ein Rätsel, wie er eine Gemeinschaft aufbauen konnte, in der es »viele junge Menschen [gab], die mit Begeisterung dem Glauben dienen wollen«. Und er fügte hinzu: »Diese Begeisterung darf man nicht zerstören.«[1] Ratzinger sah in der Legion also »viele junge Menschen, die mit Begeisterung dem Glauben dienen wollen«. Andere Menschen, die näher an der Legion waren, sahen etwas anderes.

Pablo Pérez Guajardo etwa bestätigt, dass der Ansatz der Legionäre zwar darin bestand, »mit den Reichen und Mächtigen zusammenzuarbeiten, um den Armen das Evangelium zu bringen«. Aber obwohl sie mittlerweile seit fünfzig Jahren die pastorale Verantwortung in der Maya-Zone tragen, sei es ihnen »mit all ihrem Geld, ihren Universitäten und ihrer Macht nicht gelungen, das Volk zu bekehren. Die meisten Menschen in der Maya-Zone leben in extremer Armut, religiös, medizinisch und intellektuell verwahrlost. Nach fünfzig Jahren in Cancún und der Maya-Zone haben die Legionäre ihr absolutes pastorales Versagen unter Beweis gestellt. Und dies kann von jedem bestätigt werden, der dieses Gebiet besucht hat, insbesondere die Orte in der Peripherie (...). Die Arbeit der Legionäre konzentriert sich nur auf die Hotels, auf das Gebiet, wo es Geld, Reichtum, Komfort, Klimaanlagen und Jachten gibt. In fünfzig Jahren hat kein einziger Legionär eine Maya-Sprache gelernt. Das zeigt das deutliche Desinteresse an den Mayas, an den Armen, an der Evangelisierung. Alles konzentriert sich auf die Reichen.« Die magere Sozialarbeit der Legionäre sei »ein Vorwand, um Gelder zu bekommen«. Mehr als eine Gemeinschaft, die dem Glauben dient, seien sie eine künstliche Welt, gestrickt nach den Sehnsüchten hochrangiger Kirchenmänner: »Das Seminar der Legionäre ist eine Fata Morgana, eine Lüge, ein Trugschluss. Es ist ein Disneyland für Bischöfe und Kardinäle.«[2] Und selbst diese perfektionierte katholische Ästhetik wirkt auf manchen eher abschreckend, wie der ehemalige Legionär Xavier Léger erzählt: »Ein Freund von mir, ein Priester, erzählte mir, dass er in Tor Vergata [einer großen Universität in Rom] war, wo dieses große Jugendtreffen stattfand, und als er mehrere Reisebusse ankommen sah und Hunderte junger Legionäre ausstiegen, empfand er eine Art Entsetzen angesichts all dieser jungen Männer, die genau gleich gekleidet und gestylt waren, in ihren identischen Soutanen und identischen Chorhemden, junge Männer, die einer Art Disziplin zu gehorchen schienen, die aus einer anderen Zeit stammte, fast ein wenig wie Faschismus. Dieser Anblick jagte ihm einen Schrecken ein: ›Wer sind diese Leute? Wer sind diese Clowns? Wer sind diese Leute, die Uniformität für einen Wert der Kirche halten?‹«[3]

Wie kommt es, dass Ratzinger einen begeisterten Glauben sah, wo andere von pastoralem Versagen, von einer sorgfältigen Inszenierung oder einer faschistisch anmutenden Ästhetik sprachen? Ist das nur eine Frage ästhetischer Vorlieben, oder steckt mehr dahinter? Hatte Ratzinger recht damit, die Legion zu »retten«, weil sie eine kirchlich anerkannte Gemeinschaft voller begeisterter junger Menschen war, die »dem Glauben dienten«, oder hatte Xavier recht, der Worte aus dem Matthäusevangelium zitierte (Mt 7,15–20), mit denen Jesus vor falschen Propheten warnt: An ihren Früchten werdet ihr sie erkennen? Und weil ein Theologe wie Ratzinger dem Evangelium in einem so grundlegenden Punkt doch sicher nicht widersprechen könnte, »hat es uns so überrascht und verletzt, als er in *Licht der Welt* sagte, dass wir über das theologische Problem nachdenken müssten, wie es einer so perversen Leitung gelungen ist, eine so gute Kongregation zu gründen. Das Problem liegt genau hier in seiner Prämisse; die Gemeinschaft ist nicht gut, sie ist vielmehr schlecht, sogar extrem schlecht. Alles, was man sieht, ist die Frucht von Manipulation, Erpressung und Diebstahl«. Und er fügt hinzu: Ratzinger, der dachte, »er würde ein Werk Gottes retten, hat in Wirklichkeit das Werk des Teufels geschützt«.[4]

Ähnlich drastisch fällt eine Aussage von Ratzingers langjährigem Weggefährten Wolfgang Beinert aus, der ebenfalls auf die Bibel verweist (auf 2.Kor 11,14) und vom Bösen spricht, das sich als das Gute ausgibt: »Der Engel der Finsternis erscheint zuweilen in der Gestalt eines Engels des Lichtes. Das heißt, ich muss mich immer fragen, wenn ich den Engel sehe, ob diese Engel des Lichtes – diese tollen, begeisterten jungen Priester – eben wirklich Engel des Lichtes sind oder ob sich nur der Engel der Finsternis dahinter verbirgt.« Und Beinert liefert auch gleich eine Erklärung für Ratzingers Wahrnehmung, nämlich die dramatische Situation, in der Ratzinger die Kirche sah: »Die Kirche erschien in einem Verfallsprozess. Die Gläubigenzahlen gingen zurück. Die Priesterzahlen gingen zurück. Die Moral ging zurück. Und wenn man ertrinkt, ergreift man jeden Strohhalm. Und der Strohhalm, der sich bot, das waren die neuen geistlichen Gemeinschaften.« Beinert spricht von neuen Gemeinschaften im Plural. Namentlich nennt er: »Das ›Opus Dei‹, ›Comunione e Liberazione‹, ›Das Werk‹ und wie die alle heißen.« Und er fügt hinzu, was sie in den Augen Ratzingers so attraktiv machte: »Diese Gemeinschaften boten an: eine absolute Papsttreue, ein absolutes Verfechten der Linie, der Intentionen der Päpste, ja, und welchem Feldherrn sind Bundesgenossen nicht willkommen?«[5] Wer sind diese neuen Gemeinschaften, warum gehen die Meinungen über sie so weit auseinander, und welche Rolle spielen sie in Ratzingers Leben, in seiner Amtsführung und in der

Geschichte und Entwicklung der katholischen Kirche in den vergangenen fünfzig Jahren?

Die alten Gemeinschaften und das Ende der totalen Hingabe

Bevor wir uns die sogenannten neuen Gemeinschaften ansehen, müssen wir einen kurzen Blick auf die »alten Gemeinschaften« werfen. Zu ihnen gehören Benediktiner(innen), Kartäuser(innen) und Zisterzienser(innen), Franziskaner(innen), Kapuziner und Klarissen, Jesuiten und Ursulinen, Comboni-Missionare, Salesianer und Vinzentinerinnen und unzählige andere Orden und Kongregationen. So verschieden diese Gemeinschaften auch sind, so zentral ist die Rolle, die sie für die katholische Kirche spielen. Als eine Art Zwischending zwischen dem diözesanen Klerus und den Laien, als Männer und Frauen, die teils in Gruppen von mehreren Dutzend an einem zentralen Ort, teils in kleinen Gruppen, teils unerkannt als Einzelpersonen, ihr Leben in den Dienst der Kirche stellen, in allen möglichen Berufen, können sie der Kirche auf einzigartige Weise Sichtbarkeit und Einfluss verschaffen. Ordensleute prägten vom Hochmittelalter bis in die Neuzeit die ältesten und berühmtesten Universitäten der Welt und beeinflussten maßgeblich die Forschung, nicht nur in der Philosophie und Theologie, sondern auch in den Rechts-, Sozial- und Naturwissenschaften. Ordensleute erzogen und erziehen bis heute weltweit Kinder und Jugendliche aller Altersstufen. Ordensleute arbeiten im Vorder- und Hintergrund kirchlicher Diplomatie, in bischöflichen Ordinariaten, in der kirchlichen Vermögensverwaltung und an kirchlichen Gerichten. Sie sind, nicht selten unerkannt, auch im weltlichen Bereich tätig: als Ärztinnen, als Professoren, als Sozialarbeiterinnen, im Kunsthandwerk, in der Entwicklungszusammenarbeit, in der Unternehmensberatung und im Tourismus. Es gibt beinahe keine Branche, keinen gesellschaftlichen Bereich und kein Land dieser Welt, in dem keine Ordensleute präsent sind. Und nicht zu vernachlässigen: Alles, was Orden irgendwann irgendwo auf der Welt erworben und aufgebaut haben, ist kirchlicher Besitz. Der Wert der

Orden für die römisch-katholische Kirche kann von daher kaum unterschätzt werden.

Noch etwas haben alle Gemeinschaften trotz ihrer Verschiedenheit gemeinsam, nämlich die Lebensform, die auf drei Gelübden basiert: Armut, Keuschheit und Gehorsam. Bis ungefähr zur Mitte des 20. Jahrhunderts schien klar, wie das Befolgen dieser Lebensform auszusehen hatte. Orden sahen sich als einen von der Welt getrennten Raum. Ihre Mitglieder kleideten sich anders, benahmen sich anders und sprachen anders als Menschen »in der Welt«. Hinter dieser klaren Abgrenzung von der Lebenswelt gewöhnlicher Menschen stand die Vorstellung, dass ein »zu weltliches Leben« ihren Lebensstil, ihre Berufung, ihren Glauben und vor allem ihre Keuschheit in Gefahr brachte. Denn »in der Welt« gab es »schlechte Schriften, Zeitungen und Bilder; schlechte Kinos, Schauspiele und Tänze; schlechte Kameradschaft und Gesellschaft; unehrbare Kleidung und unanständige Spiele; Müßiggang und Verweichlichung«, wie es ein *Katechismus der Ordensfrau* aus dem Jahr 1935 formulierte.[6] Die Trennung von der Welt war also notwendig, um zu verhindern, dass Ordensleute »schlechte«, das heißt unkeusche oder am Ende gar ungläubige Gedanken und Gefühle entwickelten. Um das zu verhindern, wurde ihnen die Devise ans Herz gelegt: »Arbeiten und streng gegen uns sein.«[7] Streng mit sich selbst zu sein war notwendig, weil es nicht nur die Welt außerhalb des Ordens gab, sondern auch die sündhafte menschliche Natur. Mit anderen Worten: Die »Welt« mit ihren Versuchungen lauerte in jedem einzelnen Menschen. Deswegen genügte die rein äußere Trennung, der Verzicht auf Zeitungen, Filme, Tänze und so weiter nicht. Vielmehr brauchte es auch einen permanenten Kampf gegen die eigene Versuchbarkeit. Ordensleute wurden so zu Exoten, die in einer Art Parallelwelt zu Hause waren. Die Ordensfrau Sandra Schneiders beschreibt Orden in der Zeit vor dem Konzil sogar als totale Institutionen im Sinne Goffmans, also als »eine soziale Struktur, in der jeder Aspekt des Lebens durch detaillierte Vorschriften geregelt ist«.[8]

Die maximale Einschränkung der äußeren und inneren Freiheit ihrer Mitglieder, die umfassende und permanente Reglementierung und Überwachung jeder einzelnen Handlung und selbst ihres Denkens und Fühlens war aber von den Ordensleuten frei gewählt. Sie betrachteten sie als eine Art Askese, als eine geistliche Übung, als eine Unterwerfung gegenüber Gott. Natürlich: Nicht alle taten das immer freiwillig, und auch denen, die es wirklich wollten, gelang es nicht immer, aber das war das Ideal: Eine Person, die in einen Orden ging, lebte im festen Glauben daran, dass sie, indem sie die Welt verließ und »jedes Detail des Lebens durch Gehorsam und Genauigkeit in Bezug auf die Regel heiligte, sich ganz dem einen hingab, den sie ganz liebte. Die Gesamtheit der Lebensform drückte die Gesamtheit der Selbsthingabe aus.«[9] Mit anderen Worten: Es waren starke religiöse Überzeugungen und Gefühle, die Menschen diese Lebensform wählen ließ. Aber diese Überzeugungen und Gefühle und die Art, in der Menschen sie lebten, begann sich im 20. Jahrhundert zu wandeln.

Mitte des 20. Jahrhunderts änderte sich das Leben von Ordensleuten innerhalb weniger Jahrzehnte radikal. Schon die beiden Weltkriege und die Nachkriegszeit brachten enorme Umwälzungen mit sich. Dann kam das Zweite Vatikanische Konzil – und mit ihm das Dekret *Perfectae Caritatis* über »die zeitgemäße Erneuerung des Ordenslebens« von 1965. Ordensmänner und Ordensfrauen, die bis Mitte der 1940er-Jahre teils selbst als Soldaten, Krankenpflegerinnen, Militärseelsorger im Einsatz, in Kriegsgefangenschaft, auf der Flucht oder in Konzentrationslagern gewesen waren, wo die korrekte Einhaltung der Ordensregel praktisch unmöglich gewesen war, sortierten ihr Leben neu. Der Wandel begann schon vor dem Konzil mit kleinen, aber signifikanten Veränderungen. So sprach Jean-Baptiste Janssens, der Generalobere der Jesuiten, 1959 die Erlaubnis aus: »Man gehe ruhig später zu Bett und stehe später auf.«[10] Jesuiten gingen nun auch immer häufiger in Zivilkleidung, sprachen sich gegenseitig mit »Du« an und gaben Latein als Verkehrssprache auf. Sie durften sogar Fußball spielen. Viele dieser kleineren und größeren Veränderungen wurden von lebhaften und manchmal hartnäckigen Auseinandersetzungen innerhalb der Orden begleitet. So wurden Anfang der 1960er erst »nach anfänglicher Ablehnung« Fernseher in den deutschen Niederlassungen der Jesuiten aufgestellt.[11] In anderen Gemeinschaften spielten sich die gleichen Prozesse und Diskussionen ab. Nach und nach widmeten sich Ordensleute neuen Aufgaben, begannen neue Technologien und wissenschaftliche Erkenntnisse zu nutzen und gaben alte Regeln und Gewohnheiten auf. Alte Trachten wurden durch neue ersetzt oder gleich ganz aufgegeben, Gebote wurden gelockert, den Einzelnen wurde mehr Freiheit und Freizeit gelassen, alles wurde »normaler«, und die Lebensform der Ordensleute galt schließlich nicht mehr als »besser« als die von »normalen« Gläubigen.

Dieser Wegfall von Status, Kontrolle und Druck schuf allerdings keine einfache Situation. Einerseits atmeten viele Ordensleute auf. Andererseits verließen viele Ordensleute ihre Institute ganz und gründeten Familien. Klöster wurden aufgegeben. Die Eintrittszahlen sanken rapide. In den USA gab es 1965 noch rund 215 000 Ordensleute. Innerhalb von dreißig Jahren hatte sich diese Zahl fast halbiert auf rund 114 000.[12] In anderen Ländern sah es ähnlich aus.[13] Und für die, die im Orden blieben, stellte sich die Frage nach der eigenen Rolle im kirchlichen Gesamtgefüge. Denn ab jetzt führten Ordensleute »nicht mehr mit ausschließlich kirchlichen Kollegen kirchlich zugeteilte und strukturierte Apostolate in einem rein kirchlichen Umfeld durch, wobei sie (mit normalerweise ungestörtem Gewissen) klare kirchliche Lehren und Richtlinien umsetzen«. Stattdessen gerieten sie regelmäßig in Situationen, »in denen die kirchliche Lehre oder Disziplin manchmal mit den Bedürfnissen realer Menschen kollidiert«.[14] Eine Seelsorge, die sich eins zu eins an die Lehre der Kirche hielt und die innerhalb rein katholischer Milieus noch praktikabel schien, war nun nicht mehr möglich, ja, nicht einmal sinnvoll, im Gegenteil: Sie schien wie Hohn. Sollte man glücklich wiederverheirateten Frauen, die in der ersten Ehe Gewalt erfahren hatten, ernsthaft sagen, dass ihre neue Ehe eine schwere Sünde sei? Eheleute, bei denen ein Partner mit Aids infiziert war, darauf hinweisen, dass sie auf Kondome verzichten mussten? Naturwissenschaftlich versierte Menschen auf ein biologisches Verständnis der Jungfrauengeburt und der leiblichen Auferstehung Jesu verpflichten? Kirchliche Vorgaben dieser Art erschienen nicht nur absurd, sondern obendrein unmenschlich und theologisch fragwürdig.

Konfrontiert mit den realen Nöten und Bedürfnissen realer Menschen, mit neuen Theorien und Denkweisen, mit Situationen, in denen »richtig« und »falsch«, »katholisch« und »nicht katholisch« auf einmal keine feststehenden Koordinaten mehr zu sein schienen, suchten Ordensleute nach menschenfreundlichen, schlüssigen, moralisch wie intellektuell tragbaren Auffassungen von zentralen Glaubensinhalten und christlicher Lebensführung. Auch wenn diese Suchbewegung mal mehr, mal weniger glücklich verlief,[15] war in den alten Gemeinschaften gegen Ende des 20. Jahrhunderts immerhin eines klar, nämlich dass es sich bei ihrer Lebensform überhaupt um eine Suchbewegung handelte. Das heißt, dass die Zeit vorbei war, in der Orden sich generell als totale Institutionen mit einer klaren Grenze zur Außenwelt und einem uniformen Lebensstil beschreiben ließen. Damit war auch das Ende der totalen Unterwerfung der Ordensleute unter die Vorgaben der kirchlichen Autoritäten gekommen. Das erschien manchen gefährlich, denn: »Wenn die Lebensform soziologisch gesehen keine totale Institution war, wie konnte sie dann der Ausdruck einer totalen Hingabe an Christus sein?«[16] Auch Joseph Ratzinger teilte den Eindruck, den Schneiders so formuliert: Es sah »wie das Ende des Ordenslebens selbst aus«. Ratzinger fühlte sich gedrängt, dagegen vorzugehen. Ein Beispiel hierfür war sein Umgang mit Schwester Jeannine Gramick und Pater Robert Nugent.[17] Was in ihrem Fall geschah, ist typisch für den verzweifelten Kampf der römischen Kurie gegen die »Verweltlichung« der Orden, ein Kampf, der sich so ähnlich auch in anderen Fällen abspielte.

Ende der 1960er-Jahre war Jeannine Gramick Ende zwanzig. Ihr Leben bestand aus lauter Dingen, die für eine Ordensfrau wenige Jahrzehnte, ja sogar wenige Jahre zuvor praktisch undenkbar waren: Sie hatte ihren Master in Mathematik gemacht und arbeitete nun an ihrer Dissertation. Sie promovierte an der University of Pennsylvania. Im Umfeld der Universität stieß sie auf eine pastorale Initiative in der Homosexuellenseelsorge – und begann sich in dieser Initiative zu engagieren. Ab 1971 erhielt sie dabei Unterstützung von Pater Robert Nugent.[18] Beide hielten gemeinsam Workshops und versuchten, Seelsorger und Seelsorgerinnen für die Situation Homosexueller zu sensibilisieren. 1977 gründeten sie schließlich gemeinsam »New Ways Ministry«, eine eigenständige Non-Profit-Organisation für homosexuelle Katholiken. Schon zwei Jahre später, im Jahr 1979, erhielten die Vorgesetzten von Schwester Jeannine und Pater Robert einen ersten Brief von der Religiosenkongregation in Rom. Die Oberen standen hinter den beiden und ihrer Arbeit und verteidigten sie nach Kräften. Dennoch hieß es dann 1984 aus Rom, dass Schwester Jeannine und Pater Robert sich »vollständig und endgültig von New Ways Ministry« zu trennen hätten. Der Erzbischof von Washington, Kardinal James Hickey, verbot ihnen, in seiner Diözese tätig zu sein. Außerdem dürften sie »sich nicht an einem Apostolat beteiligen, an einem Programm teilnehmen oder über ein Thema schreiben, das Homosexualität betrifft, es sei denn, [er/sie] stellt klar, dass homosexuelle Handlungen an sich und objektiv falsch sind«. Dabei hatten die beiden sorgfältig darauf geachtet, der offiziellen Lehre – wonach Homosexualität zwar eine angeborene sexuelle Orientierung, homosexuelle Akte aber eine Sünde wären – nicht zu widersprechen. In Rom hatte man aber dennoch das Gefühl, dass sie, »während sie das Lehramt der Kirche über Homosexualität darlegen, die Ansichten abweichender Theologen in einer Weise darzustellen scheinen, die den Eindruck erweckt, dass diese letzteren Positionen akzeptable Alternativmeinungen sind«. Das jedenfalls legten »Informationen« nahe, »die dem römischen Dikasterium weiterhin zur Kenntnis gebracht werden«, schrieb Nuntius Pio Laghi 1988 an einen amerikanischen Bischof, den er mit diesem Schreiben zum Leiter einer Kommission ernannte, die mit der Überprüfung der beiden Ordensleute beauftragt wurde.[19]

Die Religiosenkongregation ließ sowohl die beiden Ordensleute als auch deren Obere jahrelang im Unklaren darüber, was genau in der Sache geschah. Sie glaubten schon, die Kommission wäre aufgelöst worden, als sie schließlich im Januar 1994 ein Schreiben erhielten, mit dem sie zu einer Anhörung eingeladen wurden. Es folgten weitere. Jedes Mal wurden die beiden von hochrangigen, kompetenten und gut vorbereiteten Fürsprechern begleitet, darunter neben Kirchenrechtlern auch ein Bischof und ein Theologieprofessor. Im Oktober 1994 hatte die Kommission ihren Bericht fertig. Weder die beiden Ordensleute noch ihre Oberen erhielten Zugang zu diesem Bericht. Er ging direkt nach Rom an die Religiosenkongregation. Es war dasselbe Jahr, in dem dort auch die Berichte von Maura O'Donohue über weltweite Fälle sexueller Belästigung, Vergewaltigung und Zwangsabtreibungen durch Priester und Bischöfe ankamen. Doch während die Unterlagen O'Donohues, so wie später die Berichte ihrer Mitstreiter und Mitstreiterinnen, wohl in der Schublade endeten, sah die Kongregation im Fall Gramick und Nugent dringenden Handlungsbedarf, also ging der Fall an die Glaubenskongregation.

Im Dezember 1997 wurden die Oberen von Schwester Jeannine und Pater Robert zu einem Treffen mit Kardinal Joseph Ratzinger vorgeladen. Bei diesem Treffen machte Ratzinger deutlich, dass er die bisherigen Stellungnahmen der beiden Ordensleute nicht zufriedenstellend fand und einige Aussagen in ihren Büchern für »irrig und gefährlich« hielt.[20] Beide Ordensleute sollten daher, unabhängig voneinander, innerhalb von zwei Monaten schriftlich Stellung beziehen. Im Februar 1998 erreichten die Stellungnahmen die Glaubenskongregation, und im Juni erhielten die Oberen Antwort: Die Stellungnahmen wären unbefriedigend. Beide hätten versucht, »bestimmte Punkte in ihren Schriften zu rechtfertigen«, ein Unding, erstens angesichts des Gehorsams, den Ordensleute der Kirche schuldig waren, und zweitens angesichts der objektiven Wahrheit, die Ratzinger zu vertreten überzeugt war. Sie bekamen noch eine Chance: Innerhalb eines Monats sollten sie eine persönliche Zustimmungserklärung zur Lehre der Kirche über Homosexualität schreiben, genau so wie sie in einzeln aufgelisteten kirchlichen Schreiben formuliert war, und zwar sollten sie dabei die Formel »Ich glaube fest und bekenne ...« verwenden. Außerdem sollten sie ausdrücklich zugeben, dass ihre Bücher Fehler enthielten, sie sollten die Verantwortung für diese Fehler übernehmen und um Verzeihung bitten. Die persönlichen Zustimmungserklärungen der beiden gingen im August 1998 ein, und im Juli 1999 fiel schließlich die Entscheidung der Glaubenskongregation, die Schwester Jeannine und Pater Robert wie üblich nur mündlich von ihren Oberen mitgeteilt wurde. Die offizielle Notifikation vom 31. Mai 1999 lasen sie Tage später in der Zeitung. Ihnen wurde »jedweder seelsorgliche Dienst an homosexuellen Personen auf Dauer untersagt«, und sie konnten »in ihren jeweiligen Ordensgemeinschaften auf unbestimmte Zeit nicht in irgendwelche Ämter gewählt werden«.

Das war also der Umgang, zu dem Joseph Ratzinger sich gegenüber Angehörigen der alten Gemeinschaften gezwungen sah. Sie waren in seinen Augen eine echte Gefahr für das Wohl der Kirche. Zumal es ja nicht nur Schwester Jeannine und Pater Robert gab. Es gab Ordensleute, die in der Aids-Epidemie begannen, Kondome zu verteilen. Ordensleute, die Ämter für Frauen und Heiratserlaubnisse für Priester forderten, wiederverheirateten Geschiedenen oder sogar Angehörigen anderer Konfessionen die Kommunion austeilten. Ordensleute, die in Massen ihre Orden verließen, und solche, die im Orden bleiben, aber sich nicht länger an ihr Keuschheitsgelübde halten wollten. Nicht zuletzt gab es solche, die offen linke Revolutionäre wie Che Guevara unterstützten. Am schlimmsten waren in Ratzingers Augen wohl die, die dieses Handeln auch noch theologisch rechtfertigten.

Die neuen geistlichen Gemeinschaften

Umso erfreulicher muss es aus Ratzingers Perspektive gewesen sein, dass neue Gemeinschaften entstanden, zu deren Profil nicht nur die ausdrückliche und vollkommene Treue gegenüber dem römischen Lehramt gehörte, sondern auch die Strenge gegen sich selbst und die vollkommene persönliche Hingabe an den Willen Gottes, wie er den Einzelnen von den zuständigen Oberen vermittelt wurde. Dazu kam, dass solche neuen geistlichen Gemeinschaften auch noch rasant wuchsen. Sie waren nicht einfach »neue Orden«, auch wenn sie in der katholischen Kirche tendenziell den Platz der alten Orden einzunehmen begannen. Ihre Menge ist heute schier unüberschaubar, und sie sind untereinander sehr verschieden. Grob vereinfachend lassen sie sich etwa wie folgt kategorisieren: Da gibt es Traditionalisten wie das »Institut Christus König und Hoherpriester« oder die Petrusbruderschaft, die an der Feier der Messe im alten Ritus festhalten. Es gibt Neugründungen wie beispielsweise die »Sisters of Mercy of Alma«, die lehramtstreuer sein wollen als ihre progressiveren Mitschwestern von den »Sisters of Mercy« und sich deshalb von ihnen getrennt haben. Vor allem im französischen und italienischen Sprachraum entstehen größere und charismatische Bewegungen, die eine teils moderne, oft hochemotionale und romantisch angehauchte Ästhetik, Sprache und Musik entwickeln und damit bei Jugendlichen sehr erfolgreich sind, wie beispielsweise Les Béatitudes, Sant'Egidio, die Focolarini, das Neokatechumenat oder die Communauté Saint Jean. Und vor allem im spanischen Sprachraum gibt es große, auf Uniformität und Disziplin setzende, manchmal geradezu militaristisch auftretende Gemeinschaften, wie Sodalicio, das Opus Dei, die Heraldos del Evangelio oder die Legionäre und das Regnum Christi.

Viele von diesen Gemeinschaften und Bewegungen fallen aus dem klassischen Rahmen der alten Gemeinschaften heraus: Nicht alle ihre Mitglieder geloben Armut, Keuschheit und Gehorsam. Ihnen gehören zugleich Bischöfe, Priester, Männer, Frauen und Familien mit Kindern an, die teils zusammenleben. Und auch wenn manche der neuen Gemeinschaften denselben kirchenrechtlichen Status wie alte Gemeinschaften haben, fallen dennoch viele in andere kirchenrechtliche Kategorien, sie sind beispielsweise Zusammenschlüsse nach can. 215 CIC, neue Formen des geweihten Lebens nach can. 605 CIC, und manche haben sogar eigene kirchenrechtliche Rahmenbedingungen wie die Personalprälatur (can. 294 CIC), eine Rechtsform, die es erst seit ein paar Jahrzehnten gibt und die bislang einzig vom Opus Dei genutzt wird, oder das »Itinerarium katholischer Formation«, eine Formulierung, die in einem kirchlichen Belobigungsschreiben für das Neokatechumenat verwendet wird. Aber so verschieden sie sind, haben alle diese Gemeinschaften doch eines gemein: Mit vernachlässigbaren Ausnahmen[21] stehen sie scheinbar zu 100 Prozent hinter der lehramtlichen Moral- und Glaubenslehre, sind in Rom entsprechend beliebt und erhalten oft den von ihnen angestrebten papstunmittelbaren Status »Päpstlichen Rechts«, der sie weitgehend unabhängig von den Bischöfen vor Ort macht.

In diesen neuen geistlichen Gemeinschaften gibt es alles das, was in der Weltkirche und in den alten Gemeinschaften in Gefahr zu sein scheint: Es gibt eine große und immer weiter wachsende Zahl junger Priester und Ordensfrauen. Es gibt absolute Treue zur kirchlichen Lehre, mehr noch: geradezu glühende Begeisterung für die Worte und Verlautbarungen des Papstes, der von diesen Gruppen auf Weltjugendtagen oder bei den Mittwochsaudienzen wie ein Star gefeiert wird. Es gibt Eheleute, die fünf, sieben, zehn und mehr Kinder haben und mit ihren hübsch herausgeputzten Mädchen und Jungen jeden Sonntag, wenn nicht gar jeden Tag, in die Messe gehen. Es gibt Jugendliche, die feierlich Enthaltsamkeit bis zur Ehe geloben. Es gibt Priester und Gläubige, die auf eine vorschriftsmäßige Feier der Liturgie großen Wert legen, Rituale formvollendet ausführen und die traditionellen Gebete und Antworten auswendig und mit fester Stimme vortragen können. Es gibt Menschen, die ihren Glauben öffentlich bekennen, gegen Abtreibungen und die »Ehe für alle« demonstrieren, leidenschaftlich den Priesterzölibat verteidigen, Verhütungsmittel ablehnen, oft und gerne in die Messe gehen und an die leibhaftige Präsenz Jesu in der konsekrierten Hostie glauben, vor der sie ehrfurchtsvoll anbetend niederknien. Es gibt häufige Beichten, Wallfahrten, Andachten, gemeinsamen Lobpreis, Singen und Beten.

Und während »gewöhnliche« Katholikinnen und Katholiken, die mit kirchlichen Lehren und Vorgaben immer weniger einverstanden sind, oft unzufrieden, frustriert und untereinander uneins scheinen, erwecken Mitglieder der neuen Gemeinschaften den Eindruck, dauernd von einer fröhlichen Stimmung getragen zu sein, vereint im gemeinsamen Gefühl, auf der richtigen Seite zu sein und Gottes Willen zu tun. Viele Bischöfe, Kardinäle, Priester und manche Katholikinnen und Katholiken fühlen sich in der von diesen Gemeinschaften ausgehenden Stimmung ausgesprochen wohl.

Ratzingers wunderbare Erfahrung

Wer mit Ratzingers Welt- und Kirchenbild vertraut ist, wird nicht darüber verwundert sein, dass gerade er solche Gruppen früh und ausgiebig förderte, und zwar schon als er noch ein junger Professor war. Er lernte eine ganze Reihe von ihnen in einer für ihn schwierigen Periode nach dem Konzil kennen, als noch fast niemand die neuen Gemeinschaften kannte, die damals klein und unbedeutend waren. In seinen eigenen Worten klingt das so: *Für mich persönlich war es eine wunderbare Erfahrung, als ich in den frühen 1970ern in engeren Kontakt mit Bewegungen wie dem Neokatechumenalen Weg, Comunione e Liberazione und der Fokolar-Bewegung kam. Ich spürte die Energie und die Begeisterung, mit der sie ihren Glauben lebten (...). Es war die Zeit, in der Karl Rahner und andere das Wort von der winterlichen Periode in der Kirche gebrauchten. In der Tat schien es, dass nach der großen Blüte des Konzils der Frost den Frühling zurückgedrängt hatte und dass die neue Dynamik einer vollkommenen Erschöpfung gewichen war. Die Dynamik schien jetzt ganz woanders zu sein, wo Menschen unter Berufung auf ihre eigene Kraft – und ohne Bezug zu Gott – versuchten, eine bessere Welt für die Zukunft zu gestalten (...). Aber da war nun plötzlich etwas, was niemand geplant hatte. Da hatte der Heilige Geist sich sozusagen selbst wieder zu Wort gemeldet. Gerade in jungen Menschen brach der Glaube neu auf, ohne Wenn und Aber, ohne Ausflüchte und Vorbehalte, sondern in seiner Totalität als kostbare, lebenspendende Gabe.*[22]
Wo Ratzinger hier von der »Totalität des Glaubens« sprach, hätte man auch sagen können: Mit den neuen geistlichen Gemeinschaften kam genau die Totalität zurück, die die alten hinter sich gelassen hatten. In den neuen Gemeinschaften schien wieder ganz klar, was gut und falsch, was katholisch und nicht katholisch war, was Gott wollte und wer verbindlich im Namen Gottes sprechen konnte – und diese völlige Klarheit brachte eine ebenso völlige Gefolgschaft mit sich: Mitglieder der neuen Gemein-

schaften ordneten eigene Wünsche, Beziehungen und Zukunftspläne ihrer Gemeinschaft unter; sie opferten bereitwillig Zeit, Geld, und Energie, weil sie glaubten, dass es im Glauben um alles ging, und dass Gott, der durch ihre Anführer sprach, einen unbedingten Anspruch auf sie hatte. Vor allem aber glaubten sie, dass sie nur in der Akzeptanz dieses unbedingten Anspruchs den Sinn ihres Lebens erfassen und in Wahrheit glücklich werden konnten.

Damit entsprachen die neuen geistlichen Gemeinschaften Ratzingers ureigener Vorstellung vom Ideal der Kirche so sehr, dass man ihn nicht nur als ihren langjährigen Freund und Förderer, sondern zugleich als einen ihrer wichtigsten Stichwortgeber und Inspiratoren bezeichnen kann. Ähnlich wie viele Gründer und Gründerinnen neuer Gemeinschaften glaubte auch Ratzinger immer schon, dass weite Teile der Kirche, die diese Kompromisslosigkeit nicht teilten, de facto ungläubig wären. So schrieb er als 31-Jähriger: »Dieses dem Namen nach christliche Europa ist seit rund vierhundert Jahren zur Geburtsstätte eines neuen Heidentums geworden, das im Herzen der Kirche selbst unaufhaltsam wächst und sie von innen her auszuhöhlen droht. (…) Das Heidentum sitzt heute in der Kirche selbst.« Und er fügte hinzu: »Es wird der Kirche auf die Dauer nicht erspart bleiben, Stück um Stück von dem Schein ihrer Deckung mit der Welt abbauen zu müssen und wieder das zu werden, was sie ist: Gemeinschaft der Glaubenden«, sie müsse, »wenn nötig, zur kleinen Herde« werden.[23]

Genauso sehen sich viele neue geistliche Gemeinschaften: als kleine gläubige Herden, die sich von der vermeintlich heidnisch gewordenen Kirche um sie herum abgrenzen müssen, um dem Glauben treu zu sein und andere, vermeintlich lau oder ungläubig gewordene Christinnen und Christen neu zu bekehren. Ratzingers Unterstützung für diese Gruppen hatte aber vielleicht nicht nur einen abstrakten, ideologischen Hintergrund, sondern auch einen sehr persönlichen und emotionalen. Denn viele dieser Gruppen waren wie eine Art Familie für ihn, ein Umfeld, in dem er sich unter Gleichgesinnten fühlte, in dem genau die Atmosphäre der absoluten Klarheit und des »begeisterten Glaubens« herrschte, in der er sich geborgen fühlte. Auch seine eigene Herkunftsfamilie war für ihn ja nicht nur prägende Erinnerung, sondern auch ein Vorausbild des himmlischen Jenseits, das für ihn so »ähnlich sein muss wie in meiner Kinder- und Jugendzeit«.[24] Mehr noch, wie es Georg Gänswein, sein Privatsekretär und engster Mitarbeiter ausdrückt: »Familie ist für Joseph Ratzinger, für Papst Benedikt, ein Schlüsselbegriff auch seiner Theologie, aber auch seines menschlichen Lebens.«[25] Mit dieser persönlichen Erinnerung, die zu einer theologischen Schlüsselkategorie wurde, verband sich aber unweigerlich auch die Erinnerung an die Vulnerabilität familiärer Geborgenheit in der Zeit des Nationalsozialismus. Sein Vater wusste, »was auf ihn und seine Familie zukommt, und hat versucht, eben auch die Familie zu beschützen. Das heißt, das Äußere, die Lebensverhältnisse von außen waren alles andere als idyllisch.«[26] Jahrzehnte später fühlte er sich womöglich ganz ähnlich: Während er den Eindruck hatte, dass unheimliche Kräfte die Kirche bedrohten, dass die göttlich gewollte Ordnung in Gefahr war und angegriffen wurde, fand er in den neuen geistlichen Gemeinschaften eine Art Familie, eine neue Idylle und zugleich ein bedrohtes Paradies. Der Schutz dieser geistlichen Heimat lag ihm zweifellos am Herzen. Zu den Gruppen, die er besonders schätzte, gehören das Neokatechumenat, die Integrierte Gemeinde, Das Werk und Comunione e Liberazione.

Neokatechumenaler Weg (NKW)

Nach eigener Auskunft lernte Ratzinger das Neokatechumenat, das von seinen Anhängern in der Regel nur »Der Weg« genannt wird, in den 1970er-Jahren kennen. So erzählte das auch der Gründer des Neokatechumenats, Kiko Argüello, bei einem seiner ganz wenigen öffentlichen Auftritte, der Vorstellung eines seiner Bücher am 24. Januar 2014 in Köln, dem Herzstück des rheinischen Katholizismus. Diese Veranstaltung sorgte in den Tagen danach in der deutschen Öffentlichkeit aus einem ganz anderen Grund für einige Empörung.[27] Es lohnt sich, sie einmal in größerem Kontext zu betrachten, als sie damals in der Presse gesehen wurde.

Am längsten spricht bei der Veranstaltung natürlich Kiko selbst, der von den Anwesenden mit Standing Ovations begrüßt wird und der ohne roten Faden, ohne Punkt und Komma redet. Am laufenden Band erwähnt er Ratzinger. Gleich zu Beginn erzählt er, wie er damals von Professor Ratzinger in dessen Haus nach Regensburg eingeladen wurde. Dann schildert er, wie Ratzinger ihm dabei geholfen hätte, das Neokatechumenat nach Deutschland zu bringen, wie er sich im Bistum München und Freising für den »Weg« verwendet hätte. Zwischendurch ruft er das begeisterte Publikum eigens zum Applaus für seinen (kurz zuvor vom Papstamt zurückgetretenen) Fürsprecher in Rom auf.

Dass Ratzinger kurz nach dem Beginn der Freundschaft mit dem »Weg« Präfekt der Glaubenskongregation wurde und über Jahrzehnte in diesem Amt blieb, ist in seiner Bedeutung für die Ausbreitung und das Wachstum dieser und anderer Bewegungen nicht zu unterschätzen. Dass er dieses Amt nutzte, um den »Weg« zu schützen, legt unter anderem eine Aussage eines engen Freundes Ratzingers nahe, des Kölner Kardinals Joachim Meisner. Er tritt gleich nach Kiko ans Mikrofon, dankt ihm für sein »Christuszeugnis«, lobt ihn für seinen Vortrag und ergeht sich in seiner eigenen Begeisterung für das Neokatechumenat, das er 1980 in Berlin kennengelernt hätte. Dabei spricht er dann auch die Worte aus, die in den folgenden Tagen für landesweite Entrüstung sorgen sollten: »Eine Familie von euch ersetzt mir drei muslimische Familien.« Diese Äußerung ließ mitten in der katholischen Idylle für einen Moment eine ihrer dunklen Schlagseiten sichtbar werden: Die vermeintlich heile Welt lebt von der Abwertung alles dessen, was anders ist als sie. Dazu gehören Angehörige anderer Religionen, wie die Muslime, deren Zahl und erfolgreiche Fortpflanzung in Meisners Ansprache mit der katholischer Familien aufgerechnet zu werden schien. Der Kardinal musste sich in den folgenden Tagen für diese Worte entschuldigen. Er sprach von einer »vielleicht unglücklichen« Wortwahl.[28] Für andere Worte, die denselben Abgrenzungs- und Abwertungsmechanismus gegenüber den Mitgliedern der eigenen Kirche bedienten, entschuldigte er sich dagegen nicht. So erzählte Kardinal Meisner während der Veranstaltung, dass es in seinem Bistum Menschen gäbe, die ihm offen sagten, dass das Neokatechumenat ihnen Angst mache. Er erwähnt speziell eine Frau, die sich nach dem zweiten Kind hätte sterilisieren lassen. Ihre Angst ist für Meisner ein gutes Zeichen: »Halben Christen«, sagt er, mache es eben Angst, wenn jemand den Mut hätte, den Glauben ernst zu nehmen. Wer in neokatechumenaler Manier die Größe einer katholischen Familie als Beweis ihres Glaubens betrachtet, für den mag eine katholische Mutter zweier Kinder eine halbe Christin sein, weil sie kein drittes Kind möchte. Auf wie vielen Ebenen diese Logik hinkte, schien dem Kardinal nicht bewusst zu sein. Im Gegenteil, für ihn war der neokatechumenale Kinderreichtum sogar ein Grund, mit der Bewegung nicht allzu streng zu sein. Meisner erzählt in seiner Ansprache ganz offen, ja, er brüstet sich geradezu damit, dass er seine Rolle als Mitglied der Sakramentenkongregation genutzt habe, um das Neokatechumenat in Rom gegen kirchliche Reglementierung zu verteidigen. Er hätte den Kritikern des Neokatechumenats im Vatikan gesagt: »Leute, dahinter steht die Glaubenskraft von Eheleuten, die zehn Kinder in die Welt setzen.« Eine solche Gemeinschaft könne man nicht »vom grünen Tisch aus« beurteilen. »Der mir da geholfen hat«, sagt Meisner, »das war der damalige Präfekt der Glaubenskongregation, Joseph Ratzinger.«

Welche Bedenken hatte es in Rom gegeben? Unmittelbar offensichtlich waren eine Reihe theologischer und kirchenrechtlicher Probleme. Das Neokatechumenat feiert und nutzt Rituale der katholischen Kirche, allen voran die Eucharistie, zu denen aber »gewöhnliche« Mitglieder der katholischen Kirche nicht zugelassen sind, sondern nur Mitglieder der Bewegung. Sie verlangen ein Katechumenat nach der Taufe, eine lange dauernde Extra-Initiation, die Menschen durchlaufen müssen, um in ihren Augen wirkliche Christen zu sein. Weil aber, theologisch und kirchenrechtlich, die Taufe die Initiation in die Kirche ist, weil man Kirchenmitglied durch die Taufe wird und damit grundsätzlich Zugang zur Eucharistie hat, ist diese exklusiv vom Neokatechumenat vermittelte Extra-Initiation für Menschen, die dadurch Zugang zu Extra-Eucharistiefeiern erhalten, theologisch mindestens fragwürdig. Auch in der Praxis ist sie problematisch,

denn sie spaltet katholische Pfarreien, in denen das Neokatechumenat präsent ist, in »nur« getaufte, vermeintlich »halbe« Christen einerseits und scheinbar wahre Christen, nämlich ins Neokatechumenat Initiierte, andererseits. Oder anders formuliert:
Innerhalb der katholischen Kirche entsteht eine neue, neokatechumenale Kirche.

»In zwanzig Jahren wird die ganze Kirche Neokatechumenat
sein«, zitiert Gordon Urquhart, selbst ein ehemaliges Mitglied
der Fokolar-Bewegung, einen Priester, der dem »Weg« angehörte, in seinem 1995 erschienenen Buch *The Pope's Armada*.[29]
Die Mitgliederzahlen scheinen dieses Selbstbewusstsein zu
rechtfertigen. Nach eigenen Angaben[30] gehören dem Neokatechumenalen Weg heute weltweit 1,5 Millionen Mitglieder an,
darunter Tausende Kleriker. In 123 Priesterseminaren weltweit
werden Hunderte Seminaristen im Sinne des »Weges« ausgebil-
det. Alleine in Rom haben sie über 100 Pfarreien.

Einige sahen diese sektiererischen Tendenzen schon in der
Anfangszeit der Bewegung. Damals hielten viele Kiko für »einen
Verrückten, einen Hippie, der unbedingt Aufmerksamkeit erregen will (…) mit seinen Messen und Feiern, seinen internen
Codes, seinem Rekrutierungssystem und der absoluten Verschwiegenheit über interne Praktiken«.[31] Für Joseph Ratzinger
schien das nie ein Problem zu sein, im Gegenteil. Weder als er
Argüello in den 1970ern kennenlernte noch als die Bewegung im
Vatikan geprüft und ihre Praktiken untersucht wurden, äußerte
er irgendwelche Bedenken. Als Kiko 1986 auch bei der Glaubenskongregation vorgeladen und zu Fragen der Lehre und Pastoral befragt wurde, kam von Kardinal Ratzinger schließlich ein
Bericht mit positivem Votum[32] – eine Voraussetzung für die
kirchliche Anerkennung, die das Neokatechumenat 1990 schließlich erhielt. Nicht zuletzt die »nachträgliche« Initiation getaufter
Christen, so problematisch sie nüchtern betrachtet aus dogmatischer Perspektive ist, passte ja sogar sehr gut in Ratzingers Ge-
dankenwelt. In einer Ansprache, die er Jahrzehnte später als
Papst hielt, lobte er die Missionsarbeit des Neokatechumenats in
Gegenden, wo Menschen »Christus zwar kennengelernt haben,
aber dem Glauben gegenüber gleichgültig geworden sind: Der

Säkularismus hat dort den Sinn für Gott verfinstert und die christlichen Werte verdunkelt«. Und er rief den versammelten Anhängern des »Weges« zu: »Hier soll euer Einsatz und euer Zeugnis wie der Sauerteig sein, der mit Geduld, zu gegebener Zeit, (…) den ganzen Teig aufgehen lässt.«[33]

Katholische Integrierte Gemeinde (KIG)

Sogar noch etwas früher als das Neokatechumenat, nämlich schon in den 1960ern lernte Ratzinger eine andere neue Gemeinschaft kennen, die sich die »Integrierte Gemeinde« nannte. Im Jahr 1968 nahm er mit ihnen Kontakt auf, und ab 1969 bezog er ihre Zeitschrift. 1974 erhielt er in Regensburg das erste Mal Besuch von Mitgliedern der Gemeinde. Damals waren schon erste kritische Stimmen laut geworden. Ein Priester, der seit der Gründung dabei war, hatte die Gemeinschaft verlassen. Sie kam in den Verdacht, sektenähnliche Strukturen und Praktiken zu pflegen. Eltern machten sich Sorgen um ihre Kinder, die mit der Gemeinde in Kontakt waren. So schrieb eine Mutter: »Seit mein Sohn bei Ihrer Gemeinde ist, stelle ich eine so starke Gesinnungsänderung fest, dass ich glaube, Sie haben ihm Drogen eingegeben.« Jemand anderes schrieb: »Die Gemeindeleiterin erinnert mich an den Hippiemörder Manson, der seine fanatische Gruppe hypnotisiert.« Die Integrierte Gemeinde druckte diese Wortmeldungen stolz in ihrer Zeitschrift ab, die Ratzinger empfing, und fügte ein Paulus-Zitat dazu: »Wie der Unrat der Welt sind wir geworden, jedermanns Abschaum bis heute.«[34] Sie sahen diese Kritik als eine Art »Verfolgung« und fühlten sich dadurch in einer für neue geistliche Gemeinschaften typischen Logik bestätigt, denn ihrer Überzeugung nach wurde alles, was wirklich von Gott kam, von der »Welt«, zu der für sie auch »verweltlichte, halbe Christen« gehörten, missverstanden, angegriffen und verfolgt.

In dieser Zeit ging so mancher auf Distanz zur Integrierten Gemeinde. Als sie 1976 eine ganze Gruppe von Theologen zu sich einlud, sagten alle ab – bis auf einen: Ratzinger. Er ist der Einzige, der kommt. »Die Gemeinde gewinnt den Eindruck, dass sich zu diesem Zeitpunkt niemand mit einer scheinbar so umstrittenen Gruppe einlassen will – nur Prof. Ratzinger kennt offensichtlich keine Berührungsängste. An diesem 16. Oktober 1976 nimmt er sich einen ganzen Tag Zeit«,[35] heißt es in einem großformatigen Buch, in dem die Integrierte Gemeinde 2006 kurz nach Ratzingers Papstwahl selbstbewusst und aufwendig »30 Jahre Wegbegleitung« dokumentiert. Wie viel seine Nähe zur Integrierten Gemeinde dazu beitrug, dass später auch andere hochrangige Würdenträger und Theologen ihre »Berührungsängste« mit der Gemeinschaft verloren, sei dahingestellt. Er hatte offenbar nie welche. Er fühlte sich in der Integrierten Gemeinde wohl. Er teilte ihre Überzeugungen. Bei einer Ansprache, die er an jenem 16. Oktober 1976 bei ihnen hielt, sagte er, Christsein sei »nicht bloß Verein, Gemütlichkeit, irgend sonst etwas. Christsein reicht in diese Tiefe vom Leben und Sterben«. So wie auch Jesus gestorben wäre. Sehr passend in einer Gemeinschaft, die den Tod einer 33-jährigen Mutter aus ihrer Mitte – Marlene Kirchner, die sich im Einsatz für die Gemeinde »zu Tode« gearbeitet hatte – als »ein unmittelbares Handeln Gottes an dieser Gemeinde« bezeichnete und 1970 ein Tagungshaus nach ihr benannte.[36] Und Ratzinger fuhr fort: In noch einem Punkt müssten wir Jesus ähnlich werden: darin, dass »Jesus als der Sohn nichts allein kann, sondern eben weil er der Sohn ist, ist all sein Können nur das trinitarische Wir und besteht nie in einem abgetrennten Ich, das selber, allein und aus eigenem Wirken etwas könnte«. Daher gelte auch, »dass nur der in der Nähe Gottes steht, der sich diesem Geheimnis des göttlichen Wir einfügt, der aufhört, sein autonomes Ich können und machen zu wollen«.

Als Ratzinger 1977 Erzbischof von München wurde, war eine seiner ersten Bestrebungen, der Integrierten Gemeinde zu einer kirchlichen Anerkennung und Rechtsform zu verhelfen. Er ermutigte die Gemeinschaft, Statuten auszuarbeiten. Schon ein gutes Jahr später, am 24. November 1978 wurden diese approbiert. Die KIG war jetzt eine Apostolische Gemeinschaft diözesanen Rechts. Damit schwanden innerkirchliche »Berührungsängste« weiter. Ratzinger verlegte das Treffen seines Schülerkreises 1982 in das Haus der Integrierten Gemeinde in Urfeld am Walchensee, feierte dort mit ihnen die Messe und freute sich über den Austausch seiner Schülerinnen und Schüler mit den Mitgliedern der Gemeinde. Er sagte zu ihnen: »Das Besondere hier ist, dass wir nicht nur Wunderbares zum leiblichen Wohl erhalten, sondern gleichsam ein Stück aktueller Kirchengeschichte erleben.«[37] 1983 wurden schließlich die ersten eigenen Priester der Integrierten Gemeinde geweiht. Im Vorfeld unterstützte Ratzinger »Erzbischof Degenhardt von Rom aus, bei der Ausbildung der Priester und ihrer Freistellung für die Arbeit in der KIG neue Wege zu gehen«.[38]

Vor allem aber half Ratzinger der Integrierten Gemeinde, in Rom noch besser Fuß zu fassen. Er besuchte regelmäßig ein Haus der Gemeinde am Colle Romito, und als sie ein Auge auf die Villa Cavalletti warfen, ein ansehnliches Anwesen mit großem Grund in Grottaferrata, ermutigte er sie, das Haus zu erwerben. Die Villa gehörte seit der Nachkriegszeit den Jesuiten, wurde aber von ihnen zum Verkauf angeboten. Ein Weihekandidat der KIG erzählte von einem Gespräch mit Kardinal Ratzinger im September 1993: »Auf das Wort › Villa Cavalletti‹ reagierte er sehr lebendig und munter. Er sprach, von mir angeregt, darüber, wie wichtig es sei, die Gemeindetheologie nach Italien beziehungsweise Rom zu vermitteln.«[39] Er half mit, so schnell wie möglich die Voraussetzungen für die Verwirklichung dieses Traums zu schaffen. Ein erster Schritt dahin war die Anerkennung der Integrierten Gemeinde in der Diözese Rom. Ratzinger sprach mit Kardinal Camillo Ruini, dem Generalvikar der Diözese, und »ermutigte« ihn, die Gemeinde in der Diözese Rom anzuerkennen.[40] Die Anerkennung erfolgte am 15. März 1994. Ein gutes Jahr später, im Sommer 1995, ging die Villa Cavalletti in den Besitz der KIG über. Noch einmal ein Jahr später würde der spätere Ratzinger-Biograf Peter Seewald an diesem Ort die Gespräche mit Kardinal Ratzinger führen, die 1996 unter dem Titel *Salz der Erde* erschienen.[41] Am 16. April 1997 feierte die KIG einen Festgottesdienst zu Ratzingers 70. Geburtstag in San Clemente in Velletri. Zum anschließenden Festmahl in der Villa Cavalletti lud Ratzinger seine Freunde ein, die im Wesentlichen aus Kollegen und Mitarbeitern aus der Glaubenskongregation bestanden.

Er hielt seine freundschaftlichen Beziehungen zur Integrierten

Gemeinde auch als Papst noch aufrecht. So gewährte er am 23. Februar 2006 der Leiterin der Gemeinde, Traudl Wallbrecher, und ihren engsten Vertrauten eine Privataudienz – stolz dokumentiert auf den letzten Seiten ihres Bildbandes.

Die geistliche Familie »Das Werk«

Ebenfalls in den 1970er-Jahren lernte Ratzinger »Die geistliche Familie ›Das Werk‹« kennen, die meist nur »Das Werk« genannt wird. Ihre Ursprünge hat die Gemeinschaft in Belgien, aber schon seit den 1960ern hatte sie auch eine Niederlassung in der Nähe des Vatikans, und seit den 1980ern breitete sie sich im deutschsprachigen Raum aus, vor allem im süddeutschen Raum und in Österreich. Ratzinger lernte sie zunächst über ihre Arbeit zum britischen Theologen John Henry Newman (1801–1890) kennen. Die Gemeinschaft veranstaltet Newman-Kongresse und besitzt ein Newman-Zentrum in der Via Aurelia 257 in Rom. Nach Ratzingers Umzug nach Rom vertiefte sich der Kontakt weiter. Ab 1988 half eine junge Schwester des »Werkes«, Christine Felder, zweimal wöchentlich in Ratzingers Haushalt aus und wurde zu einer engen Bezugsperson Ratzingers.[42]

Aus diesem dauernden Kontakt ergaben sich mit der Zeit weitere Begegnungen und Besuche, die »Das Werk« durchweg mit der allergrößten Diskretion behandelte. Mitglieder wurden dazu angehalten, Bekannten und Verwandten nichts über die Besuche Ratzingers zu erzählen. Dafür wurde intern umso mehr Aufwand um den hochrangigen Gast betrieben. Wenn der Kardinal in einem Haus des »Werkes« auf Besuch war, wurde alles bis ins kleinste Detail durchdacht und vorbereitet: Die in der Kapelle zu singenden Lieder wurden über Wochen im Voraus sorgfältig einstudiert, der Menüplan wurde auf seine Vorlieben abgestimmt, der Sitzplan festgelegt, Mitglieder und Gäste aus anderen Ländern eigens eingeflogen. Bei solchen Gelegenheiten war Ratzinger entspannter und fröhlicher, als man ihn je in der Öffentlichkeit erlebte, seine Gesichtszüge waren gelöst, und er schien sehr zufrieden. Er fühlte sich daheim, unter Gleichgesinnten.

Ebenso wie Ratzinger sprach die Gründerin des »Werkes«, die Belgierin Julia Verhaeghe, von einem Glaubensabfall des Gottesvolkes. Sie wählte sogar noch drastischere Worte und sprach vom Todeskampf des Mystischen Leibes Christi, der Kirche. Die Mitglieder des »Werkes« sollten »ein Weckruf zur Reinerhaltung des heiligen Glaubens im Volk Gottes sein, ein Aufruf zur Erhaltung und Bewahrung der heiligen Lehre, die vom modernen Heidentum bedroht wird«[43], vom »hochmütigen Verstand«, dem »wankelmütigen Willen« und der »missbrauchten Freiheit« der Menschen dieser Zeit.[44] Darum lautete das grundlegende Prinzip, nach dem die Mitglieder »geformt« wurden: »Nicht räsonieren, nicht diskutieren, nicht kritisieren.« Und darum war die Dornenkrone zum Symbol des »Werkes« gewählt worden. (Tatsächlich war die Dornenkrone ja ein Spottzeichen, mit dem römische Soldaten Jesus verhöhnten.) »Für die Berufenen darf die Dornenkrone nicht ein bloßes Symbol sein. (...) Die strahlende Dornenkrone ist für sie ein Aufruf, Leiden auf sich zu nehmen (...) und an der Erlösung der Welt mitzuwirken.«[45] Es gehe darum, »ein Leben ohne Kompromisse« zu führen und Ja zu sagen, »ohne zu berechnen, ohne Bedingungen zu stellen«.[46]

Eine goldene Dornenkrone krönt die Tabernakel der Kapellen des »Werkes«, während die Schwestern beim feierlichen Gebet eine stilisierte Dornenkrone auf dem Kopf tragen. Auf viele Menschen, die beim »Werk« zu Gast sind, wirkt das zunächst unheimlich. Ratzinger ließ sich davon nicht abschrecken. In einer Predigt, die er für »Das Werk« hielt, sagte er: »Wer für die Wahrheit eintritt in einer Welt, in der die Lüge bequemer ist, nimmt Verwundung auf sich. Und wer in dieser Welt für die Liebe eintritt, gegen den Egoismus, der dem Menschen näherliegt, lässt sich verwunden, sagt Ja zum durchbohrten Herzen, sagt Ja zu der Krone der Dornen. Diese Krone ist die wahre Königskrone, mit der Christus sich als der wahre Herr der Welt ausweist.«[47]

Für Ratzinger waren derart gesinnte Menschen nicht nur Freunde und Gleichgesinnte, bei denen er sich gerne aufhielt und wohlfühlte, aus ihnen rekrutierte er auch gern seine Mitarbeiter. Im Frühjahr 1993 fand ein Gespräch zwischen den Verantwortlichen des »Werkes« und ihm statt.[48] Dabei wurde ihm ein 27-jähriger Tiroler namens Hermann Geißler vorgestellt, der dem »Werk« seit rund sechs Jahren angehörte und zwei Jahre zuvor, 1991, zum Priester geweiht worden war. Er hatte im Collegium Rudolphinum bei Heiligenkreuz seine Ausbildung genossen und am Lateran über »Gewissen und Wahrheit bei John Henry Newman« promoviert. Seine Dissertation verriet zwar einen bemerkenswert einfältigen Wahrheitsbegriff, denn er definiert Wahrheit als »die Wirklichkeit, wie sie ist«, und der Theologe Jörg Splett bemerkte in einer Rezension trocken, er ließe »an Reflexion und Differenzierung (…) zu wünschen übrig«.[49] Aber Ratzinger störte die theologische Naivität dieses jungen Mannes nicht, im Gegenteil: Er machte ihn zum Mitarbeiter der Glaubenskongregation und setzte ihn in der Lehrabteilung ein, wo theologische Schriften auf Rechtgläubigkeit überprüft wurden. Schon zuvor arbeitete eine Schwester des »Werkes« am Staatssekretariat, eine weitere dolmetschte für die Internationale Theologenkommission, und über ihr Newman-Zentrum an der Via Aurelia kam die Gemeinschaft regelmäßig mit hochrangigen Kirchenleuten in Kontakt. Später wurde ein Pater des »Werkes« Mitarbeiter der Bildungskongregation und brachte es im Laufe der Jahre bis zum Untersekretär.

Am 11. Juni 1999 erhielt »Das Werk« schließlich die Anerkennung als Institut des geweihten Lebens auf Ebene der Diözese Rom, durch Kardinal Camillo Ruini. Das war eine Voraussetzung für die Päpstliche Anerkennung der Gemeinschaft, die schon zwei Jahre später erfolgte, am 29. August 2001 – auf den Tag genau vier Jahre nach dem Tod Verhaeghes. Der Hauptzelebrant bei der feierlichen Dankmesse für die Päpstliche Anerkennung, die im November 2001 im Petersdom stattfand, war Kardinal Joseph Ratzinger. In seiner Predigt nannte er Verhaeghe »Mutter Julia« und bescheinigte ihr, sie habe »vom Herzen her gedacht«. Er verglich sie mit Leo dem Großen, der die Kirche Mitte des 5. Jahrhunderts vor der Unterwerfung unter die herrschenden Geistesströmungen seiner Zeit bewahrt hätte, und stellte schließlich fest: »Die Päpstliche Anerkennung ist für die geistliche Familie ›Das Werk‹ nicht eine juristische Äußerlichkeit. Sie ist vielmehr Ausdruck dessen, was sie ist, Bestätigung ihres tiefsten Inseins in der Kirche, das zugleich aber Einssein mit Christus ist.«[50]

Comunione e Liberazione (CL)

Aus der großen Bewegung Comunione e Liberazione gingen im Laufe der Zeit mehrere Gruppen hervor, darunter neben Laiengruppen auch die Memores Domini, die Missionarie di San Carlo und die Fraternità San Giuseppe, alle von Luigi Giussani gegründet. Ratzinger kannte Giussani schon seit dem Ende der 1960er. In seiner autobiografischen Rückschau sprach er davon, wie »Luigi Giussani und seine vielversprechenden jungen Leute in Mailand« bei der Entstehung der *Internationalen katholischen Zeitschrift Communio* halfen, deren erste Ausgabe 1972 erschien.[51] Aber erst Mitte der 1980er wurden die Kontakte enger. 1985 traf Ratzinger Giussani zu einem längeren persönlichen Gespräch im Restaurant *Elephant* in Brixen, wo er mit seinem Bruder Georg im Urlaub war. Die Zeit war nicht einfach für Giussani und CL. Damals wurden die Anhänger von Giussani »in vielen italienischen und auch ausländischen Gebieten von den Ortsbischöfen mit Distanz, wenn nicht gar mit Misstrauen, beäugt«.[52] Nicht nur, weil Giussani seine Bewegung als eine Art Gegenbewegung zur »Katholischen Aktion«[53] sah – ähnlich übrigens wie Verhaeghe ihr »Werk« –, sondern auch wegen seiner politischen Methoden und Ziele. Sein Ziel war der »Kampf« gegen Kommunismus, Laizismus und »Rationalismus«, und zwar in allen Lebensbereichen, in denen sich die Mitglieder seiner Bewegung fanden: an Schulen und Universitäten, am Arbeitsplatz und in den Familien. Dazu kam eine Sprache, die auffallend militaristisch war und in der häufig von »Kampf«, vom »Gegner«, von »Kapitulation« und »Sieg« die Rede war. Entsprechend klar war die Trennung in die Innen- und Außenwelt von CL. Wer die Bewegung wieder verließ oder sie kritisierte, war in den Augen Giussanis einfach nicht wirklich gläubig: »Ihre Ablehnung beruht auf einem Mangel an Glaubenseinsicht.«[54] Vor allem aber war es der deutliche politische Aktivismus von CL, der für Skepsis sorgte. Mitglieder kandidierten bei Lokalwahlen und wurden dabei von der Bewegung unterstützt. Giussani sagte zwar immer wieder, die Mitglieder seiner Bewegung würden sich aus eigenem Antrieb politisch engagieren, in der gemeinschaftsinternen Zeitschrift wurden die zu wählenden Personen aber explizit »die von CL vorgeschlagenen Kandidaten« genannt.[55] Schon bei den Lokalwahlen 1976 gewannen über 100 Mitglieder von CL zum Teil wichtige Sitze, beispielsweise in der Mailänder Stadtverordnetenversammlung. Aber Ratzinger hatte keine Berührungsängste, im Gegenteil. Er hatte sich offenbar intensiv mit CL und seinem Gründer befasst, denn er kannte »die Person, das Leben, die Geschichte, das Denken und die Schriften Giussanis so genau«, erinnerte sich später ein Begleiter, und weiter: »Nach Beendigung des Mittagessens erfolgte eine lange Umarmung wie zwischen engen Freunden.«[56]

Gleich für den Sommer darauf lud Giussani Ratzinger ein, für eine Gruppe von 400 CL-Priestern Exerzitien zu halten. Ratzinger sagte zu. Er sprach über die drei göttlichen Tugenden – Glaube, Hoffnung und Liebe – und zitierte den Philosophen Josef Pieper und den Theologen Romano Guardini. Derweil sorgten Gerüchte um die faschistische Vergangenheit einiger hochrangiger CL-Mitglieder, Auseinandersetzungen mit militanten Linken sowie die politischen und wirtschaftlichen Verflechtungen und Aktivitäten von CL zunehmend für Spannungen. Ende der 1980er kam es schließlich zu einem Eklat.

Wie jedes Jahr veranstaltete CL das »Meeting für die Freundschaft der Völker« in Rimini, eine Veranstaltung der Superlative, zu der sich über die Jahrzehnte viele illustre Gäste aus Politik, Kirche, Wirtschaft und Kultur einladen ließen, unter anderem der Dalai Lama, Lech Wałęsa, der italienische Präsident Francesco Cossiga, der italienische Senatspräsident Marcello Pera und Ministerpräsident Silvio Berlusconi, um nur einige wenige bedeutenden Namen auf der Gästeliste zu nennen. Das Treffen dauert eine ganze Woche, seine Vorbereitung nimmt ein ganzes Jahr in Anspruch, bei seiner Durchführung stehen Tausende von Freiwilligen bereit. 1989 wurde dort ein Dossier verteilt, in dem die angeblichen Feinde von CL genannt wurden, darunter die Namen von Kommunisten, Christdemokraten und des Herausgebers der italienischen Tageszeitung *La Repubblica*. Der *Osservatore Romano*, die Zeitung des Vatikans, veröffentlichte daraufhin einen Artikel, in dem CL angeklagt wurde, »ein Klima der

Spaltung und der Fraktionsbildung« zu schüren, »das nicht nur nicht zum Nutzen der Gesellschaft ist, sondern sich auch den schweren Vorwurf gefallen lassen muss, einen respektlosen Eindruck zu erwecken, der für die katholische Welt gewiss keine Hilfe ist«.[57] Auf derselben Seite erschien eine Klarstellung des Heiligen Stuhls, dass die Teilnahme zweier Kurienkardinäle an besagtem Treffen in jenem Jahr rein privater Natur gewesen wäre. Das war ein deutliches Signal für eine offizielle vatikanische Distanzierung von CL. Aber schon im darauffolgenden Jahr, 1990, folgte ausgerechnet Ratzinger – als einziger Kurienkardinal – der Einladung nach Rimini. Er hielt einen Vortrag mit dem Titel »Eine Gemeinschaft in ständiger Reform« und nahm sogar an der Pressekonferenz des Meetings teil.

Das Jahr 1990 war nicht das letzte Mal, dass Ratzinger das Treffen in Rimini ausdrücklich unterstützte, und auch CL zog aus dem Eklat im Vorjahr nicht den Schluss, sich politisch zurückzuhalten. Unter der Führung von Roberto Formigoni, dem späteren Ministerpräsidenten der Lombardei, gründeten sie das Movimento Popolare, den politischen Arm von CL innerhalb der Democrazia Cristiana (DC).[58] Nachdem die christdemokratische DC Anfang der 1990er im Zentrum eines der größten Korruptionsskandale der italienischen Geschichte stand, wandelte sich das Movimento Mitte der 1990er unter der Führung von Rocco Buttiglione in die Cristiani Democratici Uniti (CDU) um. Damit gewannen sie nun auch auf EU-Ebene Einfluss.

2002 gingen sie schließlich in der reaktionären und rechtsgerichteten Unione di Centro (UdC) auf.[59] Für gewöhnlich zogen politisch aktive Mitglieder von CL nur punktuell größere Aufmerksamkeit auf sich, beispielsweise Rocco Buttiglione, der 2004 seinen Sitz im Europäischen Parlament aufgeben musste, nachdem er Homosexualität öffentlich als Sünde bezeichnet und gesagt hatte, die Familie sei dazu da, dass Frauen Kinder bekämen und von Männern beschützt würden.[60] Dem italienischen Parlament blieb Buttiglione gleichwohl bis 2018 als Abgeordneter erhalten. Und er war nur eines von vielen CL-Mitgliedern mit politischem Mandat, die im Geiste ihrer Bewegung Politik betrieben und betreiben.

Die Alarmsignale, die es in der Gründungs- und Wachstumsphase der genannten Gemeinschaften gab, waren unübersehbar: Die Rede von Kampf und Sieg, der Elitismus, die verlangte Totalität der Hingabe, die Idealisierung von Leiden, die Selbstüberhöhung durch die Umdeutung begründeter Kritik in »Verfolgung« und die Massenrekrutierung begeisterungsfähiger junger Menschen in die bedingungslose Gefolgschaft charismatischer Personen. Gleichwohl sah alles das für Ratzinger nach »begeistertem Glauben« aus. Insbesondere die große Zahl junger Menschen, die sich charismatischen geistlichen Führern »ohne Wenn und Aber, ohne Ausflüchte und Vorbehalte« hingeben und dadurch die Welt verändern wollten, war für ihn etwas Wunderbares und ein Zeichen des Heiligen Geistes. Aber nur für ein kindliches Gemüt wie das Ratzingers gehen Geschichten von Menschen, die, ohne sich umzusehen, mit Gottvertrauen alles hinter sich lassen, immer gut aus.

Nüchtern betrachtet, ist vollkommen klar, dass junge Menschen sich in Gefahr bringen, wenn sie sich anderen Menschen bedingungslos hingeben. Die Kirche weiß das im Übrigen auch, deswegen kennt auch das Kirchenrecht kein »ohne Wenn und Aber«. Wer in einen Orden eintritt, hat – zumindest formal – Rechte. Wer einen Orden gründet oder leitet, hat Pflichten. Bedingungslose Hingabe ist nicht das Ideal und die Logik der kirchlichen Tradition. Es überrascht daher, dass Personen, die bedingungslose Gefolgschaft forderten und dabei zudem kirchenrechtlich völlig neue Wege beschritten, in der Kirche so bereitwillig so hochrangige Unterstützung finden konnten. Aber vor dem Hintergrund des ideologischen, politischen und finanziellen Erfolges dieser Gruppen ergibt diese Unterstützung Sinn. Anders formuliert: Sie eröffnet Einblick in eine besondere Form von Korruption, die für die Kirche womöglich verheerendere Folgen hat als die rein finanzielle Bestechlichkeit mancher Bischöfe. Denn vatikanischen Behörden, Ortsbischöfen, Ordinariaten, Kirchengerichten und einzelnen Priestern liegen seit Jahrzehnten wissenschaftliche Studien und ausführliche Berichte von Menschen vor, aus denen sich nicht nur begründete Zweifel an der Orthodoxie einzelner Gemeinschaften ergeben, sondern die auch

Fälle von Ausbeutung, mentaler Kontrolle, sexualisierter Gewalt und andere Verbrechen in neuen geistlichen Gemeinschaften dokumentieren. Die meisten dieser Hinweise wurden jahrzehntelang systematisch ignoriert, auch von Joseph Ratzinger.

Was Ratzinger hätte wissen können

Es gab, schon lange bevor die ersten drastischen Erfahrungsberichte von Aussteigern und Betroffenen öffentliche Aufmerksamkeit erhielten, deutliche Warnungen aus der Theologie, Psychologie und den Sozialwissenschaften. Beispielsweise veröffentlichte die italienische Psychologin Piera Serra bereits 1978 eine Studie mit dem Titel »L'adolescente sublimato. Psicodinamiche in Comunione e Liberazione«, in der sie die Langzeitwirkungen der Mitgliedschaft für ehemalige Mitglieder von CL untersuchte und angesichts des erhobenen Befundes vor der Bewegung warnte.[61] Seit den 1980ern begleitete die Theologin und Pädagogin Marianne Tigges im Auftrag der Deutschen Bischofskonferenz die Entwicklungen neuer geistlicher Gemeinschaften und Bewegungen und warnte in ihren Veröffentlichungen immer wieder vor bedenklichen Tendenzen dieser Gruppen. So schrieb sie unter anderem: Je mehr es zu Abkapselungen von der Umwelt käme, würden Bewegungen, die »Kirche im Kleinen sein wollen, faktisch eine Art von Sekte, die nach außen alles andere abzuwerten in Gefahr ist und einen (…) Anspruch vertritt, der zu Überheblichkeit und Intoleranz führen kann«.[62] Die französische Religionssoziologin Danièle Hervieu-Léger verglich neue geistliche Gemeinschaften in der katholischen Kirche aufgrund bestimmter Merkmale, wie hierarchische Führungsstruktur, Personenkult, Fremdbestimmung und Abschottung nach außen, mit Jugendsekten.[63] Selbst ein von Joseph Ratzinger so hochgeschätzter Theologenkollege wie Hans Urs von Balthasar warnte noch kurz vor seinem Tod eindringlich: »Es bereitet tiefe Sorge zu sehen«, schrieb er, »wie christliche Gemeinschaften heute für sich werben, oft schon bei Minderjährigen, die sich durch geschickte Lockmittel einfangen lassen.« Und er fügte hinzu: »Ich besitze eine ganze (internationale) Sammlung von Klagebriefen übertölpelter Eltern, denen eine kirchliche Institution oder Bewegung die Kinder weggestohlen hat.« So agierten nur Gruppen, die von sich selbst glaubten, sie alleine würden die katholische Kirche »am besten und wirksamsten repräsentieren«, die die christliche Botschaft »zu einem Gesetz der Furcht und des Zwanges« machen »statt seelenbefreiendes Gesetz der Liebe zu sein«. Den dort »von den Untertanen geforderten blinden Konformismus« hielt Balthasar – den Philosophen Maurice Blondel zitierend – für »die denkbar radikalste Perversion des Evangeliums«.[64]

Ratzingers Schüler Wolfgang Beinert veröffentlichte 1991 ein Buch, in dem er eine bedrückende Sammlung von Belegen für sektiererische und fundamentalistische Tendenzen in neuen geistlichen Gemeinschaften vorlegte. »Es ist nicht zu sehen, wie sich Fundamentalismus in jedweder Form und Katholizität miteinander vereinbaren lassen«, resümierte er. »Die Dinge sind klar; ihre Warnung ist unabweislich. Aber wird sie gehört werden?« Das, davon war Beinert überzeugt, war entscheidend: »Der Weg der Kirche in der Zeit wird von der Antwort bestimmt (...). Lautet sie ›nein‹, dann wird die Kirche auf dem Weg durch die Zeit sistiert; sie wird auf den Fundamenten des Fundamentalismus nicht wachsen, sondern einzementiert werden.«[65] Wissenschaftler und Wissenschaftlerinnen, die sich an das Thema wagten, berichteten von Einschüchterungsversuchen, mit denen sie vonseiten bestimmter neuer Gemeinschaften zu rechnen hätten. So schrieb Beinert im Vorwort zu seinem Buch: »Wer sich kritisch mit fundamentalistischen Bewegungen auseinanderzusetzen wagt, setzt sich automatisch den Repressionen der Angesprochenen aus. Das haben alle Autoren dieses Bandes bereits erfahren.« Und er fügte hinzu, es bedürfe »keiner prophetischen Begabung, um vorauszusagen, dass die Veröffentlichung des Buches solche Erfahrungen reichlich mehren wird«.[66] Dennoch brachten auch in den folgenden Jahren immer wieder Wissenschaftler und Wissenschaftlerinnen den Mut auf, zu dem Thema zu forschen.

So gab die Diözese Clifton in Großbritannien eine Untersuchung des Neokatechumenats in Auftrag, das seit einiger Zeit dort ansässig war. Als der Untersuchungsbericht im Jahr 1996 veröffentlicht wurde, hieß es dort, dass die Anhänger des » Weges« von anderen Pfarrmitgliedern als geheimnistuerisch erlebt wurden, »weil ihre wöchentlichen und monatlichen Aktivitäten nicht im Pfarrbrief angekündigt oder angegeben werden; niemand kann sicher sein, wer Mitglied ist oder nicht (...). Nur wenige Gemeindemitglieder wissen mit Gewissheit, wer die Mitglieder des Neokatechumenats sind oder wo sie sich treffen oder wann und zu welchem Zweck«. Außerdem stellte der Bericht fest, dass der in der Diözese laut gewordene Vorwurf »nicht übertrieben sei«, die Verantwortlichen des Neokatechumenats in der Diözese empfänden »keine Rechenschaftspflicht gegenüber irgendjemandem außerhalb der Bewegung. Sobald ein Bischof ihnen die Erlaubnis gibt, in seiner Diözese zu arbeiten, machen sie weiter, als stünden sie über dem Gesetz, und es wird für die diözesanen Behörden schwierig, sie zurückzuhalten. Sie scheinen Personen und Institutionen so manipuliert zu haben, dass sie von der strengen Kontrolle, die über Bischöfe, Kleriker, Orden, Theologen, Hochschulen und andere Institutionen ausgeübt wird, ausgenommen zu sein scheinen«. Und das, obwohl das von der Diözese beauftragte Gremium »wenig Zweifel daran hat, dass der neokatechumenale Weg einen gewissen spirituellen, persönlichen wie auch mentalen Schaden verursacht hat«. Der Bericht kam zu dem Schluss, dass »die Präsenz des Neokatechumenalen Weges (...) diesen Pfarreien keine neue Vitalität verliehen hat. Bedauerlicherweise ist das Gegenteil der Fall. Diesen Pfarreien mangelt es an Einheit, und sie sind seit der Einführung des Neokatechumenalen Weges als Pfarrgemeinden innerhalb der Diözese Clifton pastoral im Niedergang begriffen«.[67]

Und im Jahr 2001 legte die junge Theologin Anke Dadder eine Untersuchung zu Comunione e Liberazione vor, in der sie sorgfältig sowohl die Schriften Giussanis als auch Äußerungen von aktuellen und ehemaligen Anhängern seiner Bewegung analysierte. Unter anderem stellte sie eine deutlich ausgeprägte gemeinschaftseigene Ideologiesprache fest, die unmittelbar verknüpft war mit dem Ausmaß »mentaler Bevormundung der Mitglieder durch ihre Bewegung«. In diesem Zusammenhang

zitierte sie auch Betroffene, die von der Wirkung dieser ideologi-
sierten Sprache berichteten: »Sie sagen: ›Entweder lebst du das
Christentum oder du lebst es nicht.‹ Du kannst ihnen all ihre
rationalen, logischen und politischen Widersprüchlichkeiten
aufzeigen, aber wenn sie dir sagen: ›Wenn du es nicht lebst,
kannst du nicht darüber sprechen, hier geht es darum, zu leben‹,
kannst du gar nichts mehr sagen. Wenn sie dir sagen: ›Du redest
so, weil du es nicht lebst‹, kommst du gegen sie nicht an, dann
bist du machtlos.«[68] Dadder gelangte zu dem Schluss, dass es sich
bei Comunione e Liberazione vom soziologischen Erscheinungs-
bild her um eine »sektiererische Gefährdung« handelte, während
»die inhaltliche Ausrichtung ihrer Theologie mit dem Begriff
›fundamentalistisch‹ belegt« werden müsste.[69]

Ab den 1990ern erscheinen auch die ersten umfangreicheren
Erfahrungsberichte Betroffener. So veröffentlichte 1992 María
del Carmen Tapia ein Buch über ihre Geschichte im Opus Dei.[70]
Sie war innerhalb der Bewegung aufgestiegen und neun Jahre
Regionaldirektorin in Venezuela gewesen, bevor sie nach Spanien zurückgeholt wurde. »Die Situation war besonders ange-
spannt, und ihr wurden sogar ihre Papiere entzogen. Sie erzählt,
wie sie mehrere Monate Gefangenschaft und völlige Isolations-
haft in den Büros des Opus Dei erlitt, mit demütigenden Verhö-
ren, und wie sie, als sie darum bat, nach Venezuela zurückzukehren, wo sie Staatsbürgerin geworden war, alle möglichen
Beleidigungen aus dem Mund eines wütenden Escrivá [des
Gründers des Opus Dei] hörte: ›Du bist eine schlechte Frau, eine
erbärmliche, Abschaum!‹« – »Er nannte mich alles; Hure und
Schwein. Aber sie haben mir nie etwas Konkretes gesagt, was ich
falsch gemacht habe. Das Opus Dei hat die gleichen Methoden
wie jede andere Sekte oder repressive Regierung angewandt, um
den Prinzipien der Institution treu zu bleiben: die Androhung
der persönlichen Disqualifizierung.« Das Buch »fasst die tägliche
Geschichte einer Frau im Opus Dei zusammen. Sie erzählt, wie
sie ihre Stelle beim Obersten Rat für wissenschaftliche Forschung
aufgeben musste, um eine Art Dienerin zu werden, die bei jedem
Schritt ihre Vorgesetzten konsultieren und jeden Tag für zwei
Stunden einen Bußgürtel tragen musste«.[71]

1999 erschien das bereits erwähnte *The Pope's Armada* von Gordon Urquhart, dem ehemaligen Mitglied der Fokolar-Bewegung. Er ging in diesem Buch weit über seine persönliche Geschichte hinaus und nahm neben der Fokolar-Bewegung auch Comunione e Liberazione und das Neokatechumenat in den Blick. Dabei ging es ihm darum, die Parallelen dieser verschiedenen Bewegungen herauszustreichen und auf ihre Gefährlichkeit hinzudeuten, insbesondere auf Phänomene, die er als Initiationszeremonien, Gehirnwäsche-Techniken, moralische und spirituelle Einschüchterung von Mitgliedern und gefährliche psychotherapeutische Praktiken beschreibt. Den beiden Büchern von Urquhart und del Carmen Tapia folgten in den nächsten Jahren laufend weitere, dazu kamen weitere Forschungsergebnisse und ein stetig wachsender Austausch von Betroffeneninitiativen im Netz.[72] Es kann als unwahrscheinlich gelten, dass Joseph Ratzinger von alldem gar nichts mitbekam. Aber selbst wenn das der Fall gewesen wäre, hätte er zumindest die Hilferufe und Warnungen zur Kenntnis nehmen müssen, die aus den Gemeinschaften kamen, mit denen er aufs Engste vertraut war und von denen manche an ihn ganz persönlich gerichtet waren.

Im Frühjahr 1995 erhielt Ratzinger einen Brief von Enrico Zoffoli, einem Passionistenpater, der äußerst beunruhigt über das Neokatechumenat war. Er hielt es für ausgeschlossen, dass die kirchlichen Spitzenbeamten, die die Bewegung kirchlich anerkannt hatten – unter ihnen Ratzinger –, die eigentlichen Texte der Bewegung kannten, weil der Widerspruch zwischen diesen Texten und der Lehre der Kirche so offensichtlich schien. Wie konnte jemand wie Ratzinger das absegnen, fragte er sich. Er glaubte, dass ein Missverständnis vorläge oder, schlimmer noch: ein Betrug. Am 23. März 1995 schrieb er schließlich einen Brief an eine Reihe hochrangiger Kurienkardinäle, unter anderem an Ratzinger. Er beendete ihn mit den Worten: »Das ist es, was ich glaube, Ihnen mitteilen zu müssen, in der sicheren Voraussage, dass, wenn die Hierarchie weiterhin schweigt und zusieht, in der Kirche bald einer der schwersten Skandale der Geschichte ausbrechen wird.« Von Kardinal Ratzinger erhielt er keine Antwort. Es fällt auf, dass Joseph Ratzinger, der nicht selten auf kleinste

Hinweise auf lehramtliche Untreue schnell und konsequent reagierte, einen solchen Hinweis schlicht ignorierte und die so offensichtlich problematische Theologie des Neokatechumenats für kompatibel mit der Lehre der katholischen Kirche hielt.

Ebenso wenig ließ er sich von Berichten aus der Hand von Menschen erschüttern, denen der »Weg« massiven Schaden zugefügt hatte. So erzählte der Italiener Agostino Faustini, wie er Ratzinger Ende der 1980er einen Brief geschrieben hatte. Er hätte 1984 gemeinsam mit seiner Frau begonnen, die Treffen des Neokatechumenats zu besuchen. Doch schon sehr bald hätte er das Gefühl gehabt, in eine Sekte geraten zu sein. »Wir wussten nicht, und keiner der Eingeladenen wusste, dass wir uns durch die Teilnahme an diesen Treffen verpflichten mussten, etwa zwanzig Jahre lang unsere Abende, unsere Nächte, an zwei bis vier Tagen pro Woche der Bewegung zu widmen, oft auch sonntags und an Wochenenden! Wir wussten nicht, und niemand wusste, dass, sobald wir in diese Gruppe eingetreten waren, eine Art Gehirnwäsche stattfinden würde, ein psychologischer Druck, der die Flucht aus dieser seltsamen Verbindung schwierig, wenn nicht gar unmöglich machen würde.«[73] Zu seinem großen Entsetzen hätte sich seine Frau auf den »Weg« eingelassen. Die Kinder, die sich anfangs widersetzt hätten, wären ihr schließlich gefolgt. Agostinos Ehe, sein ganzes Familienleben hätte vor dem Aus gestanden. Nur einen kurzen Moment hätte er noch einmal Hoffnung gehabt: Nach langer Zeit getrennter Betten hätte seine Frau wieder mit ihm schlafen wollen. »Ich war glücklich, denn es schien, dass unsere Familieneinheit wiederhergestellt worden war. Aber nein! Danach gestand meine Frau, dass (…) sie es nur getan hatte, damit sie ein weiteres Kind (Nummer vier) empfangen und bekommen und einen guten Eindruck auf die fruchtbaren Neokatechumenalen machen konnte.«[74] Es kann als wahrscheinlich gelten, dass Ratzinger auch noch wesentlich dramatischere Berichte über den »Weg« kannte, selbst wenn sie nicht direkt auf seinem Schreibtisch landeten, weil diese sich innerkirchlich rasch verbreiteten. Das alles wäre Grund genug gewesen, die Bewegung zu überprüfen und den Vorwürfen auf den Grund zu gehen, um weiteren potenziellen Schaden von den

Menschen und damit von der Kirche fernzuhalten. Dass Ratzinger trotz allem offenbar nichts dergleichen tat, muss als eine bewusste Entscheidung angesehen werden.

Auch aus anderen Gemeinschaften, die Ratzinger gefördert hatte, gab es Dokumente über kirchenrechtliche Auffälligkeiten sowie erschütternde Nachrichten und Hilferufe. So wurde in der Integrierten Gemeinde der Vorwurf laut, Ehen würden gegen den Willen der Eheleute geschieden, denn auch dort galt: »Wenn der Partner mich im Glauben hindert, muss mir die Ehe weniger wert sein als die Gemeinde. Hier wird auch eine angebliche Naturordnung relativiert und damit der Mensch erst frei gemacht, erlöst.«[75] Was das für Einzelpersonen hieß, lassen die Worte von Lydia erahnen. Ihre Eltern gehörten der KIG schon sehr früh an, waren aber nach Lydias Aussage von der Gemeindeleitung nicht wohlgelitten. Ihnen wäre verboten worden, eigene Kinder zu haben. Sogar die Scheidung wäre von ihnen verlangt worden. Lydia erinnert sich: »Die Gemeinde sagte, sie sollen sich scheiden lassen. Mein Vater hat aus welchem Grund auch immer dann zugestimmt, obwohl er das nicht wollte.«[76] Später hätten sie sich dagegen widersetzt. Auch das Verbot, Kinder zu haben, hätte ihren Eltern schwer zu schaffen gemacht: »Meine Mutter wollte eigentlich viele Kinder haben. Doch von der Gemeinde wurde ihr gesagt, dass sie keine Kinder erziehen könne. Sie hat sich dann jedoch später zusammen mit meinem Vater widersetzt. Ich bin geboren worden, als sie 42 Jahre alt war. Bei der Geburt meines Bruders war sie 45 Jahre. Das war Ungehorsam, Verrat, und letztendlich wurde sie dafür lebenslang bestraft.« Unter anderem damit, dass ihre Kinder ihnen immer wieder weggenommen worden wären, wie Lydia sich erinnert: »Meine Mutter hatte etwas Falsches gemacht, war ungläubig, hatte irgendetwas angezweifelt. Dann wurde ich von einem Tag auf den anderen mitgenommen. Mir wurde es nicht zuvor gesagt. Ich konnte mich nicht einmal verabschieden.« Sie und ihr Bruder wären immer wieder getrennt von ihren Eltern aufgewachsen und über zwanzig Mal umgezogen. 2009 verließ Lydia die KIG. Bis heute leidet sie an einem Gefühl von Heimatlosigkeit, und auch in ihrem Selbstwert hat die KIG Spuren hinterlassen: »Man ist nicht aufgewachsen, indem der Selbstwert gestärkt wurde. Der Selbstwert wurde konstant immer wieder zerstört.«

Solche und ähnliche Wortmeldungen hatten die Kirche wohl schon in den 1990ern oder früher erreicht. Ist es denkbar, dass Ratzinger, der so eng mit dieser Gemeinde verbunden war, viele ihrer Mitglieder persönlich kannte und verschiedene Niederlassungen der KIG seit den 1980ern mehrmals jährlich besuchte, davon gar nichts mitbekam? Zudem gab es spätestens im Jahr 2000 ein internes Dokument der Münchner Bistumsleitung, in dem von »Missbrauch des Bußsakraments« in der KIG die Rede ist, und ein kirchenrechtliches Gutachten aus dem Jahr 2004, das »rechtserhebliche Mängel beim Ausschluss von Mitgliedern« feststellte.[77] Es kann als äußerst unwahrscheinlich gelten, dass Ratzinger von diesen Dokumenten und Gutachten nichts wusste. Immerhin war er selbst Erzbischof von München gewesen und stand auch von Rom aus noch in engem Kontakt mit hochrangigen Klerikern der Münchner Diözese, und seine Verbindungen zur KIG waren den Personen, die die Gemeinde untersucht hatten, zweifellos bestens bekannt. Ist es möglich, dass er von den Untersuchungen wusste, aber mit dem Vorgehen der KIG einverstanden war? Oder aber, dass er zwar nicht völlig einverstanden war, aber keinerlei Verantwortung dafür spürte, diese Praktiken kirchlich untersuchen zu lassen und dafür zu sorgen, dass sie beendet wurden? Ratzinger pflegte nachweislich auch nach dem Gutachten von 2004 und nach seiner Wahl zum Papst 2005 einen freundschaftlichen Kontakt mit der Leitung der KIG, die für diese Praktiken verantwortlich war. Mehr noch: Seine bleibende freundschaftliche Verbindung mit der KIG hielt andere kirchliche Verantwortliche aller Wahrscheinlichkeit nach über Jahrzehnte davon ab, gegen sie vorzugehen. Für die Opfer der KIG war das schier unerträglich, auch als 2020 endlich eine öffentliche Distanzierung des mittlerweile lange zurückgetretenen Papstes erfolgte. Ihm sei nicht bewusst gewesen, »dass bei dem Versuch, die Dinge des täglichen Lebens integral vom Glauben her zu gestalten, dabei auch schreckliche Entstellungen des Glaubens möglich waren«. Offensichtlich sei er »über manches im Innenleben der KIG nicht informiert oder gar getäuscht worden«, und das bedaure er. Angesichts der Faktenlage wirkt das nicht nur wenig glaubwürdig, es fehlt auch eine echte Verantwortungsübernahme, ganz zu schweigen von einem Versuch, den Schaden zu beheben, den er durch die jahrzehntelange Förderung der Gemeinde mit zu verantworten hatte. Nachdem eine Visitation der KIG 2019 massive Vorwürfe gegen die KIG bestätigt hatte, wirkt diese Stellungnahme eher wie Eigenschutz.[78]

Seit den 1980ern versuchten auch Ex-Mitglieder der geistlichen Familie »Das Werk« vergeblich, Bischöfe auf Missstände in der Gemeinschaft aufmerksam zu machen. Sie erzählten von Isolation, Gewissensdruck und von unentgeltlichem Arbeiten bis zum Umfallen. Mitglieder der ersten Generation berichteten, sie wären von der Gründerin zum Betteln geschickt worden und durften erst zurückkommen, wenn sie den von ihr vorgegebenen Betrag mit nach Hause brachten. Manche erzählten von vereitelten Fluchtversuchen, von physischen und psychischen Zusammenbrüchen, von Beichtsiegelbruch, fragwürdigen finanziellen Manövern und sexuellen Übergriffen. Sie hätten miterlebt, wie Menschen im Werk gezielt gebrochen wurden. Doch bis in die 1990er hinein blieben ihre Versuche, das Gehör von irgendjemandem mit Einfluss in der Kirche zu finden, vergeblich. Es war schließlich der belgische Priester Rik Devillé, der ihnen zuhörte und sich ihrer Sache annahm. Er gründete 1992 die Arbeitsgruppe »Menschenrechte in der Kirche«. Ex-Mitglieder des »Werkes« begannen, ihm ihre Geschichten zu erzählen. Devillé beschloss, sie auszugsweise in einem Buch zu veröffentlichen, das den Titel *Het Werk – Een katholieke Sekte?* (»Das Werk – Eine katholische Sekte?«) trug. Es erschien 1996 auf Niederländisch und erregte in Belgien und den Niederlanden, der Ursprungsregion des Werkes, großes Aufsehen. Eine Fülle von Zeitungsartikeln und Interviews mit Betroffenen folgte. Daraufhin fühlten sich weitere Opfer des »Werkes« ermutigt zu sprechen.

Unter ihnen auch eine junge Frau, die sagte, sie wäre als Minderjährige im Alter von fünfzehn bis achtzehn Jahren in verschiedenen Häusern des »Werkes« mehrmals von einem Priester vergewaltigt worden. Sie hätte das bei Bischof Paul Schruers von Hasselt und bei Kardinal Godfried Danneels von Brüssel angezeigt, aber die hätten nichts unternommen.[79] Katholikinnen und Katholiken in Belgien und den Niederlanden waren alarmiert. Insbesondere Gläubige und Priester, in deren Bistümern »Das Werk« aktiv war, hakten bei ihren Bischöfen nach. Kardinal Danneels sprach schließlich mit einer Gruppe Betroffener und bat daraufhin in Rom um eine kirchliche Untersuchung der Gemeinschaft. »Wenn es regelmäßige Beschwerden gibt, sollte Rom das klären«, gab er zu Protokoll. Weder er noch die belgische Bischofskonferenz könnten da irgendetwas tun.[80] Aber aus Rom kam keine Reaktion. Auch nicht, nachdem 1999 ein zweites Buch erschien, geschrieben von Irene Martens, einer ehemaligen Schwester des »Werkes«, die jahrelang die persönliche Dienerin der Gründerin Julia Verhaeghe war. Sie schilderte Verhaeghes Doppelleben zwischen inszenierten Krankheiten, vorgespielten mystischen Entrückungen, krankhaftem Kontrollwahn, exquisiten Weinen und teuren Pralinen. Sie erzählte, wie sie die Zimmer der Schwestern durchsuchte, während die bei den Gebetszeiten in der Kapelle waren, berichtete von fragwürdigem Umgang mit Geld und davon, wie sie auf ihre anfängliche Frage, worin ihre Aufgabe bestünde, einfach hörte: »Es ist einfach: Tu alles, was Mutter sagt.«[81] Das schloss dann laut Martens unter anderem auch ein, auf Verhaeghes Wunsch in deren Zimmer zu nächtigen, mitten in der Nacht für sie aufzustehen oder ihr regelmäßig von oben bis unten eine Pampe aus Kartoffelbrei und Buttermilch auf die nackte Haut aufzutragen – auch im Intimbereich – und diese danach wieder abzuwaschen, obwohl Verhaeghe durchaus imstande gewesen wäre, sich selbst zu waschen. Martens mutmaßte, diese Prozedur hätte Verhaeghe »sexuellen Genuss« bereitet.[82] Außerdem nennt Martens die Namen von Mitschwestern, die ebenso wie sie unter der Doppelmoral der Gemeinschaftsleitung litten, vor allem in Bezug auf einen Punkt: »Im österreichischen Au betreibt ›Das Werk‹ eine Bergklinik. Hier finden auch regelmäßig Geburten statt, und bei Frauen und Mädchen, die ungewollt von einem Priester schwanger wurden, werden Abtreibungen vorgenommen.«[83]

Alle diese Erzählungen und Vorwürfe waren ab 1999 öffentlich. Bischöfe, die wussten, dass Ratzinger mit dem »Werk«

befreundet war, hatten ausdrücklich um eine Untersuchung der Gemeinschaft gebeten. Aber nicht nur Ratzinger, sondern auch andere Kurienkardinäle, die hätten eingreifen können, blieben stumm. Der einzige Kuriale, der zu den Vorwürfen gegenüber dem »Werk« in den 1990ern Stellung bezog, war bemerkenswerterweise Giovanni Battista Re, der damals Offizial am Staatssekretariat war und dessen Kompetenzen in Bezug auf die Untersuchung von geistlichen Gemeinschaften mehr als fraglich waren. Das Schreiben, das der Italiener Re unterzeichnete, war auf Niederländisch verfasst, an den Nuntius in Brüssel adressiert und auf den 14. April 1994 datiert. Es enthielt Formulierungen, die so auffallend typisch für die gemeinschaftsinterne Sprache des »Werkes« sind, dass man sich kaum des Eindrucks erwehren kann, die am Staatssekretariat arbeitende Schwester des »Werkes« hätte beim Schreiben des Briefes mitgeholfen. Vor allem aber war seine Botschaft eindeutig. »Der Heilige Stuhl konnte sich sowohl von der Echtheit des Charismas als auch von der Pflichttreue und dem selbstlosen Dienst überzeugen«, hieß es da, und: »Wir sind uns der Schwierigkeiten bewusst, auf die ›Das Werk‹ stößt, und rufen die Bischöfe in Belgien auf, das Charisma zu unterstützen, auch weil es mittlerweile zur gängigen Praxis geworden ist, Gemeinschaften anzugreifen, die ihre Berufung in Treue zum Heiligen Vater leben.«[84] Dieser Brief und das Wissen um die exzellente Vernetzung des »Werkes« in Rom genügten, um den Bischöfen in Belgien und später auch denen in den Niederlanden Zurückhaltung aufzuerlegen. Sie wussten, dass Rom hinter der Gemeinschaft stand, dass »Das Werk« mit Ratzinger befreundet war, und glaubten daher, sie könnten nichts tun.

Ratzinger besuchte und förderte »Das Werk« unverdrossen weiter. Der junge Pater des »Werkes« arbeitete weiter an der Kongregation, und auch nach dem Tod Maria Ratzingers ging Christine Felder weiter beim Kardinal ein und aus. Drei Jahre nach ersten öffentlichen Berichten über sexualisierte Gewalt im »Werk« und zwei Jahre nach dem Erscheinen von Martens' Buch erhielt die geistliche Familie »Das Werk« die Päpstliche Anerkennung.

Eine Herde trojanischer Pferde

In der katholischen Kirche sind trotz besorgniserregender Hinweise in den letzten Jahrzehnten weit mehr als nur die bereits genannten Gruppen anerkannt und gefördert worden. Es gibt Hunderte solcher Gemeinschaften und Bewegungen. Und auch wenn sie sich hinsichtlich Anerkennungsformen, Größe, Ästhetik, Sprache und Selbstdarstellung voneinander unterscheiden, sind die Parallelen unübersehbar, nicht zuletzt jene, die sich in den Geschichten ihrer Opfer finden. In ihnen ist von exzessivem Führerkult, von Elitismus und der Verachtung »normaler Katholiken« die Rede, von perfiden Systemen der Gewissens- und Gedankenkontrolle, vom Zwang zur regelmäßigen Gewissenseröffnung, von vorgeschriebenen Beichtvätern und Beichtsiegelbruch, von der Nötigung zur öffentlichen Selbstanklage, von rituellen Beschämungen und Bestrafungen, von einer strikten Trennung zwischen gemeinschaftlicher Binnenwelt und der Außenwelt, von Briefzensur, Indizes verbotener Bücher, schlechter Ernährung, mangelhafter medizinischer Versorgung, von Narrenfreiheit, Willkür und Exzessen der Gründer und Leiter, von emotionaler, physischer und sexueller Gewalt, von psychischen Krankheiten, Alkohol- und Drogenmissbrauch, von finanziellen Unregelmäßigkeiten und vielem anderen mehr. Nicht zuletzt auch davon, wie alles das sorgsam vor den Augen mächtiger Gönner und Wohltäterinnen und vor der Öffentlichkeit versteckt wurde und wird.

Es gibt Berichte darüber, wie Menschen in den Gemeinschaften unter der Last der Gewalt, der andauernden Arbeit, dem Stress der permanenten Kontrolle und Isolation, dem Druck des geforderten Perfektionismus bei gleichzeitiger Heuchelei des Führungspersonals zusammenbrechen oder krank werden. Die Geschichten darüber, was Menschen in und nach solchen Momenten erlebt haben, gehören zu den dunkelsten Kapiteln ihrer Berichte. Nicht alle schaffen es, sich an diesem Punkt aus den Gemeinschaften zu befreien. Manche begehen in ihrer Verzweiflung Selbstmord. Und auch die, die den Weg zurück in »die normale Welt« geschafft haben, bleiben oft ein Leben lang von der erlittenen Gewalt gezeichnet und beeinträchtigt. Ihre Geschichten sind oft Geschichten von chronischen Krankheiten, sozialer Isolation, Armut, zerbrochenen Familien. Seit Jahrzehnten liegen ihre Berichte in einer ständig wachsenden Zahl von Büchern, Forschungsergebnissen, Zeitungsartikeln, Einträgen auf Blogs, in Foren und auf Internetseiten von Selbsthilfeinitiativen vor. Und auch wenn sie nicht alle im Einzelnen geprüft werden können, spricht ihre schiere Masse und die verblüffende Übereinstimmung der Schilderungen für sich. Im Vatikan schienen sie lange kaum jemanden zum Handeln zu animieren. Anstatt Opfern zuzuhören, kirchenrechtliche Verfahren einzuleiten und systematisch zu ermitteln, anstatt Anerkennungsverfahren vorerst zu stoppen und beschuldigte Gemeinschaften systematisch zu überprüfen, blieb es bei gelegentlicher rhetorischer Relativierung. Auch Ratzinger sprach von »Kinderkrankheiten« und von einem »Lernprozess«, den solche neuen Gruppen noch zu durchlaufen hätten.[85]

Diese defensive Reaktion ist aus zweierlei Gründen fatal. Erstens angesichts der bestürzenden Inhalte in den Berichten, die nicht alle schlichtweg als »unglaubwürdig« oder »abwegig« von der Hand gewiesen werden können – zumal wenn es gilt, potenzielle weitere Übergriffe und Opfer zu verhindern. Zweitens aber auch aus rein institutioneller Perspektive: Der rasante Aufstieg dieser Gruppen hat nämlich das Potenzial, genau das zu bewirken, was Ratzinger am meisten befürchtete: die mittel- bis langfristige Aushöhlung und Zerstörung nicht nur der tragenden Strukturen und Institutionen der katholischen Kirche, sondern auch ihres Glaubens. Denn mit ihnen entstanden neue totale Institutionen im Herzen der katholischen Kirche, die sich über kirchliche Autoritäten erhaben fühlen und ihrem Zugriff zunehmend entzogen sind. Die »neuen geistlichen Gemeinschaften« sind also nicht einfach ein Anachronismus. Sie sind nicht das, was Orden früher waren, wo einige Tausend ehelose Männer und Frauen in einer äußeren Kontrolle und Trennung von der Welt, im klar geregelten Dienst der Gesamtkirche einem bestimmten Apostolat folgten und dafür ihre Individualität und Selbstbestimmung aufgaben (was schlimm genug war). Hier geht es um Millionen von Menschen, die sich einer inneren, mentalen Kontrolle durch charismatische Führungsfiguren unterwerfen. Und viele dieser Führungsfiguren haben große Macht. Einzelnen von ihnen folgen teils Hunderttausende Laien, einflussreiche Familien und substanzielle Teile des Klerus großer Diözesen. Sie besetzen wichtige Positionen im Vatikan oder in bischöflichen Verwaltungen mit ihren Gefolgsleuten. Ihre Laien-Mitglieder sitzen in Parlamenten und Regierungen, sprechen Recht, unterrichten an Schulen und Hochschulen und prägen als Medienschaffende die öffentliche Meinung. Sie besitzen weltweit unzählige Immobilien und Finanzen. Diese Gruppen, die Mitte des 20. Jahrhunderts alle noch kleine, private Initiativen ohne nennenswerten Einfluss und Besitz waren, sind innerkirchlich aufgrund ihrer Größe und Vernetzung inzwischen faktisch unangreifbar. Das Erfolgsmodell Maciels ist auch das Erfolgsmodell vieler anderer Gründerinnen und Gründer, die es innerhalb der katholischen Kirche genauso weit oder sogar noch weiter gebracht haben als er und die es sich erlauben können, an kirchlichen Autoritäten und Institutionen vorbeizuagieren.

Mit den Worten Xavier Légers könnte man sagen: Ratzingers »große Verwundbarkeit bestand zweifellos darin, dass er angesichts einer Welt, die er nicht verstehen konnte, und eines Prozesses der Entchristianisierung, der ihn entsetzte, ein Gebilde wie die Legion Christi für die Lösung all seiner Probleme hielt. Und so setzte er alles darauf. Er dachte, er würde auf ein siegreiches Pferd setzen, aber in Wirklichkeit war es ein Trojanisches Pferd«.[86] Angesichts der Vielzahl neuer Gemeinschaften, die allen Alarmsignalen zum Trotz ähnlich fest in der katholischen Kirche verankert sind wie die Legion Christi und weiter wachsen, möchte man sagen: eine ganze Herde trojanischer Pferde. Dass sie es so weit gebracht haben, liegt wohl daran, dass Menschen wie Ratzinger diese Gruppen um jeden Preis förderten. Nicht aus schlechter Absicht, sondern wegen eines ungebrochenen kindlichen Glaubens. Ein derartiger kindlicher Glaube – das ist damit offensichtlich – ist in einem Menschen in leitender kirchlicher Verantwortung alles andere als wünschenswert und angesichts der fatalen Konsequenzen, die er im Leben sehr konkreter Menschen hat, auch alles andere als unschuldig.

5 Der Glaubenspräfekt

oder: Wider die Mär vom genialen Theologen

Das meiste von dem, womit wir uns in den vorangegangenen Kapiteln befasst haben, geschah, während Joseph Ratzinger Präfekt der Glaubenskongregation war. Diese Periode dauerte über zwanzig Jahre, von 1982 bis 2005. Das war nicht nur die Zeit, in der die Missbrauchskrise sich nach und nach weltweit auszubreiten begann und in der neue geistliche Gemeinschaften trotz deutlicher Alarmsignale und beunruhigender Opferberichte weiter gefördert wurden und wuchsen, während die Priesterzahlen und Gläubigenzahlen in ehemals kirchlich geprägten Regionen zurückgingen. Es war auch die Zeit, in der die UdSSR zusammenbrach, der Kalte Krieg an sein Ende kam und sich das Gleichgewicht der Weltmächte neu austarierte. Es war eine Zeit, in der sich ehemalige Kolonien und Länder in den ärmeren Regionen der Welt weiter emanzipierten. Und es war nicht zuletzt eine Zeit rasanter technologischer Entwicklungen und eine Zeit, in der wissenschaftliche Erkenntnisse aller Disziplinen exponentiell wuchsen und theologische Forschung Schritt zu halten versuchte. Kurz: Es war eine Zeit, in der die Welt sich rasant veränderte. Das Amt, das Ratzinger in dieser für die Zukunft der Kirche entscheidenden Zeit innehatte, ist eines der wichtigsten Ämter der katholischen Kirche, und die Art und Weise, wie er dieses Amt genau in dieser Zeit ausfüllte, war nicht nur typisch für ihn, sie prägte auch die Kirche als Ganzes nachhaltig.

Kaum irgendwo sonst klaffen die Meinungen über Joseph Ratzinger so sehr auseinander wie in Bezug auf seine Rolle als Präfekt der Glaubenskongregation. Während manche sagen, er habe einfach nur Theologe sein wollen und sich persönlich in diesem Amt zurückgenommen, während er selbst davon spricht, dass es in diesem Amt »einfach« darum gehe, »das Wort des Glaubens immer neu in diese Welt hineinzusprechen und den Maßstab des Evangeliums aufzurichten«,[1] und während er betont, er habe stets mit Augenmaß gehandelt – »Wir sind zwar immer als rigoros verschrien, aber in Wirklichkeit ist unsere Geduld im Allgemeinen sehr groß«[2] –, stehen auf der anderen Seite massive Vorwürfe. Es ist von Angriffen Ratzingers auf Theologinnen und Theologen die Rede, davon, dass einige unter dem von seiner Behörde ausgehenden »Druck durch Herzanfälle den Tod gefunden« hätten oder »buchstäblich an Depression gestorben« sind. Ratzinger wird nichts weniger als der Tod der Theologie angelastet.[3] Es gibt sogar so etwas wie eine ritualisierte Feindschaft, in der Ratzingers Anhänger selbst genüsslich ihre Lieblingsfeinde zitieren und gerne die Wörter »Großinquisitor« und »Panzerkardinal« hervorholen, als könnten sie damit beweisen, dass Ratzingers Kritiker allesamt nicht ernst zu nehmen seien.[4]

In diesen Schlagabtausch möchten wir uns nicht hineinbegeben. Wenn wir uns in diesem Kapitel seiner Zeit als Präfekt der Glaubenskongregation widmen, geht es uns – wie auch in den vorangegangenen Kapiteln – nicht darum, zu polemisieren. Es geht uns auch nicht darum, alles oder auch nur die wichtigsten Stationen dieser Periode zu erzählen. Uns geht es darum, mit wenigen Pinselstrichen Grundlinien seines Denkens und Handelns nachzuzeichnen und anhand einiger ausgewählter Momente zu veranschaulichen, welchen Effekt Ratzingers Amtsführung als Präfekt der Glaubenskongregation auf die katholische Kirche in dieser speziellen Zeit hatte und wie sich diese Amtsführung zur sich vertiefenden Kirchenkrise verhält. Wir versuchen zu begreifen, wie die Situation aus seiner Perspektive aussah, worin die persönliche Note bestand, die er diesem Amt gab – und was das alles mit seiner Theologie zu tun hatte.

Das Heilige Offizium

Am Beginn ihrer Geschichte, im 16. Jahrhundert, hieß die heutige Glaubenskongregation noch das Heilige Offizium, Sanctum Officium, oder genauer: die Sacra Congregatio Romanae et universalis Inquisitionis seu Sancti Officii.[5] Ihre Aufgabe war es, »in der ganzen Welt gegen Delikte der Häresie einzuschreiten«.[6] Die Kongregation war damals in erster Linie ein Kirchengericht für Ketzerprozesse. Sie sollte den katholischen Glauben vor Irrlehrern schützen und diese zum Einlenken oder aber zum Schweigen bringen, und zwar, dem damaligen Zeitgeist entsprechend, wenn nötig mit Gewalt. Sie ermittelte, sammelte Beweise, ging gegen Häretiker vor und verurteilte sie. Wenn die Kongregation die Todesstrafe verhängte – was vorkam –, wurde diese von der weltlichen Macht vollstreckt. Allerdings veränderte sich die Arbeit der Kongregation schon im 17. Jahrhundert, »als in Italien keine bedeutende Ketzerei mehr verzeichnet wurde«.[7] Aber erst 1908 verschwand das Wort »Inquisition« ganz aus dem Titel der Behörde. Jetzt hieß sie Sacra Congregatio Sancti Officii.

In dieser Zeit übergab sie verurteilte Irrlehrer nicht mehr der weltlichen Gerichtsbarkeit, sondern verhängte lediglich Kirchenstrafen, vom Lehrverbot für Theologen bis hin zur Exkommunikation. In der ersten Hälfte des 20. Jahrhunderts blieb ihre Politik – allen theologischen Aufbrüchen dieser Zeit zum Trotz – immer noch einem neuscholastischen Systemdenken verpflichtet: In festen Sätzen war haargenau festgelegt, nicht nur was zu glauben war, sondern auch, wie fest genau es geglaubt werden musste (ganz in diesem Geist ist der im ersten Kapitel zitierte »Ott« verfasst). Obendrein war die Kongregation bis in die Mitte des 20. Jahrhunderts dem Antimodernismus verpflichtet, einer radikal kulturpessimistischen Strömung, die Entwicklungen der Lehre entschieden als »Neuerungen« ablehnte. Insbesondere die historisch-kritische Betrachtung der biblischen Texte, die sich in den evangelischen Kirchen durchzusetzen begann, wurde damals vom Heiligen Offizium »massiv abgelehnt. (…) Schrift und Dogmatik müssen überzeitlich und unveränderlich bestehen, sie als historisch bedingt zu interpretieren wäre unvereinbar mit dem

Glauben an die göttliche Inspiration und die Lenkung der Kirche durch den Heiligen Geist«.[8] Was für die Lehre über biblische Aussagen galt, galt genauso für die Lehre über die vermeintlich gottgewollte Ordnung des menschlichen Miteinanders in Kirche und Welt: »Demokratische Strukturen wurden als Aufstand der Gosse gegen gottgewollte Autoritäten verstanden.«[9]

Erst während des Zweiten Vatikanischen Konzils schien sich ein Wandel abzuzeichnen. In seinem Motu Proprio »Integrae Servandae« von 1965 verlautbarte Papst Paul VI. etwas, was auf den ersten Blick wie eine grundlegende Neuausrichtung der Behörde aussah: Ab jetzt hieß sie »Kongregation für die Glaubenslehre« und wurde zu einer gewöhnlichen Kongregation herabgestuft. Sie blieb weiter das höchste Kirchengericht für Lehrverfahren, aber wenn eine Person in den Verdacht geriet, eine falsche Lehre zu verbreiten, und ihre Schriften von der Kongregation untersucht wurden, hätte sie nun – so hieß es – ein Recht auf Berufung und Rechtsvertretung. Die Kongregation sollte das Gespräch mit den Angeklagten suchen und sie ausdrücklich nur dann verurteilen, »wenn dies nötig ist«. Vor allem aber sollte sich die Arbeit der Kongregation künftig überhaupt weniger aufs Verurteilen vermeintlich falscher Lehren, sondern vielmehr auf das Verkünden und Fördern des Glaubens fokussieren. Der Schlüsselsatz des Dokumentes lautet: »Weil aber die Liebe die Furcht vertreibt (1 Joh 4,18), wird der Glaube heute besser dadurch verteidigt, dass man seine Lehre fördert.«[10]

Die Glaubenskongregation war nicht umsonst die erste vatikanische Behörde, die Paul VI. Mitte der 1960er-Jahre reformierte: Sie war nämlich eine der einflussreichsten. Auch wenn sie zu einer »normalen Kongregation« herabgestuft wurde und ab jetzt nicht mehr direkt vom Papst, sondern von einem Präfekten geleitet wurde, so darf man die Rolle dieses Präfekten keineswegs unterschätzen. Er leitet nicht nur einen der höchsten Kirchengerichtshöfe, sondern hat vor allem in den Angelegenheiten aller anderen Kongregationen mitzureden, sobald es um Fragen der Glaubenslehre geht. Das heißt, er nimmt regelmäßig an Treffen und Besprechungen zahlreicher anderer Behörden teil, wird um seine Stellungnahme in wichtigen Entscheidungen gefragt und ist damit auch immer bestens über alles informiert, was an der Kurie und in der Weltkirche geschieht. Nicht zuletzt deswegen, weil bei jeder einzelnen Bischofsernennung sein Votum mit entscheidet, ob es um einen Bischofssitz in Kanada, den USA, Italien, Irland, Burkina Faso oder auf den Philippinen geht. Nur wer von der Glaubenskongregation als rechtgläubig befunden wird, kann Bischof werden.

Im Jahr 1988, als Ratzinger schon Präfekt der Kongregation war, schien die Neuausrichtung vom Päpstlichen Schreiben *Pastor Bonus* noch einmal bekräftigt zu werden. Jetzt hieß es nicht nur, die Aufgabe der Kongregation bestünde darin, »die Lehre über Glaube und Sitten auf dem ganzen katholischen Erdkreis zu fördern und zu schützen«, sondern sie sollte sogar Studien unterstützen, »die darauf gerichtet sind, dass das Glaubensverständnis wachse und dass auf die aus dem Fortschritt der Wissenschaften und der menschlichen Kultur entstandenen Fragen eine Antwort im Licht des Glaubens gegeben werden kann«.[11] Wenn man vom bloßen Wortlaut ausgeht, könnte man meinen, die Behörde sollte nun auf der Höhe der Zeit agieren und versuchen, fortan auf eine konstruktive Weise mit den aktuellen theologischen Fragestellungen umzugehen und die Lehre entsprechend weiterzuentwickeln. Dazu muss man wissen: Theologinnen und Theologen, mit denen die Kongregation »ins Gespräch kam«, taten das längst. Sie stellten sich Fragen wie: Was lässt sich aus den neueren Erkenntnissen der Physik, Biologie und Weltraumforschung für die Schöpfungslehre ableiten? Welche Fragen werfen rezente humanwissenschaftliche Befunde im Blick auf das christliche Menschenbild und die katholische Sexualethik auf? Was sagen uns Erkenntnisse der Geschichts- und Sozialwissenschaften über die kulturelle und geschichtliche Prägung der kirchlichen Lehre durch eine spezifisch männliche, feudale und westliche Perspektive – und darüber, wie sie von dieser einseitigen Verengung befreit werden kann? Die Männer und Frauen, die sich in der zweiten Hälfte des 20. Jahrhundert diesen und ähnlichen Fragen widmeten, leisteten Beachtliches für die theologische Forschung und die Kirche. Die Glaubenskongregation hätte nun endlich so etwas wie ihr Referenzpunkt werden können: eine zentrale Behörde, die mit den führenden Köpfen der katholischen Theologie im Austausch stand, die Diskurse verfolgte, wesentliche Erkenntnisse sammelte, die kirchliche Lehre entsprechend weiterentwickelte und nur im äußersten Notfall mit scharfen Sanktionen einschritt, beispielsweise dann, wenn jemand dezidiert menschenfeindliche theologische Auffassungen vertrat. Jedenfalls wäre eine derartige Neuorientierung der Glaubenskongregation im Sinne von Millionen Katholikinnen und Katholiken weltweit gewesen, die ihren Glauben im 20. Jahrhundert in einer wachsenden Zerrissenheit lebten, zwischen ihrem gewachsenen Bildungsstand und ihren staatlich garantierten Freiheitsrechten einerseits sowie einer vorwissenschaftlichen und an der klerikalen Autorität ausgerichteten kirchlichen Glaubenspraxis andererseits.

Auch wenn diese Öffnung im Rückblick utopisch erscheint, kann man vielleicht zumindest so viel sagen: Wenn es ein kleines Zeitfenster gegeben hatte, in dem eine Entwicklung der Glaubenskongregation in diese Richtung tendenziell denkbar war, dann war es der Moment, in dem der junge Joseph Ratzinger Ende 1981 das Amt des Präfekten der Behörde übernahm, ein Mann, der vielen als herausragender Theologe galt und der tatsächlich neue Wege beschritten hatte, weil er sich vom neuscholastischen Geist der Satzwahrheiten frei gemacht hatte. Die Lehrsätze der Kirche, die Dogmen, hatten für Ratzinger eine Entwicklungsgeschichte; sie waren keine »bloße Identität des Sich-Gleichbleibenden«. Mit diesem unerhört weiten Offenbarungsverständnis eröffnete er die Möglichkeit »bis dato ungeahnter Freiheit«.[12] Er hatte es gewagt, ungerührt einer Aussage Papst Pius' X. zu widersprechen: dass die Offenbarung mit dem Tod des letzten Apostels abgeschlossen wäre, stellte, so Ratzinger, »eine ungenügende Reflexion des Zusammenhangs von Offenbarung und Geschichte«[13] dar, stünde »einem sinnvollen Verständnis der geschichtlichen Entfaltung des Christlichen im Wege« und widerspräche »auch den Gegebenheiten des biblischen Zeugnisses«.[14] Im Jahr 1964 hatte er sogar den amtierenden Papst Paul VI. für eine autoritäre Intervention im Konzil kritisiert[15], und obendrein hatte er 1966 die Erklärung von Nijmegen unterzeichnet, in der Theologen aus 53 Ländern von der Glaubenskongregation mehr Forschungsfreiheit forderten.[16] Als er zum Präfekten der Glaubenskongregation ernannt wurde, war er erst 54 – ein ausgesprochen jugendliches Alter für einen Kardinal.

Wenn schon der erste Präfekt, Alfredo Ottaviani (ein vatikanisches Urgestein und alles andere als liberal), im Alter von 76 Jahren das Dokument unterschrieben hatte, mit dem 1966 der Index der verbotenen Bücher abgeschafft wurde – mit der Aussage, die Kirche vertraue »auf die Gewissensreife der Gläubigen«[17] –, wie viel mehr wäre dann von diesem jungen Joseph Ratzinger in Sachen Neuausrichtung seiner Behörde zu erwarten gewesen? Was würde Joseph Ratzinger tun, um »den Glauben zu fördern« und »die aus dem Fortschritt der Wissenschaften und der menschlichen Kultur entstandenen Fragen« im Licht des Glaubens zu beantworten? Würde er sich in der »Förderung des Glaubens«, in der Frage, was zu schützen und was zu verbieten wäre, als souveräner, umsichtiger und weitblickender erweisen als im Umgang mit Missbrauchstätern oder neuen geistlichen Gemeinschaften?

Wie Ratzinger arbeitete

Wir haben schon ansatzweise gesehen, wie Ratzinger sich in der Zeit, bevor er Präfekt wurde, fühlte. Er sah die Kirche – Rahner zitierend – in einer winterlichen Zeit. In dem Dialogband *Zur Lage des Glaubens,* der zu Beginn seiner Zeit als Präfekt entstand, diagnostizierte er eine Krise des Glaubens: Die Kirche litte an Uneinigkeit, an einer Selbstkritik, die geradezu in Selbstzerstörung übergegangen wäre, sie wäre voller Überdruss und Entmutigung.[18] Hinter dieser Wahrnehmung standen natürlich auch sein Charakter, sein Befremden gegenüber bestimmten sozialen Entwicklungen seiner Zeit und seine mangelnde Menschenkenntnis. In den Worten seines langjährigen Wegbegleiters Wolfgang Beinert konnte er schon während der Studentenrevolten in den 1960ern – und so wohl auch im Blick auf die offene Zurückweisung der kirchlichen Lehre durch Gläubige – nicht sehen,

»dass hier eine Entwicklung stattfand, die in gewisser Weise zwangsläufig war – also nicht ein antigöttliches Phänomen, sondern etwas, was eben notwendig war in der Hinsicht, dass etwas vorüber war, und dass jetzt etwas Neues kommen musste. Es war ja eine Zeit, wo auch in anderer Hinsicht viel Neues kam – in den Naturwissenschaften und auch in der Theologie«.[19]

Statt der Notwendigkeit von etwas Neuem sah Ratzinger im Bruch mit Gewesenem Unordnung, Chaos, und er empfand die Notwendigkeit, die Ordnung wiederherzustellen, wieder deutlich zu machen, was katholisch war und was nicht. Darin sah er seine Aufgabe, und er war fest von der Überzeugung durchdrungen, damit der Kirche einen Dienst zu erweisen, nicht nur dem höheren Klerus, sondern gerade den einfachen Gläubigen, die sich Hilfe suchend an ihn wendeten. Wir sind ihnen schon begegnet: Pio Laghi erwähnte in seinem Schreiben »Informationen«, die der Glaubenskongregation über die Arbeit von Schwester Jeannine und Pater Robert »zur Kenntnis gebracht wurden«.[20] Es kam vor, dass einfache Gläubige der Glaubenskongregation in Rom schrieben, wenn sie sich um die Rechtgläubigkeit einzelner Priester und Ordensleute sorgten, oder dass Seminaristen und Theologiestudierende nach Rom schrieben, wenn sie sich Sorgen machten, ob ihre Professorinnen und Professoren im Einklang mit dem römischen Lehramt waren. Und Ratzinger nahm diese Sorgen ernst. Diese Leute »wussten, dass ihnen zugehört werden würde«.[21] Mindestens so besorgt war er aber um das Wohl der Gläubigen, die selbst vielleicht gar nicht in der Lage waren, die Wahrheit oder Unwahrheit einzelner Ansätze und Diskurse zu erfassen, weil sie vom modernen Zeitgeist zu sehr verwirrt waren. Jemand musste ihnen klar sagen und erklären, was wahr und was falsch war, und denen, die sich offen gegen die Wahrheit stellten, Einhalt gebieten, schließlich sollte es endlich wieder einen Frühling des neu aufblühenden Glaubens in der Kirche geben. So in etwa muss Joseph Ratzinger seine Aufgabe als Präfekt der Glaubenskongregation verstanden haben.

Entsprechend seinem Gefühl, in einer winterlichen Zeit zu leben, in der die gottgewollte Ordnung in Gefahr war, richtete er sich seine Umgebung daheim in seiner Wohnung in Rom und in der Kongregation ein: mit klaren Ritualen, einer peniblen Ordnung und vertrauten Menschen, die ihn bereitwillig verehrten. Er teilte seine Wohnung mit seiner Schwester Maria, die ihm den Haushalt führte. Wenn Ratzinger daheim mit seiner Schwester die heilige Messe feierte, half sie ihm in die Gewänder, ministrierte und war seine »Gemeinde«. An Sonn- und Feiertagen stellte sie sich mit ihm »vor der Küche im Flur auf zum feierlichen Einzug in die Hauskapelle«.[22] Ratzingers Biograf Peter Seewald zufolge fühlte Maria sich in Rom zwar nicht wohl, wollte es ihrem Bruder dort aber so angenehm wie möglich machen. »Joseph braucht mich jetzt« wäre der »stehende Ausdruck in ihrem Opferleben« gewesen.[23] So erinnert sich auch Wolfgang Beinert: »Das Verhältnis von Maria und Joseph war das Verhältnis von Magd zum Herrn. Das letzte Bild, das ich im Kopf habe, (…) da ging sie in der Orantenhaltung gebückt immer drei Schritte hinter ihm her. Die ganze Zeit. Das hat für mich ganz große Aussagekraft. Das war das Verhältnis dieser beiden. Also, die dienende Magd, die alles für den großen Mann tut.«[24] Auch Hermann Häring, ein anderer Theologe aus der Generation Ratzingers, fand das erschreckend: »Das fand ich deshalb erschreckend, weil man ja weiß, dass die Eltern von Ratzinger mit Absicht und unter finanziellen Schwierigkeiten dafür gesorgt haben, dass auch seine Schwester eine Ausbildung bekam. Das war keine Gymnasialausbildung, das war aber eine Ausbildung, damit sie den guten Posten einer Sekretärin bekommen konnte. Und sie war erwiesenermaßen eine gute Schülerin, sie hatte gute Leistungen, sie konnte das auch. Also, wie sie sich dann klein gemacht hat!«[25]

Auch an der Kongregation schaffte Ratzinger eine familiäre Umgebung. Seine Mitarbeiter wählte er selbst aus, und zwar unter anderem aus den neuen geistlichen Gemeinschaften, die er für Garanten der Rechtgläubigkeit und Zukunft der Kirche hielt. Außerdem machte er die Kongregation selbst zum Hort emotionaler Geborgenheit, denn »er nannte die CDF ›la Famiglia‹«,[26] seine Familie. Das bezeugt auch der engste Mitarbeiter Ratzingers, Georg Gänswein: »In der Kongregation hat man gespürt, dass sozusagen das, was seine persönliche Familie war – die

Eltern und seine Geschwister –, er dann ausgeweitet hat auf die Männer und Frauen, die dort gearbeitet haben, in eine erweiterte Familie. Also, der Geist der Familie ist sozusagen das Leitmotiv der Glaubenskongregation gewesen. (…) Die innere Kraft, der innere Widerstand war viel stärker als der äußere Druck.«[27] Und er achtete daheim wie an der Kongregation penibel auf Ordnung: »Überall gab es eine feste Ordnung, in der die Dinge ihren Platz behielten«, wie Schwester Christine Felder vom »Werk« erzählte. »Es musste immer alles genau geregelt sein, sonst hat es ihn verunsichert.« Zudem verlangte er Respekt und Unterordnung. Sein Sekretär Josef Clemens schilderte, wie er sich im Laufe der Zeit eine bestimmte Technik aneignete, die er immer dann verwendete, wenn er Ratzinger etwas Unerfreuliches mitteilen musste.[28] Aber was waren für ihn unerfreuliche – und was erfreuliche – Nachrichten? Womit beschäftigte Joseph Ratzinger sich inhaltlich in seiner Arbeit als Präfekt der Glaubenskongregation?

Ungültige Materie und göttliche Wahrheit

Im ersten von ihm als Präfekt unterzeichneten Dokument vom Oktober 1982 ging es unter anderem um glutenfreie Hostien. Er hatte von seinem Vorgänger, von dem er auch die Bitte um die Laisierung des Sexualstraftäters Kiesle noch auf dem Schreibtisch hatte, einige Anfragen bezüglich des Kommunionempfangs geerbt. Aber während er die Sache Kiesle liegen ließ, nahm er sich Zeit, um sich mit den Fragen rund um den Kommunionempfang zu beschäftigen. Das Konsekrieren von glutenfreien Hostien, bestätigte Ratzinger, wäre verboten.[29] Dieses Verbot bekräftigte er 1995 und 2003 noch einmal: Glutenfreie Hostien wären »ungültige Materie« und dürften deshalb in der Messfeier nicht verwendet werden.[30] Solche Detailfragen rund um die korrekte Feier der heiligen Messe, die in den Augen vieler Menschen banal und vernachlässigbar erscheinen, waren für ihn sehr wichtig. Wenn die Messe nicht richtig gefeiert wurde, wenn Priester und Gläubige es mit den liturgischen Vorschriften nicht so genau nahmen, litt er darunter, denn das war in seinen Augen ein »liturgischer Missbrauch« – und solche Fälle von liturgischem Missbrauch, die er als Präfekt auf seinen Schreibtisch bekam, belasteten ihn. Sein Biograf Peter Seewald schrieb dazu, damals, in den 1980ern, wäre »das Ausmaß der Missbrauchsfälle nicht bekannt, aber schon der Schmutz, den er als Chef der Glaubenskongregation auf den Tisch bekommt, auch die Fälle von liturgischem Missbrauch, ist Belastung genug«. In diesem Zusammenhang zitierte er Ratzinger mit den Worten: »Es tut mir innerlich weh, wenn ich denke, so wird mit unserem Herrn umgegangen.«[31]

Warum waren solche Fragen rund um die Feier kirchlicher Rituale, die vielen so nebensächlich erscheinen, für Ratzinger so wichtig? Warum hat er in seiner Zeit als Präfekt der Glaubenskongregation, in der doch so vieles deutlich brisanter und drängender erschien – beispielsweise die Berichte von O'Donohue oder die überfällige Reform der kirchlichen Strafgesetzordnung –, bei zahlreichen Gelegenheiten ausgerechnet der Liturgie so viel Gewicht beigemessen und unter anderem zwei Bücher dazu geschrieben: *Das Fest des Glaubens* und *Der Geist der Liturgie?* Seine Mitarbeiter an der Glaubenskongregation wussten, warum dies eines seiner Herzensanliegen war. Charles Scicluna: »Kardinal Ratzinger war besorgt, dass die Liturgie den Sinn für das Heilige verliert. (…) Eine Liturgie muss über Schönheit sprechen, weil sie über die Wahrheit spricht.«[32] Es ging ihm in Fragen der Liturgie, wie in allen anderen Fragen auch, im Letzten um die Wahrheit. Er verteidigte die Wahrheit, und das hieß: den Vorrang des göttlichen Willens vor dem Wollen und Meinen der Menschen.

So zeigt sich in seiner Wertschätzung einer ordnungsgemäß gefeierten Liturgie ein Grundmuster von Ratzingers Denken, das uns auf den folgenden Seiten wiederholt begegnen und das sich als folgenschwer erweisen wird: Ratzinger glaubte fest daran, dass die Liturgie nicht von Menschen gemacht, sondern göttlichen Ursprungs wäre, und daraus folgte in seiner Logik, dass sie einen unveränderbaren, göttlichen Kern besaß – und dass es seine Aufgabe war, diesen Kern zu schützen, und zwar vor allen scheinbar noch so berechtigten Änderungsversuchen und -wünschen. Denn: »Liturgie, die so ›gemacht‹ wird, steht auf Menschenwort und -meinung; sie ist auf Sand gebaut und bleibt leer.«[33] Gottesdienste, die sich an den Bedürfnissen und Wünschen der Feiernden orientieren, führen in seinen Worten »zu kaum erträglichen Entstellungen der Liturgie«.[34] Auch wenn Menschen scheinbar gute Gründe hatten, kirchliche Vorgaben zu ändern, würde man ihnen also schaden, wenn man ihnen nachgäbe. Ratzinger glaubte beispielsweise, dass das Sakrament der Krankensalbung, wenn es entgegen kirchlicher Vorgaben von jemand anderem als einem geweihten Priester gespendet würde, »zum Nachteil des Glaubens« wäre und verbunden »mit schwerem geistlichen Schaden für die Kranken, denen man doch helfen will«.[35] Dass weltweit Tausende Menschen Gefahr liefen, ohne dieses Sakrament zu sterben, weil es in vielen Gegenden nicht genug Priester gab, war angesichts der »Wahrheit« einfach kein Argument für Ratzinger.

Was er von der Liturgie glaubte, glaubte er auch mit Blick auf die gesamte Lehre der Kirche, auf ihre Ämter und ihre Sexualmoral (alles Dinge, die übrigens aufs Engste mit der Missbrauchskrise verknüpft sind): Sie durften nicht nach menschlichen Maßstäben beurteilt und modifiziert werden, denn das würde bedeuten, »Glauben mit Meinung zu verwechseln«.[36] Und Glauben mit Meinung zu verwechseln würde wiederum bedeuten, dazu beizutragen, dass das »neue Heidentum im Herzen der Kirche selbst unaufhaltsam wächst und sie von innen her auszuhöhlen droht«.[37] Und das würde letztlich dazu führen, dass die Menschen den Zugang zu Gott und zum ewigen Heil verlieren. Weil Ratzinger das fest glaubte, verteidigte er das, was er für die göttliche Wahrheit hielt, entschlossen gegen menschliche Meinungen und Wünsche – mit vollster Überzeugung auch und gerade dort, wo es den meisten Gläubigen absurd erscheint, Betroffene verletzt und nach menschlichen Maßstäben großen Schaden verursacht, beispielsweise in Fragen der Sexualmoral. So hielt Ratzinger homosexuellen Sex nicht aus reinem Machtkalkül für eine schwere Sünde, wie vielleicht manch anderer Kirchenmann, sondern weil er fest daran glaubte, dass diese Akte Gott verletzten und Menschen, die so handelten, sich von Gott entfernten und sich so, auch wenn sie es nicht merkten, in Gefahr brachten, verloren zu gehen. Denn gerettet werden konnte nur, wer in der

Wahrheit blieb. Von daher war es sehr typisch für Joseph Ratzinger, dass er das Schreiben, in dem er Schwester Jeannine und Pater Robert verurteilte, mit der Bemerkung beendete: »Personen, die mit Homosexualität ringen, haben nicht weniger als alle anderen das Recht, von denen, die sie seelsorglich begleiten, die authentische Lehre der Kirche zu erhalten.« Es war daher kein Zynismus und keine leere Formel, sondern von ihm buchstäblich so gemeint, als er hinzufügte, die Arbeit der beiden hätte »im katholischen Volk Verwirrung gestiftet und der Gemeinschaft der Kirche Schaden zugefügt«.[38]

Wenn Ratzinger am Verbot von Verhütungsmitteln festhielt, am Pflichtzölibat, am Verbot glutenfreier Hostien oder an irgendeinem anderen kirchlichen Gebot oder Verbot, das angesichts seiner Auswirkungen auf konkrete Lebensverläufe in vielen Fällen absurd und unmenschlich erschien, dann tat er das in der festen Überzeugung, durch dieses Gebot/Verbot Menschen zu helfen. Menschen, die zu verwirrt waren vom modernen Zeitgeist, um die Wahrheit dieses Gebotes/Verbotes einzusehen. Er glaubte fest daran, dass Homosexuelle, die sexuell aktiv waren, in Wahrheit unglücklich waren, weil sie eben in Sünde lebten, und dass nur Enthaltsamkeit sie glücklich machen würde. Er glaubte fest, glutenfreie Hostien könnten nicht in den Leib Christi verwandelt werden, er glaubte fest, Verhütungsmittel zu nutzen schade Eheleuten. Er glaubte fest daran, dass Eheleute in einer zweiten Ehe in schwerer Sünde lebten, wenn es sich bei der ersten um eine gültig geschlossene Ehe gehandelt hatte. Und er glaubte das alles aus einem simplen Grund: Weil es – in seinen Augen – die Wahrheit war. Die menschliche Ebene, das Einzelschicksal, die empirisch nachweisbaren Konsequenzen kirchlicher Gebote/Verbote im Leben realer Menschen konnten auf die »Wahrheit« und auf Ratzingers Entscheidungen keinen Einfluss haben. Hermann Häring drückte es so aus: Ratzinger »denkt in abstrakten Prinzipien. Er nennt sich selber Augustinist, das heißt, er denkt in Höhen, die bei Platon angesiedelt sind. Die Wahrheit vollzieht sich nur im Himmel. Dort sind die ewigen Werte. Alles, was wir haben, sind nur Abschattungen. Deshalb setzt er sich in der Regel gar nicht konkret mit dem Alltäglichen, mit dem Differenzierten, mit dem, was man nicht genau orientieren kann, mit dem, wovon man immer sagen muss, da gibt's noch einen Aspekt, auseinander. Er will Prinzipien«.[39]

Sehen wir uns an, wie diese vermeintliche Verteidigung der Wahrheit vor sich ging – und zwar in zwei großen Themenfeldern, die wiederholt in den von Ratzinger als Präfekt herausgegebenen Schreiben auftauchten: Weiheamt und Freiheit.

Priestertum, Macht und Geschlecht

Ratzinger verteidigte vehement die Vorrangstellung des geweihten Amtes und stellte nicht nur klar, dass »nur die Priester (Bischöfe und Presbyter) Spender des Sakraments der Krankensalbung sind«,[40] sondern auch, »dass allein Bischöfen und Priestern die Vollmacht zukommt, das eucharistische Geheimnis zu vollziehen«.[41] Das musste er klarstellen, weil es Menschen gab, die der Auffassung waren, »dass jede christliche Gemeinde schon aufgrund der Tatsache, dass sie sich im Namen Christi versammelt (…) (vgl. Mt 18, 20), mit allen Vollmachten ausgestattet sei, die der Herr seiner Kirche zuteilen wollte« und »dass alle, die in der Taufe wiedergeboren, in die Kirche eingegliedert wurden und am Priestertum, Prophetenamt und Königtum Christi teilnehmen, auch als wirkliche Nachfolger der Apostel zu gelten haben«.[42]

Aber nicht nur in der Feier der Liturgie haben Priester und Bischöfe eine Vorrangstellung, sondern in praktisch allen Belangen des kirchlichen Lebens. Alle kirchliche Entscheidungs- und Leitungsgewalt (Jurisdiktion) liegt letztlich in den Händen des Klerus, der ungefähr 0,03 Prozent der katholischen Gläubigen ausmacht. Diese Stellung haben Kleriker nicht, weil sie von den anderen 99,97 Prozent gewählt wären – nicht geweihte Gläubige haben de facto kein Recht auf Mitbestimmung in ihrer Kirche – oder weil sie fachlich oder menschlich besser als andere Gläubige für diese Leitungspositionen geeignet wären, sondern allein durch die Weihe und die Beauftragung durch ihren Bischof, der sein Amt wiederum alleine der Weihe und Bevollmächtigung durch den Papst verdankt, der seine Stellung wiederum der

Gesetzgebung seiner Vorgänger und im Letzten, nach der Lehre der Päpste, unmittelbar Gott verdankt. Die Weihe, durch die jemand zum Priester und damit in den Klerikerstand erhoben wird, ist ein kirchliches Ritual, das grundsätzlich nur Männern zuteilwird, die Ehelosigkeit geloben und vor ihrer Weihe mehrere Jahre in einem Priesterseminar leben, wo sie von ihnen vorgesetzten Priestern »geformt« und beurteilt werden. Durch die Weihe, bei der ihnen der Bischof seine Hände auflegt und ihre Hände mit Öl salbt, bekommen sie dann, so die Lehre der katholischen Kirche, ein geheimnisvolles, unsichtbares Präge-Mal verliehen, das sie niemals wieder verlieren können und das sie zu etwas wesentlich anderem macht, als normale Gläubige es sind: Sie sind ab jetzt Kleriker, »Söhne« ihres »Vaters«, des Bischofs, vor allem aber können sie »den Herrn Jesus Christus, das Haupt der Kirche, in besonderer Weise gegenwärtig machen«. Sie können in der heiligen Messe Brot und Wein in sein Fleisch und Blut verwandeln und den normalen Gläubigen göttliche Gnade vermitteln.

Was wie eine von magischem Denken getragene ständische Machtstruktur einer lange vergangenen Epoche aussieht, die spätestens im 20. Jahrhundert hätte überdacht werden sollen, verteidigt Ratzinger vehement. Ja, er ging in der Verteidigung dieser Struktur und des engen und obrigkeitlich kontrollierten Zuganges zu kirchlichen Machtpositionen weiter als in jeder anderen Frage, mit der er sich als Präfekt der Glaubenskongregation befasste. Er veröffentlichte unter anderem ein außergewöhnliches Dokument, sprach übereilte Exkommunikationen aus und legte eine mehr als fragwürdige Haltung gegenüber Menschen an den Tag, die für ihren Glauben ins Gefängnis gegangen waren. Aber der Reihe nach.

Die Meinung, dass es einen eigenen Stand von Klerikern in der Kirche gar nicht unbedingt bräuchte – oder dass auch normale Gläubige alles oder zumindest vieles von dem ausüben könnten, was in der katholischen Kirche Klerikern vorbehalten war –, tauchte immer wieder auf, und zwar untermauert mit guten theologischen Argumenten und sehr überzeugenden historischen Befunden. Anstatt sich einige dieser Befunde zu eigen zu machen und sie zum Anlass zu nehmen, erste vorsichtige und kluge Schritte in Richtung einer Reform des Amtes zu gehen, nahm Ratzinger entschiedener dagegen Stellung, als er es als Präfekt der CDF gemusst hätte. Damit eine Gruppe von Gläubigen Kirche sein kann, schrieb Ratzinger 1992, »muss in ihr als ureigenes Element die höchste Autorität der Kirche gegenwärtig sein: das Bischofskollegium ›gemeinsam mit seinem Haupt, dem Bischof von Rom, und niemals ohne dieses Haupt‹«.[43] Dieselbe Überzeugung veranlasste ihn, im Heiligen Jahr 2000 in der Erklärung »Dominus Iesus« festzuhalten, dass diejenigen Kirchen, die sich nicht dem Papst unterwerfen, »nicht Kirchen im eigentlichen Sinn« wären und dass auch die »Überzeugungen«, die Angehörige anderer Religionen besäßen, kein Glaube wären, sie wären nur »Erfahrungen und Einsichten (...), die der Mensch auf seiner Suche nach der Wahrheit in seiner Beziehung zum Göttlichen und Absoluten ersonnen« hatte – menschengemacht also. Glaube dagegen wäre »die Annahme der durch den einen und dreifaltigen Gott geoffenbarten Wahrheit«, und diese Wahrheit war göttlichen Ursprungs und wurde vom Lehramt der katholischen Kirche durch die Jahrhunderte bewahrt, verteidigt und gelehrt. Freilich konnten auch Nichtkatholiken auf Gottes geheimnisvollen Wegen gerettet werden und sogar Gnade empfangen, aber es war »doch gewiss, dass sie sich objektiv in einer schwer defizitären Situation befinden im Vergleich zu jenen, die in der Kirche die Fülle der Heilsmittel besitzen«.[44]

Ordinatio Sacerdotalis

Noch vehementer als die Verteidigung der Notwendigkeit des klerikalen Amtes fiel Ratzingers Verteidigung des engen Zugangs zum geweihten Amt aus, insbesondere gegenüber weihewilligen Frauen. Als Mitte des 20. Jahrhunderts reformierte, lutherische und anglikanische Kirchen begannen, Frauen zum Pfarramt zuzulassen, sah sich schon Papst Paul VI. veranlasst, die Glaubenskongregation erklären zu lassen, warum die katholische Kirche es ihnen nicht gleichtat. Die erste hierzu veröffentlichte Erklärung hieß »Inter Insigniores« und erschien 1976. Die Begründung lässt sich knapp auf den Punkt bringen: Die Kirche konnte Frauen gar nicht zu Priestern weihen, weil Gott das nicht wollte: Jesus hatte nämlich keine Frauen zu Priestern geweiht, und Frauen wären in der ganzen Kirchengeschichte noch nie Priester gewesen. Deshalb könnten sie es auch künftig nicht sein. Das schien vielen Gläubigen nicht besonders überzeugend. Sie wünschten nach wie vor die Frauenordination und sagten das auch öffentlich. Daher sah sich Johannes Paul II. knapp zwanzig Jahre später veranlasst, in einem Apostolischen Schreiben mit dem Titel »Ordinatio Sacerdotalis« dieselbe Argumentation mit größerem Nachdruck zu wiederholen: »Damit also jeder Zweifel bezüglich der bedeutenden Angelegenheit, die die göttliche Verfassung der Kirche selbst betrifft, beseitigt wird, erkläre ich kraft meines Amtes, die Brüder zu stärken (vgl. Lk 22,32), dass die Kirche keinerlei Vollmacht hat, Frauen die Priesterweihe zu spenden, und dass sich alle Gläubigen der Kirche endgültig an diese Entscheidung zu halten haben.«[45] Im Oktober 1995 legte Ratzinger nach. Auf die Frage, ob diese Lehre endgültig wäre, antwortete er: Ja.[46] Und er gab eine zusätzliche Erklärung ab: Dieses Ja bedeutete, »dass man die Lehre über die nur Männern vorbehaltene Priesterweihe nicht für ›diskutierbar‹ halten und dass man dieser Entscheidung der Kirche nicht ›lediglich eine disziplinare Bedeutung‹ zuschreiben dürfte«. Aber nicht nur das: Gläubige dürften auch nicht daran zweifeln, dass diese Entscheidung keine Diskriminierung von Frauen wäre, weil ja »die Kirche als eine absolut fundamentale Wahrheit christlicher Anthropologie die gleiche personale Würde von Mann und Frau lehrt«. Und Ratzinger warnte ausdrücklich davor, zu behaupten, »die beiden Wahrheiten widersprächen einander« – so etwas würde nur jemand behaupten, »der sich vielleicht zu sehr von der Mode oder vom Zeitgeist bestimmen lässt«, dem hier ausdrücklich »die ontologische und anthropologische Wahrheit der Schöpfung der beiden Geschlechter« gegenübergestellt wurde.[47] Und da galt: »Mann und Frau sind von Beginn der Schöpfung an unterschieden und bleiben es in alle Ewigkeit.«[48] In Ratzingers Logik hatten Frauen zwar dieselbe Würde wie Männer, aber daraus folgte nicht, dass sie auch dieselben Rechte hätten. Was wie ein simpler Fehlschluss aussieht, wäre im göttlichen Heilsplan

keiner: »Nur die Sünde und die in der Kultur eingeschriebenen
›Strukturen der Sünde‹ haben aus dieser Beziehung eine potenzielle Konfliktsituation gemacht.«[49] Frauen, die dieselben Rechte
für sich in Anspruch nahmen wie Männer, wären also von sünd-
haften Strukturen getrieben. Umso wichtiger schien es Ratzinger
zu sein, dieser verkehrten, weltlichen Gleichheitslogik in der
Kirche keinen Raum zu geben. Deshalb verlangten »Ordinatio
Sacerdotalis« und Ratzingers Begleitbrief in der Frage des nur
Männern vorbehaltenen Weiheamtes die vorbehaltlose und
unwiderrufliche Zustimmung der Gläubigen.

Übereilte Exkommunikationen

Ratzingers schriftliche Erklärungen vermochten große Teile des
Kirchenvolkes keineswegs zu überzeugen. Es gab zahlreiche
katholische Frauen, die schon als Kinder die Berufung zum
Priestertum in sich spürten, von klein auf »Messe« spielten, spä-
ter Theologie studierten und Jahrzehnte auf eine Öffnung des
Amtes hofften. Unter ihnen waren ausgesprochen versierte,
bewährte und sehr gut ausgebildete Frauen wie Iris Müller, die in
der DDR für ihren christlichen Glauben eingetreten war und in
Münster in katholischer Theologie promoviert hatte, oder Ida
Raming, die eine Dissertation in kanonischem Recht über den
Ausschluss der Frauen von der Priesterweihe vorgelegt hatte.
Nachdem sich abzeichnete, dass es in absehbarer Zeit kein Ja des
Vatikans zur Frauenordination geben würde, gaben einige dieser
Frauen ihre Hoffnung auf eine »systemimmanente« Lösung auf
und entschieden sich für ein öffentliches Handeln. Am 29. Juni
2002, dem Gedenktag der Apostelfürsten Petrus und Paulus,
empfingen sieben Frauen aus Österreich, Deutschland und den
USA auf einem Schiff auf der Donau die Priesterweihe.[50] Mit an
Bord waren etwa 200 Gäste. Der Bischof, der sie weihte, hieß
Rómulo Braschi. Er war aus der südamerikanischen Arbeiter-
priesterbewegung hervorgegangen und von Rom schon in den
1970ern exkommuniziert worden. Die Reaktion Ratzingers kam
in Windeseile. Keine zwei Wochen später, am 10. Juli 2002, erging
ein Monitum, eine Ermahnung, von der Glaubenskongregation.
Die Frauen wurden zu »Reue und Umkehr für das von ihnen

begangene schwerwiegende Vergehen« aufgerufen, die sie binnen weniger als zwei Wochen bekunden sollten: Die ihnen gesetzte Frist endete am 22. Juli 2002. Als ein Zeichen der Reue ausblieb, meldete sich die Kongregation schon am 5. August wieder zu Wort. In einem öffentlichen Schreiben listete sie die Namen aller sieben Frauen auf und erklärte förmlich: So »verhängt dieses Dikasterium über die genannten Frauen gemäß dem Monitum die dem Apostolischen Stuhl vorbehaltene Exkommunikation mit allen in can. 1331 CIC festgesetzten Rechtsfolgen.«[51] Das heißt, die Frauen wurden nur einen guten Monat nach ihrem »Vergehen« ohne Anhörung mit der härtestmöglichen Strafe belegt. Sie wurden in ihrer katholischen Kirche rechtlos gestellt. Das Schreiben wurde von Joseph Ratzinger unterzeichnet und endete mit dem Satz: »In Erfüllung dieses gebotenen Einschreitens vertraut die Kongregation darauf, dass die Genannten, erleuchtet durch die Gnade des Heiligen Geistes, zur Einsicht gelangen und den Weg zurück finden zur Einheit im Glauben und zur Gemeinschaft mit der Kirche, die sie durch ihr Handeln verletzt haben.«[52]

Am 14. August 2002 forderten die Frauen die Rücknahme des Exkommunikationsdekretes, und am 27. September legten sie förmlich Beschwerde gegen das Dekret ein. Diese wurde nach einer Beratung der ordentlichen Versammlung der Kongregation zurückgewiesen. Das Dekret, das alle Namen der an der Sitzung teilnehmenden Kardinäle und Bischöfe auflistete, insgesamt 15 Männer, wurde kurz vor Weihnachten 2002 veröffentlicht. Darin hieß es unter anderem: »Die besondere Schwere der vorgenommenen Handlungen ist offenkundig (…). Die genannten Frauen (…) leugnen formell und hartnäckig die Lehre, (…) dass nämlich ›die Kirche keinerlei Vollmacht hat, Frauen die Priesterweihe zu spenden‹. Die Leugnung dieser Lehre ist als Ablehnung einer Wahrheit, die zum katholischen Glauben gehört, zu qualifizieren und verdient deshalb eine gerechte Strafe.«[53]

Der gesamte Vorgang ist erstaunlich. Nicht nur weil Joseph Ratzinger hier so schnell und hart reagierte wie in keinem anderen Fall – wir haben gesehen, dass er nicht zuletzt gegenüber Missbrauchstätern im Priesteramt viel zurückhaltender vorging und sich Sorgen machte, ob ihre Bestrafung ein »Skandal« für die Gläubigen wäre –, sondern auch weil ihm dabei erhebliche Fehler unterliefen, wie der deutsche Kirchenrechtler Klaus Lüdicke anmerkte: In ihrem Dekret vom 5. August 2002 – mit dem die Frauen exkommuniziert wurden – schien die Glaubenskongregation sich nicht nur selbst gar nicht so sicher zu sein, ob diese Exkommunikation eine Tat- oder eine Spruchstrafe war, zudem würde durch die Kongregation »der Eindruck erweckt, die Kurialbehörden entschieden in einer Weise als Stellvertreter des Papstes, dass ihr Handeln dem Papst rechtlich zugerechnet würde und darum unanfechtbar sei. Das ist keineswegs der Fall.« Um unanfechtbar zu sein, hätte diese Entscheidung von einem anderen Gerichtshof (der Apostolischen Signatur) oder vom Papst speziell approbiert werden müssen. »Das Exkommunikationsdekret vom 5. August ist nicht päpstlich approbiert worden. Es ist festzuhalten: Die Begründung für die Zurückweisung der Beschwerde ist mit dem kanonischen Recht unvereinbar.« Dazu kommt: Auch wenn es – was an sich schon bemerkenswert ist – an der Glaubenskongregation bis 2001 »keine eigene Ordnung für Strafverfahren« gab und unsicher war, »ob sie nun [im Jahr 2002] eine besitzt«, kannte das Kirchenrecht ein Verteidigungsrecht für Beschuldigte (can. 1720 CIC). Dieses Recht wurde den Frauen aber, ohne irgendeine Begründung, vielmehr als ob das ein ganz normaler Vorgang wäre, vorenthalten. Lüdicke warf der Kongregation vor, dass sie »das Instrumentarium, zu dem sie greift, das Kirchenrecht, offenkundig nicht beherrscht«. Und er konnte sich die Polemik nicht verkneifen hinzuzufügen: »Man wünscht sich, bei allen Vorbehalten angesichts der kirchenpolitischen Instrumentalisierung der Inquisition und ohne Nachsicht gegenüber ihren Mitteln und Auswüchsen, das (…) streng rechtliche Denken der Inquisition möge auch bei ihrer Nachfolgerin, der heutigen Kongregation für die Glaubenslehre, Einzug halten.«[54]

Koinótés

Nicht nur in diesem Fall ging Ratzinger gegen Menschen vor, die sich aus seiner Sicht »unerlaubt« zu Priestern hatten weihen lassen. Das tat er auch in einem anderen, noch beachtenswerteren Fall. In der zweiten Hälfte des 20. Jahrhunderts waren in der UdSSR geheime katholische Untergrundgruppen entstanden, »die sich als Ergänzung oder Alternative zu den offiziell erlaubten kirchlichen Institutionen« verstanden und in der Illegalität wirkten.[55] Die offiziellen Strukturen und Bischofsernennungen waren nämlich an staatliche Zustimmung gebunden, und »die vom System präsentierten oder angenommenen Kandidaten gereichen – wie die Praxis mit ganz wenigen Ausnahmen zeigt – der Kirche nicht zur Ehre«, ihre Schädlichkeit zeigte sich darin, dass sie »auf staatlichen Druck die kirchlichen Schlüsselpositionen (…) erhalten (…), zum Ärgernis des in Armut lebenden Klerus und der Gläubigen Reichtümer sammeln, an Ferienorten Villen bauen, Luxuslimousinen fahren und eine schwer zu beanstandende Lebensführung an den Tag legen«, wie es der ungarische Kardinal und Untergrundpriester József Mindszenty 1972 in einem Memorandum formulierte.[56]

Nach dem Ende der Diktatur dauerte es, bis sich der Westen – nicht zuletzt die Römische Kurie – ein genaues Bild von der Situation der diversen Untergrundkirchen machen konnte. Teils hatten sie so verborgen gelebt, dass sie sich nicht einmal untereinander kannten, denn »je weniger eine Person wusste, desto weniger konnte sie der Polizei erzählen oder unter Zwang oder Folter in einem Verhör gestehen«.[57] Mit der Zeit kam auch heraus, dass staatlich anerkannte Bischöfe und Priester Mitarbeiter der Staatssicherheit waren. Aber das war es nicht, was den Vatikan beunruhigte. Gegen diese Männer schien es nicht einmal Ermittlungen oder irgendeine andere Form der Aufarbeitung ihrer Verstrickungen gegeben zu haben, geschweige denn Sanktionen. Sie konnten weiter im Amt bleiben. Was der Römischen Kurie dagegen große Sorgen bereitete, waren Gruppen, die sich vor dem Regime versteckt und so jahrzehntelang auch ohne direkte römische Kontrolle entwickelt hatten, vor allem die

Gruppe um den tschechischen Untergrundbischof Felix Davídek bereitete Rom Bauchschmerzen.

Davídek war 1950 zu 24 Jahren Haft verurteilt worden und verbrachte insgesamt 14 Jahre im Gefängnis, teils in Einzelhaft. In dieser Zeit traf er andere Geistliche, und gemeinsam mit ihnen erarbeitete er »neue Formen des kirchlichen Lebens«. So »kehrte er im Jahr 1964 aus dem Gefängnis mit einem klaren und in sich geschlossenen Programm zurück, das er sofort zu verwirklichen begann«.[58] Direkt nach seiner Entlassung fing er an, im Geheimen die Ausbildung für Menschen zu organisieren, die sich zum Priestertum berufen fühlten, aber nicht in die einzige staatlich zugelassene theologische Lehranstalt des Landes eintreten wollten. Er holte sich, so weit das unter den Bedingungen der Diktatur möglich war, Fachleute für die Ausbildung und Rückendeckung vonseiten der örtlichen kirchlichen Autoritäten. Der Kreis der jungen Leute um ihn wuchs im Laufe der Jahre zu einer Gemeinschaft mit dem Namen Koinótés zusammen.

Eine der größten Herausforderungen für die Gemeinschaft war die Weihe der Priesteramtskandidaten. Die staatlich anerkannten tschechischen Bischöfe wagten es nicht, das Risiko geheimer Weihen einzugehen. Daher wurden anfangs die meisten von Davídeks Weihekandidaten heimlich nach Deutschland geschickt, wo sie vom damaligen Görlitzer Weihbischof Gerhard Schaffran geweiht wurden, der dann seinerseits den Vatikan von der Weihe in Kenntnis setzte. Dieses Prozedere, das sie jahrelang nutzten, war alles andere als ungefährlich und zudem äußerst aufwendig, sodass Davídek nach Wegen suchte, einen geheim geweihten Bischof zu gewinnen, der die Weihen ordnungsgemäß, aber geheim und ohne das mit einer Auslandsreise verbundene Risiko spenden konnte. Die ersten Priester, die solche geheimen Bischofsweihen erhielten, waren slowakische Jesuiten. Im Jahr 1967 war es dann auch in Tschechien so weit: Der erste geheim und mit Erlaubnis des damaligen Papstes Paul VI. geweihte Bischof von Koinótés war Jan Blaha. Blaha hatte die Erlaubnis für weitere Weihen erhalten, allerdings wegen der Gefahr, entdeckt zu werden, nur mündlich. Unmittelbar nach seiner Rückkehr von seiner eigenen Bischofsweihe, am 29. Oktober 1967, weihte Blaha Davídek zum Bischof. Nun musste Davídek seine Weihekandidaten nicht mehr ins Ausland schicken, sondern weihte sie selbst zu Priestern.

Nach der Auseinandersetzung mit den Dokumenten des Zweiten Vatikanischen Konzils berief Davídek eine Synode ein, um die spezielle Situation der tschechischen Ortskirche zu besprechen. Ein Ergebnis der Synode war der Beschluss, Frauen sollten nicht länger vom kirchlichen Amt ausgeschlossen sein. Dass Davídek danach tatsächlich einige Frauen zu Priesterinnen weihte – eine der ersten von Davídek geweihten Frauen war Ludmila Javorová, die er zu seiner Generalvikarin machte –, wussten damals allerdings nur seine allerengsten Mitarbeiter und Mitarbeiterinnen. »Der Großteil der Mitglieder von Koinótés – einschließlich der Bischöfe – erfuhr von diesem Schritt erst zu Beginn der Neunzigerjahre.«[59]

In den 1970er-Jahren wurde die Situation zunehmend schwieriger. Zum einen ließen »sich Aktivitäten von einigen Vatikanischen Kongregationen feststellen, deren Ziel es war, den Umfang von Davídeks Tätigkeit zu erkunden (…), zu regulieren oder vollständig zu unterbinden«.[60] Und ab 1974 nahm auch der Staatliche Sicherheitsdienst StB Davídeks Gruppe genauer unter die Lupe und versuchte, systematisch ihre Tätigkeiten zu behindern. Davídek und eine Reihe Mitarbeiter mussten über Jahre immer wieder schwere Verhöre über sich ergehen lassen. Anfang der 1980er verbreiteten sich Gerüchte über eine angebliche Geisteskrankheit Davídeks, und zwar nicht nur in Tschechien, sondern auch im Ausland. Per Radio wurde vor ihm gewarnt. Es wurde sogar behauptet, er wäre Mitarbeiter der Staatssicherheit. Davídek litt einerseits unter diesen Verleumdungen, hielt es andererseits aber für zwecklos, sich dagegen zu wehren. Er hoffte allerdings auf eine Möglichkeit, Johannes Paul II. zu sprechen. Doch dazu kam es nicht. Im August 1988 starb Davídek nach einigen Jahren schwerer Krankheit.

Als die totalitäre Diktatur nur ein Jahr später an ihr Ende kam und die offiziellen kirchlichen Strukturen mit den Untergrundgemeinschaften zusammengeführt werden sollten, herrschte in der offiziellen Kirche eine große Skepsis gegenüber den im Untergrund geweihten Priestern. Die Bischöfe warteten jahrelang auf eine Stellungnahme aus Rom. Sie kam 1992 in Form von Normen, die allerdings niemals vollständig publiziert wurden und auch den Personen, die direkt davon betroffen waren, nur mündlich bekannt gegeben wurden. Ihr Inhalt schien so unglaublich, dass die Adressaten zunächst bezweifelten, dass sie tatsächlich aus Rom kamen: Geheim geweihte Bischöfe und Priester, die verheiratet waren, sollten maximal als Diakone tätig sein dürfen. Geheim geweihte zölibatär lebende Priester mussten ihre theologischen Kenntnisse überprüfen lassen, einen Treueeid gegenüber dem Diözesanbischof schwören und sich noch einmal bedingungsweise (sub conditione) weihen lassen, um weiter als Priester tätig sein zu dürfen. Geheim geweihte zölibatäre Bischöfe mussten eine Erklärung unterschreiben, dass sie sich in der Öffentlichkeit nicht zu ihrem Bischofsamt bekennen und die damit verbundenen Funktionen nicht mehr ausüben würden, dann durften sie fortan als Priester tätig sein. Bischof Blaha, an dessen gültiger und von Paul VI. selbst gebilligter Bischofsweihe auch in Rom niemals der geringste Zweifel bestand, ließ sich auf die römischen Bedingungen ein. Bis Ende der 1990er bekam er keinerlei kirchliche Funktion angeboten. Ab 1999 hatte er dann eine Stelle als Aushilfspriester in einer Brünner Pfarrei. Der Text der Normen ist bis heute nicht öffentlich, wer genau sie verfasst hat, ist unbekannt.[61]

Allerdings wendeten sich die geheim Geweihten Mitte der 1990er mit mehreren Briefen an Kardinal Ratzinger. (Hatten sie Grund anzunehmen, dass er der Urheber der Normen war?) Im April 1996 erhielt er eine eidesstattliche Versicherung von 25 im tschechischen Untergrund geweihten Männern, die ihm garantierten, nicht den geringsten Grund für einen Zweifel an der Gültigkeit ihrer Weihen zu haben. Sie legten dem Schreiben ein kirchenrechtliches Gutachten bei,[62] aus dem hervorgeht, dass eine bedingungsweise Ordination nicht notwendig wäre, denn die Absichten der Beteiligten wären eindeutig, alle kirchlichen Vorschriften eingehalten und der Ritus ordnungsgemäß nach dem *Pontificale Romanum* ausgeführt worden.[63] Im Juni 1998 erhielt Ratzinger einen weiteren Brief eines tschechischen Untergrundpriesters, Jan Franc, der nicht glauben konnte, dass er auf diesen demütigenden und unnötigen Maßnahmen bestünde, und der überzeugt war, dass er seine Meinung ändern würde, sobald er begriff, welcher Schaden durch sie angerichtet wurde: »Sogar diejenigen, die der ordinatio sub conditione zustimmten, werden als Priester zweiter Kategorie behandelt oder noch schlechter. Dementgegen bleiben aber frühere Kollaborateure absolut rein« und könnten einen Geistlichen »missachten«, »der 14 Jahre in kommunistischen Gefängnissen verbrachte«. Er schloss seinen Brief mit einem Appell: »Eure Eminenz! Ich wende mich an Sie, weil ich niemanden habe, der für mich Partei ergreift. Ich bitte Sie, Ihren Einfluss für die wahrheitsgemäße Bewertung der Weihen einzusetzen.«[64]

Auf diese Briefe reagierte Ratzinger anscheinend nie. Der einzige tschechische Untergrundpriester, dem eine Reaktion Ratzingers zuteilwurde, war Frantisek Mikes, ein Untergrundpriester der ersten Generation, der in den 1960ern an geheimen diplomatischen Missionen der tschechischen Untergrundkirche zu Vertretern des Heiligen Stuhls teilgenommen hatte und mittlerweile in den USA lebte. Neben seiner Vollzeittätigkeit als chemischer Laborleiter in den USA war er auch Lehrbeauftragter an der theologischen Fakultät in Prag, wo er regelmäßig Vorlesungen hielt. Mikes bat um ein persönliches Gespräch mit Ratzinger, bot ihm an, weitere Informationen über die Geschichte von Koinótés und Davídek zu übermitteln. Er machte Lösungsvorschläge (die Mitglieder der Untergrundkirche könnten beispielsweise in eine Personalprälatur überführt werden) und bat darum, eine Abschrift der Normen von 1992 zu erhalten, die kein einziger Untergrundpriester je schriftlich erhalten hatte.[65] Nachdem er beinahe ein Jahr lang vergeblich auf eine Antwort gewartet hatte, nahm er an, sein Brief wäre vielleicht verloren gegangen, und schrieb erneut, auch weil es beunruhigende Entwicklungen in Tschechien gegeben hatte. In seinem Brief vom Juni 1998 schrieb er unter anderem: Der Kardinal von Prag hätte den Untergrundpriestern angekündigt, dass »alle aus der kommunistischen Ära verbliebenen Geistlichen, die sich nicht der Ordination sub conditione unterzogen haben, durch Exkommunikation zensiert werden«.

Und er flehte Ratzinger geradezu verzweifelt an: »Bitte tun Sie alles, was in Ihrer Macht steht, um solche Verlautbarungen in den Medien zu unterbinden. Und bitte schlagen Sie den tschechischen Bischöfen vor, mit uns einen innerkirchlichen (geheimen) Dialog zu führen, aus dem wir alle gestärkt und mit geteilten Aufgaben zur Evangelisierung der Gesellschaft hervorgehen könnten, die uns erst dann als Zeugen der Einheit sehen wird. (…) Zwischen 1991 und 1997 ist die Zahl der Gläubigen in der Tschechischen Republik um 41 Prozent zurückgegangen.«[66] Auch auf diesen Brief erhielt er keine Antwort, nicht einmal eine Eingangsbestätigung. Stattdessen erreichte ihn von seiner Fakultät die Mitteilung, dass Ratzinger über den Nuntius die Überprüfung seiner Lehrtätigkeit veranlasst hatte.[67]

Am 11. Februar 2000, über zehn Jahre nach dem Ende der Diktatur in Tschechien, veröffentlichte die Glaubenskongregation schließlich eine Erklärung über die tschechische Untergrundkirche, unterzeichnet von Joseph Ratzinger. Er, der mit keinem der Vertreter der Untergrundkirche persönlich gesprochen, der ihnen auf ihre flehenden Briefe nicht einmal geantwortet hatte, bestätigte in einigen knappen Absätzen einmal mehr den Inhalt der Normen, die nach wie vor unveröffentlicht blieben, und verwies als Begründung auf die angeblich zweifelhafte Gültigkeit der von Davídek erteilten Weihen, ohne für diese Zweifel irgendeinen Grund anzugeben.[68] In der Erklärung war von Missverständnissen die Rede. Er beteuerte, die Haltung der Kongregation gegenüber »Menschen, die lange Zeit in den dunklen Jahren des Kommunismus gelitten hatten«, wäre »stets eine Haltung des Respekts und der Hoffnung« gewesen, und es hätte einen offenen und ehrlichen Dialog gegeben. Er wiederholte, dass die Untergrundpriester sich erneut bedingungsweise weihen lassen müssten, dass verheiratete Bischöfe ein Ding der Unmöglichkeit wären, und beklagte das Unverständnis der Betroffenen und ihre »psychologischen« Gründe, die man nicht teilen könnte. Auf die geweihten Frauen ging er überhaupt nicht ein. Sie wurden gründlicher als alle anderen totgeschwiegen. Ludmila Javorová hatte Johannes Paul II. einen Brief geschrieben, auf den sie niemals eine Antwort erhielt. Ihre eigene Rolle brachte sie rückblickend so auf den Punkt: »Ich habe nie Macht angestrebt, ich habe es nicht getan, um mit anderen zu konkurrieren, ich wollte einfach nur dienen. Alles, was ich wollte, war, anderen Menschen das Leben etwas leichter zu machen.« – »Ich bin seit dreißig Jahren Priesterin, und niemand kann das auslöschen. Sie können nicht sagen, es sei nie so gewesen (…). Gott hat meine Ordination erlaubt.«[69] Und bei anderer Gelegenheit in Anspielung auf die Leugnung ihrer Weihe durch Rom: »In einer Schlacht ist es immer die erste Linie, die getötet wird, damit die zweite nachziehen kann.«[70]

Seine abweisende Haltung gegenüber Priestern, die über Jahrzehnte im Untergrund gewirkt hatten – zu erwähnen wäre an dieser Stelle auch Ratzingers Vorgehen gegen den ungarischen Untergrundpriester György Bulányi, den er noch vor dem Ende der UdSSR wegen seiner Lehre über das freie Gewissen öffentlich rügte[71] – hinderte Ratzinger nicht daran, das Hilfswerk Kirche in Not (zunächst: Ostpriesterhilfe) zu unterstützen. Dieses Hilfswerk, das 1952 für die verfolgten Christen hinter dem Eisernen Vorhang gegründet worden war, engagiert sich nebenbei auch »gegen den Strom von Meinungsdiktatur und Political Correctness«[72] und sammelt vor allem riesige Summen Spendengelder, mehr als 100 Millionen Euro im Jahr.[73] In einem Grußwort bei dessen Jubiläumskongress 2002, zwei Jahre nach der Veröffentlichung seiner Erklärung über die tschechische Untergrundkirche, bezeichnete Ratzinger diesen Verein als »Geschenk der Vorsehung«, der »nicht nur in den Ländern Osteuropas, sondern in aller Welt segensreich wirkt«.[74]

Die wahre Freiheit

Neben dem roten Faden des Priestertums und des kirchlichen Amtes gibt es einen weiteren roten Faden, der sich durch Ratzingers Amtszeit als Präfekt zog: das Thema Freiheit. Eine seiner ersten großen Aufgaben war die Auseinandersetzung mit der Theologie der Befreiung, die in Südamerika immer mehr Einfluss gewann. Befreiungstheologen interpretierten die Bibel politisch und gesellschaftskritisch, sie forderten das Ende von

Ausbeutung, Entrechtung und Unterdrückung armer Bevölke-
rungsteile, sie kritisierten politische und ökonomische Abhängigkeit und förderten basisdemokratische und teilweise sozialistische Gesellschaftsordnungen – nicht nur im Staat und in der
Wirtschaft, sondern auch in der Kirche. Sie lehnten die hierarchische Ordnung der Kirche ebenso ab wie den Missbrauch der
Religion durch ungerechte Machthaber. In Lateinamerika kritisierten sie nicht zuletzt die politische Allianz von römisch-katho-
lischer Hierarchie und rechtsgerichteten Parteien beziehungsweise Regimes und nannten sie »Klerikalfaschismus«. Diese
Bewegung war nicht nur Papst Johannes Paul II. ein Dorn im
Auge, sondern auch Ratzinger, der den Auftrag erhielt, sich um
das Problem zu kümmern.

Ratzinger veröffentlichte gleich zwei Schreiben zum Thema, in
denen erklärt wurde, worin – in Abgrenzung zu Ansätzen der
Befreiungstheologie – im Sinne des Lehramts die wahre Freiheit
besteht. Das erste Schreiben ist die »Instruktion über einige
Aspekte der Theologie der Befreiung« von 1984, das zweite die
»Instruktion über die christliche Freiheit und die Befreiung« von
1986. Insbesondere Letztere ist interessant und sehr typisch für
Ratzingers Denken: Gleich zu Beginn postuliert Ratzinger, »das
Suchen nach Freiheit und die Sehnsucht nach Befreiung« hätte
im »Erbe des Christentums ihre erste Wurzel«, so sehr, dass »die
Geschichte der letzten Jahrhunderte im Westen« »ohne diese
Verbindung mit dem Evangelium« nicht zu verstehen sei. Ohne
diese These zu untermauern, fährt er fort und gelangt schnell zu
den negativen Seiten der menschlichen Freiheitssuche, die leider,
anstatt wahre Freiheit zu bringen, vielfach »neue Bedrohungen,
neue Knechtschaften und neue Schrecken« hervorgebracht hätte.
Denn auch wenn alle Menschen von Natur aus eine tiefe Sehnsucht nach Freiheit in sich trügen, hätten viele ein falsches Verständnis davon, was Freiheit bedeute (wieder einmal grüßt das
Vera-Prinzip). Er sieht den Grund dafür, dass »Freiheitsbewe-
gungen, die ungeheure Hoffnungen geweckt haben, in Regimen«
endeten, in der Gottlosigkeit der Menschen: »Wenn sich der
Mensch vom Sittengesetz befreien und von Gott unabhängig
werden will, ist er weit davon entfernt, seine Freiheit zu gewin-

nen, vielmehr zerstört er sie.« Damit ist auch klar, worin die wahre Freiheit besteht, nämlich in der Abhängigkeit von Gott und in der Annahme des göttlichen Sittengesetzes, anders ausgedrückt: in der Freiheit »von der radikalen Versklavung durch das Böse und die Sünde«. Für Menschen, die in diesem Sinne gläubig leben, scheinen dann auch äußere Armut und Abhängigkeit von menschlichen Machthabern nicht mehr so schlimm zu sein, denn: »Die Armen, die Gegenstand der besonderen Liebe Gottes sind, verstehen am besten und gleichsam instinktiv, dass die tiefste Befreiung, nämlich die von Sünde und Tod, durch das Sterben und Auferstehen Christi bewirkt wird.« Zugleich dürfe nicht außer Acht gelassen werden, dass man diese wahre Freiheit lernen muss; es brauchte eine »Erziehung zur Freiheit, das heißt Erziehung zum richtigen Gebrauch der Freiheit«. Der Mensch müsse erst lernen, wie er »dem göttlichen Gesetz gehorcht, das in sein Gewissen eingeprägt ist«. Hier versteigt Ratzinger sich sogar zu der lehramtlich eher fragwürdigen Aussage: Unsere von der Erbsünde geprägte menschliche Natur sei »unfähig (…) sich auf das Gute fest auszurichten«, denn »die schuldhafte Verleugnung Gottes entfesselt die Leidenschaften, verursacht ein gestörtes Gleichgewicht und Konflikte im Innern des Menschen. Von dort ergibt sich unausweichlich die Unordnung, die den Bereich der Familie und der Gesellschaft beeinträchtigt: sexuelle Freizügigkeit, Ungerechtigkeit, Mord«.[75]

Freiheit bedeutet in dieser ratzingerschen Logik dagegen, sich von den eigenen Leidenschaften zu lösen, »von der ungeordneten Liebe zu uns selbst«. Das Ideal, das er hier zeichnet, ist natürlich kein gewöhnlicher Altruismus nach menschlichen Maßstäben, sondern eine Erlösung von der »ungeordneten Selbstliebe«, die ein Mensch niemals von sich aus erreichen kann. Um zu erkennen, was ihn frei macht, und um wirklich frei zu werden, braucht er deshalb die durch den Papst geführte Kirche, denn: »Durch den Geist des Herrn erleuchtet, vermag die Kirche unter den Zeichen der Zeit diejenigen zu erkennen, die Befreiung versprechen, und solche, die trügerisch und illusorisch sind.« Als das beste Beispiel für einen wahrhaft freien Menschen wird den Gläubigen schließlich Maria vor Augen gestellt: »Ganz von Gott abhängig und durch ihren Glauben ganz auf ihn hingeordnet, ist Maria an der Seite ihres Sohnes das vollkommenste Bild der Freiheit und der Befreiung der Menschheit.«[76] Wahre Freiheit besteht laut Ratzingers Schreiben also in der Unterordnung unter die Leitung der Kirche und unter ihre lehramtlich verlautbarte Glaubens- und Sittenlehre. Wer etwas anderes lehrt, irrt sich. Entsprechend können die Thesen mancher Theologen vor Ratzingers Urteil keinen Bestand haben.

Im Jahr 1982 hatte der Befreiungstheologe Leonardo Boff bei der Glaubenskongregation Berufung gegen eine Verurteilung seiner Thesen durch das Erzbistum Rio de Janeiro eingelegt. Die Glaubenskongregation prüfte seine Thesen und verurteilte sie 1984 erneut. Zugleich bot sie Boff aber das Gespräch an – nicht, ohne nach diesem Gespräch, das am 11. März 1985 stattfand, eine Liste mit Irrtümern Boffs zu veröffentlichen. Anders als die geweihten Frauen war Boff also angehört worden. Er konnte auch Berufung einlegen, aber immer nur bei Behörden, die sich in ihrem Urteil auf die von der Glaubenskongregation verlautbarte Lehre beriefen, auf deren Grundlage seine Thesen verurteilt worden waren. Der irische Priester Tony Flannery beschreibt die Wirkung, die dieses Vorgehen auf ihn und seine Ratgeber hatte, so: »Eine Instanz, nämlich die Glaubenskongregation, fällt das Urteil, entscheidet und verhängt die Strafe. Und wenn Sie gegen das Urteil und die Strafe Berufung einlegen wollen, ist die einzige Instanz, an die Sie sich wenden können, die Glaubenskongregation – dieselbe Instanz, die das Urteil gefällt und die Strafe verhängt hat. Nun, nach allen Maßstäben von Recht und Gerechtigkeit ist das völlig unpassend. Als ich mich mit meinem Fall befasste, konsultierte ich eine Gruppe von Zivilanwälten in Dublin, und als ich ihnen erklärte, wie der Vatikan arbeitet, waren sie erstaunt. Sie sagten, seit dem 16. Jahrhundert hätte niemand in irgendeiner halbwegs respektablen Gesellschaft so gehandelt. Genau damit haben wir es ja zu tun – mit der Glaubenskongregation.«[77]

Wenn man die Kongregation wohlwollend betrachten und ihre Reform durch Paul VI. als solche ernst nehmen wollte, müsste man an dieser Stelle konstatieren, dass die Umsetzung dieser Reform mangelhaft blieb, denn von einer Anhörung und Rechtsvertretung der Beschuldigten, die diesen Namen verdient, war sie offensichtlich weit entfernt. Auch weil die Lehre, auf die Theologietreibende wie Gläubige verpflichtet wurden, nicht im fachlichen Diskurs entwickelt wurde. Sie wurde vielmehr hoheitlich durch den Papst und das Bischofskollegium oder die Glaubenskongregation im Auftrag von Papst und Bischofskollegium vorgegeben, ohne wissenschaftliche Qualitätssicherung und ohne dass der Stand theologischer Forschung Berücksichtigung finden musste. Ein auf noch so validen fachlichen Argumenten beruhender Widerspruch gegen die so verlautbarte Lehre war von vornherein ausgeschlossen. Wenn es zu einem Lehrverfahren kam, ging es einzig um die Frage: Kam die Kongregation zu dem Schluss, dass die angezeigte Person der offiziellen Lehre widersprochen hatte? Wenn nicht, war alles gut, und die beschuldigte Person konnte sich, im Sinne des Lehramtes, weiter öffentlich äußern. Stellte die Kongregation aber einen Widerspruch fest, lautete die nächste Frage: Konnte diese Person hinreichend glaubhaft machen, dass sie diesen Widerspruch zurücknehmen würde? Wenn ja, würde die Kongregation sie weiter beobachten, um sicherzugehen, dass sie dabei blieb. Wenn nein, würden ihre Thesen verurteilt, und sie müsste mit einer Strafe rechnen. Die Kongregation behielt also einseitig die Deutungshoheit über den Prozess, gab sein Ziel vor, bestimmte sein Tempo, bestellte die Richter und beurteilte die Äußerungen der Beschuldigten, ohne dass Letztere auch nur ein Recht auf eine angemessene Beteiligung am Verfahren oder eine Handhabe gegen Willkürentscheidungen der Kongregation hätten. Warum dauerte ein Verfahren viele Jahre und ein anderes wenige Monate? Warum wurde eine Person persönlich angehört, eine andere durfte sich nur schriftlich äußern, eine dritte gar nicht? Warum gab es keine objektiven Maßstäbe für die Vernünftigkeit der offiziellen Lehre? Selbst wenn der Kongregation offensichtliche Fehler unterliefen, wie im Verfahren gegen die geweihten Frauen 2002, konnten die Beschuldigten sich an keine übergeordnete oder unabhängige Instanz wenden, die ihre Interessen in diesem Verfahren vertreten konnte. Für Ratzinger stellte das alles allerdings kein moralisches oder rechtliches Problem dar. Warum das so war, ist nicht schwer zu ahnen: Weil es um die Wahrheit ging und die Durchsetzung der Wahrheit immer Vorrang hatte. Der Text, in dem er diese seine Vorstellung vom Verhältnis zwischen Wahrheit und Freiheit so anschaulich auf den Punkt brachte wie vielleicht nirgendwo anders, ist *Donum Veritatis,* eine »Instruktion über die kirchliche Berufung des Theologen« von 1990.[78]

Donum Veritatis beginnt mit dem schönen Satz: »Die Wahrheit, die frei macht, ist ein Geschenk Jesu Christi (vgl. Joh 8,32). Das Erforschen der Wahrheit wird von der Natur des Menschen gefordert, während Unwissenheit ihn in Knechtschaft hält.« Es wird anerkannt, dass die Theologie »nach und nach zu einem wirklich wissenschaftlichen Wissen geworden« sei, weshalb »der Theologe (…) auf die rationale Kontrolle eines jeden Schrittes seiner Forschung achten« müsse. Dann aber wird die theologische Forschungsfreiheit in einem typisch lehramtlichen Argumentationsmuster von der aller anderen Wissenschaften unterschieden und in enge Grenzen eingehegt. Forschungsfreiheit bedeute, »die Wahrheit so anzunehmen, wie sie sich am Ende einer Forschungsarbeit darbietet, bei der kein Element Einfluss gewinnt, das den Erfordernissen einer dem studierten Objekt entsprechenden Methode fremd ist«. Das gilt selbstverständlich auch für die Theologie, aber weil der Gegenstand der Theologie, die Wahrheit der Offenbarung, »in der Kirche unter der Autorität des Lehramtes übermittelt, ausgelegt und vom Glauben angenommen wird«, muss Theologie sich notwendigerweise an die Vorgaben des Lehramtes halten, andernfalls würde das »bedeuten, dass man aufhört, Theologie zu treiben«. Die Konsequenz: Wenn das Lehramt eine »Wahrheit« vorlegt, muss diese übernommen werden, auch dann, wenn ein Theologe (Theologinnen kommen in diesem Schreiben nicht vor) – eben weil er vom Fach ist – die theologische Begründung einer bestimmten »Wahrheit« vielleicht für wenig überzeugend hält. Der Theologe, der sich in dieser Situation wiederfindet, wird gebeten, sich zu »bemühen, diese Lehre nach ihrem Inhalt, ihren Gründen und Motiven zu verstehen«, »er wird darauf seine tiefere und geduldige Reflexion richten in der Bereitschaft, seine eigenen Ansichten zu überdenken«. Wenn die »Schwierigkeiten« dennoch bestehen bleiben, ist der Theologe »verpflichtet, den Lehrautoritäten die Probleme vorzutragen (...). Er wird das im Geist des Evangeliums tun und in dem tiefen Verlangen, die Schwierigkeiten zu überwinden«. Ausdrücklich heißt es, er solle sich nicht »an die Massenmedien« wenden, und er wird davor gewarnt, seine abweichende Position der öffentlichen Meinung kundzutun oder über moderne Kommunikationswege zu verbreiten, »denn durch das Ausüben von Druck auf die öffentliche Meinung kann man nicht zur Klärung von lehrhaften Problemen beitragen und der Wahrheit dienen«.

Wenn der Theologe nach einer Prüfung seiner Einwände durch die Autorität immer noch nicht überzeugt ist, »weil dem Theologen die Gegengründe zu überwiegen scheinen«, dann muss er einfach in »schweigendem und betendem Leiden bereit bleiben, die Frage gründlicher zu studieren«. In jedem Fall soll er seine abweichende Meinung für sich behalten, denn ein offener Dissens, das macht das Schreiben ganz deutlich, kann niemals gerechtfertigt sein. Dafür wird ihm kein Spaltbreit Raum gelassen: Er kann sich weder auf die Forschungsfreiheit noch auf die Religionsfreiheit oder andere Menschenrechte, noch auf sein Gewissen oder den »Glaubenssinn der Gläubigen« berufen – alles das schließt das Schreiben explizit aus –, und zwar aus einem einfachen Grund: weil das Lehramt die Wahrheit lehrt. Und weil eine Zurückweisung der Wahrheit kein Recht sein kann, weder im moralischen noch im juristischen Sinne. Wenn ein Theologe dennoch öffentlich der Lehre des Lehramtes widerspricht, dann muss das Lehramt gegen ihn vorgehen, indem es ihm die »›missio canonica‹ oder den Lehrauftrag entzieht«. Und ganz klar: »Wenn es so vorgeht, handelt es in Treue zu seiner Sendung, denn es schützt die Rechte des Volkes Gottes auf den Empfang der Botschaft der Kirche in ihrer Reinheit und Unverkürztheit, damit es also nicht von einer gefährlichen Sondermeinung verwirrt wird.«[79] An dieser Stelle wird nun auch ganz deutlich, was Ratzinger genau meint, wenn er von sich sagt, es ginge darum, den Glauben der einfachen Menschen vor den Meinungen der Gelehrten zu schützen: Er gesteht auch dem »Volk Gottes« keinen selbstständigen Glauben zu, sondern »verteidigt«

lediglich das »Recht« des Volkes, die Lehre der Kirche »unverkürzt« zu hören und sich zu eigen zu machen. Alles andere sind »gefährliche Sondermeinungen«, die ihm auch bei noch so einfachen und frommen Gläubigen nicht willkommen sind. Wahrheit ist nicht das, was Theologen und Theologinnen lehren, es ist auch nicht das, was Menschen in ihrer persönlichen Gottesbeziehung erfahren, ausdrücken und glauben, sondern Wahrheit ist ausschließlich das, was das Lehramt lehrt.

Auf dieser theoretischen Grundlage wurden über die Jahre, in denen Ratzinger Präfekt der Glaubenskongregation war, die Schriften einer ganzen Reihe von Theologen und Theologinnen geprüft und verurteilt, darunter große Namen wie Charles Curran oder Edward Schillebeeckx, Leonardo Boff oder Anthony de Mello – Letzterer sogar noch zehn Jahre nach seinem Tod, ohne dass er sich vorher noch im Geringsten hätte verteidigen können und obwohl seine Thesen offenbar posthum verfälscht dargestellt worden waren.[80] Dazu kamen andere viel beachtete theologische Autoren wie Reinhard Meßner, Jacques Dupuis, Marciano Vidal und Roger Haight, aber auch Namen von weniger bekannten Persönlichkeiten wie Jeannine Gramick und Robert Nugent. Die Kongregation machte aber nicht alle Arbeit selbst. Auch Bischöfe und Ordensobere verurteilten – manchmal auf Veranlassung der CDF, manchmal aus eigener Überzeugung oder aus vorauseilendem Gehorsam – »Sondermeinungen« und bestraften deren Urheber und Urheberinnen. Angezeigt wurden sie nicht selten von Menschen aus ihrer nächsten Umgebung, deren Namen sie aber in der Regel nicht einmal erfuhren. Tony Flannery erinnert sich: »Als ich in der Kirche gepredigt habe, gab es da unten Leute, die das, was ich gesagt habe, notierten, um es der Glaubenskongregation zu berichten. Und sie wussten, dass man ihnen zuhören würde.«[81]

Für Betroffene hatte das teils empfindliche Auswirkungen, vom Verlust der Lehrerlaubnis, die nicht selten den Verlust von Arbeitsstelle und Einkommen bedeutete, bis hin zum Predigtverbot oder der Suspendierung von Priestern. Unter den Betroffenen, die auf diese Weise sanktioniert wurden, befand sich unter anderem Eugen Drewermann, der Jahrzehnte später vom Hildesheimer Bischof Heiner Wilmer als »Prophet« bezeichnet wurde – freilich ohne rehabilitierende Konsequenzen.[82] Aber es gab unzählige Menschen mehr. Nicht selten kannten Betroffene weitere Betroffene, so sagt Tony Flannery: »Ich habe eine gute Anzahl von Menschen vor Augen, die ich in den letzten Jahren getroffen oder kennengelernt habe, deren Leben durch die Handlungen der Glaubenskongregation unter Ratzinger und seinen Nachfolgern (...) auf eine äußerst herzlose und schändliche Weise zerstört wurde.«[83] Und Tom Doyle bringt es so auf den Punkt: »Was Kardinal Ratzinger in den Jahren, in denen er die Glaubenskongregation leitete, getan hat – jeden, der einen originellen Gedanken hatte, als Ketzer oder Feind zu behandeln oder ihn in Abwesenheit zu verurteilen –, das ist geistlicher Missbrauch. Das waren gläubige, anständige, gute Menschen (...), und sie sind verbannt. Sie müssen diesen schrecklichen, stressigen Prozess durchmachen, ohne zu wissen, wer sie beschuldigt oder wessen sie beschuldigt werden, und dann wird ihnen gesagt, dass sie all diese Korrekturen vornehmen müssen, und sie müssen ihre intellektuelle Integrität opfern wegen der Beobachtung einiger anonymer Leute, die diese Berichte über sie geschrieben haben. (...) Das ist geistlicher Missbrauch.«[84]

Das Ausmaß der Konsequenzen dieser lehramtlichen Politik macht man sich aber erst bewusst, wenn man nicht nur verurteilte Theologinnen und Theologen in den Blick nimmt, sondern auch Menschen in den kirchlichen Behörden, Organisationen, Verbänden und Werken, deren Lebensläufe durch Selbstzensur beeinträchtigt wurden. Denn es ist »dadurch ein System der Kontrolle, auch der Angst, der Vorsicht entstanden. Man hatte nicht mehr den Mut, sich kritisch zu äußern, weil man wusste, dass die Augen und die Ohren des Vatikans überall sind. Es war dieses Gesamtsystem eines wohlkontrollierten Apparates, in dem man alles im Griff hat, das Joseph Ratzinger mitaufgebaut hat.«[85] »Es gab immer das Bewusstsein, dass man beobachtet wurde, dass das, was man sagte, aufgezeichnet wurde (...). Man musste eine Wahl treffen: Leben Sie von Angst beherrscht, oder sprechen Sie die Wahrheit aus, wie Sie sie sehen?«[86] Es ist schwer, das Ausmaß der Selbstzensur zu ermessen, von der nicht nur die theologische Landschaft, sondern auch die Seelsorge und die weitere kirchliche Praxis über Jahrzehnte betroffen waren und teils bis heute noch sind: im Keim erstickte Forschungsvorhaben, Abwanderung begabter und engagierter Menschen, geistliche Vernachlässigung, mangelnde theologische Bildung unter den Gläubigen, fehlende Seelsorgerinnen und Seelsorger, fehlende seelsorgliche Initiativen, zunehmend dysfunktionale Strukturen etc. All das auch deswegen, weil es spätestens Anfang der 2000er-Jahre kaum einen Bischof mehr gab, »dessen Beurteilung nicht über den Schreibtisch von Joseph Ratzinger gegangen war«, erinnert sich Hermann Häring. »Es sind mindestens fünf, wenn nicht gar sieben Gutachten über jeden Bischofskandidaten zu machen. (…) Wenn da einer durchkommt und Bischof wird, dann ist man absolut sicher, dass er auch nicht ein Mal in seinem Leben etwas Kritisches gegen Bischöfe und den Papst gesagt hat.«[87] So wurden Männer »zu Bischöfen ernannt, nicht wegen ihrer Führungsfähigkeit, sondern wegen ihrer Rechtgläubigkeit«, beobachtete auch Tony Flannery. »Was wir also als Leitungsteam in der Kirche bekamen, waren Menschen, die zwar ultraorthodox waren, aber fast per definitionem keine Führungsfähigkeiten besaßen und nicht in der Lage waren, für sich selbst klar zu denken. Als die Krise zuschlug, waren sie völlig überfordert.«[88]

Das ganze Bild der Konsequenzen von Ratzingers Lehrpolitik bekommt man also erst zu sehen, wenn man sich anschaut, welche Auswirkungen sie im Krisenfall hatte – vor allem in der Missbrauchskrise, aber auch für jene Menschen, die, ohne je sexuell missbraucht worden zu sein, die bittersten Folgen dieser Lehre zu tragen hatten und haben. Menschen, die keine Oberen oder Angehörigen haben, die sich verständnisvoll und schützend vor sie stellen, um sie gegen die Thesen, impliziten Behauptungen und Zuschreibungen der von Ratzinger unterzeichneten Texte zu verteidigen. Homosexuelle, die sich in Kontexten wiederfinden, in denen die katholische Morallehre als Legitimation für ihre systematische Diskriminierung oder gar für gewalttätige Übergriffe dient. Heranwachsende, die keinen Zugang zu Verhütungsmitteln erhalten. Ehefrauen, die sozial geächtet, mittellos und rechtlich benachteiligt sind, wenn sie sich von ihren gewalttätigen

Partnern trennen. Kinder, die nach einer Vergewaltigung schwanger werden und gezwungen sind, die Schwangerschaft auszutragen.[89] Frauen, die, wie Savita Halappanavar, qualvoll während einer Fehlgeburt gestorben sind, obwohl sie durch einen Eingriff hätten gerettet werden können.[90] Und unzählige Schicksale mehr. Dabei haben wir noch gar nicht erwähnt, wie der Heilige Stuhl auf Grundlage der offiziell verlautbarten Lehre gezielt Politik betreibt, wie er seine Rolle als ständiger Beobachter bei den Vereinten Nationen nutzt, um weltweit Frauen- und Kinderrechte zurückzudrängen, und wie er dabei mit Ländern wie Saudi-Arabien, Iran oder Russland und mit radikal rechten NGOs gemeinsame Sache macht.[91] Es ist keine Frage, dass diese brutale Politik des Heiligen Stuhls aufs Engste mit der ideologischen Grundlage verwoben ist, die Joseph Ratzinger über Jahrzehnte hinweg sorgfältig ausbaute und massiv verteidigte – im Dienste einer Wahrheit, die er jenseits aller menschlichen Maßstäbe verortete.

Eine fatale theologische Leerstelle

Bevor wir dieses Kapitel schließen, müssen wir noch eine drängende Frage beantworten: Wie ist es möglich, dass derselbe Joseph Ratzinger, der die alte neuscholastische Lehramtstheologie ablehnte, der ausdrücklich sagte, dass Dogmen keine »bloße Identität des Sich-Gleichbleibenden« waren, sondern dass sie eine Geschichte hatten, sich im Laufe der Geschichte entwickelten und nicht ein für alle Mal abgeschlossen waren, derselbe, der einen weiten Offenbarungsbegriff hatte und auch als junger Theologe nicht davor zurückgeschreckt war, Päpste zu kritisieren – wie ist es möglich, dass dieser Mann als Präfekt der Glaubenskongregation eine so unbedingte Unterordnung unter eine vermeintlich unverrückbar feststehende Wahrheit forderte, und das selbst in Detailfragen wie der nach dem Glutengehalt von Hostien oder in Disziplinarfragen wie der nach dem Zugang zum Amt, und dass er wider wissenschaftliche Evidenz, menschliches Ermessen und Mitgefühl an diesen vermeintlichen Wahrheiten festhielt? Diese Frage spaltet die Ratzinger-Biografien in zwei

Gruppen: Die eine, zahlenmäßig größere, Gruppe spricht von einem Bruch in Ratzingers Biografie. Sie geht davon aus, dass Ratzingers Leben aus zwei Phasen besteht: eine Zeit, in der er ein liberaler junger Theologe war, der für weitgehende Reformen in der Kirche offen war – und eine Zeit, in der er sich unter dem Eindruck der ihn schockierenden Studentenproteste auf einen nicht nur erzkonservativen, sondern geradezu autoritären Standpunkt zurückzog. Daneben gibt es die andere Gruppe, die zwar kleiner ist, dafür aber Ratzinger selbst auf ihrer Seite hat, der sich gerne über diese »Zweiteilung« seiner selbst lustig macht. Diese Biografien pflegen das Narrativ der Kontinuität, oft verbunden mit der Behauptung, Ratzinger wäre erstens nie ein liberaler Reformer gewesen, und er wäre zweitens auch keineswegs autoritär oder hart geworden. Er wäre eben einfach nur klar katholisch und hätte immer an den grundlegenden Wahrheiten des katholischen Glaubens festgehalten, von denen sich große Teile der Kirche in den Jahrzehnten nach dem Konzil entfernt hätten. Beide Gruppen riskieren eine Vereinfachung, sei es indem sie den »den ›frühen‹ Ratzinger gegen den ›späten‹ Ratzinger« ausspielen oder indem sie meinen, »trotz einer klar entgegengesetzten Akzentuierung eine irgendwie doch harmonische (...) Entwicklung von A nach B herauslesen oder hineinlesen zu können«.[92] Es darf stattdessen ganz schlicht angenommen werden, dass man bei Ratzinger beides findet: Kontinuitäten und Brüche, sodass die eigentlich spannende Frage lautet: In welchem Verhältnis steht beides zueinander?

Besonders aufschlussreich ist in diesem Zusammenhang eine Beobachtung des Theologen Michael Seewald, wonach Ratzinger die von ihm propagierte Offenheit für dogmatische Entwicklungen im Laufe seines Lebens nicht aufgegeben, sondern vielmehr auf eine ganz bestimmte Weise weiterentwickelt hat, und zwar so, »dass ihr autoritätskritisches Potenzial minimiert und ihr autoritätslegitimierendes Potenzial maximiert wurde«.[93] Wenn man diesen Gedanken aufgreift und weiterspinnt, könnte man sagen: Die Kontinuität im Denken Ratzingers bestand darin, dass er die Offenbarung für nicht abgeschlossen hielt und davon überzeugt war, dass die Lehre der Kirche sich weiterentwickelte. Dabei blieb er sein Leben lang. Was sich aber im Laufe der Jahre bei ihm änderte, war die Antwort auf die Frage, welche Entwicklungen der kirchlichen Lehre ihm als legitim und »authentisch« erschienen. So erweist sich seine Offenheit für die Entwicklung der Lehre – die man auf den ersten Blick als ein Einfallstor für theologischen Relativismus halten könnte, für den Ratzinger sicher nie anfällig war, außer vielleicht wenn es um die theologischen Eigenheiten neuer geistlicher Gemeinschaften ging – auf den zweiten Blick als Nährboden für eine autoritäre Tendenz: Ja, Ratzinger ließ Platz für eine dynamische Entwicklung, aber anstatt diese entlang der Entwicklungen der akademischen Theologie oder aus dem gelebten Glauben gewöhnlicher Katholikinnen und Katholiken abzuleiten, die er ja immer wieder vorgab zu schützen, gewinnt man den Eindruck, er wäre davon überzeugt gewesen, dass es vielmehr die Aufgabe der Kongregation, ja, seine persönliche Aufgabe als Präfekt und später als Papst gewesen wäre, die authentische Entwicklung der Offenbarung verbindlich vorzugeben, allen anderen Ansätzen und Entwicklungen seiner Zeit zum Trotz und notfalls gegen sie.

Stimmt diese Einschätzung, hätte Ratzinger sich als Präfekt der Glaubenskongregation eine größere Autorität herausgenommen, als seine Vorgänger sie je hatten, denn die Autorität der Vorgänger endete an den verbindlichen kirchlichen Texten und Traditionen. Ratzingers viel weiterer Offenbarungsbegriff barg also eine Gefahr: »Ratzingers weiter Offenbarungsbegriff, der einerseits einen Raum der Flexibilität und der Reform eröffnen könnte, ist gleichzeitig auch anfällig für Instrumentalisierungen, in denen die Macht der Autorität die Kraft der Argumente zu ersetzen droht, weil den Argumenten gleichsam das positive Material, auf das sie sich stützen und auf dessen Grundlage sie behaupten können, dass etwas geoffenbart oder nicht geoffenbart sei, entzogen wird.«[94] Das wäre sicher nicht im Sinne Ratzingers gewesen, fügt Seewald hinzu, der diese Analyse vornimmt. Allerdings sind allein die in diesem Kapitel versammelten Indizien dafür, dass er tatsächlich in diesem Sinne autoritär handelte, nur zu offensichtlich. Auch wenn anzunehmen ist, dass Ratzinger selbst die Unerhörtheit und Tragweite seiner Handlungsweise nicht bewusst war. So verlangte er als erster Chef des Heiligen Offiziums, dass Gläubige auch solche kirchlichen Lehren mit »religiösem Gehorsam«[95] anzunehmen haben und nicht öffentlich hinterfragen dürfen, die gar nicht definitiv geklärt waren. Das schrieb er schon 1986 an Charles Curran: »Sie sollen Intellekt und Willen in religiöser Hinsicht der Lehre unterwerfen, die der Pontifex Maximus oder das Bischofskollegium in Fragen des Glaubens und der Moral verkünden (...), auch wenn sie nicht beabsichtigen, die Lehre mit einem definitiven Akt zu proklamieren.«[96] Weil er sich weigerte, das zu tun, durfte Curran nicht mehr Professor der katholischen Theologie sein. Darüber hinaus formulierte er 1990 in *Donum Veritatis,* die Aufgabe des Lehramtes »schließt ihrer Natur nach ein, dass das Lehramt Aussagen ›definitiv‹ vorlegen kann, auch wenn sie nicht in den Glaubenswahrheiten enthalten, wohl aber mit ihnen innerlich so verknüpft sind, dass ihr definitiver Charakter letztlich sich von der Offenbarung selber herleitet«.[97] Das schrieb er auch im Katechismus der Katholischen Kirche fest, wo es heißt: »Das Lehramt der Kirche setzt die von Christus erhaltene Autorität voll ein«, und zwar nicht nur, wie es traditionell immer gewesen ist, »wenn es Dogmen definiert, das heißt, wenn es in einer das christliche Volk zu einer unwiderruflichen Glaubenszustimmung verpflichtenden Form Wahrheiten vorlegt, die in der göttlichen Offenbarung enthalten sind«, sondern er setzte ausdrücklich hinzu, das gelte auch für Aussagen, »die mit solchen Wahrheiten in einem notwendigen Zusammenhang stehen«.[98] Erst auf dieser Grundlage wird es möglich, über »Ordinatio Sacerdotalis« zu sagen, »dass man die Lehre über die nur Männern vorbehaltene Priesterweihe nicht für ›diskutierbar‹ halten und dass man dieser Entscheidung der Kirche nicht ›lediglich eine disziplinare Bedeutung‹ zuschreiben dürfte«.[99] Denn ein Dogma im klassischen Sinne ist diese Lehre nicht.

Bei diesem – gemessen an der katholischen Dogmengeschichte – absolut bemerkenswerten Schritt, die Entwicklung kirchlicher Lehre ausgerechnet so weiterzudrehen, dass der »Sekundärbereich« zum Gegenstand des verpflichtenden Glaubensgehorsams erhoben wird, ließ Ratzinger eine gefährliche

Leerstelle offen. Denn die entscheidende Frage blieb unbeantwortet: Wie konnte festgestellt werden, welche Aussagen genau mit geoffenbarten Wahrheiten »in einem notwendigen Zusammenhang stehen«? Anhand welcher Kriterien konnte die Legitimität einer bestimmten Lehre beurteilt werden? Wie konnte verhindert werden, dass autoritäre Setzungen an die Stelle vernünftiger Urteile treten? Welche Entwicklungen waren gut und authentisch und welche nicht und warum? Dass es hier eine Lücke in seiner Lehre gab, darauf wurde Ratzinger wiederholt hingewiesen, und zwar unter anderem schon 1965 nach einem Vortrag an der Nordrhein-Westfälischen Akademie in Düsseldorf, als er von einem Zuhörer namens Friedrich Becker gefragt wurde, »wie sich der Gläubige Gewissheit darüber verschaffen kann, was wirklich göttliche Offenbarung ist. Er wird ja nicht unmittelbar von Gott belehrt, sondern immer nur von anderen Menschen, die ihm sagen, dies oder jenes ist göttliche Offenbarung und muss geglaubt werden. Ist also im Grunde genommen glauben nicht lediglich ein Glauben an menschliche Autorität und dementsprechend Unglaube nur ein Unglaube menschlichen Autoritäten gegenüber?«[100] Eine schlüssige Antwort auf diese Frage blieb Ratzinger zeit seines Lebens schuldig.

Ob Ratzinger sich dieser Leerstelle in seiner Kernargumentation und deren gefährlicher Konsequenzen womöglich gar nicht bewusst war oder aber ob er sich ihrer bewusst war und sie nicht ausräumte, ist schwer zu sagen. Jedenfalls spricht beides nicht gerade für intellektuelle Sorgfalt. Ebenso schwer ist zu beurteilen, ob er diese Leerstelle bewusst nutzte, um seine eigenen Auffassungen von der Wahrheit kraft seines Amtes durchzusetzen, oder ob ihm das mangels sorgfältiger Selbstreflexion und interkollegialen Austausches immer wieder ungewollt passierte. Aber auch in dieser Frage spricht beides nicht für eine verantwortungsvolle Amtsführung. Er muss sich somit vorwerfen lassen, genau das getan zu haben, was er am meisten verabscheute: Meinung mit Wahrheit zu verwechseln. So bleibt am Ende dieses Kapitels festzuhalten, dass Joseph Ratzinger durch die Weise, in der er sein Amt als Präfekt der Glaubenskongregation ausfüllte, »der Überzeugungskraft und der Glaubwürdigkeit dessen, was wir christlichen Glauben nennen, ungeheuer geschadet« hat, wie Hermann Häring resümiert. »Er hat die alte, kollektive Erinnerung, die in vielen Kulturen lebt, dass die Geschichte des Christentums, zumal der katholischen Kirche, eine Geschichte der Intoleranz und der Gewalt ist, bestärkt und nicht widerlegt.«[101] Als ein »Mozart der Theologie« kann er von daher kaum ernsthaft gelten.

6 Der Schutz der heiligen Sakramente

oder: Wider die Mär vom Einsatz für
Missbrauchsbetroffene

In all den Jahren, in denen sich Joseph Ratzinger als Präfekt der Glaubenskongregation mit Liturgie und Wahrheit, mit dem richtigen Verständnis von Amt und Freiheit befasste und neue geistliche Gemeinschaften förderte, wuchs der innerkirchliche Druck, effektivere Maßnahmen gegen klerikale Missbrauchstäter zu finden, unaufhörlich weiter. Wir haben bereits gesehen, dass es bis Mitte der 1990er-Jahre dennoch kaum Indizien dafür gab, dass irgendjemand in Rom, und im Speziellen Ratzinger, in dieser Sache die Initiative ergriff, eher im Gegenteil. Es waren zuerst die Eltern von Betroffenen und Betroffene selbst, die gemeinsam mit ihren Unterstützern und den Medien die Initiative ergriffen, Fälle aufklärten und so Druck auf die kirchlichen Verantwortlichen ausübten. Und es waren einzelne Ortsbischöfe, die gemeinsam mit ihren kirchenrechtlichen Fachleuten begannen, unter diesem Druck nach Lösungen zu suchen. In Rom reagierte man auf diese Initiativen und Suchbewegungen die längste Zeit abweisend. Auch Ratzinger war keine Ausnahme, wie die Fälle Kiesle und Murphy zeigen. Man kann davon ausgehen, dass er von solchen Fällen im Laufe der 1980er und 1990er noch etliche andere auf dem Schreibtisch hatte und mit ihnen ähnlich verfuhr. Auf andere Fälle schwerer kirchenrechtlicher Straftaten wie den von Maura O'Donohue dokumentierten reagierte er gar nicht. Seine Prioritäten scheinen anderswo gelegen zu haben.

Auf den ersten Blick sieht es so aus, als hätte Ratzinger seine Haltung in der zweiten Hälfte der 1990er-Jahre geändert. Woher sonst sollte die beinahe einhellige Überzeugung kommen, das Motu Proprio »Sacramentorum sanctitatis tutela« (SST) von 2001 ginge auf Ratzingers Initiative zurück, mehr noch: Dieses Papier, das als Meilenstein kirchlicher Missbrauchsaufarbeitung gilt, wäre sein Verdienst? Das jedenfalls behauptet auch Peter Seewald, wenn er schreibt, Ratzinger habe »nach dem Bekanntwerden unzähliger sexueller Missbrauchsfälle in den USA auf die Verschärfung des kirchlichen Strafrechts« gedrängt, und zwar »um vor allen Dingen auch schneller eingreifen zu können und den Opferschutz zu stärken«, das Motu Proprio »Sacramentorum sanctitatis tutela« und die Note »De delictis gravioribus« gingen »auf seine Initiative« zurück, und sie wären »ein schon lange gehegtes Vorhaben des Kardinals, das er bis dahin nicht durchsetzen konnte«.[1] Dieses Kapitel beleuchtet die Vorgeschichte, den Inhalt und zuletzt die Auswirkungen des Dokumentes und geht der Frage nach, inwiefern SST eine Frucht von Ratzingers angeblichem Vorhaben war, das kirchliche Strafrecht zu verschärfen und den Opferschutz zu stärken.

Die Koalition der englischsprachigen Bischöfe

Während man im Vatikan noch versuchte, sexuellen Missbrauch durch Kleriker als ein rein US-amerikanisches Problem darzustellen und die zaghaften Vorstöße der Amerikanischen Bischofskonferenz unter anderem in der Joint Commission unter eine engere römische Kontrolle zu bekommen, breitete sich die Krise weltweit aus. Dennoch war die Dynamik nicht überall dieselbe: Obwohl schon Anfang der 1990er-Jahre beispielsweise auch in Mitteleuropa Kleriker wegen sexuellen Kindesmissbrauchs angeklagt wurden und vor Gericht standen, obwohl auch hier die Frage nach der Mitverantwortung der kirchlichen Führungsebene vereinzelt aufgeworfen wurde,[2] erzeugte das noch lange nicht denselben Handlungsdruck. Hier gab es noch viele Jahre lang kein ausgeprägtes mediales Interesse an den Fällen, keine effektive Vernetzung von Betroffenen und kaum Klagen vor Gericht – und vor allem gab es und gibt es keine Entschädigungszahlungen in Millionenhöhe und auch kaum politischen Druck.

Selbst bekannt gewordene Fälle, die vereinzelt größere mediale Aufmerksamkeit erhielten, zogen erstaunlich wenig innerkirchliche Resonanz nach sich. Exemplarisch dafür stand der Fall Hans Hermann Groër.

Der Wiener Erzbischof und Kardinal musste 1995 unter Missbrauchsvorwürfen zurücktreten. Nachdem weitere Vorwürfe gegen ihn auftauchten, gab es eine kircheninterne Untersuchung, nach der eine Reihe österreichischer Bischöfe, die zunächst noch von Verleumdungen ausgegangen waren, bekannt gaben, sie wären zu der »moralischen Gewissheit« gelangt, dass die Vorwürfe gegen Groër »im Wesentlichen« zutrafen.[3] Dennoch entstand damals in Österreich oder im deutschsprachigen Raum keine breitere Auseinandersetzung mit klerikalem Kindesmissbrauch. Die Ansätze einer Diskussion versandeten, und Groërs Anhängerschaft fühlte sich bestätigt. Sie hielten die Anschuldigungen weiter für eine üble Verleumdungskampagne, die Groër in ihren Augen nur umso mehr zum religiösen Helden machte. Noch 2003 konnte Kardinal Meisner, einer der engsten Freunde Ratzingers, in der Predigt bei Groërs Beisetzung ohne spürbaren öffentlichen Widerspruch sagen: »Sein letztes Lebensjahrzehnt stand unter der dunklen Wolke, unter der viele mit ihm gelitten haben. Kardinal Groër war es beschieden, wie Simon von Cyrene dem Herrn auf dem Kreuzweg zu folgen. Er war ganz eingetaucht in das bittere Leiden Jesu (…) Gerade dadurch ist er vielen Menschen unterm Kreuz zu einem kompetenten Leidensgenossen geworden.«[4]

In den englischsprachigen Ländern verlief die Entwicklung ab Anfang der 1990er anders, insbesondere in Kanada, Irland und Australien. Wie wir gesehen haben, waren die Bischöfe in diesen Ländern nicht unbedingt bereitwilliger im Handeln als anderswo, aber sie standen unter einem wesentlich höheren Druck. Angesichts der großflächigen und konsequenten Berichterstattung in ihren Ländern, die mit einer effektiven Vernetzung von Betroffenen Hand in Hand ging, der wiederum immer neue Klagen, Gerichtsverfahren und Presseberichte folgten, wuchs der Handlungsdruck in ihren Ordinariaten ins Unerträgliche.

Australien hatte mit Gerald Ridsdale gewissermaßen seinen eigenen Gauthe.[5] Wegen einschlägiger Vorwürfe war er schon 1980 vorübergehend aus dem seelsorglichen Dienst ausgeschlossen worden. Aber erst 1992 – Ridsdale war gerade zum Krankenhauskaplan in einem kleinen Ort in New South Wales ernannt worden – meldete sich eines seiner Opfer bei »Operation Paradox«, einer polizeilichen Spezialeinheit für sexuellen Kindesmissbrauch. Drei Monate später wurde er angeklagt, und ein Jahr später hatte er seinen ersten Auftritt vor Gericht, begleitet von George Pell, dem damaligen Weihbischof von Melbourne. Das Bild, das Pell an der Seite des Angeklagten zeigt, wurde in Australien und darüber hinaus zum Symbol für eine klerikale Komplizenschaft zwischen Tätern im Priesteramt und ihren väterlichen Beschützern im Bischofsamt. Denn wie die australische Betroffenenorganisation Broken Rites bemerkte, hatten Ridsdales Opfer, die ja ebenfalls Kirchenmitglieder waren, im Verfahren keinen Bischof an ihrer Seite. Sie fühlten sich von ihrer Kirche verlassen.[6] Diese verfehlte Geste Pells trug damit nicht unwesentlich zur Beschleunigung der Krise in Australien bei. Ridsdale wurde zunächst zu einer 15-jährigen Haftstrafe verurteilt.[7] Wegen weiterer Anklagen wurde seine Haftstrafe in den folgenden Jahren immer wieder verlängert, zuletzt 2017, nachdem er sich offiziell für schuldig erklärt hatte, insgesamt 65 Kinder missbraucht zu haben.[8] 1994 wurde in Australien also nur die Spitze des Eisbergs sichtbar. Jahrzehnte später sprach ein Bericht der Royal Commission von Tausenden Kindern, die in Australien zu Opfern wurden.[9]

Eine ähnliche Entwicklung gab es in Irland, auch hier schreckten einzelne Eltern Anfang der 1990er nicht mehr davor zurück, Priester bei der Polizei anzuzeigen, wenn sie sich an ihren Kindern vergangen hatten. So meldete eine Mutter der irischen Polizei im August 1991, dass der Priester Tony Walsh versucht hatte, ihren Sohn zu missbrauchen. Dieser Priester sollte viele Jahre später in einem von der irischen Regierung in Auftrag gegebenen Bericht, dem Murphy Report,[10] als der notorischste irische Missbrauchstäter im Priesteramt bezeichnet werden. Die Diözese, die seit 1978 über Tony Walsh Bescheid wusste, versuchte schon seit

Jahren vergeblich, ihn zu einem Laisierungsgesuch zu bewegen. Ebenfalls 1991 wurde in Nordirland der ebenso berüchtigte Pater Brendan Smyth festgenommen. Er war von vier Geschwistern in Belfast angezeigt worden, die er missbraucht hatte. Nachdem er auf Kaution freigelassen wurde, floh er über die Grenze in eine Niederlassung seines Ordens in der Republik Irland, außer Reichweite der nordirischen Polizei. Seine Auslieferung nach Nordirland verzögerte sich aus nicht nachvollziehbaren Gründen, und gegen Ende des Jahres 1994 zerbrach schließlich die irische Regierungskoalition über den Streit um Brendan Smyth's Auslieferung.[11] Das Thema klerikaler Kindesmissbrauch war damit ganz oben in der politischen und gesellschaftlichen Aufmerksamkeit des Landes angekommen. Zwar lagen den kirchlichen Behörden schon seit vielen Jahren einschlägige Beschwerden über Walsh, Smyth und viele andere Täter vor, aber erst 1995 entschloss sich die Erzdiözese Dublin, den polizeilichen Behörden Informationen über Walsh zukommen zu lassen.[12] Berichte aus den USA hatten eine gewisse Wirkung auf sie, wie der damalige Dubliner Weihbischof Éamonn Walsh erzählte: »In den Vereinigten Staaten gab es eine riesige Berichterstattung über klerikalen Kindesmissbrauch in der Presse, und das sickerte in die irischen Medien und insbesondere in religiöse Veröffentlichungen wie *The Tablet* durch.« Während irische Bischöfe bislang »auf kanonische Weise« mit Missbrauchsfällen umgegangen waren und sie als eine sehr vertrauliche Angelegenheit zwischen dem »Vater der Diözese« und seinen Untergebenen behandelt hatten, änderte sich nun etwas: Bewegt von der Berichterstattung, »begannen die Bischöfe, miteinander zu reden«.[13]

Ähnlich wie in den USA war die anfängliche Dynamik in den kirchlichen Rängen alles andere als einheitlich, aber es gab durchaus Bischöfe, Kirchenrechtler, Kirchenrechtlerinnen und Priester, die die Betroffenen vor Augen hatten und die nach Lösungen suchten, auch nach weitreichenden. Naheliegenderweise gingen die Gedanken dieser Gruppen in eine ähnliche Richtung wie die von Tom Doyle, Ray Mouton und Michael Peterson Jahre zuvor in den USA. Sie dachten an ein einheitliches Verfahren, ein Rahmendokument und eine Reform des kirchlichen Strafrechts, und »anstatt das Rad neu zu erfinden, fragten sie: Was geschieht in Kanada, in Australien und in den Vereinigten Staaten?« So fanden sich die Bischöfe in Irland und die sie beratenden Bischöfe aus Kanada und Australien zu einer Gruppe zusammen. Ihr Bestreben war es, »Fachwissen und Weisheit zu bündeln«.[14] Die irischen Bischöfe luden aus den USA den Leiter des Saint Luke Institute und Nachfolger von Michael Peterson, Stephen Rossetti, zu sich nach Irland ein. Der hätte, so Éamonn Walsh, den kirchlichen Umgang mit Kindesmissbrauch »vom Kopf auf die Füße gestellt«. An erster Stelle stünde die Sorge um die Betroffenen, schärfte er ihnen ein, an letzter die um die Täter. Im Jahr 1996 erarbeiteten die irischen Bischöfe ein Rahmendokument für den Umgang mit Missbrauchsfällen und beschlossen unter anderem, »alle glaubwürdigen Missbrauchsvorwürfe an die Strafverfolgungsbehörden weiterzuleiten«.[15] Und im Mai 1996 trafen sich erstmals irische und US-amerikanische Bischöfe in Chicago, um sich zum Thema zu beraten. Sie riefen gemeinsam die englischsprachige Konferenz zum Schutz von Kindern ins Leben (Anglophone Conference on the Safeguarding of Children), die sich seither alle zwei Jahre trifft.

Zwei Jahre später gab es gleich zwei entscheidende Treffen: Zunächst kamen die irischen Bischöfe im Februar 1998 im Küstendorf Rosses Point am Wild Atlantic Way nördlich der Bezirkshauptstadt Sligo zu einem Retreat zusammen: »Die Idee war, dass wir weggehen und etwas mehr Zeit damit verbringen sollten, uns kennenzulernen, gemeinsam zu beten und über Themen zu sprechen, über die wir nie die Gelegenheit haben zu sprechen. Bei jedem Treffen würden wir ein bestimmtes Thema wählen.«[16] Wie bei so vielen anderen Treffen in diesen Jahren war auch bei diesem Retreat das Thema Kindesmissbrauch. Der damalige Bischof von Meath in Irland, Michael Smith, erinnert sich, dass es zum alles dominierenden Thema geworden war: Oft »wurde unsere eigentliche Tagesordnung beiseitegeworfen. Dies [der Missbrauch] war der Hauptpunkt auf der Tagesordnung, auch wenn er ursprünglich nicht auf der Tagesordnung gestanden hatte. Es nahm bei unseren Bischofssitzungen und den Sitzungen der ständigen Ausschüsse enorm viel Zeit in Anspruch.«

Und weiter: »Die Bischöfe, die regelmäßig zu diesen Treffen gingen, waren vor allem die, die am meisten gelitten hatten. Einer der Hauptakteure war Kardinal Connell. Er hatte eine schreckliche Zeit. Ihr Ziel war es, das Problem zu erörtern und zweitens zu versuchen, Rom über die Geschehnisse zu informieren.«[17] Dabei war Desmond Connell, Kardinal von Dublin und Primas von Irland, selbst das beste Beispiel für die bischöfliche Sandwichposition: auf der einen Seite bedrängt von den zunehmenden Anzeigen, dem wachsenden öffentlichen Druck, den Presseberichten und den Stimmen der Betroffenen, und auf der anderen von den kirchenrechtlichen und römischen Vorgaben. Dazu kamen die Behäbigkeit ihrer eigenen Behörden, die Routine der bisherigen Versetzungs- und Verschwiegenheitspraxis und der tief verinnerlichte Klerikalismus.

Es gibt Hinweise darauf, dass Connell eigentlich nicht sehr erpicht darauf war, rückhaltlos gegen beschuldigte Priester vorzugehen und ihren Opfern Gerechtigkeit widerfahren zu lassen. Bekannt wurde das unter anderem durch Marie Collins. Sie erinnert sich, was sie erlebte, als sie den von ihr als Kind erlittenen Missbrauch 1995 bei Connell anzeigte: »Bis dahin war ich mein ganzes Leben lang katholisch und hatte große Ehrfurcht und Respekt vor der Hierarchie, vor diesen Männern an der Spitze. Als ich zu meinem Erzbischof ging und ihm sagte, dass ich missbraucht worden war und dass der Priester immer noch in einer Pfarrei war, dachte ich, dass sofort etwas dagegen unternommen werden würde. Meine ganze Welt und mein Bild von der Kirche brachen zusammen, weil seine Haltung völlig defensiv war. Als er herausfand, dass der Priester den Missbrauch zugegeben hatte, wollte er ihn nicht aus seiner Pfarrei herausnehmen. Er sagte mir, er könne seinen guten Namen nicht zerstören. Es war das erste Mal, dass ich diese Sache mit dem guten Namen hörte, die man ständig hört. Ich konnte mir nicht vorstellen, dass sich jemand um den guten Namen eines Mannes sorgen könnte, wenn er wüsste, dass er ein Missbrauchstäter ist.«[18] Zudem hätte Connell in ihrem Fall nicht mit der Polizei zusammenarbeiten wollen, und als sie ihn direkt fragte, ob es moralisch richtig wäre, sie nicht zu unterstützen, obwohl er wüsste, dass dieser Priester schuldig war, hätte er geantwortet: »Das hat nichts mit Moral zu tun (…). Ich muss meinen rechtlichen Anweisungen folgen.«[19]

In Connells Fall, wie im Fall vieler anderer Bischöfe, kann man davon ausgehen, dass es weniger Einsicht als vielmehr der immense öffentliche Druck war, der dazu führte, dass sie »eine schreckliche Zeit« durchmachten und verzweifelt nach Lösungen suchten. Denn die irische Bevölkerung, die die katholische Kirche und die Autorität ihres Klerus seit Generationen nicht infrage gestellt hatte, war angesichts der Missbrauchsfälle mittlerweile »sehr, sehr wütend« geworden. Als später öffentlich bekannt wurde, wie Connell mit Marie Collins umgegangen war, »wollten die Leute zum Haus dieses Erzbischofs marschieren, um seinen Rücktritt zu fordern. Und die Leute schrieben mir und sagten, sie hätten vor, aus dem ganzen Land zu kommen, nur um zu seinem Haus zu marschieren! Die Leute waren so wütend (…). Diese Angst vor der Kirche war verschwunden. Diese Angst vor der Macht, die die Kirche hatte und die die Bischöfe hatten, ist in Irland verschwunden.«[20] Connell entschuldigte sich später für sein Verhalten in diesem Fall.[21] Auf der anderen Seite stand Connell unter Stress, weil der Nuntius in Irland, Erzbischof Luciano Storero, sich in einem Brief kritisch zum Rahmendokument der irischen Bischöfe geäußert hatte. Insbesondere meldete er »ernsthafte Vorbehalte« des Heiligen Stuhles gegenüber der »Meldepflicht« gegenüber Zivilbehörden an.[22]

Getrieben von diesem Druck von zwei Seiten, kamen Connell und andere irische Bischöfe also 1998 zum Retreat nach Sligo. Passend zum Thema des Retreats hatten sie sich einen Gast eingeladen: den Nachfolger von Kardinal Oddi, den Präfekten der Kleruskongregation, Kardinal Castrillón Hoyos. Das Gespräch mit den zuständigen vatikanischen Spitzenbeamten wie ihm war unbedingt notwendig, wenn die Bischöfe überhaupt etwas erreichen wollten. Denn ähnlich wie US-amerikanischen Kanonisten schon seit den 1980ern war ihnen ziemlich schnell klar geworden, dass es eine umfassende Reform des kirchlichen Strafrechts brauchte, um Täter effektiv aus dem Amt zu entfernen und damit weitere Übergriffe und weiteren Schaden für die Kirche zu verhindern. Das bestehende Strafrecht machte das in vielen Fällen nahezu unmöglich. Selbst in einem Fall wie dem des eben schon erwähnten Massentäters Tony Walsh – der später zunächst wegen Übergriffen auf sechs Jungen zu insgesamt zehn Jahren Haft verurteilt wurde und nach seiner Entlassung in einem weiteren Prozess zu weiteren 16 Jahren[23] – kam es vor, dass der Verurteilte an einen vatikanischen Gerichtshof appellierte und das Urteil dort revidiert wurde. Tony Walsh war im August 1993 vom Kirchengericht in Dublin verurteilt worden, aber die Rota Romana hatte sein Urteil 1994 aufgehoben: Er sollte nicht laisiert werden, sondern Priester bleiben und die nächsten zehn Jahre zurückgezogen in einem Kloster leben.[24] Die Revision erbitterte Connell. Noch im selben Jahr wendete er sich direkt an Papst Johannes Paul II., der das Urteil der Rota schließlich 1996 aufhob. Walsh wurde laisiert.

Das Dekret war übrigens von Ratzinger unterzeichnet. Warum seine Behörde und er in diesem Fall so anders handelten als im nahezu zeitgleich verhandelten Fall Lawrence Murphy oder im Fall Stephen Kiesle, »bleibt unklar«.[25] Ob dieses Dekret ein erster Hinweis darauf war, dass er begann, die Dringlichkeit des Problems zu sehen und seine Handlungsweise zu überdenken? Wer jedenfalls definitiv keinen Anlass sah, seine eigene Handlungsweise zu überdenken, war Castrillón Hoyos. Bischof Michael Smith sagt rückblickend über sein Auftreten beim Retreat der irischen Bischöfe: »Er war völlig verschlossen. Das ist das einzig passende Wort dafür.«[26] Er machte den in Sligo versammelten Bischöfen, angeführt vom zermürbten Desmond Connell, ganz deutlich, dass es keine Strafrechtsreform und keine Ausnahmen vom kanonischen Verfahren geben würde und dass er eine solche nicht für notwendig hielt. »Das Hauptthema von Kardinal Hoyos war, dass man sich bei der Behandlung dieser Fälle an die im kanonischen Recht festgelegten Verfahren halten muss. Dabei hatte Kardinal Connell sehr anschaulich dargelegt, wie unzulänglich die Verfahren waren und was er alles tun musste, um jemanden zu entlassen, wenn er dies mithilfe des kanonischen Rechts erreichen wollte. Und das Feedback von Kardinal Hoyos war so in der Art: ›Nun, so ist es eben, und so wird es auch bleiben.‹ Da kam die Frustration zum Vorschein.«[27] Dabei, so erinnert sich Smith, gab es »mindestens drei Fälle in Irland, in denen die Kleruskongregation von den Bischöfen verlangte, dass Priester, die vom Zivilgericht angeklagt und verurteilt worden waren, wieder in den Dienst aufgenommen wurden. Aber wenn ein Bischof so gehandelt hätte, dann wäre er selbst im Gefängnis gelandet.«[28] Der damalige Weihbischof Éamonn Walsh beschreibt Connells Verzweiflung: »Es war, als wäre einem eine Hand auf den Rücken gebunden. So beschrieb es Kardinal Connell einmal: ›Ich versuche die Menschen zu schützen; ich versuche diesen Priester aus dem Dienst zu nehmen; er sollte nicht im Dienst sein. Und Sie sagen zu mir, ich muss dem Prozess folgen.‹ Und der Prozess war einfach nicht angemessen. Und das führte dazu, dass Kardinal Connell auf den Tisch haute.«[29]

Wenige Monate später, im Mai 1998, folgte das erste internationale Treffen der englischsprachigen Bischöfe in Irland, im Dundrum House Hotel im County Tipperary, etwa zwei Stunden südwestlich von Dublin. Die Eindrücke, die die irischen Bischöfe aus ihrer Begegnung mit Castrillón Hoyos mit zum Treffen brachten, waren noch frisch. Ein damals anwesender Bischof fasste das Gefühl der Stunde in einem Brief so zusammen: »Bei dem berühmten Sligo-Treffen, zu dem Kardinal Castrillón Hoyos eingeladen war, wurde sehr deutlich, dass die Kongregation für den Klerus das eigentliche Problem war. Sie verstand sich in dieser Frage als eine Art Priestergewerkschaft und nicht als eine Instanz, die dafür da ist, dass Priester so leben, wie es ihrer Weihe und Berufung entspricht. (...) Das Treffen in Sligo machte allen klar, dass die Kleruskongregation das Problem nicht nur nicht verstand, sondern dass sie glaubte, das einzige Problem seien die Bischöfe.«[30] Alle versammelten Bischöfe aus den verschiedensten Ländern waren inzwischen nur allzu schmerzlich mit der vatikanischen Blockadepolitik vertraut. Sie wussten, dass sie ohne Roms Kooperation in der Sache nicht weiterkommen würden. Zugleich wussten sie auch, dass unter allen römischen Dikasterien die Kleruskongregation das größte Hindernis in der Sache war: »Es war dringend notwendig, dieses Problem aus den Händen der Kleruskongregation herauszubekommen.«[31]

Man beschloss, das nächste Treffen nach Rom zu verlegen und

so viele vatikanische Spitzenbeamte wie möglich an den Tisch zu bekommen. Wenn schon die Kleruskongregation kein Einsehen hatte, so musste doch irgendjemand im Vatikan begreifen, wie dramatisch die Lage war. Denn ohne Rom würden sie keinen Schritt weiterkommen. Die Frage war, ob es überhaupt jemanden in Rom gab, der die Lage erfasste und der bereit war, das Heft in die Hand zu nehmen.

Rom, April 2000

Ende März 2000 machten sich Bischöfe aus aller Welt nach Rom auf. Insgesamt 17 Bischöfe und fünf Beobachter kamen aus den USA, Kanada und von den Antillen, aus Irland, Schottland, England und Wales, aus Australien, Neuseeland und Südafrika. Die Gruppe, die in Rom zu ihrem dritten inoffiziellen Treffen in sechs Jahren zusammenkam, war also gewachsen. Ihr Ziel blieb dasselbe: die vatikanischen Behörden über die brisante Lage in ihren Ländern aufzuklären und sie zu einem hilfreicheren Umgang mit dem Problem zu bewegen. Untergebracht waren sie in der Casa Santa Marta, dem Gästehaus des Vatikans, nur wenige Schritte vom Petersdom und der Glaubenskongregation entfernt. Es war Fastenzeit, wenige Wochen vor Ostern, dem Höhepunkt des kirchlichen Jahres. Um sie herum füllte sich die Stadt mit mehr Pilgern als je zuvor, denn Johannes Paul II. hatte ein Heiliges Jahr ausgerufen, auf das seit mehreren Jahren mit großem Aufwand hingearbeitet worden war. Kirche und Stadt hatten enorme Summen investiert, um Rom auf noch nie da gewesene Massen an Besuchern vorzubereiten, und nun bahnten sich Pilgergruppen aus aller Welt ihren Weg auf den Petersplatz, um die nur in diesem Jahr geöffnete Heilige Pforte zu durchschreiten. Kaum jemand ahnte, welches dramatische Schauspiel sich wenige Hundert Meter entfernt abspielte.

In den Tagen vom 1. bis zum 3. April hielten die angereisten Bischöfe ein Vorabtreffen, das den Bischöfen der verschiedenen Länder die Gelegenheit bot, sich auszutauschen, ihre jeweiligen Eingaben durchzusehen und im Vorfeld ihre Ziele und Verhandlungsstrategien abzusprechen. Man wollte sich auf sexuellen

Missbrauch Minderjähriger beschränken und sexuelle Übergriffe im weiteren Sinn außen vor lassen. Das Hauptziel bestand darin, die vatikanischen Behörden von der Notwendigkeit eines neuen, effektiveren und »benutzerfreundlichen« Prozesses zu überzeugen, der als Alternative zum kirchenrechtlichen Strafprozess dienen konnte. Außerdem wollten sie über Verjährungsfristen, die Beurlaubung beschuldigter Kleriker und einheitliche nationale Handlungsweisen sprechen sowie über die Ausübung von Autorität und die priesterliche Ausbildung. Schon während dieses Vorabtreffens kursierte ein Dokument mit dem lateinischen Titel »Crimen Sollicitationis«. Das Heilige Offizium hatte diese Instruktion 1962 herausgegeben. Es war eine unwesentlich veränderte Fassung einer geheimen Verfahrensordnung aus dem Jahre 1922. Bestimmte Fälle sexueller Vergehen von Klerikern wurden dem Heiligen Offizium vorbehalten und die Bischöfe zu einer geheimen Vorgehensweise in Abhängigkeit von der römischen Behörde verpflichtet. Kaum einer der anwesenden Bischöfe kannte dieses Dokument. Es war offenbar so vertraulich, dass es weitgehend in Vergessenheit geraten war. Aber nachdem sie es sich angesehen hatten, waren »einige der Meinung, dass es besser sei, dieses Dokument als Ausgangspunkt zu nehmen als den im Codex festgelegten Prozess«.[32] Das geht aus einer inoffiziellen Zusammenfassung des Verlaufs und der Ergebnisse des Treffens hervor. Darin sind auch die beim Vorabtreffen getroffenen Absprachen festgehalten, unter anderem war man sich einig: »Von einem Bischof muss man sehen, dass er entschlossen und unverzüglich handelt, denn seine Glaubwürdigkeit und damit auch die Glaubwürdigkeit der Kirche wird daran gemessen werden (...). Es muss erkannt werden, dass dies nicht nur ein Problem für englischsprachige Länder ist, sondern ein Problem für Länder und Völker in der ganzen Welt. Deswegen besteht der Wunsch nach Hilfe und Unterstützung seitens der Römischen Kurie bei der Suche nach einer wirksamen, gerechten, ausgewogenen und pastoralen Lösung.«

Am Dienstag, dem 4. April 2000, begann das eigentliche Treffen. Die Römische Kurie trat mit einer beachtlichen Gruppe von zwanzig hochrangigen Männern auf, die jene Dikasterien vertraten, die regelmäßig mit klerikalem Kindesmissbrauch zu tun hatten: das Staatssekretariat, die Glaubenskongregation, die Sakramentenkongregation, die Bischofskongregation, die Kongregation für die Evangelisierung der Völker, die Kleruskongregation, die Religiosenkongregation, die Bildungskongregation, die Apostolische Signatur und der Päpstliche Rat für die Gesetzestexte. Sie alle waren durch den jeweiligen Präfekten beziehungsweise Präsidenten vertreten – mit Ausnahme des Staatssekretariates, für das nur einer der damaligen Offiziale, Erzbischof Carlo Maria Viganò, gekommen war. Der Kardinalstaatssekretär Angelo Sodano, der mittlerweile zum Substituten aufgestiegene Giovanni Battista Re und der Sekretär Jean-Louis Tauran hatten offenbar Wichtigeres zu tun. Erstmals saßen nun einige der in diesem Buch bislang aufgetretenen Figuren in einem Raum zusammen, darunter Castrillón Hoyos, Joseph Ratzinger, Tarcisio Bertone, Martínez Somalo, Desmond Connell, Éamonn Walsh und Michael Smith.

Der erste Tag begann mit einer Ansprache von Kardinal Castrillón Hoyos. Er nutzte sie, um sich in der Rolle des zuvörderst zuständigen Präfekten zu inszenieren und sowohl klerikalen Kindesmissbrauch als auch das Treffen gleichzeitig rhetorisch zu würdigen und in ihrer Bedeutung zu relativieren. Er unterstrich nicht nur das angebliche Engagement der Römischen Kurie, sondern insbesondere die Rolle seines Dikasteriums. Er sagte, man käme zu diesem Treffen zusammen, das »von der Kongregation für den Klerus auf Geheiß des Kardinalstaatssekretärs und im Einvernehmen mit den anderen hier anwesenden Dikasterien organisiert« worden wäre. Er betonte, die Ortsbischöfe und die Vertreter der Römischen Kurie »vertreten nicht zwei gegensätzliche Fronten, sondern wir gehen gemeinsam auf den Weg zum Wohl der christlichen Gemeinschaft«. Er bemerkte, »die heutige Gesellschaft«, die »besonders sensibel für dieses Problem« geworden wäre, »was zu einem Nachhall in den sozialen Medien und unter Juristen geführt hat«, wäre »eine seltsame Gesellschaft voller Widersprüche. Einerseits wird sie zu Recht durch solche niederträchtigen Handlungen skandalisiert, während sie andererseits moralische Unordnung und Hemmungslosigkeit fördert und damit einer Sexualität ohne jeden Bezug zur Ethik Vorschub leistet«. Vor allem aber legte Castrillón Hoyos Wert darauf, dass die Versammlung nicht dem Zweck diente, »bestimmte konkrete Lösungen festzulegen«. Vielmehr ginge es darum »eine größtmögliche Konvergenz (...) zu erreichen, die dem Heiligen Vater zur Beurteilung und endgültigen Entscheidung vorgelegt werden soll«.[33]

Die folgenden Stunden waren den Berichten der Ortsbischöfe gewidmet. Bischöfe aus Amerika und der Karibik, aus Europa, Australien und Afrika ergriffen der Reihe nach das Wort und schilderten die Misere, in der sie sich befanden. Sie erzählten von dem ungeheuren Schaden, der in ihren Ortskirchen entstanden war, von der Hilfe, die sie sich von den römischen Dikasterien erhofften, und betonten immer wieder die Notwendigkeit, anstelle des ineffektiven kirchenrechtlichen Strafprozesses ein neues, geeigneteres Verfahren zu schaffen. Nicht zuletzt äußerten sie den Wunsch, dass jede römische Maßnahme in enger Abstimmung mit den Ortsbischöfen geplant werden sollte. Laut Éamonn Walsh war die Botschaft, die sie den kurialen Entscheidungsträgern vermitteln wollten: »Wenn sich Einzelpersonen hinter dem Kirchenrecht verstecken und dieses Gesetz dazu benutzen wollen, die Bischöfe daran zu hindern, Priester zu disziplinieren, dann müssen wir einen neuen Weg finden, um voranzukommen.«[34] Doch schon am nächsten Tag zeichnete sich erneut ab, was den Bischöfen ohnehin klar war: dass sie sehr dicke Bretter zu bohren hatten.

An diesem Tag standen Vorträge von drei geladenen Fachleuten auf dem Programm. Ausgewählt waren diese vonseiten der Kurie. Zuerst sprach der amerikanische Moraltheologe John Haas über »moralische Aspekte von Kindesmissbrauch«. Dann legte der Jesuit Gianfranco Ghirlanda von der Päpstlichen Universität Gregoriana die kirchenrechtlichen Aspekte dar, und schließlich sprach »Martin Lutz« über psychologische Aspekte. Die anwesenden Ortsbischöfe wurden unruhig. Viele von ihnen waren mit dem Stand der Forschung vertraut, einige kannten die Thesen von Kirchenrechtlern, die die Krise von Stunde eins an begleitet hatten, wie Francis Morrisey oder Tom Doyle, und die

Forschung von renommierten Sozialwissenschaftlern wie David Finkelhor oder Psychiatern wie Stephen Rossetti. Entsprechend nüchtern fiel ihre Einschätzung aus. Sie fanden die von der Kurie ausgewählten Experten »schwach in Bezug auf das aktuelle wissenschaftliche Verständnis« und hielten mit Blick auf die Redebeiträge der kurialen Beamten allgemein fest, es »vermittelten nur sehr wenige ihrer Redner den Eindruck einer vertieften Kenntnis des Problems«, sodass das ganze Treffen rückblickend »nur ein Anfang in der Aufklärung der Römischen Kurie über alle Aspekte des Themas war«. Das alles weckte in ihnen die Befürchtung, dass eventuelle, von der Kurie ergriffene Maßnahmen »die Situation weiter verschlimmern« könnten, anstatt »pastoral wirksam« zu sein.[35]

Dieser Eindruck besserte sich auch am dritten Tag nicht. Am 6. April sprachen Repräsentanten aller elf vertretenen Dikasterien. Wie eine rote Linie zogen sich durch ihre verschiedenen Beiträge die Bemerkungen, kirchliches und ziviles Recht wären grundlegend verschieden und die Handlungen eines Bischofs könnten nicht am Maßstab des zivilen Rechts gemessen werden, Priester hätten Anspruch auf die Hilfe ihres Bischofs, und der vorgeschriebene kanonische Prozess müsse immer und in jedem Fall befolgt werden. Es blieb nicht bei nüchterner Reserviertheit. Auch spitze Bemerkungen fielen. Beispielsweise stichelte jemand aus der vatikanischen Fraktion, auffallend viele Missbrauchstäter trügen irische Nachnamen. »Manchmal«, sagt der damalige australische Bischof Geoffrey Robinson rückblickend, »ging es sehr kindisch zu.«[36] Aus der Reihe der kurialen Vorträge stach allerdings einer heraus, der von Joseph Ratzinger: »Er nahm nur sporadisch an den Sitzungen teil und meldete sich nur selten zu Wort. Aber er machte deutlich, dass er die Dinge anders sah als andere in der Kurie. ›Die Rede, die er hielt, war eine Analyse der Situation, der schrecklichen Natur des Verbrechens, und dass auf dieses Verbrechen umgehend reagiert werden müsse‹, erinnerte Erzbischof Wilson von Australien (…). ›Ich hatte das Gefühl, dieser Mann versteht es, er versteht die Situation, in der wir uns befinden. Endlich werden wir in der Lage sein, voranzukommen.‹«[37] Doch anstelle von größerer Klarheit standen nach Ratzingers Vortrag nur umso größere Fragezeichen im Raum. Erstens war spätestens an diesem Tag mehr als klar geworden, dass die einzelnen Dikasterien nicht einmal untereinander im Austausch über ihre jeweiligen Analysen und Handlungen im Zusammenhang mit klerikalem Kindesmissbrauch standen. Und zweitens war nun ganz offensichtlich, dass auch unter ihnen die Frage nach der Zuständigkeit der kurialen Behörden ungeklärt war. Auf dem Meeting wurde diese Frage »nicht gelöst, sondern nur zur Kenntnis genommen«.[38]

Die Abschlussansprache am 7. April hielt Kardinal Castrillón Hoyos. Er kündigte an, dass seine Behörde ein Dokument vorbereiten würde, um die im Meeting aufgeworfenen Fragen dem Papst vorzulegen, der allein das Recht hätte, die endgültige Entscheidung zu treffen. Auch Ratzingers Behörde hatte angekündigt, ein Dokument zu verfassen, und zwar eines über das in Missbrauchsfällen zu befolgende Verfahren, das »eine Weiterentwicklung ihrer Instruktion von 1962« sein sollte.[39]

Die Tagung war zu Ende. Die Ortsbischöfe fuhren mit dem Gefühl nach Hause, dass noch ein weiter Weg vor ihnen lag. Gegenüber Rom waren ihnen die Hände gebunden. Sie hatten zwar dringend darum gebeten, in weitere Überlegungen der kurialen Behörden einbezogen zu werden, konnten das aber nicht effektiv einfordern, sondern nur hoffen, dass das auch geschehen würde. Es verging ein ganzes Jahr, ohne dass Castrillón Hoyos, Ratzinger oder sonst jemand in der Sache mit einem der beim Treffen anwesenden Bischöfe Kontakt aufgenommen und sich über weitere Maßnahmen mit ihnen abgestimmt hätte. Was zwischen April 2000 und April 2001 in Rom geschah, welche Gespräche die einzelnen Präfekten mit Johannes Paul II. über die Sache führten, wissen bis heute wohl nur die unmittelbar Beteiligten.

Das Motu Proprio und die schwerwiegenderen Delikte

Das Motu Proprio »Sacramentorum sanctitatis tutela« ist auf den 30. April 2001 datiert. Am 18. Mai 2001 wurde es gemeinsam mit einer Note der Glaubenskongregation allen Bischöfen bekannt gemacht. Seine förmliche Promulgation erfolgte aber erst am 5. November 2001 im päpstlichen Amtsblatt *Acta Apostolicae Sedis (AAS)*. Schon der Titel beider Texte war aussagekräftig. Traditionell entspricht der Titel eines Motu Proprio, eines vom Papst »aus eigenem Antrieb« veröffentlichten Schreibens, seinen ersten programmatisch gesetzten Wörtern. Im Fall von SST lauten diese wie folgt: »Der Schutz der Heiligkeit der Sakramente ...« Diese Anfangsworte signalisieren in aller Regel den Kern dessen, worum es im Schreiben ging. In SST scheint es also um den Schutz der Sakramente zu gehen. Im Text wird dann auch die »Sorge um die Einhaltung des sechsten Gebotes des Dekalogs durch die zur Nachfolge des Herrn Berufenen« als zweite Absicht des Schreibens genannt. Das sechste Gebot lautet zwar: »Du sollst nicht die Ehe brechen«, aber für Menschen, die mit der Logik kirchlicher Sexualmoral vertraut sind, ist erkennbar, dass es in der Formulierung »die Einhaltung des sechsten Gebotes durch die zur Nachfolge des Herrn Berufenen« um den Zölibat geht. Was der Zölibat mit der Heiligkeit der Sakramente zu tun hat, wird im Schreiben allerdings nicht genauer erläutert. Im ganzen Text des nur etwa einseitigen Gesetzes ist nirgendwo die Rede von sexuellem Missbrauch Minderjähriger durch katholische Kleriker. Stattdessen wird allgemein von »Straftaten« gesprochen, genauer von »schwerwiegenderen Delikten gegen die Sitten« und von Delikten, »die bei der Feier der Sakramente begangen wurden«. Es wird auf ähnliche Schreiben früherer Päpste hingewiesen, die den Umgang mit »dieser Art von Verbrechen« regelten, unter anderem auf ein Schreiben Benedikts XIV. von 1741, auf den Codex von 1917, auf »Crimen Sollicitationis« von 1962 und auf die Kurienordnung *Pastor Bonus* von 1988. Damit werden die traditionellen Kompetenzen der Glaubenskongregation betont, und es wird festgestellt, dass ausschließlich die Glaubenskongregation für die »schwerwiegenderen Delikte gegen die Sitten und die Delikte, die bei der Feier der Sakramente begangen wurden, zuständig bleibt«. Abschließend erklärte Johannes Paul II. im üblichen feierlichen Pluralis Majestatis: »Mit diesem Unserem Motu proprio haben Wir dieses Werk vollendet und promulgieren daher hiermit die Normae de gravoribus delictis Congregationi pro Doctrina Fidei reservatis.«[40]

Das Schreiben der Glaubenskongregation, unterzeichnet vom Präfekten, Kardinal Joseph Ratzinger, spezifiziert die genannten »schwerwiegenderen Delikte« (graviora delicta) genauer. An erster Stelle stehen »Straftaten gegen die Heiligkeit des hochheiligsten eucharistischen Opfers und Sakramentes, nämlich:

1° die Entwendung oder Zurückbehaltung in sakrilegischer Absicht oder das Wegwerfen der eucharistischen Gestalten;

2° die versuchte liturgische Feier oder die Simulation des eucharistischen Opfers;

3° die verbotene Konzelebration des eucharistischen Opfers zusammen mit Amtsträgern kirchlicher Gemeinschaften, die keine apostolische Sukzession haben und die sakramentale Würde der Priesterweihe nicht anerkennen;

4° die Konsekration einer der beiden Gestalten ohne die andere in sakrilegischer Absicht bei der Eucharistiefeier oder auch beider Gestalten außerhalb der Eucharistiefeier.«[41]

Danach folgten noch drei »*Straftaten gegen die Heiligkeit des Bußsakramentes, nämlich:*

1° die Absolution des Mittäters bei einer Sünde gegen das sechste Gebot des Dekalogs;

2° das Verführen eines anderen zu einer Sünde gegen das sechste Gebot des Dekalogs bei der Spendung oder bei Gelegenheit oder unter dem Vorwand des Bußsakraments, wenn dies zur Sünde mit dem Beichtvater führt;

3° die direkte Verletzung des Beichtgeheimnisses.«

Erst an letzter Stelle wurde nun explizit noch eine »Straftat gegen die Sitten« angeführt, nämlich: »die von einem Kleriker begangene Straftat gegen das sechste Gebot des Dekalogs an einem Minderjährigen unter 18 Jahren«.

Wenn man diesen Text vor dem Hintergrund der Problemlage betrachtet, die zu den im April 2000 in Rom geführten Gesprächen zwischen englischsprachigen Bischöfen und Spitzenbeamten der Römischen Kurie geführt hatte, und wenn man Hoffnung hatte, Joseph Ratzinger hätte das Problem verstanden und würde adäquat mit ihm umgehen, kann man sich nur wundern. Wer das tut, beging allerdings den Fehler, sie aus der Perspektive »weltlicher« Logik zu betrachten. Wenn man sie aus der Perspektive des katholischen Rechts und der jenseits menschlicher Maßstäbe verorteten Wahrheitslogik Joseph Ratzingers anschaut, ergeben sie Sinn. Vor allem zwei Dinge fallen auf: Zum einen hatte all der auf der Tagung im Vorjahr von den Bischöfen in Rom klar formulierte Problemdruck nicht zu einem Spezialgesetz gegen Kindesmissbrauch durch Kleriker geführt. Stattdessen wurde er als eines von mehreren sogenannten schwereren Delikten klassifiziert, von denen der weitaus überwiegende Teil Delikte bei der Feier der Sakramente waren, die zugleich im Gesetzesnamen in den Vordergrund gerückt wurden. Fast so, als wollte man Kindesmissbrauch hinter Verstößen gegen Sakramente verstecken. Oder aber so, als wären Verstöße gegen das Allerheiligste Sakrament der Eucharistie tendenziell sogar noch schwerwiegender als Verstöße »gegen das sechste Gebot«. Erinnern wir uns an den Absatz aus Peter Seewalds Papstbiografie, der betont, wie sehr Ratzinger »Missbrauch« belastete, nicht zuletzt »liturgischer Missbrauch«, und wie sehr er darunter litt: »Es tut mir innerlich weh, wenn ich denke, so wird mit unserem Herrn umgegangen.«[42]

Die genaue Formulierung des Deliktes ist das zweite, absolut bemerkenswerte Detail der Texte. Nicht zufällig ist hier nicht von »Kindesmissbrauch«, von »sexuellem Missbrauch«, von der »Verletzung des Kindeswohls« oder von einer »Straftat gegen die sexuelle Selbstbestimmung« die Rede. »Kindeswohl« oder »ein Recht auf sexuelle Selbstbestimmung« im Sinne der Menschenrechte oder moderner Verfassungen gibt es in der Logik des Lehramtes und des kirchlichen Rechtes nicht. Der Vatikan, genauer Ratzingers Behörde, geht das Problem nicht in der Logik weltlicher Moral und Rechtsprechung an, sondern konsequent aus der lehramtlichen und kirchenrechtlichen Perspektive. Hier ist klerikaler Kindesmissbrauch eine »von einem Kleriker begangene Straftat gegen das sechste Gebot des Dekalogs an einem Minderjährigen«. In dieser Formulierung und der ihr zugrunde liegenden Logik ist das ganze Fiasko kirchlichen Umgangs mit klerikalem Kindesmissbrauch vorgezeichnet. Die Frage, wie genau es dazu kam, dass das sechste Gebot (»Du sollst nicht die Ehe brechen«) zum kirchenrechtlichen Sammelbegriff für alle möglichen Verstöße gegen kirchliche Sexualmoral wurde, und inwiefern es angemessen sein konnte, eine sexuelle Handlung eines Klerikers an einem Kind unter dieses Gebot zu subsumieren, ist dabei schon beinahe zu vernachlässigen. Deutlich wird hier nur, wie buchstäblich »daneben« einschlägige kirchenrechtliche Maßnahmen alleine schon von ihrer inhärenten Logik her liegen.

Ganz wesentlich ist dagegen eine zweite Beobachtung: Es macht einen entscheidenden Unterschied, ob man von der »von einem Kleriker begangenen Straftat gegen das sechste Gebot des Dekalogs an einem Minderjährigen« spricht oder von »klerikalem Kindesmissbrauch«. Im ersten Fall kommen die Opfer dieser Taten nämlich nicht als Geschädigte in den Blick, der Verstoß des Klerikers findet zwar »an« ihnen statt, aber nicht »gegen« sie. Es handelt sich nicht um einen Verstoß gegen ein Recht der Betroffenen, sondern um einen Verstoß gegen den Zölibat, eine obrigkeitlich auferlegte klerikale Standespflicht. Weil das Kirchenrecht nicht ein Recht des betroffenen Kindes verletzt sieht, sondern die Zölibatsvorschrift für Kleriker, spielen die Betroffenen im kirchenrechtlichen Strafprozess – auch in den ab 2001 an der CDF geführten Prozessen – eine untergeordnete Rolle. Sie haben kein Recht auf Akteneinsicht, keine Rechtsvertretung und keinen Nebenklägerstatus, sie bleiben bloße Zeuginnen und Zeugen. Niemand vertritt im Verfahren ihre Interessen, weil solche in dessen Logik ja gar nicht verletzt wurden. Stattdessen handeln in den weitaus meisten Strafprozessen ausschließlich Kleriker untereinander aus, ob und wie sie einen der ihren bestrafen, wenn der »an einem Minderjährigen« gegen »das sechste Gebot« verstoßen hat.

Wie sehr diese – nach rein menschlichem Ermessen unfassbare – Logik den weiteren kirchlichen Umgang mit klerikalem Kindesmissbrauch prägte, wird deutlich, wenn wir uns ansehen, welche Konsequenzen die Promulgation von SST hatte. Eines scheint allerdings an dieser Stelle schon klar: Opferschutz war nicht als dominantes Anliegen von SST oder von Ratzingers Begleitschreiben erkennbar, denn Opfer klerikaler Straftaten und der ihnen zugefügte Schaden kamen in diesen Schreiben als solche überhaupt nicht vor.

Die Folgen von »Sacramentorum sanctitatis tutela«

Das am 18. Mai von Ratzinger unterzeichnete Schreiben mit den Informationen zum Motu Proprio brauchte offenbar Zeit, bis es seine Adressaten, die Bischöfe, erreichte. Anders ist nicht zu erklären, dass sich der verzweifelte Kardinal Connell am 5. Juni 2001 entschloss, einen Brief nach Rom zu schicken. Er wendete sich an Kardinal Castrillón Hoyos, der sich auf dem Meeting als Tonangeber in Szene gesetzt hatte, erwähnte die Gespräche des Vorjahres, schrieb ihm, die dabei »aufgeworfenen Fragen verursachen weiterhin erhebliche Schwierigkeiten in und für die Ortskirchen«, und fügte hinzu, nun, wo angeblich »ein Dokument als Antwort auf die auf der oben genannten Tagung geäußerten Bedenken kurz vor der Fertigstellung« stünde, wollte er noch einmal darum bitten, den Inhalt des Dokumentes mit den Ortsbischöfen abzustimmen. Er verwies auf das schwierige Gleichgewicht »zwischen den verschiedenen Rechten und Pflichten aller Beteiligten«, betonte das Risiko, die Vorschläge des Heiligen Stuhls könnten »im Widerspruch zu den zivilen Anforderungen der Länder stehen, in denen wir leben«, und bat mit Nachdruck darum, »vor der formellen Herausgabe dieses Dokuments oder der darin enthaltenen Vorschläge weitere Konsultationen durchzuführen«.[43] Von »Sacramentorum sanctitatis tutela« und der ausschließlichen Zuständigkeit der Glaubenskongregation für Fälle sexuellen Kindesmissbrauchs durch Kleriker schien er Anfang Juni 2001 also noch keine Ahnung zu haben. Oder aber er wusste darum, konnte aber nicht glauben, dass dieses Motu

Proprio die Antwort des Vatikans auf das Meeting im Vorjahr war.

Zudem waren auch die in SST angezeigten und im Begleitbrief vorgestellten Normen nicht in den *AAS* veröffentlicht worden. Auch als es in den Jahren 2002 und 2003 immer wieder Anpassungen der neuen Normen gab, wurden diese nicht veröffentlicht. »Das löste große Ratlosigkeit aus, sodass damals auch eine gewisse Verwirrung über das Datum des Inkrafttretens der ›promulgierten‹, aber unveröffentlichten Normen, herrschte.«[44] Vielleicht hatte man beschlossen, den Gesetzestext selbst nicht zu veröffentlichen, sondern ihn nur an bestimmte Bischöfe zu schicken, die direkt mit solchen Fällen zu tun hatten, so wie das auch schon bei »Crimen Sollicitationis« der Fall gewesen war, jenem Text, der dadurch beinahe in Vergessenheit geraten war. Darüber, warum man sich zu diesem Vorgehen entschieden hatte, kann bis heute nur gerätselt werden. Der englische Kirchenrechtler Brian Ferme mutmaßte, »dass der Grund für die Zurückhaltung der Normen wahrscheinlich darin liegt, dass es als notwendig erachtet wurde, kein unangemessenes oder krankhaftes Interesse an diesem heiklen und besonders ernsten Material zu fördern«.[45] Ein legitimes öffentliches, selbst kirchenöffentliches Interesse am Inhalt dieser Normen konnte es aus vatikanischer Perspektive anscheinend nicht geben. Das war verwunderlich, selbst wenn man die typische kirchliche Kultur der Intransparenz einkalkulierte, denn immerhin wurde durch diese Normen in einigen Punkten die geltende Gesetzgebung nicht nur des CIC, sondern auch des CCEO, des Gesetzbuches der katholischen Ostkirchen, verändert. Die Zurückhaltung der Normen bedeutete, Fachleute, Lehrende und nicht zuletzt Betroffene weltweit im Unklaren über das aktuell geltende Recht zu lassen, in einer Zeit, in der die Thematik immer drängender wurde. Hatte Rom gar kein Interesse daran, dass die neuen Normen bekannt und befolgt werden würden? Erst rund zehn Jahre später, 2010, als neue Normen in Bezug auf »schwerwiegendere Delikte« herausgegeben wurden, entschloss sich der Vatikan, die neuen Normen unmittelbar mit der Promulgation auf einer Pressekonferenz und im Internet zu veröffentlichen.

Dennoch sprach sich in den Jahren nach 2001 unter Bischöfen herum, dass die Glaubenskongregation nun die alleinige Zuständigkeit für Fälle klerikalen Kindesmissbrauchs besaß. Alle Fälle mussten der CDF gemeldet werden, die zugleich die einzige römische Appellationsinstanz war. Das kam gerade rechtzeitig, denn schon kurz nach der Veröffentlichung von SST ließ die Berichterstattung des *Boston Globe* die Zahl der Anzeigen in den USA rasant in die Höhe schnellen. Die Glaubenskongregation wurde unter neu eingehenden Fällen förmlich begraben. Charles Scicluna erinnert sich: »Ich kam damals zufällig im Oktober 2002 in die Kongregation, und im November trafen Fälle aus den Vereinigten Staaten ein, und es war eine wahre Lawine von Fällen. Wir sprechen hier von Dutzenden von Fällen pro Tag.« Rund »800 Fälle pro Jahr« wären es in den folgenden Jahren gewesen. »Das Personal der Kongregation war auf eine solche Anzahl von Fällen nicht vorbereitet, und wir mussten die Bischöfe der Vereinigten Staaten um Hilfe bitten.«[46] Die Amerikanische Bischofskonferenz entsandte ganze zwei Kirchenrechtler. Laut Marie Collins, die später jahrelang Mitglied der Päpstlichen Kinderschutzkommission war, gab es an der CDF auch 2017 nur sieben Personen, die sich in Vollzeit um die Bearbeitung der Fälle kümmerten, die aus der ganzen Welt in Rom eingingen. Bearbeitungsstaus seien vorprogrammiert, nach wie vor dauerten die Verfahren mehrere Jahre.[47] Dennoch konnte das im Einzelfall schon wie eine deutliche Verbesserung aussehen, schließlich waren vor 2001 Wartezeiten von rund zehn Jahren nichts Ungewöhnliches.

Überhaupt sah SST vor allem dann wie eine spürbare Verbesserung aus, wenn man die dadurch erfolgten Änderungen mit dem unerträglichen Zustand zuvor verglich. Marie Collins sagt dazu: »Unter Ratzinger änderten sich die Dinge zwar, aber es war lediglich eine leichte Verbesserung und keine massive Veränderung. (…) Es gab einige Änderungen und etwas mehr Aufmerksamkeit für das ganze Problem. Aber das war kaum überraschend, wenn man den enormen Druck der Medien aus aller Welt bedenkt, mit Fällen, die jeden Tag in der Zeitung standen, in Amerika und in Irland. Ich meine, die Kirche und die

Führung in der Kirche konnten das einfach nicht länger ignorieren.«[48]

Immerhin war das Hauptziel der englischsprachigen Bischöfe erreicht worden: Die Zuständigkeit war aus den Händen der Kleruskongregation genommen. Allerdings klang es nun so, als hätte die Glaubenskongregation immer schon deutlich mehr Zuständigkeit in der Sache besessen, als die Bischöfe angenommen hatten. Kann es also sein, dass Ratzinger – anstatt im Vorfeld von SST um eine alleinige Zuständigkeit seiner Behörde in Missbrauchsfällen zu kämpfen – sich 2001 nur endgültig nicht mehr dagegen wehren konnte? Zwar gehen die Meinungen von Fachleuten darüber, wie genau die Kompetenzen in Sachen klerikalen Kindesmissbrauchs vor SST an der Kurie verteilt waren, bis heute auseinander, aber die Glaubenskongregation selbst folgte in ihrem Begleitschreiben zu SST der Argumentationslinie, sie hätte – nicht zuletzt durch »Crimen Sollicitationis« – immer schon umfassende Zuständigkeit besessen. Warum nur, stellt sich dann die Frage, hatte Ratzinger als Präfekt der Behörde, dem angeblich so viel an der Sache lag, das nicht früher und nachhaltiger deutlich gemacht? Entweder er wusste nicht um seine schon bestehende Zuständigkeit, oder er wusste um sie, nutzte sie aber nicht – aus welchen Gründen auch immer. Beides lässt seine Amtsführung nicht gerade im besten Licht erscheinen. Der amerikanische Kirchenrechtler Nicholas Cafardi bemerkte dazu: »Wenn man bedenkt, wie viel Schmerz hätte verhindert werden können, wenn wir nur ein klares Verständnis unseres eigenen Gesetzes gehabt hätten (...) Das ist wirklich eine schreckliche Ironie. Das hätte nicht passieren müssen.«[49]

Wie ein Artikel der *New York Times* analysierte, schienen die amerikanischen Bischöfe nach SST weitgehend zufrieden gewesen zu sein, denn sie bekamen nun »das meiste von dem, was sie verlangten (...). Den Amerikanern wurde erlaubt, ihre Null-Toleranz-Bestimmung für missbrauchende Priester beizubehalten, wodurch die Regeln für die Kirche in den Vereinigten Staaten weitaus strenger wurden als in den meisten anderen Ländern der Welt. Die Glaubenskongregation sagte auch, dass sie von Fall zu Fall auf die Verjährung verzichten würde, wenn die Bischöfe darum bäten.«[50] Dennoch zeigte sich auch jetzt, dass der Vatikan, inklusive Ratzingers Behörde, im Wesentlichen die bisherige Politik fortführte: Festhalten am kirchenrechtlichen Strafprozess, keine Laisierung ohne Rom, keine verpflichtende Kooperation mit zivilen Strafverfolgungsbehörden, kein Nebenklägerstatus für Opfer, keine Rede von Entschädigungen für Opfer, um nur einige der bis heute gültigen roten Linien Roms zu nennen. Auch den amerikanischen Bischöfen war klar, »dass die neuen Verfahren unzulänglich waren«. Als sie im Sommer 2002 in Dallas »eine Reihe strengerer kanonischer Normen verabschiedeten, die die Bischöfe verpflichten, alle kriminellen Anschuldigungen den weltlichen Behörden zu melden und Priester, die auch nur einer glaubwürdigen Missbrauchsanklage ausgesetzt sind, dauerhaft aus dem Dienst zu entfernen (...), lehnte der Vatikan die von den amerikanischen Bischöfen vorgeschlagenen Normen zunächst ab«. Wie auch schon 1994 wurde ein gemeinsamer Ausschuss aus amerikanischen Bischöfen und vatikanischen Beamten gegründet, inklusive eines Vertreters der CDF. Das Ergebnis war eine deutliche Abschwächung der Meldepflicht. Nun hieß es »lediglich, dass die Bischöfe sich an die zivilrechtlichen Bestimmungen zur Meldung von Verbrechen halten müssten, die von Ort zu Ort deutlich differierten«.[51] Dass die amerikanischen Bischöfe dennoch weitgehend zufrieden mit den neuen Regelungen nach 2001 waren, heißt also im Wesentlichen: Sie waren glücklich darüber, dass Ratzinger ihnen weniger Steine in den Weg legte, als Castrillón Hoyos es getan hatte. Eine denkbar niedrige Messlatte für einen »Helden im Kampf gegen klerikalen Kindesmissbrauch«.

Abgesehen davon gab es, insbesondere aus kirchenrechtlichen Fachkreisen und von Betroffeneninitiativen auch Kritik an den neuen Verfahren an der CDF. Betroffene waren und sind alles andere als glücklich, weil sie keine Akteneinsicht und keinen Einblick in den Fortschritt und den Ausgang ihrer Verfahren erhalten, weil ihnen von der CDF für gewöhnlich nicht einmal mitgeteilt wird, ob und welchen Schuldspruch ihr Täter bekommen hat – oder warum er freigesprochen wurde, während sie ohne anwaltlichen Beistand meist vor beauftragten Priestern ihre intimsten Verletzungen preisgeben mussten, die dann durch Kirchenrechtler in Rom analysiert und beurteilt wurden. Betroffene und Fachleute kritisierten das Schreiben auch für die neue Verjährungsfrist, die es auf zehn Jahre festlegt, beginnend mit dem achtzehnten Geburtstag des Opfers, denn durch SST sei überhaupt erst eine Verjährungsfrist von zehn Jahren eingeführt worden, wo es doch, so Cafardi, »bei sorgfältiger Lektüre des kanonischen Rechts«[52] zuvor gar keine gegeben hatte. Damit bezog er sich wieder auf »Crimen Sollicitationis«, das laut dem Begleitschreiben der CDF bis 2001 in Kraft gewesen wäre und in dem keine Rede von einer Verjährungsfrist war. Warum hatte SST überhaupt eine eingeführt, angesichts all dessen, was man auch damals schon über die psychologischen Langzeitfolgen und das lange Schweigen Betroffener wusste?

Ein anderer Kritikpunkt betraf das sogenannte Päpstliche Geheimnis, unter dem die Verfahren standen. Das bedeutete unter anderem, dass alle an einem kirchlichen Strafverfahren beteiligten Personen unter Androhung der Exkommunikation verpflichtet waren, absolutes Stillschweigen über das Verfahren zu bewahren. Das schloss nicht zuletzt die Opfer ein. In der Praxis bedeutete das oft eine erhebliche Erschwerung der Aufklärung. Nicht zuletzt hinderte es Betroffene, die in kirchlichen Verfahren als Zeugen ausgesagt hatten, daran, mit der Presse zu reden.

Überhaupt schien Ratzinger, ganz in Übereinstimmung mit kirchlicher Verschwiegenheitskultur, das Stillschweigen über diese Fälle wichtig gewesen zu sein. Solange er Präfekt der Glaubenskongregation war, drangen von offizieller Seite nicht einmal grobe Zahlen über die an der CDF verhandelten Missbrauchsfälle nach außen. Bis heute ist offiziell nicht einmal bekannt, wie viele Fälle zwischen 2001 und 2005 an seiner Behörde verhandelt wurden, geschweige denn irgendwelche Differenzierungen, etwa wie viele Freisprüche es gegeben hatte, wie viele Suspendierungen und Laisierungen und mit welchen Schuldsprüchen. Wir kennen nur Sciclunas Schätzung von »etwa 800 pro Jahr«, die wir nicht überprüfen können. Zudem kennen wir weder die Namen noch die Nationalität oder die Diözesen der von der CDF Verurteilten. Erst ab 2006 wurde in den *AAS* immerhin die Gesamtzahl aller an der CDF neu aufgenommenen Strafverfahren veröffentlicht. 2006 waren es laut *AAS* 362 neue Fälle, 2007 waren es 365.[53] Und erst ab 2008 wurden diese Fälle in den *AAS* aufgeschlüsselt: Von den 269 Verfahren, die 2008 an der CDF neu eröffnet wurden, ging es in 45 Fällen um »Straftaten gegen den Glauben«, in 33 um »Straftaten bei der Feier der Sakramente« und in 191 Fällen um klerikale »Straftaten gegen das sechste Gebot an Minderjährigen«. Außerdem wurden für dieses Jahr 36 Laisierungen auf Antrag (dispense dalle obblighi sacerdotali) und 32 von Amts wegen vorgenommene (dimissione ex officio) gemeldet.[54] Welche davon allerdings Strafmaßnahmen gegen Missbrauchstäter waren, lassen die *AAS* offen.

Was in den Jahren 2001 bis 2005 in Joseph Ratzinger vorging, ist nicht ganz leicht nachzuvollziehen. Öffentliche Kritik an seinem Umgang mit Missbrauchsfällen, an der Intransparenz seiner Behörde und an der Zurückhaltung von Zahlen und Fakten gab es kaum. Aus einem ganz simplen Grund: Die Öffentlichkeit wusste einfach zu wenig, um eine solche Kritik äußern zu können. Die kirchliche Geheimhaltungskultur ging auf. Noch. Nur so ist zu erklären, dass Ratzinger sogar als Tabubrecher gefeiert wurde, weil er beim Kreuzweg 2005 vom »Schmutz in der Kirche« sprach. Seine Verteidiger führen diese Kreuzwegandacht gerne als Beleg für seinen angeblichen »Kampf gegen Missbrauch« an[55] – auch jetzt noch, wo wir wissen, dass sie rund zwanzig Jahre nach dem Beginn der Krise in den USA die erste öffentliche Äußerung Ratzingers war, die als Anspielung auf klerikalen Kindesmissbrauch verstanden werden kann. Vor dem Hintergrund seiner jahrelangen Zuständigkeit in der Sache ist diese so vage und späte öffentliche Äußerung, bei der er sich nicht einmal dazu durchringen konnte, explizit von Kindesmissbrauch zu sprechen, sondern vielmehr die problematische Metapher vom scheinbar von außen kommenden »Schmutz« wählte, eher kein Grund, ihn für seinen Einsatz für Missbrauchsbetroffene zu feiern.

7 Das Pontifikat

oder: Eine vorhersehbare Katastrophe

Am 2. April 2005 starb Papst Johannes Paul II. Der römische
Katholizismus kam für einen Moment gleichsam zum Stillstand.
Manche fühlten sich in diesen Tagen wie verwaist. Spontan
strömten riesige Menschenmengen nach Rom, wo am Abend des
4. April 2005 der Leichnam des verstorbenen Papstes aufgebahrt
wurde. Millionen nahmen Abschied. Am 8. April, einem sehr
windigen Tag, fand auf dem Petersplatz das Requiem in der Präsenz von ungefähr 200 Staats- und Regierungschefs statt. Es war
eine der größten kirchlichen Begräbnisfeiern in der Geschichte
des Christentums. Die Bilder der Feier, der Kardinal Ratzinger
vorstand, gruben sich in das kollektive Gedächtnis katholischer
Gläubiger ein.

Kardinal Ratzinger leitete auch das Konklave, das zehn Tage
später, am 18. April 2005 begann. Alle Augen der über 100 wahl-
berechtigten Kardinäle waren auf ihn gerichtet. Er war nicht nur
einer der ganz wenigen, die schon am Konklave von 1978 teilgenommen hatten, wohingegen die meisten von ihnen dieses
höchst geheime und streng formelle Verfahren zur Wahl eines
neuen Papstes zum ersten Mal erlebten. Er hatte in diesem besonderen Moment auch deswegen eine einzigartige Stellung im Kreis
seiner Kollegen, weil die meisten ihn in seiner Rolle als Präfekt
der Glaubenskongregation kannten. Sie wussten, dass es kaum
jemanden gab, der die Römische Kurie und die Vorgänge in der
Weltkirche so genau kannte wie er. Vor allem kannte er, analysiert Tom Doyle, »das System besser als jeder andere. Er kannte

all diese Männer, die da zur Wahl gingen. Er hatte die mächtigste Position in der Kurie, wahrscheinlich sogar noch mächtiger als der Kardinalstaatssekretär.«[1] Und er strahlte die Gelassenheit eines Menschen aus, der von seinem Gottvertrauen getragen wurde. Während viele andere in diesen Tagen suchend und verunsichert waren, während alte Gewissheiten, auf denen Glaube und Kirche aufbauten, innerhalb wie außerhalb der Kirche ins Wanken geraten waren, schien Ratzinger sicher zu wissen, was richtig und was falsch war. Seine Predigt am Beginn des Konklave wurde von vielen entsprechend begierig aufgegriffen:

Einen klaren Glauben nach dem Credo der Kirche zu haben wird oft als Fundamentalismus abgestempelt, wohingegen der Relativismus, das sich »vom Windstoß irgendeiner Lehrmeinung Hin-und-her-treiben-Lassen«, als die heutzutage einzige zeitgemäße Haltung erscheint. Es entsteht eine Diktatur des Relativismus, die nichts als endgültig anerkennt und als letztes Maß nur das eigene Ich und seine Gelüste gelten lässt. Wir haben jedoch ein anderes Maß: den Sohn Gottes, den wahren Menschen. Er ist das Maß des wahren Humanismus.[2]

Vermutlich wurde Ratzinger gerade für diese Analyse der aktuellen Situation der Kirche zum Papst gewählt.

Habemus Papam

Schon am zweiten Nachmittag des Konklave, nach dem vierten Wahlgang, stand das Ergebnis fest. Kardinal Medina Estévez verkündete es auf der Benediktionsloggia des Petersdomes der wartenden Menge und der Weltöffentlichkeit feierlich auf Latein: »Annuntio vobis gaudium magnum. Habemus Papam. Eminentissimum ac Reverendissimum Dominum, Dominum Iosephum Sanctae Romanae Ecclesiae Cardinalem Ratzinger, qui sibi nomen imposuit Benedicti Decimi Sexti.« Die letzten Worte – alles nach »Iosephum« – gingen im Jubel der auf dem Platz versammelten Menge unter. Der in Weiß gekleidete Joseph Ratzinger, der auf den Balkon tretende neue Papst, Benedikt XVI., wurde von einem stürmischen Jubel begrüßt, wie er ihn persönlich wohl noch nie zuvor erlebt hatte.

Dabei hatte er, glaubt man ihm selbst und vielen seiner Weggefährten, auf keinen Fall Papst werden wollen. Er sprach wenige Tage später vor deutschen Pilgern von einem »Fallbeil«, das auf ihn herabgefallen wäre, sodass ihm im Konklave »ganz schwindelig« geworden sei. Weil er die Wahl aber, in seinem kindlichen Glauben, als den Willen Gottes auffasste, nahm er sie an. Er hoffte darauf, »dass der Herr auch mit ungenügenden Werkzeugen zu arbeiten und zu wirken weiß«, wie er es den auf dem Petersplatz Versammelten am 19. April sagte. »Der Herr wird uns helfen, und Maria, seine allerseligste Mutter, steht uns zur Seite.«[3] Dass er das Amt nicht wollte, »das muss man ihm abnehmen«, sagt auch Wolfgang Beinert, und er fügt hinzu: »Ein Mensch, der bei Verstand ist, kann das Papstamt nicht wollen.«[4] Warum? Was ist das für ein Amt, das Joseph Ratzinger ab dem 19. April 2005 innehat?

Das Amt des Papstes geht nach kirchlicher Lehre auf Petrus zurück. Der Wortführer der zwölf Apostel Jesu, der in der katholischen Kirche als der erste Bischof von Rom und der erste Papst verehrt wird, war dieser Lehre zufolge Träger des »wahren und eigentlichen Jurisdiktionsprimats« und hatte »nach göttlicher Anordnung dauernd Nachfolger in der Kirche«. Diese Nachfolger im Primat über die ganze katholische Kirche sind die Bischöfe von Rom.[5] Der jeweilige Bischof von Rom ist damit der Träger des Jurisdiktionsprimats. Theoretisch soll er sein Amt als Haupt der Kirche und des Bischofskollegiums gemeinsam mit den Bischöfen ausüben. Aber dieses Prinzip der bischöflichen Kollegialität wurde im Laufe der Kirchengeschichte immer weiter zugunsten des Jurisdiktionsprimats abgeschwächt und hat de facto kein rechtliches Gewicht. Allenfalls aus strategischen Gründen mag der Papst gelegentlich genötigt sein, auf den Willen der Mehrheit der Bischöfe Rücksicht zu nehmen, aber ein handfestes Mitbestimmungs- oder Vetorecht in Sachen dogmatischer, kirchenrechtlicher oder personeller Entscheidungen auf höchster Ebene kommt ihnen nicht zu, geschweige denn dem ganzen Rest der Kirche, den sogenannten Laien, die immerhin über 99,9 Prozent der Kirche ausmachen. Der Papst hat kein Parlament, das ihn kontrolliert, es gibt in seinem Apparat keine Checks and

Balances, keine Rechtsstaatlichkeit. Die Kirche ist keine Demokratie. Sie verdankt ihre Verfassung einer göttlichen Stiftung oder – profaner betrachtet – einer Welt, in der feudale Ständeordnungen und Gottesgnadentum die Norm waren. Während diese Art der Gesellschaftsordnung in den Staatsverfassungen Europas nach und nach abgeschwächt und abgeschafft wurde, hat sie in der Verfassung der römisch-katholischen Kirche ungebrochen überlebt und sich im Laufe des 20. Jahrhunderts sogar weiter konsolidiert. Das heißt, als Papst war Benedikt XVI. ab dem 19. April 2005 das Haupt der Kirche, ihr oberster Regent, Lehrer und Richter. Er verfügte »kraft seines Amtes über höchste, volle, unmittelbare und universale ordentliche Gewalt, die er immer frei ausüben« konnte.[6] Seine Jurisdiktionsgewalt erstreckte sich auf alle Bischöfe und Gläubigen der katholischen Kirche (waren das 1980 noch knapp 800 Millionen, so war ihre Zahl 2005 auf rund 1,1 Milliarden angewachsen). Er hatte niemanden mehr über sich (außer Gott) und niemanden, der die Aufgabe oder Möglichkeit gehabt hätte, ihn zu kontrollieren. Er ernannte alle seine Berater und Stellvertreter selbst: die Präfekten der kirchlichen Spitzenbehörden, die Kardinäle, die Bischöfe in aller Welt, die Diplomaten, die den Heiligen Stuhl weltweit vertraten, und die Richter an den obersten Gerichtshöfen der Kurie. Er war der höchste Gesetzgeber der Kirche und zugleich ihr oberster Gesetzesinterpret. Kurz: Er war, gleich worum es ging, für alle in der Kirche die letzte und entscheidende Instanz. Ohne übermäßiges Gottvertrauen kann wirklich niemand dieses Amt antreten.

Bei aller berechtigten Furcht vor der mit dem Amt verbundenen Verantwortung mochte seine Wahl auch mit einer Hoffnung verknüpft gewesen sein. Solange Ratzinger Präfekt der Glaubenskongregation war, war sein Handlungsspielraum begrenzt. Er musste in manchen Dingen zurückhaltend und vorsichtig agieren, nicht zuletzt in Bezug auf Marcial Maciel, der ja mächtige Unterstützer in direkter Nähe Johannes Pauls II. hatte, darunter den Päpstlichen Privatsekretär Stanisław Dziwisz und den Kardinalstaatssekretär Angelo Sodano – und eine Reihe anderer einflussreicher Leute an der Kurie. Er hatte viele Jahre der verfehlten

Politik von Kardinal Castrillón Hoyos zusehen müssen. Nun, als Papst, konnten selbst seine einflussreichsten Widersacher seine Beschlüsse nicht mehr anfechten. Denn erstens konnte er nun die Präfekten der kurialen Behörden selbst ernennen, die Politik des Heiligen Stuhles vorgeben, Gesetze erlassen und so weiter – und zweitens gab es, laut can. 333 § 3 CIC »gegen ein Urteil oder ein Dekret des Papstes weder Berufung noch Beschwerde«. Wie nutzte er diese Chance?

Ein Jahr der Gnade

Aus Sicht der Öffentlichkeit begann das Pontifikat Benedikts XVI. mit einer großen Überraschung. Mit Verblüffung nahmen nicht zuletzt deutsche Medien wahr, dass dieser Mann mit Jubel begrüßt wurde, dass ihm Begeisterung entgegenschlug, dass er mit seinem hohen Alter, seinen etwas unbeholfen in die Höhe gestreckten Armen, seinem schüchternen Lächeln sofort stürmisch als der neue Papst empfangen wurde. Seine Reputation als autoritärer Glaubenswächter stand ihm dabei kaum im Weg, im Gegenteil: Nicht wenige liebten ihn gerade dafür, insbesondere die in den vergangenen Jahrzehnten zahlreicher gewordene Anhängerschar der neuen geistlichen Gemeinschaften. Außerdem wirkte die schüchtern lächelnde Gestalt Benedikts mit seiner Bescheidenheit und seiner Sprachgewandtheit vor dem Hintergrund seines Rufes umso sympathischer. Es war, als trete hinter bösen Zerrbildern auf einmal ein echter Mensch hervor, dessen Aura so ganz anders war als die des ominösen »Panzerkardinals« oder »Wachhundes«. Entsprechend herzlich fiel der Willkommensjubel aus, der nicht zuletzt von Scharen begeisterter Jugendlicher kam, deren »Benedetto«-Rufe von nun an die öffentlichen Auftritte Benedikts begleiteten. Bei aller Zurückhaltung genoss der Papst diese Begeisterung, denn er fasste sie als Hoffnungszeichen auf. Besonders deutlich wurde das auf dem Weltjugendtag im August 2005 in Köln.

Das Format »Weltjugendtag« (WJT) geht auf Papst Johannes Paul II. zurück. Es ist eine Art riesiges Glaubensfestival, zu dem alle zwei bis drei Jahre Hunderttausende katholische Jugendliche aus aller Welt an einem Ort zusammenkommen, begleitet von Bischöfen, Priestern und Ordensleuten. Sie beten, singen und feiern miteinander. Wesentlich getragen sind diese Treffen nicht zuletzt von neuen geistlichen Gemeinschaften, deren Präsenz und Veranstaltungen auf den Weltjugendtagen nicht zu übersehen sind.

Im August 2005 kamen über eine Million Jugendliche nach Köln. Es war der erste Auslandsbesuch Benedikts XVI., und auf den Aufnahmen dieser Tage sieht man ihn froh, heiter, beinahe erleichtert: Er im Mittelpunkt riesiger Feiern mit beeindruckender Choreografie, vor ihm ein Meer aus Jugendlichen, neben ihm unter anderem sein Freund Joachim Kardinal Meisner, Erzbischof von Köln und damit Gastgeber des WJT 2005, der mit seiner eigenen Art durch flapsige Zwischenbemerkungen für Heiterkeit sorgte. Dass zur selben Zeit ein Geleitwort Meisners in Maciels Buch *Priester für das Dritte Jahrtausend* erschienen war, machte Benedikt offenbar nichts aus. Was ihn beeindruckte, war die Stimmung dieser Tage: Tausende und Abertausende junger Menschen, die dem Papst begeistert zujubelten, die ehrfürchtig vor Jesus in der Heiligsten Hostie niederknieten, die den Rosenkranz beteten, beichteten und in den Eucharistiefeiern mit fester Stimme mitsangen. In diesen Tagen musste Benedikt XVI. das Gefühl haben, dass die Zeiten vielleicht doch nicht so winterlich waren, wie er befürchtet hatte.

Motiviert von diesem Hoffnungsgefühl, setzte er sich in diesem Sommer an seine erste Enzyklika. So entstand *Deus caritas est*, ein stellenweise fast poetischer Text über die Liebe, den viele nicht von ihm – ausgerechnet von ihm!, dem vermeintlich leibfeindlichen Spitzenkleriker und weltfremden Professor – erwartet hätten. Selbst Kritiker nannten diese Enzyklika auch noch nach seinem Pontifikat einen Meilenstein, der bleiben würde. Wenige wagten es – und es wäre wohl auch als undankbar erschienen –, angesichts eines so schönen Textes Kritik an der unveränderten lehramtlichen Sexuallehre zu üben.

Während Kirche und Öffentlichkeit dem Papst gleichsam ein Jahr der Gnade schenkten, fielen weitgehend unbemerkt von der großen Öffentlichkeit erste von Insidern sorgfältig analysierte

Entscheidungen des Papstes. Scicluna war noch in den USA, um Opfer Maciels zu befragen, da erließ die Glaubenskongregation, nun geleitet vom Amerikaner William Levada, am 27. Mai 2005 ein Dekret, mit dem der Gründer zweier neuer geistlicher Gemeinschaften verurteilt wurde. Der Name des Mannes war Luigi Burresi, und das Urteil in seinem Fall galt 2005 vatikanintern als ein Hinweis darauf, wie Benedikt XVI. auch mit Maciel umgehen würde. Burresi, von seinen Anhängern Gino genannt, gab sich seit den 1960er-Jahren als Mystiker aus, trug angeblich die Wundmale Jesu, vollbrachte Wunder und scharte Anhänger und Anhängerinnen um sich. Sie kamen vor allem aus Italien, Portugal, den USA und Kanada, um ihn zu sehen und zu hören, darunter »hohe Prälaten, Politiker, Botschafter und Künstler. Sein Hauptquartier befand sich in der Nähe von Tivoli, in San Vittorino, wo er ein marianisches Heiligtum errichtete.«[7] Schon Ende der 1980er hatte es erste Anschuldigungen gegen Burresi gegeben, er hätte junge Männer, die sich ihm anschlossen, sexuell belästigt. Auch Vorwürfe rund um die Verletzung des Beichtsiegels standen im Raum. Aber erst 1997 leitete die Glaubenskongregation unter Kardinal Ratzinger schließlich ein Strafverfahren gegen Burresi ein und bezichtigte ihn 2002 einer langen Reihe von Delikten, darunter die direkte und indirekte Verletzung des Beichtsiegels und Pseudomystizismus.[8] Umso mehr erstaunte es, dass der 73-jährige Burresi durch das Dekret von 2005 weder formal suspendiert noch laisiert wurde. Nicht einmal seine Vergehen oder die Vorwürfe gegen ihn wurden im Dekret benannt, vielmehr hieß es da schlicht, »die im Besitz der Glaubenskongregation befindliche Dokumentation« zeige »mit Sicherheit«, dass Burresi »nicht geeignet« wäre, seelsorglich tätig zu sein, Beichte zu hören oder zu predigen; zusätzlich wurde ihm verboten, Interviews zu geben.[9] Ob Burresi sich an diese Verbote hielt, ist nicht bekannt. Bis zu seinem Tod im Mai 2018 lebte er in Tuscania, ganz in der Nähe des von ihm errichteten Marienheiligtums nordwestlich von Rom. Die von ihm gegründeten Gemeinschaften mit ihren Dutzenden Niederlassungen in Italien und Portugal bestehen bis heute.[10]

Am 19. Mai 2006, ziemlich genau ein Jahr nach dem Dekret im

Fall Burresi, fiel endlich das von vielen lange erwartete »Urteil« im Fall Maciel. Allerdings konnte von einem Urteil im eigentlichen Sinn keine Rede sein. Nachdem Scicluna über Monate hinweg Opfer Maciels vernommen und eine inhaltlich wie zahlenmäßig überwältigende Menge von Beweisen gesammelt hatte, schien man an der Glaubenskongregation und im Apostolischen Palast dennoch zu zögern. Am Ende entschied man sich gegen einen Strafprozess und beließ es bei einem eher symbolischen Akt. So erging am 19. Mai 2006 auch kein Dekret der Glaubenskongregation, sondern eine Pressemitteilung des Heiligen Stuhles. Darin hieß es eingangs, die Glaubenskongregation hätte seit 1998 Anschuldigungen gegen Marcial Maciel Degollado erhalten, und zwar »wegen Verbrechen, die der ausschließlichen Zuständigkeit des Dikasteriums vorbehalten sind«. Genauer wurden die Anschuldigungen nicht spezifiziert. Nur für Insider war damit klar, dass es (auch) um Anschuldigungen wegen sexuellen Missbrauchs ging. Dann hieß es ausdrücklich, der »ehrwürdige« Maciel hätte diese Anschuldigungen zurückgewiesen »und seinen Unmut über das Vorgehen einiger ehemaliger Legionäre Christi zum Ausdruck« gebracht. Außerdem wurde behauptet, dass er im Vorjahr »aus Altersgründen« vom Amt des Generaloberen der Legionäre Christi zurückgetreten wäre. Alles das hätte die Glaubenskongregation sorgfältig geprüft und dann »unter Berücksichtigung sowohl des fortgeschrittenen Alters« Maciels »als auch seines schlechten Gesundheitszustands« beschlossen, auf einen kanonischen Prozess zu verzichten. Stattdessen würde Maciel »zu einem zurückhaltenden Leben des Gebets und der Buße eingeladen« und dazu, »auf jegliche öffentliche Amtsausübung« zu verzichten. Außerdem wurde noch die Approbation dieser Entscheidung durch Benedikt XVI. erwähnt, und abschließend hieß es ausdrücklich: »Unabhängig von der Person des Gründers wird das verdienstvolle Apostolat der Legionäre Christi und der Assoziation Regnum Christi dankbar anerkannt.«[11]

Dieser Text war in vielfacher Hinsicht bemerkenswert. Vor allem eines fiel auf: Ob Maciel in den Augen Roms überhaupt schuldig war oder nicht, schien hier bewusst offengelassen zu werden. Das war erstaunlich angesichts der den römischen Behörden vorliegenden Zeugenaussagen seiner vielen Opfer und der Beweise über Maciels Verbrechen. Zudem war der angeblich schlechte Gesundheitszustand Maciels kein wirklich überzeugender Grund für den Verzicht auf ein Strafverfahren, wenn man wusste, dass mündliche Verhandlungen in kirchenrechtlichen Prozessen die absolute Ausnahme waren, während das Übliche und zu Erwartende ein rein schriftliches Verfahren gewesen wäre,[12] und auch die übliche persönliche Einvernahme durch eine nur schriftliche Stellungnahme hätte ersetzt werden können. Schließlich war verwunderlich, wie Benedikt XVI. sich aufgrund dieser Pressemitteilung innerkirchlich den Ruf erwerben konnte, gegen Maciel »hart« durchgegriffen zu haben, wo er ja, im Gegenteil, so offensichtlich beschlossen hatte, im Fall Maciel Gnade vor Recht ergehen zu lassen. In der breiteren Öffentlichkeit ging diese in ihrer Form und Bedeutung schwer verständliche Meldung 2006 weitgehend unter. Aber unter Anhängern wie Opfern Maciels löste sie starke Reaktionen und eine sich über die folgenden Jahre hinziehende quälende kirchliche Dynamik aus Lügen und Rückzugsgefechten aus, aus der Benedikt XVI. sich weitgehend heraushielt. So kann man zu dem Schluss gelangen, dass weder Gerechtigkeit für Maciels Opfer noch die Bestrafung Maciels, noch die Offenlegung der Wahrheit über diesen Mann, über seine Hintermänner und die Reichweite seiner Machenschaften wirklich ein Anliegen Benedikts war.

Die Legionäre Christi erließen noch am selben Tag ihrerseits ein Pressestatement. Darin hieß es, Maciel erkläre seine Unschuld und würde, dem Beispiel Jesu folgend, darauf verzichten, sich in irgendeiner Weise zu verteidigen. Er hätte die Pressemitteilung im »Geist des Gehorsams gegenüber der Kirche« angenommen, einem Geist, »der ihn immer geprägt« hätte, und als ein »neues Kreuz, das Gott, der Vater der Barmherzigkeit, ihn eingeladen hat zu tragen«.[13] Anhänger Maciels erklärten öffentlich, sie wären nach wie vor überzeugt, »dass die Vorwürfe gegen Pater Maciel unbegründet seien«. Schließlich gäbe es »nichts in der Erklärung des Vatikans, was darauf hindeutet, dass das Wort ›Buße‹ als Strafmaßnahme gemeint ist«.[14] Und wie sah in der

Zwischenzeit das Leben in Zurückgezogenheit, Buße und Gebet aus, das Maciel nun eingeladen war zu führen? Pablo Pérez Guajardo stellt trocken fest: »Er hat es nie wirklich erfüllt.«[15] Maciel zog damals gemeinsam mit einigen Männern und Frauen der Legionäre und des Regnum Christi in eine Villa in einer bewachten Wohnanlage in Jacksonville, Florida. Von den Legionären erhielt er in dieser Zeit monatlich 20 000 Dollar.[16] Er nutzte das Geld, um zusammen mit seiner Frau und Tochter um die Welt zu reisen. Fotos zeigen ihn und seine Entourage auf Flugreisen in der Businessclass, in Maciels Geburtsstadt Cotija de la Paz, in Houston, London, Bologna, Capri und Sorrent.[17] Immer wieder sieht man die Gruppe in Eisdielen, denn Maciel liebte Eis. Gelegentlich sieht man ihn im Rollstuhl, aber von seinem angeblich schlechten Gesundheitszustand ist sonst wenig zu spüren. Ein besonders glücklicher Tag für ihn dürfte der 16. Oktober 2006 gewesen sein, etwa ein halbes Jahr nach seiner »Verurteilung«. An diesem Tag fand auf dem Petersplatz in Rom die Heiligsprechung seines Onkels statt, des mexikanischen Bischofs Rafael Guízar y Valencia. Sie wurde, wie üblich bei Heiligsprechungen, von Papst Benedikt XVI. persönlich vorgenommen.

Dass Maciel, dem jahrzehntelangen Kampf seiner zahlreichen Opfer zum Trotz, sein luxuriöses Leben im Ruf der Heiligkeit bis zum Ende weitgehend ungestört führen konnte, erbitterte insbesondere Ex-Legionäre. Denn Schuld daran trug primär die maximal zurückhaltende Entscheidung Benedikts, der sich nicht dazu durchringen konnte, die Machtfülle seines Amtes zu nutzen, um Klarheit und Gerechtigkeit herzustellen. Peter Byrne kommentiert rückblickend: »Es wurde überhaupt kein Druck auf Maciel ausgeübt, es gab keine Bedrohung. Er war nicht verpflichtet zu gehen. Sie brachten dieses außerordentlich üble Dokument heraus. Ich glaube nicht, dass Sie ein anderes Wort dafür verwenden können, bei einem Mann, der das Leben so vieler Menschen zerstört hat und der nicht zur Rechenschaft gezogen wird. Das ist entsetzlich.«[18] Zudem erbitterte es viele, dass Benedikt dafür im Nachhinein sogar noch als mutiger Held gefeiert wurde. Xavier Léger merkt an: »Um das Papsttum zu retten, hoben sie den heldenhaften Charakter dieser Entscheidung hervor. Benedikt XVI.

war der Held, der es endlich gewagt hatte, Maciel zu stürzen. Und sie schufen aus dem Nichts eine Art Superheld, nur weil er Pater Maciel einfach zum Rücktritt aufgefordert hatte. Aber wenn man das Ganze etwas perspektivisch betrachtet, war diese Tat nur ein kleiner Schlag auf die Hand, mehr nicht. Er beschützte ihn viele Jahre lang, und dann, in einem Moment, als Pater Maciel zu alt war, beschloss er: ›Okay, wir werden ihn bitten zurückzutreten, aber schade, wir können ihn jetzt nicht mehr belangen, er ist zu alt.‹«[19]

Am 30. Januar 2008 starb Maciel. Einen Tag darauf gaben die Legionäre eine Pressemitteilung heraus, in der es hieß: »Die Legionäre Christi und die Mitglieder des Regnum Christi verkünden mit Trauer den Verlust ihres geliebten Gründervaters.« Er wäre ein »Werkzeug Gottes« gewesen und hätte »seine Energie der Erfüllung des Auftrags gewidmet, den Gott ihm anvertraut hatte«. Mit keinem Wort wurden seine Verbrechen oder seine Opfer erwähnt. Seine Anhänger, die die Schlagzeilen nicht kannten oder ihnen nicht glaubten und die weder von ihren Oberen noch von den kirchlichen Spitzenbehörden aufgeklärt worden waren, waren nach wie vor von seiner Heiligkeit überzeugt. Umso verwirrter waren sie: Warum wurde die Todesfeier so klein gehalten? Warum wurde Maciel nicht im eigens gebauten Mausoleum in der Basilika Nostra Signora di Guadalupe in Rom begraben, sondern im Familiengrab in Cotija de la Paz in Mexiko? Warum begann man nicht mit seinem Seligsprechungsprozess? Als sich auch unter den Mitgliedern der Gemeinschaften Gerüchte über Maciels Doppelleben verbreiteten, hielten Kurienkardinäle, die zu den wichtigsten Amigos gehört hatten – Sodano, Castrillón Hoyos und Rodé –, Vorträge für die Mitglieder von Maciels Gemeinschaften in Rom. Anstatt sie aufzuklären, bestärkten sie sie weiter in ihrer Treue gegenüber Maciels Erbe und den von ihm gegründeten Kommunitäten. Rodé beispielsweise sagte ihnen: »Jeder gute Baum bringt gute Früchte, und der schlechte Baum bringt schlechte Früchte. Ein guter Baum kann keine schlechten Früchte bringen, und ein schlechter Baum kann keine guten Früchte bringen. Aber die Frucht ist gut, die Frucht ist außerordentlich gut (…). Sie ist ausgezeichnet, prächtig (…). Können wir also sagen, dass der Baum schlecht ist? Logischerweise würde ich nein sagen, und ich spreche ihn los, ich spreche Vater Maciel los! Ich verurteile ihn nicht.« Castrillón Hoyos rief ihnen zu: »Lasst die Welt urteilen! Es ist eine korrupte und heuchlerische Welt! Lasst sie richten! Aber bitte, es soll keinen Legionär geben, der sich wie Noahs böser Sohn über die Fehler seines Vaters lustig macht!« Und Sodano: »Wir dürfen nicht vergessen, dass ein Fleck einem Gemälde nichts wegnimmt. Eine Wolke an einem schönen Horizont hindert den Horizont nicht daran, wunderbar zu sein.« Und explizit mit Bezug zu Maciel: »Es ist möglich, dass es seine Demut der letzten Jahre war, sein Wunsch, dem Herrn zu dienen, der auch dazu führte, dass er sich zurückzog und die Kongregation einen neuen Generaldirektor wählen ließ; sein heiliges Leben der letzten Jahre lehrt uns, dass wir (…) den Herrn immer um Vergebung bitten und mit mehr Großzügigkeit in unserer Mission fortfahren können.«[20]

Am 3. Februar 2009 berichtete die New York Times nicht nur über Maciels verschwenderischen Umgang mit Geld und die von ihm verübte sexualisierte Gewalt, sondern erstmals auch über sein Doppelleben mit Frau und Tochter.[21] Hochrangige Repräsentanten der Legionäre, die von der New York Times zu Stellungnahmen gebeten worden waren, versuchten zunächst noch, sich in Schweigen zu hüllen, aber der Druck war mittlerweile so groß, dass ihnen das nicht länger gelang. Schon einen Tag nach dem Artikel räumte der Pressesprecher der Legionäre in Rom ein, dass Maciel Vater eines Kindes war. »Wir haben das erst kürzlich herausgefunden«, sagte er der Presse. Wie, das könnte er »nicht sagen, und es ist nicht opportun, darüber weiter zu diskutieren, auch weil es sich um Personen handelt, die Privatsphäre verdienen«. Zudem hielt er ausdrücklich fest, die Anschuldigungen wegen sexueller Übergriffe wären »nie endgültig bewiesen« worden, und behauptete, die Legionäre wüssten gar nicht, »welche Anschuldigungen damals erhoben und untersucht wurden«.[22]

Als sich in den unteren Rängen der Legionäre die Nachricht von den Taten Maciels verbreitete, kehrten einige der Legion den Rücken, darunter auch Xavier Léger. Rückblickend beschreibt er, wie schwer ihm das fiel, angesichts der mentalen Kontrolle, die die Legion jahrelang über ihn ausgeübt hatte:

Am Tag meiner Abreise hatte ich ein Gefühl, als würde ich mir eine Waffe an die Schläfe halten und mich selbst erschießen. Ich war mir sicher, dass alles, was ich für den Rest meines Lebens tun würde, absolut keinen Wert haben würde, denn mein Schicksal war bereits entschieden, und ich war für alle Ewigkeit verdammt. Und ich lebte mit dieser großen Last. Am Tag, als ich ging, war ich in einem solchen Zustand der Qual. Es war der schlimmste Tag meines Lebens. Ich weinte und weinte, als ich meine Mutter in die Arme nahm. Ich war am Boden zerstört, einfach am Boden zerstört.

Und seltsamerweise brach ich, wie viele ehemalige Legionäre, am Tag der Enthüllung, dass Pater Maciel ein Gauner war und ein Doppelleben geführt hatte, in Lachen aus. Ich konnte nicht anders, ich musste einfach lachen. Es ist schrecklich, aber ich lachte, weil die Spannung in mir, die Schuldgefühle, in einem einzigen Augenblick gebrochen waren. Der Mann, den ich so viele Jahre meines Lebens als Halbgott verehrt hatte, der Mann, wegen dem ich mir jeden Tag die Schuld gab, der aus meinem Leben einen Albtraum gemacht hatte, der mich geistig erdrosselt hatte, plötzlich fanden wir heraus, dass er ein Kindervergewaltiger, ein Monster, ein Verbrecher war. Und in Wirklichkeit war es eine Befreiung. Also habe ich gelacht. Ich weiß nicht, wie lange, vielleicht zehn Minuten, ich konnte nicht aufhören, ich habe einfach gelacht und gelacht, und kurz danach, ganz plötzlich, ganz unerwartet, fing ich an zu weinen. Ich weinte und weinte. Ich dachte bei mir: Die Kirche betrügt seit siebzig Jahren ihre eigenen Kinder. Was für eine Verschwendung. Was für eine Zerstörung. Wie viele Tausende von Menschen wurden dadurch völlig zerstört? Schrecklich. Wirklich schrecklich.[23]

Erst jetzt, dafür aber umso hastiger, konnte der Papst sich entschließen, eine Untersuchung der Legionäre Christi auf den Weg zu bringen. Sie wurde im März 2009 angekündigt, wenige Wochen nach dem Bericht in der *New York Times*. Und erst ein Jahr später, als die Ergebnisse dieser Untersuchung bekannt gegeben wurden, räumte Benedikt XVI. endgültig ein, dass Maciel nicht unschuldig war – über zwei Jahre nach seinem Tod und nachdem die Öffentlichkeit ohnehin durch die Presse Bescheid wusste. Mittlerweile war auch öffentlich geworden, dass Maciel mit einer zweiten Frau, der gegenüber er sich als CIA-Agent ausgegeben hatte, zwei Söhne hatte, die ihn ebenfalls sexueller Übergriffe beschuldigten.[24] In einer vatikanischen Pressemitteilung vom 1. Mai 2010 hieß es: »Die sehr schwerwiegenden und objektiv unmoralischen Handlungen von Pater Maciel, die durch unwiderlegbare Zeugenaussagen bestätigt werden, stellen in einigen Fällen echte Verbrechen dar und zeugen von einem Leben ohne Skrupel und ohne authentischen religiösen Sinn.« Und nicht nur das: »Die Apostolische Visitation konnte feststellen, dass das Verhalten von P. Marcial Maciel Degollado schwerwiegende Konsequenzen im Leben und in der Struktur der Legion nach sich gezogen hat, die eine tiefgreifende Neubewertung erforderlich machen.«[25]

Nun wurden die Legionäre unter eine externe Leitung gestellt und sollten so gerettet werden. Die Losung lautete: Maciel war schlecht. Die Legion ist gut. Wir müssen sie nur ein wenig reinigen. Pablo Pérez Guajardo sagt dazu: »Aus meiner Sicht sind die Konsequenzen dieser Untersuchungen praktisch nicht existent.« Sobald alle Fakten aufgedeckt worden waren, wären sie »wieder versteckt worden, und es wurde gesagt: ›Hier gibt es nichts zu tun, lasst uns vorwärtsgehen, lasst uns die Vergangenheit vergessen, denn es gibt so viele gute Dinge innerhalb der Legion und natürlich viel Geld für die Kirche.‹«.[26] Und Xavier Léger formuliert es so: Der Papst »entschied von Anfang an, dass die Legion Christi ein Werk Gottes ist. Okay, der Gründer ist böse, aber all die Schwierigkeiten und Leiden, die er verursacht hat, und all die Funktionsstörungen und Perversitäten, die er in die Legion Christi eingebaut hat, interessieren uns nicht«. Und er fügt hinzu: »Wie war es möglich, dass der Papst nicht den Verstand hatte zu erkennen, dass, wenn wir uns vielleicht siebzig Jahre lang in Bezug auf diesen Mann geirrt hatten, indem wir dachten, er sei ein Heiliger, und dann plötzlich entdecken, dass er ein Mörder, ein Verbrecher, ein Kindervergewaltiger, ein Drogenabhängiger, ein krankhafter Lügner und so weiter und so fort war, er nicht den Verstand hatte zu erwägen, dass wir uns vielleicht auch in Bezug auf die Legion geirrt hatten?«[27]

Das Drama, das Benedikt durch diesen Rettungsversuch schuf, zieht sich bis weit über das Ende seines Pontifikates hinaus. Aber im Mai 2006 hoffte er wahrscheinlich noch, im Fall Maciel eine kluge Entscheidung gefällt zu haben. Die Verzweiflung und Empörung der Opfer Maciels drangen vorerst vermutlich überhaupt nicht zu ihm durch. Denn nur sehr wenige hatten das Privileg, ihre Post direkt auf den Schreibtisch des Papstes zu bringen oder gar in Audienz von ihm empfangen zu werden. Opfer der Kirche waren selten darunter. In den Tagen rund um die Veröffentlichung der Pressemitteilung zu Maciel wurde das Glück dagegen bayerischen Gebirgsschützen zuteil, deren Trachten in den folgenden Jahren zu einem vertrauten Bild in Benedikts Rom wurden. Benedikt ermutigte sie dazu, »beständig zu bleiben in der Treue zu den christlichen Werten, die das eigentliche Fundament Bayerns darstellen«.[28] Die glückliche Startphase seines Pontifikates hielt noch an. Doch schon bald erhielt sie einen ersten deutlichen Dämpfer.

Fettnäpfchen und Kontinuitäten

Im September 2006 reiste Benedikt XVI. in seine Heimat. Die Stationen waren die Hauptstadt München, der Marienwallfahrtsort Altötting, Freising und seine ehemalige Heimatstadt als junger Professor: Regensburg. Dort, im Audimax der Universität, hielt er am 12. September die einzige große Rede der Reise. Ihr Titel: »Glaube, Vernunft und Universität. Erinnerungen und Reflexionen.« Dabei kam er auf das Verhältnis von Glaube und Gewalt zu sprechen und zitierte in diesem Zusammenhang unglücklicherweise einen byzantinischen Kaiser aus dem 14. Jahrhundert, der einem muslimischen Perser vorwarf, Mohammed habe nichts »Neues gebracht«, außer »Schlechtes und Inhumanes«, »wie dies, dass er vorgeschrieben hat, den Glauben, den er predigte, durch das Schwert zu verbreiten«.[29]

In Regensburg sorgte dieses Zitat noch kaum für Irritationen. Erst ein, zwei Tage danach, als es sich in der muslimischen Welt herumgesprochen hatte, machte sich öffentliche Empörung breit, die nicht nur Benedikt, sondern auch die Presseleute des Heiligen Stuhles völlig kalt erwischte. Sie kam zum einen von deutschen Musliminnen und Muslimen. Aiman Mazyek beispielsweise, damals gerade neuer Generalsekretär des Zentralrats der Muslime in Deutschland, sagte, »es falle ihm ›schwer zu glauben‹, dass der Papst ›gerade im Verhältnis zur Gewalt die Grenze zwischen Islam und Christentum‹ sehe. Schließlich sei auch die Geschichte des Christentums blutig gewesen – ›man denke nur an die Kreuzzüge oder die Zwangsbekehrungen von Juden und Muslimen in Spanien‹. Gerade im Islam sei der Vernunftgedanke ›besonders präsent‹. Für die islamische Rechtsprechung sei ›der Gebrauch des eigenen Kopfes sogar eine der Säulen‹. Der Vorsitzende des Islamrats, Ali Kizilkaya, verwies darauf, dass Benedikt XVI. zu Beginn seines Besuchs an die Politik appelliert habe, den Dialog der Kulturen und Religionen zu verstärken. Dies sei allerdings ›kein positiver Beitrag dazu (…). Wenn wir alle in die historische Kiste greifen wollten, dann wäre der Dialog kaum möglich.‹«[30] Aber auch aus Kuwait, Marokko, Pakistan und der Türkei kam Kritik. Der Präsident des staatlichen türkischen Religionsamtes, Ali Bardakoğlu, sagte, er erwarte, dass Benedikt seine Worte in aller Kürze zurücknehme und sich entschuldige.[31] Noch am Abend desselben Tages musste sich der Pressesprecher des Heiligen Stuhles zu Wort melden. Federico Lombardi sagte, »der Papst wolle ›eine Haltung des Respekts und des Dialogs gegenüber den anderen Religionen und Kulturen und selbstverständlich auch gegenüber dem Islam pflegen‹«. Ihm »liege jedoch daran, ›religiöse Begründungen für Gewalt zurückzuweisen‹«. Und er fügt hinzu: »Es war mit Sicherheit nicht die Absicht des Heiligen Vaters, eine vertiefte Studie über den Dschihad und über die islamische Geisteshaltung in diesem Bereich vorzunehmen.«[32]

Am 20. September, zurück in Rom, meldete sich Benedikt selbst zu Wort. Bei der wöchentlichen Generalaudienz räumte er ein, das von ihm verwendete Zitat »konnte leider Anlass zu Missverständnissen geben«, aber »für den aufmerksamen Leser« wäre doch »deutlich, dass ich mir die von dem mittelalterlichen Kaiser in diesem Dialog ausgesprochenen negativen Worte in keiner Weise zu eigen machen wollte und dass ihr polemischer

Inhalt nicht meine persönliche Überzeugung zum Ausdruck bringt«. Seine Absicht wäre »eine ganz andere« gewesen, nämlich zu »erklären, dass nicht Religion und Gewalt, sondern Religion und Vernunft zusammengehören«.[33] Dass es freilich passender für einen Papst gewesen wäre, zur Illustration dieses Themas über die von der eigenen Religionsgemeinschaft ausgeübte Gewalt zu sprechen, räumte Benedikt nicht ein, von einer offenen Reflexion der eigenen Amtsführung vor dem Hintergrund der Gewalt- und Vernunftthematik ganz zu schweigen. Gleichwohl glätteten sich die Wogen in den folgenden Monaten, nicht zuletzt durch die Türkeireise Benedikts im November 2006, die vielleicht mit größerer diplomatischer Sorgfalt vorbereitet wurde als alle seine übrigen Reisen. Ende Dezember erklärte der neue Kardinalstaatssekretär Tarcisio Bertone gegenüber Radio Vatikan »den ›Fall Regensburg‹ als ›archäologisches Relikt‹ (…). Man habe den Eindruck, dass ›bereits ein Jahrtausend seit dem Missverständnis‹ rund um die fehlinterpretierte Rede vergangenen sei.«[34]

Ja, Tarcisio Bertone war seit September 2006 Kardinalstaatssekretär. Bis dahin hatte Benedikt Angelo Sodano in diesem Amt belassen, den Amigo Maciels, der sein Amt dazu genutzt hatte, Ermittlungen gegen Maciel zu verhindern, der es nicht für nötig gehalten hatte, an dem Treffen der englischsprachigen Bischöfe im April 2000 teilzunehmen, und für den klerikaler Kindesmissbrauch offensichtlich kein wichtiges Thema gewesen war, um das Mindeste zu sagen. Im Übrigen blieb Sodano der Römischen Kurie bis über das Ende von Benedikts Pontifikat hinaus als Dekan des Kardinalskollegiums erhalten. Auch Castrillón Hoyos blieb noch bis Oktober 2006 Präfekt der Kleruskongregation, obwohl er schon zwei Jahre zuvor seinen 75. Geburtstag erreicht hatte und damit das Alter, in dem Bischöfe und Kurienkardinäle für gewöhnlich ihren Rücktritt anbieten. Überhaupt hatte Benedikt nach seiner Wahl kaum Personal ausgewechselt, sondern eine starke Kontinuität zum Pontifikat seines Vorgängers bewahrt, dessen Seligsprechungsverfahren er, unter Umgehung der gewöhnlichen Frist, schon im Mai 2005 hatte einleiten lassen – Johannes Pauls II. fragwürdigem Umgang mit klerikalem Kindesmissbrauch zum Trotz.

Erst jetzt, im September 2006, nahm er also eine erste wichtige Personaländerung vor und setzte damit einen eigenen starken Akzent, allerdings einen, der vielen aus ganz verschiedenen Gründen bitter aufstieß. Er machte ausgerechnet Tarcisio Bertone zu seinem Kardinalstaatssekretär, seinen ehemaligen Sekretär an der CDF. Das war der Mann, der unter anderem das Verfahren gegen den Massentäter Lawrence Murphy gestoppt hatte. Außerdem war auch er ein Amigo Maciels und hatte erst wenige Jahre zuvor ein begeistertes Vorwort für Maciels Buch *Christ Is My Life* verfasst, in dem er Maciel gegen Anschuldigungen seiner Opfer in Schutz nahm.[35] Bertone verfügte obendrein über keinerlei Erfahrung in der kirchlichen Diplomatie, er war noch nicht einmal des Englischen mächtig. Es war kein Geheimnis, dass diese Personalentscheidung im Umfeld des Papstes auf wenig Verständnis stieß. Gemessen an üblichen Standards schien Bertone objektiv eine denkbar schlechte Wahl für das Amt des vatikanischen Außenministers und Spitzendiplomaten des Heiligen Stuhls. Dennoch ließ Benedikt sich nicht von seiner Entscheidung abbringen. »Er ermutigte mich«, sagte Bertone. Schließlich hätten andere wichtige Persönlichkeiten auch kein Englisch gekonnt, beispielsweise »der große Kanzler Helmut Kohl«.[36] Was trieb den Papst zu dieser Entscheidung? Bertone wäre ihm gegenüber »immer loyal gewesen«, schreibt Peter Seewald, Benedikt hätte sich »nicht nur auf der dienstlichen Ebene, sondern auch menschlich gut mit dem Italiener verstanden«. Und: »Wenn schon Gott bereit war, selbst auf krummen Zeilen gerade zu schreiben, dann konnte man das auch von seinen Dienern erwarten.«[37]

Ein Herzensprojekt

Ungefähr zur selben Zeit, in der Bertone seine Arbeit am Staatssekretariat begann, schloss Benedikt ein Herzensprojekt ab. Seit vielen Jahren beschäftigte ihn ein in seinen Augen drängendes Problem, zu dem er sich unbedingt öffentlich äußern wollte. Schon 2003 und 2004, während seine Glaubenskongregation mit Missbrauchsfällen überschwemmt wurde, hatte er an einem Text gearbeitet, den er eigentlich im Ruhestand hatte vollenden wollen, der ihm aber so sehr am Herzen lag, dass er sich ihm auch als Papst weiter gewidmet hatte und nun im Herbst 2006 endlich einen ersten Teil fertigstellen konnte. Es handelte sich um den ersten Band seines Jesus-Buches.

Er erschien im April 2007 und wurde ein Weltbestseller, ebenso wie die beiden weiteren Bände 2011 und 2012. Im Wesentlichen arbeitete Benedikt sich in diesem Werk an einem Unwohlsein ab, das ihn schon als jungen Theologen geprägt und durch seine gesamte Laufbahn als Präfekt der CDF begleitet hatte. Der Stein des Anstoßes waren die Ergebnisse der kritischen Bibel-Exegese, insbesondere die Forschung zum »historischen Jesus«. Obwohl Ratzinger als Präsident der Päpstlichen Bibelkommission selbst an einem Dokument mitgewirkt hatte, das seit seinem Erscheinen 1993 als Meilenstein in der kirchlichen Anerkennung der historisch-kritischen Methode gilt,[38] hatte er dennoch zeit seines Lebens Schwierigkeiten mit den Ergebnissen dieser Forschung, die er schon in seiner »Einführung ins Christentum« ein wenig abschätzig als »Hypothesen-Konglomerat« bezeichnet hatte.[39] Er störte sich daran, dass die neutestamentliche Forschung kein dichtes und kohärentes Bild von Jesus zeichnete, dass sie im Gegenteil praktisch einhellig davon ausging, dass man aus den Texten der Bibel wenig Sicheres über den geschichtlichen Menschen Jesus ableiten konnte. »Der Riss zwischen dem ›historischen Jesus‹ und dem ›Jesus des Glaubens‹« wäre ständig tiefer geworden, beklagte er, und das wäre »dramatisch für den Glauben, weil sein eigentlicher Bezugspunkt unsicher wird: Die innere Freundschaft mit Jesus, auf die doch alles ankommt, droht ins Leere zu greifen.«[40] Dem stellte er ausdrücklich eine Reihe großer Jesus-Schmöker entgegen, die in seiner Jugendzeit populär waren und die »begeisternd« von Jesus erzählten. Mit seinem Jesus-Buch wollte er nun gewissermaßen beides zusammenbringen, Wissenschaft und Glauben versöhnen und wieder ein stimmiges Bild von Jesus zeichnen.

Er tat das nicht, ohne die wissenschaftliche Methodik, deren Ergebnisse er kritisierte, zu loben und sich vielfach auf sie zu beziehen. Die historische Methode wäre notwendig, unterstrich er, weil der christliche Glaube sich auf ein wirkliches, historisches Ereignis bezöge, anders als andere Religionen, die auf mythologischen Erzählungen beruhten. Allerdings steckte er sofort auch die Grenzen dieser Methode ab. Die historische Methode könnte in den biblischen Texten nur etwas Vergangenes, nur »Menschenwort« sehen, während nur der Glaube das fragmentierte Bild des historischen Jesus in ein stimmiges Gesamtbild zusammenzuführen und darin den Sohn Gottes zu erkennen vermochte. In seinem Vorwort bemerkte Benedikt ausdrücklich: Sein Text sei kein lehramtlicher Akt, sondern persönliches Suchen. Es stünde jedem frei, ihm zu widersprechen. Er bäte lediglich um »jenen Vorschuss an Sympathie, ohne den es kein Verstehen gibt«.

Was dann nach der Veröffentlichung des Textes – im Ton mal versöhnlicher, mal schärfer – vonseiten der wissenschaftlichen Theologie auf das Buch und seinen Autor einprasselte, war, gemessen an akademischen Gepflogenheiten, geradezu eine Hinrichtung. Deutliche Kritik kam selbst von Theologen, die Benedikt ansonsten eher wohlgesonnen waren, natürlich nicht ohne einen diplomatischen Puffer freundlicher Worte: Es wäre ein bedeutendes Buch, keine Frage, und es wäre natürlich erfreulich, dass ein Jesus-Buch zum Weltbestseller geworden sei und eine breite Diskussion in Gang gebracht hätte, da wollte man ihm gerne die gewünschte Sympathie entgegenbringen, schoben sie voraus, um dann – schließlich bedeute »Sympathie nicht schon Einverständnis«[41] – mit allenthalben deutlichen Beanstandungen nachzulegen. Seine Methode wäre »nicht ohne missverständliche Abbreviaturen«, auf zentrale Probleme ginge er überhaupt nicht ein, die Sozialgeschichte der Jesusbewegung interessierte ihn ebenso wenig wie die Entstehungsgeschichte der Evangelien. »Das Buch lässt viele historische Probleme, von denen Exegeten umgetrieben werden, nicht allzu nahe an sich heran«, konstatierte der Neutestamentler Thomas Söding.[42] Die Klarheit des Jesus-Bilds Benedikts verdankte sich »einer recht weitgehenden Komplexitätsreduktion«, merkte Knut Backhaus an, und sein Geschichtsbild wäre »stellenweise kühn«, voller freier und gewagter Hypothesen.[43] Und Martin Ebner fragte: »Kann (und will) am Ende auch ein großer Gelehrter auf der päpstlichen Kathedra nur das an Jesus entdecken und als wichtig in den Vordergrund stellen, was er selbst für sein Leben und sein Amt als wichtig erkannt hat (…)?«[44] Am anderen Ende des Spektrums standen Äußerungen wie die des evangelischen Theologen Gerd Lüdemann, der anmerkte, es wäre »Unsinn, die Existenz von unechten Jesusworten in den neutestamentlichen Evangelien zu bestreiten«, das ganze Buch wäre »entgegen dem Anspruch seines Verfassers kein historisches Buch, sondern eine Sammlung von gottesdienstlichen Meditationen über die Gestalt Jesu«, wobei »einige dieser Meditationen« hart an »Kitsch« grenzten, und vor allem: »Wäre nicht der Papst der Verfasser dieses Buches, würde es von akademischen Exegeten nicht oder doch nur als eine peinliche Entgleisung zur Kenntnis genommen werden und in kirchlichen Buchläden bald verstauben. Da in ihm der oberste Pontifex der römisch-katholischen Kirche die Vernunft vor den Karren des Glaubens spannt, muss – auch stellvertretend für alle Katholiken, die historisch-kritische Exegese betreiben – der intellektuelle Skandal eines solchen Vorgehens angeprangert werden. Écrasez l'infâme!«[45]

Um nach diesen Reaktionen die Arbeit an den folgenden Bänden überhaupt fortzusetzen, bedurfte Benedikt ausdrücklicher Ermutigung von ihm freundlich gesinnten Weggefährten, die gleichwohl anmerkten, dass auch sie nicht in allem mit dem Inhalt seines ersten Buches einverstanden waren.[46] »Es muss ihn sehr enttäuscht haben«, resümiert Hermann Häring, auch wenn er das »nie zugegeben hat«, dass seine »drei Jesus-Bücher (…), die ja für ihn persönlich sozusagen die Krone seines Wirkens sein sollten – dass die nicht den Erfolg hatten, den er sich erhofft hatte, dass sofort Widerspruch kam, und doch ein Widerspruch, den er auch ernst nehmen musste. Und sei es der ganz einfache, dass man ihm sehr schnell nachgewiesen hat, dass er eigentlich noch in der Denkwelt der Sechziger- und Siebzigerjahre stehen geblieben war.«[47]

Summorum Pontificum

Spätestens an diesem Punkt, im Frühjahr 2007, war der Anfangselan seines Pontifikates verschwunden. Benedikt wurde müde. Die alltäglichen Aufgaben zehrten an ihm. Dennoch – oder vielleicht umso entschlossener? – trieb er weitere Herzensanliegen eifrig voran. Mindestens so sehr wie die Folgen der wissenschaftlichen Bibel-Exegese beunruhigte ihn »der Zerfall der Liturgie«. Die würdige Feier der Liturgie war schon immer eine seiner großen Sorgen gewesen. Schon in seinem autobiografischen Buch *Aus meinem Leben* beschrieb er die seiner Meinung nach tragischen Folgen der Liturgiereform. Das neue Messbuch von 1969 hätte zwar »in vielem eine wirkliche Verbesserung und Bereicherung« gebracht, aber zugleich, vor allem durch das Verbot des alten Messbuches, wäre der Eindruck entstanden, Liturgie sei »nichts Vorgegebenes, sondern etwas in unseren Entscheiden Liegendes«. In der Folge wäre Liturgie »mitunter sogar so konzipiert« worden, »›etsi Deus non daretur‹«, als ob es Gott gar nicht gäbe. Auf diese Entwicklung führte Benedikt »die Kirchenkrise, die wir heute erleben, weitgehend« zurück.[48]

Seit vielen Jahren war er mit Menschen in Kontakt, die es ähnlich sahen und deshalb mit der Liturgiereform des Zweiten Vatikanischen Konzils haderten, denn seitdem war die alte Form der Messfeier nur mehr im Ausnahmefall erlaubt und bedurfte einer speziellen Genehmigung. Ratzingers Sympathien für Menschen, die sich die alte Messe zurückwünschten, waren kein Geheimnis. Es war die Messe, die auch die Kindheit und Jugend Ratzingers geprägt hatte, als alles noch auf Latein war, als der Opfer- und Geheimnischarakter der Feier im Vordergrund stand, als der Priester, deutlich unterschieden von den gewöhnlichen Gläubigen, alleine am Altar stand, direkt vor Gott gleichsam, um dem Allerhöchsten das allerheiligste Opfer darzubringen, und dabei die Wandlungsworte wie einen Zauberspruch ganz leise vor sich hin flüsterte – unhörbar für die Gemeinde, die hinter dem Rücken des Priesters unten im Kirchenschiff kniete. Dass Ratzinger nun, wo er Papst war, die Machtfülle seines Amtes nutzen würde, um diese alte Messform tatsächlich wieder in den allgemeinen Gebrauch einzuführen, hätte wohl dennoch kaum jemand für möglich gehalten. Aber er tat es. Am 7. Juli 2007 erging ein Motu Proprio Benedikts XVI. mit dem Titel »Summorum Pontificum«. Damit wurde der alte Messritus zur »außerordentlichen« Form der Liturgie erklärt, und – neben der »ordentlichen«, neuen Form – generell wieder zur Feier zugelassen. In einem auf denselben Tag datierten Begleitbrief an alle Bischöfe erklärte er seine Entscheidung. Das Motu Proprio sei »Frucht langen Nachdenkens, vielfacher Beratungen und des Gebetes«. Es ginge ihm um »eine innere Versöhnung in der Kirche«, denn »was früheren Generationen heilig war, bleibt auch uns heilig und groß; es kann nicht plötzlich rundum verboten oder gar schädlich sein«. Das war ein absolut außergewöhnlicher und bemerkenswerter Schritt Benedikts, denn der alte Ritus war aus guten Gründen abgeschafft worden, und nur eine extrem kleine Minderheit wünschte ihn sich ernsthaft zurück. Vor allem aber sorgte eine Behauptung des Papstes im Begleitbrief für hochgezogene Augenbrauen und Rätselraten in der kirchenrechtlichen Fachwelt ebenso wie unter Anhängern des alten Ritus. Benedikt behauptete nämlich, dass das alte Messbuch »nie rechtlich abrogiert wurde und insofern im Prinzip immer zugelassen blieb«.[49]

»Immer zugelassen?«, fragten sich irritiert Menschen, die über Jahrzehnte unter dem Verbot gelitten hatten. »Nie rechtlich abrogiert?« Kirchenrechtlerinnen und Kirchenrechtler rieben sich verwundert die Augen. Hatte nicht Papst Paul VI. sogar eine besonders starke Derogationsformel benutzt, als er in seiner Apostolischen Konstitution von 1969 das neue Messbuch einführte? Nämlich: »Unsere Anordnungen und Vorschriften sollen jetzt und in Zukunft gültig und rechtskräftig sein, unter Aufhebung jedweder entgegenstehender Konstitution und Verordnungen unserer Vorgänger sowie aller übrigen Anweisungen, welcher Art sie auch seien und auch wenn sie besonderer Erwähnung und Derogation bedürfen.«[50] Offenbar wollte »der Papst sein Motu Proprio nicht als das verstanden wissen, was es rechtlich vollkommen unproblematisch sein könnte: die gesetzliche Korrektur einer früheren Gesetzgebung«, analysierte der Kirchenrechtler Norbert Lüdecke.[51] Die Frage war nur: Warum? Wollte

Benedikt tatsächlich behaupten, dass es nie ein vollständiges Verbot des alten Ritus gegeben hätte? Wenn ja, wäre das eine für das Papstamt und seine gesetzgeberische Gewalt selbst gefährliche Infragestellung, die er kaum gewollt haben konnte. War er sich dieser Implikation womöglich gar nicht bewusst? Oder wollte er mit »Summorum Pontificum« die ganze Kirche auf eine bestimmte Deutung dieses einen Gesetzgebungsaktes Pauls VI. verpflichten, wonach die Abschaffung des alten Missale gar keine Abschaffung gewesen wäre? Dann würde es sich nicht um eine grundsätzliche Infragestellung päpstlicher Gesetzgebungsgewalt handeln, sondern es wäre vielmehr »ein besonders bewusster Einsatz primatialer Vollgewalt«, wodurch Benedikt »sein primatiales Deutungsmonopol« einsetzen würde, »um eine Geschichtsversion päpstlicher Handlungskontinuität zu verfügen«. Und »wer«, fuhr Lüdecke fort, »wollte dem Papst, der als dominus canonum den kodikarischen Auslegungsregeln gegenüber souverän ist, als oberstem Lehrer die Kompetenz zu solch verbindlicher Geschichtsdeutung absprechen, wie sie der selige Papst Pius IX. (...) in das Dictum gekleidet hat: ›La tradizione sono io‹«?[52]

Benedikt tat mit diesem Motu Proprio also etwas Außergewöhnliches: Er machte Gesetzgebung rückgängig und gab dabei zugleich eine Interpretationslinie vor, derzufolge er das gar nicht getan hätte. Aber das durfte er schließlich. War es also so schlimm? Jedenfalls waren viele Bischöfe weltweit alles andere als glücklich. Sie kannten die Gruppen, die gerne die Messe im alten Ritus feiern wollten und denen sie das bisher mit Verweis auf das geltende kirchliche Recht verwehren konnten, und sie hatten Zweifel daran, ob es stimmte, was Benedikt behauptete: dass »sich beide Formen« der Messfeier »gegenseitig befruchten« würden und dass die Anhänger der alten Messe »klar die Verbindlichkeit des II. Vaticanums«[53] akzeptierten. Auch die Sorge, die Wiedereinführung der alten Messe »werde zu Unruhen oder gar zu Spaltungen in den Gemeinden führen«, schien nicht so unbegründet, wie Benedikt behauptete. Zu eng war die alte Messe mit der Zeit vor dem Zweiten Vatikanischen Konzil verknüpft, mit einem bestimmten Verständnis von Kirche und einer bestimmten Theologie, die im Konzil aus guten Gründen kritisch diskutiert und teils überwunden worden war. Zudem hatten die Gruppen, die ausdrücklich auch nach dem Konzil an der alten Messform festhielten, oft eine kulturpessimistische Schlagseite, die nicht nur eine romantische – emotional wie ästhetisch legitime – Nostalgie bediente, sondern zugleich mit einer gewissen inneren Logik die »neue Messe« als minderwertig ablehnte, und mit ihr nicht selten ihre Geschwister im Glauben, die diese neue Messe feierten. Am meisten Sorge aber bereiteten die mit dieser romantisch-kulturpessimistischen Tendenz verbundenen klerikalistischen, autoritären, fundamentalistischen, misogynen und nicht zuletzt antisemitischen Tendenzen, die in solchen Gruppen einen fruchtbaren Nährboden finden konnten. Auch deswegen fürchtete mancher Pfarrer die Hartnäckigkeit der Traditionalisten, die nun ein Recht auf die alte Messe hatten. »Wo es Gruppen gibt, die es wollen, wird es für den Pfarrer zu einer echten Qual werden«, sagte Tom Reese von der Washingtoner Georgetown University. »Er wird unter Druck gesetzt werden, es zu tun.«[54] Und nicht wenigen ging es wie dem italienischen Bischof und Liturgiewissenschaftler Luca Brandolini, der auf Nachfrage der *Repubblica* zu Protokoll gab, er trauere und kämpfe mit den Tränen: »Eine Reform, für die viele Menschen unter großen Opfern und nur aus dem Wunsch heraus, die Kirche zu erneuern, gearbeitet haben, ist jetzt abgesagt worden.«[55] Auch von außerhalb der katholischen Kirche meldeten sich kritische und besorgte Stimmen. Abraham Foxman, der US-Direktor der Anti-Defamation League, kritisierte das Motu Proprio als einen »schweren Schlag für die katholisch-jüdischen Beziehungen«.[56]

Kurz nach seinem Motu Proprio nahm Benedikt eine dazu passende Personalentscheidung vor. Am 1. Oktober 2007 ernannte er mit Guido Marini einen neuen Zeremonienmeister. Dieser holte für Benedikt päpstliche Gewänder aus den Kleiderkammern, die lange nicht mehr getragen worden waren. Das Ergebnis wirkte wie eine Bestätigung dafür, dass »Summorum Pontificum« tatsächlich die Wiederauferstehung einer vergangenen Epoche bedeutete. Man sah den Papst bei feierlichen Messen wieder Kaseln in Bassgeigenform tragen, mit prunkvoller barocker Ornamentik und reichlich Spitzen. Auch der traditionelle päpstliche Schulterumhang, die Mozzetta, kam wieder zum Einsatz, an Ostern aus weißem Damast, zu anderen liturgischen Zeiten aus rotem Satin oder Samt mit weißem Hermelin. Er trug sogar den Camauro, eine fellbesetzte rote Samtmütze, die Zeitgenossen am ehesten noch von Renaissance-Gemälden kannten. Dazu kamen Änderungen im liturgischen Raum, angefangen mit dem Kruzifix, das in die Mitte des Altars gesetzt und von sieben Kandelabern flankiert wurde, bis hin zum Platz des päpstlichen Throns, der in die Mitte des Altars zurückkehrte, um die Rolle des liturgischen Vorsitzes des Papstes als Nachfolger des Apostels Petrus und Vikar Christi auf Erden hervorzuheben. Wer bei einer Päpstlichen Messe die Kommunion direkt aus der Hand des Papstes empfing, musste sie nun kniend als Mundkommunion empfangen. Und neben alten Gewändern kamen auch Throne und Truhen der Päpste Leo XIII. und Pius IX. wieder zum Vorschein.

Diese Veränderungen wurden teils mit Entzücken, teils mit Befremden wahrgenommen. Hermann Häring vermutet, dass dahinter auch persönliche Bedürfnisse Benedikts steckten: »Ich glaube, die Motive liegen darin, dass er gerade in seiner persönlichen Schwäche, also in seinem Gefühl, er könne das Amt nicht von innen her ausfüllen (…), dass er das durch Insignien seines Amtes ersetzt hat. Er hing gar nicht so sehr am Prunk, sondern er wollte zeigen, ich bin der Papst. Und jedes Kleidungsstück ist sozusagen ein Stück Anonymisierung: Als Person trete ich jetzt hinter meinem Amt zurück. (…) Er hat sich also irgendwo in dieser Welt des Stellvertreter-Christi-Amtes eingepackt, um das nach außen zu zeigen.«[57]

Aufstand an der Sapienza

Im November 2007 erschien Benedikts nächste Enzyklika. Ihr Titel: *Spe Salvi*, zu Deutsch: »Auf Hoffnung hin sind wir gerettet«, ein Zitat aus dem Römerbrief. Wie beinahe alle Texte Benedikts enthielt auch sie, in seiner für ihn so typischen, eingängigen Sprache, mit allerhand einprägsamen Beispielen, Abbreviaturen und gewagten Thesen, die für ihn typische Wahrheitslogik: Die Zweiteilung der Welt in Wahr und Falsch. Benedikt zufolge gab es eine falsche Hoffnung: die Hoffnung des Menschen auf seine eigene, menschliche Vernunft und auf allerhand Ideen und Dinge, die Menschen nicht »retten« könnten – die »Fortschrittsidee«, die Französische Revolution, der Marxismus, »die Wissenschaft«, »Strukturen« … Es gab aber auch »die wahre Gestalt der christlichen Hoffnung«: »Die wahre, die große und durch alle Brüche hindurch tragende Hoffnung des Menschen kann nur Gott sein.«[58] Als die Enzyklika veröffentlicht wurde, braute sich schon der nächste kleine Skandal zusammen.

Der Rektor der Staatlichen Universität La Sapienza in Rom, einer der 100 größten Universitäten der Welt mit rund 150 000 Studierenden, hatte den Papst zur Eröffnung des Akademischen Jahres am 17. Januar 2008 eingeladen. Sofort gab es Proteste. Als Erster meldete sich ein emeritierter Professor der theoretischen Physik namens Marcello Cini zu Wort. Er schrieb dem Rektor einen Brief und erinnerte daran, »dass Rom seit dem 20. September 1870 nicht mehr die Hauptstadt des päpstlichen Staates« war und dass Theologie in Italien seit geraumer Zeit nicht mehr an staatlichen Universitäten unterrichtet wurde, sondern nur noch an kirchlichen Einrichtungen. Er nannte die Einladung des Papstes einen »Zeitsprung von dreihundert Jahren und mehr« zurück. Vor allem aber zitierte er die Rede von Regensburg, und zwar nicht das berüchtigte Zitat, das in aller Welt für Aufregung gesorgt hatte, sondern er beanstandete, die »politische Linie des Papsttums Benedikt XVI.« beruhe auf der These, »dass die Aufteilung der jeweiligen Kompetenzbereiche zwischen Glaube und Wissen nicht mehr gilt«. Für Cini schien die »Gefahr dieses Programms aus politischer und kultureller Sicht« offensichtlich. Er warf dem Papst vor, er wolle »die Wissenschaft wieder unter die Pseudorationalität der Religionsdogmen bringen«, und zitierte als Beleg dafür unter anderem »die ausdrückliche Unterstützung des Papstes für die sogenannte Theorie des Intelligent Design«, wie Kardinal Ratzinger sie just an der Sapienza in einer Rede am 15. Februar 1990 zum Ausdruck gebracht hätte.[59]

Es dauerte nicht lange, bis sich weitere Stimmen dem Protest anschlossen. Am 23. November 2007 unterzeichneten 67 Professorinnen und Professoren der Sapienza einen Brief, der mit dem Satz endete: »Im Namen der Trennung von Wissenschaft und Kultur und mit Respekt vor unserer Universität, die für Lehrer und Studenten aller Glaubensrichtungen und Ideologien offen ist, hoffen wir, dass die unangemessene Aktion noch abgesagt werden kann.«[60] Studierende der Universität protestierten, besetzten sogar das Rektorat. Dies wäre ein Moment für die vatikanische Diplomatie gewesen, aber anstatt einer diplomatischen Befriedung kam es schließlich zum Eklat. Am 14. Januar 2008 veröffentlichte die *Repubblica* den Brief vom 23. November unter der Überschrift »Un evento incongruo da annullare« (in etwa: »Eine widersinnige Veranstaltung, die abgesagt gehört«).[61] Einen Tag darauf verkündete der Pressesaal des Heiligen Stuhls: »Nach den bekannten Ereignissen dieser Tage« hielte man es für angebracht, »die Veranstaltung zu vertagen«.[62]

Die Nachricht kam aus heiterem Himmel. Nicht wenige fragten sich, ob diese so kurzfristige Absage notwendig und ob sie opportun wäre. Mit seinem plötzlichen Rückzug wirkte Benedikt schließlich nicht gerade souverän. Andere hatten Mitleid mit dem Papst, der zum Gegenstand öffentlicher Proteste geworden war. Es gab ein Meer an Solidaritätsbekundungen. Der italienische Ministerpräsident Romano Prodi meldete sich ebenso zu Wort wie Giorgio Napolitano, der Präsident der Republik, und Silvio Berlusconi rief die italienische Linke zur »Gewissensprüfung« auf; die gescheiterte Einladung des Papstes war in seinen Augen »ein Zeichen von Intoleranz und Fanatismus«. In dieselbe Kerbe schlug die italienische Bischofskonferenz (CEI), die von einer »undemokratischen Intoleranz und kulturellen Verschlossenheit« sprach.[63] Und Kardinal Ruini gab die Parole aus: »Domenica tutti a San Pietro.« Einige junge Studierende hatten schon bei der Eröffnungszeremonie, die wenige Tage zuvor ohne Papst stattgefunden hatte, protestiert: Sie waren mit geknebelten Mündern und Plakaten an der Sapienza erschienen, um gegen mangelnde Meinungsfreiheit zu protestieren.[64] Am folgenden Sonntag, dem 20. Januar 2008, mittags um 12 Uhr, konnte der Petersplatz die Mengen kaum fassen, die sich eingefunden hatten, um Papst Benedikt ihre Solidarität zu bekunden. Darunter Mitglieder aller möglichen neuen geistlichen Gemeinschaften. Auf Videoaufnahmen sieht man, wie Benedikt am Fenster seiner Wohnung im Apostolischen Palast erschien und sich eine Mischung aus Erleichterung und Genugtuung auf seinem Gesicht zeigte, als er auf ein Meer aus Menschen, Fahnen und Transparenten blickte. Er dankte den Anwesenden, dass sie gekommen waren, »um am Angelusgebet teilzunehmen und mir eure Solidarität zu bekunden; es ist schön, diese Verbundenheit im Glauben zu sehen«. Er dankte auch »dem Herrn Kardinalvikar, der sich zum Initiator dieser Begegnung gemacht hat«. Dann sagte er noch einmal, dass er die Einladung an die Sapienza »sehr gerne« angenommen hätte, aber: »Wie bekannt ist, hat leider die Atmosphäre, die entstanden war, meine Anwesenheit bei der Feier unangebracht werden lassen.« Er liebte die Universität, sie wäre »über lange Jahre hinweg meine Welt gewesen«, der Ort der »Wahrheitssuche«. Daher ermutigte er die »Studenten, immer gegenüber den Meinungen der anderen respektvoll zu sein und mit freiem und verantwortlichem Geist die Wahrheit und das Gute zu suchen«.[65] Es klang, als wollte Benedikt klarstellen, dass er die Auseinandersetzung nicht scheute. Allerdings stellte er sich Auseinandersetzungen anders vor als das, was sich an der Sapienza abgespielt hatte. Sie sollte von Demut getragen sein und von der Bereitschaft, auf die Wahrheit zu hören – ungefähr so, wie er es als Präfekt der CDF in *Donum Veritatis* skizziert hatte, wo es hieß, die Wahrheit würde »in der Kirche unter der Autorität des Lehramtes übermittelt, ausgelegt und vom Glauben angenommen« – so sah in Benedikts Augen die echte Suche nach der Wahrheit aus.

Ganz in diesem Geist ließ er seinen Nachfolger an der Glaubenskongregation in den folgenden Monaten eine Untersuchung der weiblichen Orden in den USA auf den Weg bringen. Ratzinger selbst hatte als Präfekt der Glaubenskongregation manche klassischen Ordensgemeinschaften mit Sorge beobachtet. Insbesondere die Dachorganisation der weiblichen Ordensgemeinschaften der USA, die Leadership Conference of Women Religious (LCWR) bekümmerte ihn. Schon 2001 hatte er deren

Vorsitzende nach Rom kommen lassen und sie dazu befragt, wie ihre Mitglieder zum sakramentalen Priestertum, zur Erklärung »Dominus Iesus« und zum Brief »Homosexualitatis problema« standen.[66] Denn verschiedene Äußerungen aus den Rängen der LCWR hatten den Verdacht erregt, einige Schwestern stünden nicht hinter dem Inhalt dieser Texte.

Nun, im April 2008, teilte William Levada, der Präfekt der Glaubenskongregation, der LCWR mit, dass eine lehramtliche Untersuchung angeordnet wurde. Zusätzlich ordnete Franc Rodé, der Präfekt der Religiosenkongregation, im Auftrag Benedikts eine Apostolische Visitation der weiblichen Ordensgemeinschaften in den USA an. Jede einzelne sollte darauf untersucht werden, »wie treu sie sowohl zu den internen Normen und der Verfassung ihrer Kongregation als auch zu den Richtlinien der Kirche für das Ordensleben lebt«.[67] Das war nicht nur für die Ordensfrauen überraschend, sondern auch für die Gläubigen und Fachleute, »weil es keine offensichtliche dringende Ursache gab«.[68] Aus Sicht des Papstes mochte es allerdings durchaus dringend gewesen sein. Viele amerikanische Ordensfrauen hatten aufgehört, einen Habit zu tragen, lebten außerhalb von Klöstern und arbeiteten in neuen Bereichen, beispielsweise in der Wissenschaft oder in der Sozialarbeit. Einige wenige waren sogar in Organisationen aktiv, die die Priesterweihe von Frauen und verheirateten Männern forderten, und wagten es damit, bestehende Strukturen ihrer Kirche infrage zu stellen. Die Ordensfrau Sandra Schneiders kommentierte die römischen Maßnahme mit der trockenen Feststellung: »Sie betrachten uns als eine kirchliche Arbeitskraft (…). Unsere Vision unseres Lebens und ihre Vision von uns (…) liegen einfach nicht auf demselben Planeten.«[69]

Die Causa Williamson

Im Gegensatz zur LCWR war man sich anderswo mit Rom absolut einig über das Wesen des sakramentalen Priestertums, die überlegene Wahrheit des katholischen Glaubens und die moralische Verwerflichkeit homosexueller Akte. Nicht zuletzt in traditionalistischen Gruppen, die sich nach dem Zweiten Vatikanischen Konzil von Rom abgespalten hatten. Die heute vielleicht bekannteste von ihnen ist die 1969 von Erzbischof Marcel Lefebvre gegründete Piusbruderschaft. Sie lehnten nicht nur die »neue Messe« ab, sondern auch andere »verworrene und falsche Ideen« und »falsche Lehren« der katholischen Kirche, die »die Seelen von Gott« entfernten,[70] darunter insbesondere kirchliche Erklärungen zu Religionsfreiheit und Ökumene. Als Präfekt der Glaubenskongregation hatte Ratzinger über viele Jahre mit ihnen verhandelt, um sie wieder mit Rom zu versöhnen – vergeblich. Nun sollte auf seinen Wunsch hin ein neuer Versuch unternommen werden, um Barrieren aus dem Weg zu schaffen: Rom wollte die Exkommunikation von vier Männern aufheben, die Marcel Lefebvre 1988 unerlaubt zu Bischöfen geweiht hatte. Das entsprechende Dekret war auf den 21. Januar 2009 datiert.

Erst wenige Monate zuvor, am 1. November 2008, hatte der Stockholmer TV-Journalist Ali Fegan ein Interview mit einem der vier exkommunizierten Bischöfe aufgenommen, sein Name war Richard Williamson. Dass Williamson nicht nur notorisch verschwörungsgläubig war, sondern seine Thesen auch nur allzu gerne der Öffentlichkeit mitteilte, war nichts Neues. Wer die Piusbrüder kannte, war mit Williamsons Äußerungen vertraut. Dazu gehörten Thesen über die vermeintliche Schädlichkeit universitärer Bildung für Frauen, die dadurch ihre »Weiblichkeit« verlören,[71] aber auch strafrechtlich relevante Äußerungen, wie die, die er im Interview mit Fegan von sich gab. Der Journalist konfrontierte Williamson mit einem Zitat: »Sagten Sie nicht: ›Kein einziger Jude wurde von den Gaskammern getötet: Es war alles gelogen, gelogen, gelogen …‹? Williamson versicherte stolz, ja, das hätte er gesagt.« Dann setzte er dazu an, seinen Verschwörungsglauben darzulegen, und sprach von »historischen Beweisen«.[72] Als der Stockholmer Nuntius Emil Paul Tscherrig von dem Interview erfuhr, schickte er umgehend eine Nachricht nach Rom. Auch der Vorsitzende der Nordischen Bischofskonferenz, Anders Arborelius, schrieb nach Rom, »wie es üblich ist«. Allerdings wüsste er »nicht, wer was mit seinen Informationen dort angefangen habe. ›Ich informierte jeden, der für die Piusbruderschaft zuständig war.‹ Er wollte niemanden anklagen, seinen Job nicht gemacht zu haben, ›aber einige Fehler wurden gemacht, so, wie es gelaufen ist‹.«[73] Denn in Rom schien niemand auf die Nachrichten zu reagieren und vor der Aufhebung der Exkommunikation zu warnen. Das Ergebnis war ein Skandal, der alle bisherigen Erschütterungen von Benedikts Pontifikat übertreffen sollte.

Am 21. Januar 2009, dem Tag, auf den das Aufhebungsdekret datiert war, strahlte das schwedische Fernsehen das Interview aus. Bereits zuvor berichteten Medien weltweit. Noch am selben Tag setzte das israelische Oberrabbinat die Beziehungen zum Heiligen Stuhl unbefristet aus. Die Anti-Defamation League und der römische Oberrabbiner Riccardo Di Segni warnten den Papst vor negativen Folgen für das jüdisch-katholische Verhältnis. Di Segni sprach von einer »tiefen Wunde«, die die »Wiederaufnahme der Lefebvristen in die Kirche« reißen würde. Aus Politik und Wissenschaft hagelte es Kritik, und nicht zuletzt aus dem Inneren der Kirche kamen scharfe Reaktionen. Selbst Bischöfe kritisierten das Dekret öffentlich, auch wenn die meisten dabei den Papst in Schutz nahmen. So sagte der Mainzer Kardinal Lehmann, »den Papst persönlich« träfe »keine Schuld an der Affäre um den Holocaust-Leugner Williamson«. »Nur, man fragt sich natürlich: Wie konnte bei einem eigentlich sonst doch erstaunlich informierten Betrieb einer Kurie eine solche Panne passieren?«[74] Das war die Frage. Und hinter den Kulissen war ganz klar, in wessen Verantwortung diese »Panne« lag.

In den folgenden Wochen wurde Benedikt von verschiedener Seite immer wieder nahegelegt, sich von Bertone als Kardinalstaatssekretär zu trennen. Es kam sogar zum offenen Streit zwischen Benedikts Sekretär Georg Gänswein und Tarcisio Bertone. Nicht nur aus dem Staatssekretariat selbst erhielt Benedikt XVI. Hinweise auf Bertones Versäumnisse, auch enge Freunde Benedikts flehten ihn geradezu an, darunter Kardinal Meisner und Erzbischof Angelo Scola.[75] Eine solche »Panne« in Rom brachte schließlich nicht nur weltweit jeden Bischof in Bedrängnis, der vor Ort für die römischen Entscheidungen geradestehen musste, ein Fehlgriff diesen Kalibers offenbarte eine Verwaltungskrise, die für den ganzen »Apparat« Kirche eine bedrohliche Dimension annahm. Aber es war nichts zu machen. Benedikt hielt an

Bertone fest. Statt ihn zu entlassen, wendete er sich im März persönlich mit einem Brief an die Bischöfe. Er wollte »ein klärendes Wort« an sie richten, »das helfen soll, die Absichten zu verstehen«, die ihn bei der Aufhebung der Exkommunikation geleitet hatten. Ohne die Holocaust-Leugnung zu erwähnen, bezeichnete er den Fall Williamson als »Panne«, die für ihn »nicht vorhersehbar gewesen sei«, und fügte hinzu, ihm wäre gesagt worden, »dass aufmerksames Verfolgen der im Internet zugänglichen Nachrichten es ermöglicht hätte, rechtzeitig von dem Problem Kenntnis zu erhalten«. Daraus lernte er, »dass wir beim Heiligen Stuhl auf diese Nachrichtenquelle in Zukunft aufmerksamer achten müssen«. Dann beklagte er die »sprungbereite Feindseligkeit«, mit der manche »auf mich einschlagen zu müssen glaubten«. Töne voller Bitterkeit, die man in dieser Schärfe öffentlich noch nicht von ihm gehört hatte. »Dass die leise Gebärde einer hingehaltenen Hand zu einem großen Lärm und gerade so zum Gegenteil von Versöhnung geworden ist, müssen wir zur Kenntnis nehmen. Aber nun frage ich doch: War und ist es wirklich verkehrt, auch hier dem Bruder entgegenzugehen (…) und Versöhnung zu versuchen? (…) Kann uns eine Gemeinschaft ganz gleichgültig sein, in der es 491 Priester, 215 Seminaristen, 6 Seminare, 88 Schulen, 2 Universitäts-Institute, 117 Brüder und 164 Schwestern gibt? Sollen wir sie wirklich beruhigt von der Kirche wegtreiben lassen?«[76] Benedikt schien im Umgang mit den Traditionalisten also demselben Impuls zu folgen wie im Umgang mit Maciel: Wenn jemand Priester vorzuweisen hatte, erschien letztlich alles, was er tat oder sagte, verzeihlich.

Selbst nachdem Bertone ihm im Dezember 2009 anlässlich seines 75. Geburtstages seinen Rücktritt anbot, nahm Benedikt das Gesuch nicht an. Im Gegenteil, im Januar 2010 bestätigte er ihn erneut im Amt. Bertone blieb das ganze Pontifikat Benedikts XVI. hindurch Kardinalstaatssekretär. Georg Gänswein, der Benedikts Art zu denken und zu entscheiden aus nächster Nähe kennt, erklärt sich das so: Nachdem die Exkommunikation erlassen wurde und »dieses Interview überall bekannt« wurde, »brach praktisch ein großes Fiasko über den Vatikan und über Papst Benedikt herein: ›Wie kann man denn?‹ Aber das Kind ist in den Brunnen gefallen, das heißt, es ist geschehen, was geschehen war, und jetzt konnte man nur (…) darauf reagieren, und das hat Papst Benedikt gemacht. Er hat gesagt: ›Ich habe die Personen, die mit mir arbeiten, ernannt, und ich habe dann auch die Verantwortung für diese Personen.‹« Gänswein setzt hinzu: »Wenn er sagt: ›Ich habe entschieden‹ beziehungsweise ›Was ich hier geschrieben habe, habe ich gut bedacht‹, dann darf man nicht ein zweites Mal darauf zurückkommen, weil es bedeutet, er hat's so gewollt, und er hat seine Gründe. So war es in diesem Fall auch.«[77] Als Benedikt Anfang Januar 2010 Bertone im Amt bestätigte, ahnte er wohl kaum, dass ihm die nächste Katastrophe schon ins Haus stand, größer und bedrohlicher als jede andere.

Missbrauch und kein Ende in Sicht

Die Missbrauchskrise war nicht vorüber, und auch wenn die Auseinandersetzung damit bisher kein Schwerpunkt seines Pontifikats war, war das Thema doch nicht völlig von Benedikts Agenda verschwunden. Das ging auch gar nicht, und zwar mindestens aus zwei Gründen. Erstens machten die seit 2001 an der CDF eingehenden Missbrauchsfälle die Unzulänglichkeiten des kirchlichen Strafrechts nur allzu deutlich, sodass der Päpstliche Rat für die Gesetzestexte schließlich eine generelle Revision des sechsten Buches des CIC, also der »Strafbestimmungen in der Kirche«, andachte. Benedikt erteilte den Auftrag dazu im September 2007[78] (die Ergebnisse dieser Revision sind bis jetzt, Stand November 2020, noch nicht promulgiert). Zweitens hatten die Enthüllungen des *Boston Globe* Anfang 2002 eine neue Phase der Krise eingeläutet, vor allem in den USA und der englischsprachigen Welt, aber auch darüber hinaus. Immer mehr Betroffene gingen mit ihren Geschichten an die Öffentlichkeit. Zugleich gruben die Medienleute, die sich ihrer Fälle annahmen, immer tiefer. Im Vordergrund standen nun nicht mehr nur Geschichten von Opfern und Tätern, sondern die kirchliche Architektur hinter diesen Geschichten, das System, ohne das es keine jahrzehntelange Vertuschung dieser Fälle hätte geben können. Vor allem standen nun immer öfter auch die Namen der Bischöfe im Fokus, die sich dieses Systems bedient hatten. Tom Doyle bringt den Effekt der *Boston-Globe*-Artikel so auf den Punkt: »Boston zeigte der Welt, (…) dass das Hauptproblem nicht sosehr die Priester waren, die Kinder und unschuldige oder verletzliche Menschen vergewaltigten. Das Hauptproblem waren die Doppelmoral und die Unehrlichkeit der Hierarchie, der Bischöfe, die es vertuschten und dann darüber logen.«[79]

Eine unmittelbare Folge der Recherchen war der Rücktritt von Kardinal Bernard Law als Erzbischof von Boston. Nur wenige Wochen später zog er nach Rom um. Papst Johannes Paul II. ernannte ihn zum Erzpriester von Santa Maria Maggiore, einer der vier wichtigsten Basiliken der Ewigen Stadt. Dass es sich dabei eher um eine kirchliche Vorsichts- als um eine Strafmaßnahme handelte, wird offensichtlich, wenn man sich vor Augen führt, dass Law in den folgenden Jahren in Rom ein höchst aktives Mitglied mehrerer kurialer Behörden war, unter anderem der Kleruskongregation, der Religiosenkongregation, der Bischofskongregation und der Bildungskongregation. Er wurde in diesen Kongregationen sogar noch einflussreicher, denn seit er in Rom wohnte, konnte er an allen ihren Versammlungen teilnehmen. Das tat er selbstverständlich auch nach Benedikts Wahl zum Papst.[80] In den USA entfaltete sich nach Boston derweil eine neue, diesmal wesentlich stärkere Welle der Empörung, Vernetzung, Aufdeckung und Solidarisierung. Diesmal erfasste sie mehr Betroffene und rief mehr Menschen in Kirche, Medien, Politik und Justiz auf den Plan als die Berichte aus den 1980er- und 1990er-Jahren.

Als Benedikt im April 2008 in die USA reiste, war also klar, dass er um das Thema nicht herumkam. In seiner Ansprache an die amerikanischen Bischöfe widmete er dem sexuellen Missbrauch fünf ganze Absätze und bezeichnete ihn als »böse« und »Sünde«. Er gab sogar Kardinal Francis George, dem Präsidenten der Bischofskonferenz der Vereinigten Staaten, recht und schloss sich dessen Aussage an, dass die Krise »manchmal sehr schlecht gehandhabt« worden wäre. Dennoch bezichtigte er an keiner Stelle sich selbst des Missmanagements. Dafür forderte er alle amerikanischen Gläubigen dazu auf, »alles zu tun, was in eurer Macht steht, um Heilung und Versöhnung zu fördern und denen zu helfen, die verletzt wurden«.[81] Außerdem tat er etwas noch nie Dagewesenes: In der Washingtoner Nuntiatur traf er »in einem unerwarteten und im Wesentlichen beispiellosen Schritt (…) in aller Stille mit fünf Opfern klerikalen sexuellen Missbrauchs zusammen«.[82] Es war das erste Mal, rund dreißig Jahre nach Beginn der Krise. »In aller Stille« hieß auch: Es war kein Zufall, dass weder Barbara Blaine noch andere Betroffene aus dem Leitungsgremium von SNAP, noch Tom Doyle oder andere Unterstützer der ersten Stunde dabei waren.

Dieselbe Geste wiederholte Benedikt einige Monate später, im Juli 2008, auf seiner Reise nach Australien, wo er mit vier Betroffenen sprach. »Er hörte sich ihre Geschichten an und bot ihnen Trost«, hieß es in einer Erklärung des Vatikans. »Er versicherte sie seiner geistlichen Nähe und versprach, weiterhin für sie, ihre Familien und alle Opfer zu beten.« Und: »Durch diese väterliche Geste wollte der Heilige Vater erneut seine tiefe Besorgnis für alle Opfer sexuellen Missbrauchs zum Ausdruck bringen.«[83] Es handelte sich um eine reine PR-Aktion, kommentierte Bernard Barrett von Broken Rites. Schließlich seien die Opfer, die der Papst traf, von der Kirche sorgfältig ausgewählt worden. Man wollte Menschen, die keinen Ärger machten. Doch das reichte nicht. Das änderte nichts, im Gegenteil: Barrett nannte diese Begegnung »reine Öffentlichkeitsarbeit« und »eine zynische Geste«.[84]

Wenn man Benedikts Umgang mit der Missbrauchskrise in diesen Jahren dagegen mit Wohlwollen beurteilen möchte, dann muss man davon ausgehen, dass er es ernst meinte. Und wenn man seinem kindlichen Gemüt Rechnung trägt, mag man damit richtigliegen. Es ist nicht ausgeschlossen, dass er ehrlich glaubte, seine Gebete und Appelle und die demnächst anlaufende Strafrechtsreform würden Wunden heilen und ausreichen, um die Krise zu beenden. Allerdings beschränkte sich sein Mitleid vorerst auf englischsprachige Länder. Auf seinen Reisen in Italien, nach Österreich, Frankreich, Tschechien, Israel, Kamerun und Angola war klerikaler Kindesmissbrauch kein Thema. Er traf weder die Opfer von Hans Hermann Groër noch die von Gino

Burresi, noch jene Hunderte gehörlose Kinder, die über Jahrzehnte am Istituto Antonio Provolo in Verona von katholischen Priestern missbraucht worden waren,[85] noch die Opfer des italienischen Priesters Lelio Cantini, dessen Verbrechen 2007 in Florenz für Aufsehen gesorgt hatten. Er nahm sich auch nicht den florentinischen Bischof Ennio Antonelli und dessen Administration zur Brust, die spätestens seit 2004 über Cantinis »mehrfache und fortgesetzte sexuelle Übergriffe auf Minderjährige« Bescheid wussten.[86] Stattdessen hatte er Antonelli 2008 zum Präsidenten des Päpstlichen Rates für die Familie ernannt.

Und als er im März 2009 den Afrikanischen Kontinent bereiste, schien er völlig vergessen zu haben, dass es hier Ordensfrauen und Ex-Ordensfrauen gab, die aufs Übelste von Priestern und Bischöfen der katholischen Kirche missbraucht wurden, die ungewollte Schwangerschaften und Abtreibungen durchlitten und die seit knapp zwei Jahrzehnten vergeblich auf Gerechtigkeit und Hilfe aus Rom hofften, während die exkommunizierten Täter im Klerikerstand weiter ihre Ämter versahen. Er hatte kein Wort der Entschuldigung und des Trostes für sie, weder öffentlich noch »im Stillen«. Wer Benedikts Handeln wohlwollend beurteilen möchte, muss davon ausgehen, dass er diese Frauen ohne jede böse Absicht vergessen hatte. Andernfalls müsste man zugestehen, dass die Worte, die er bei seinem Staatsbesuch in Angola äußerte, zynisch klangen, denn da sagte er:
Besonders beunruhigend ist das bedrückende Joch der Diskriminierung, das auf Frauen und Mädchen lastet, ganz zu schweigen von jener unsäglichen Praxis der Gewalt und der sexuellen Ausbeutung, die bei ihnen so viele Erniedrigungen und Traumata hervorruft. (…) Die Kirche, meine Damen und Herren, werden Sie – gemäß dem Willen ihres göttlichen Gründers – stets bei den Ärmsten dieses Kontinents finden. Ich kann Ihnen versichern, dass sie (…) auch weiterhin alles tun wird, was in ihrer Macht steht, um (…) die Gleichheit der Würde von Mann und Frau auf der Grundlage harmonischer gegenseitiger Ergänzung zu fördern.[87]
Aber es war in der Tat nicht so, dass Benedikt die Missbrauchsthematik nicht zu schaffen machte. Wenn man Charles Scicluna zuhört, gab es vor allem einen Aspekt, der ihn besonders quälte,

und das war »seine Frustration darüber, wie Menschen das Priestertum und die Heiligkeit der Berufung verraten konnten (…) Man konnte dieses Leiden auch in der Art und Weise spüren, wie er auf Erzählungen reagierte, und man konnte es auch in seinen Augen sehen.«[88] Benedikt hatte eine sehr bestimmte Vorstellung davon, wie ein Priester sein und leben sollte, und es bereitete ihm echten Schmerz, wenn er mitbekam, dass es in der Realität oft anders aussah. Dabei ging es ihm nicht nur um Fälle klerikalen Kindesmissbrauchs, sondern auch um liturgische Missbräuche und Delikte gegen den Glauben und die Sakramente. Es muss diese Sorge gewesen sein, aus der heraus er das »Priesterjahr« ausrief.

Das Priesterjahr

In seinem Schreiben zum Beginn des Priesterjahres vom 16. Juni 2009 erwähnte er ausdrücklich »Situationen, die nie genug beklagt werden können, in denen es die Kirche selber ist, die leidet, und zwar wegen der Untreue einiger ihrer Diener«. Mehr noch: Auch »die Welt findet dann darin Grund zu Anstoß und Ablehnung«. Was angesichts solcher Missstände »der Kirche am hilfreichsten sein kann, ist« – in Benedikts Worten – »weniger die eigensinnige Aufdeckung der Schwächen ihrer Diener als vielmehr das erneute und frohe Bewusstsein der Größe des Geschenkes Gottes, das in leuchtender Weise Gestalt angenommen hat in großherzigen Hirten«. Das Vorbild, das er allen Priestern der katholischen Kirche in leuchtenden Farben vor Augen stellte, war der Heilige Pfarrer von Ars, Jean-Marie Vianney, ein Landpfarrer aus dem Frankreich des 19. Jahrhunderts und zugleich der Inbegriff einer unübertroffenen kindlich-romantischen Überhöhung des Priestertums. »Oh, wie groß ist der Priester! … Wenn er sich selbst verstünde, würde er sterben … Gott gehorcht ihm: Er spricht zwei Sätze aus, und auf sein Wort hin steigt der Herr vom Himmel herab und schließt sich in eine kleine Hostie ein«, zitierte Benedikt Jean-Marie Vianney.[89]

Wenige Tage später sagte er in seiner Predigt bei der Eröffnung des Priesterjahres, nichts ließe »die Kirche, den Leib Christi, so sehr leiden wie die Sünden ihrer Hirten«. Dabei dachte Benedikt ausdrücklich nicht nur an sexuellen Missbrauch, sondern nannte auch Priester, die sich Gläubigen gegenüber schuldig machten, »weil sie sie mit ihren privaten Lehren vom Weg abbringen«. Und er fügte hinzu: »Auch für uns, liebe Priester, gilt die Mahnung zur Umkehr und zur Zuflucht zur Göttlichen Barmherzigkeit, und gleichermaßen müssen wir in Demut die tief empfundene und unablässige Bitte an das Herz Jesu richten, dass er uns vor der schrecklichen Gefahr bewahre, jenen Schaden zuzufügen, die zu retten unsere Pflicht ist.«[90]

Sollte es Benedikts Hoffnung gewesen sein, durch das Priesterjahr eine spirituelle Erneuerung des Klerus zu erreichen und dadurch weiteren Missbrauchsfällen, Schlagzeilen und öffentlicher Empörung zuvorzukommen, ging der Plan nicht auf. Sein Sekretär Georg Gänswein sagt rückblickend: »In der Tat, es war diabolisch, dass im Jahr des Priesters tatsächlich gerade (…) das Miserabelste, das Tiefste und das Widerwärtigste dann aufgedeckt worden ist, nämlich der Missbrauch von Kindern. (…) Und das gerade in dem Jahr, in dem eben das Priestertum in besonderer Weise der Kirche und der Welt vor Augen geführt worden ist.«[91]

Der Ausbruch der Krise in Deutschland

Was war geschehen? Mitten im Priesterjahr, im Januar 2010, hatte die Krise die katholische Kirche im Heimatland des Papstes erreicht. Einige ehemalige Schüler des Canisius-Kollegs, einer renommierten Jesuitenschule in Berlin, hatten sich an den Rektor der Einrichtung gewandt, um ihm von den sexuellen Übergriffen zu berichten, die sie dort durch Jesuiten erlebt hatten. Der Rektor, Klaus Mertes, auch er ein Jesuit, wimmelte die Ex-Schüler nicht ab, sondern glaubte ihnen und schrieb obendrein einen Brief an ehemalige Schüler, mit der Bitte, diejenigen, denen solche Gewalt angetan wurde, sollten sich melden. Er schrieb ausdrücklich: »Wir glauben Ihnen!«

Was dann geschah, als dieser Brief an die Presse weitergeleitet wurde, hatte niemand vorhergesehen. Binnen kürzester Zeit war die gesamte Hauptstadtpresse vor den Toren der Schule versammelt. Zeitgleich gab es Schlagzeilen über klerikalen Kindesmissbrauch am Internat des bayerischen Benediktinerklosters Ettal, und spätestens ab Anfang Februar 2010 bestimmte das Thema die deutsche Medienlandschaft. Betroffene traten vor die Kamera und wurden in Talkshows eingeladen. Bischöfe wurden um Stellungnahmen gebeten und wirkten völlig überfordert. Ende Februar warf die deutsche Justizministerin Sabine Leutheusser-Schnarrenberger dem Vorsitzenden der Deutschen Bischofskonferenz, Erzbischof Robert Zollitsch, mangelnde Kooperation mit den Strafverfolgungsbehörden vor. Sie sagte in einem Interview, sie halte »es nicht für ausreichend, dass erst in erwiesenen Fällen sexuellen Missbrauchs eine Aufforderung zur Selbstanzeige erfolge«.[92] Darauf reagierte Zollitsch empört: Es hätte noch nie eine »ähnlich schwerwiegende Attacke auf die katholische Kirche gegeben«, und er beschwerte sich per Telefon direkt bei Bundeskanzlerin Angela Merkel, die sich schließlich vermittelnd einschaltete.[93] Kurz: Die Krise hatte 2010 endlich auch in Deutschland jenes Level öffentlicher Sichtbarkeit erreicht, das es in anderen Ländern schon seit mehr als zwanzig Jahren hatte. Für Benedikt konnte das bedrohlich werden.

Im März erreichten die Missbrauchsschlagzeilen auch die Regensburger Domspatzen. Der weltberühmte Kinderchor war über dreißig Jahre lang von Benedikts Bruder, Georg Ratzinger, geleitet worden. Jahre später würde eine Untersuchung ergeben, dass dort zwischen 1945 und 1992 rund 500 Jungen Opfer körperlicher und 67 Opfer sexueller Gewalt wurden. »Der Bericht beschreibt geradezu Stasi-Methoden: Hygienekontrolle, Schrankkontrolle, Briefkontrolle, Bettenkontrolle. Ständig herrschte die Angst, etwas falsch zu machen – Fehler bedeuteten oft Prügel und Erniedrigung. Die Auswahl der Opfer sei ›vielfach willkürlich‹ gewesen, die Strafen unverhältnismäßig.«[94] Es gab insgesamt 49 Beschuldigte, und auch von ihnen lieferte der Bericht ein deutliches Bild, etwa von Georg Ratzinger, der als »Teil des Gewaltsystems« bezeichnet wurde. Mehrere Opfer erzählten, dass er Stühle nach den Kindern geworfen hätte, sodass es zu »blutenden Platzwunden« gekommen wäre. Georg Ratzinger hätte »in vielen Fällen« Gewalt angewendet, und zwar auch nachdem das gesetzliche Züchtigungsverbot von 1980 in Kraft

getreten war. Auch Georg Ratzingers Nachfolger, Domkapell-
meister Roland Büchner, erhob schwere Vorwürfe: »Es herrschte
ein System der Angst«, Georg Ratzinger war als Chorleiter
»impulsiv, ja fanatisch, wenn er seine Vorstellungen von musika-
lischer Qualität durchsetzte.« Der Bericht nannte auch ein
Hauptmotiv: »Das nahezu perfekte System der Furcht, Gewalt
und Unterdrückung war darauf angelegt, den Einzelnen ›zu brechen‹, um den Chor als Gesamtheit ›durch maximale Disziplin‹
auf Linie zu bringen. Alles wurde dem Erfolg des Chors untergeordnet – auch die körperliche und seelische Gesundheit der
Buben.«[95]

Nicht nur Georg Ratzinger selbst wollte von diesen Vorwürfen
und Untersuchungen nichts wissen und bezeichnete sie als »Irrsinn«,[96] auch der Regensburger Bischof Gerhard Ludwig Müller
reagierte ungehalten. In einer Predigt, die er im März 2010 im
Regensburger Dom hielt, nannte er die Berichterstattung über
klerikalen Kindesmissbrauch eine »Kampagne gegen die Kirche«, zog Vergleiche zur kirchenfeindlichen Haltung des Nazi-
regimes und fügte hinzu: »Solche, die um jeden Preis die katholische Kirche um ihren guten Ruf bringen wollen, haben sich die
›Regensburger Domspatzen‹ als Opfer ausgesucht. Ein Glanz-
stück des Bistums Regensburg soll in den Dreck gezogen werden.«[97] Soweit wir wissen, hat Papst Benedikt XVI. sich nie
öffentlich zu den Missbrauchsfällen bei den Regensburger Domspatzen oder zur Verantwortung seines Bruders geäußert, dem er
sehr eng verbunden war. Aber gut zwei Jahre später, im Juli 2012,
ernannte er Gerhard Ludwig Müller zum Präfekten der Glaubenskongregation und legte ihm damit die Leitung jener Zentral-
behörde in die Hand, die für die Ermittlung klerikaler Kindes-
missbrauchsfälle weltweit zuständig war.

Ebenfalls im März 2010 machte ein Missbrauchsfall Schlagzeilen, der in Ratzingers Zeit als Erzbischof von München und Freising fiel. Es war eine kurze Zeitspanne von 1977 bis 1982, und sie
lag lange zurück, aber nun interessierte es die ganze Welt, ob
auch der damalige Münchner Erzbischof Joseph Ratzinger Missbrauchstäter im Priesteramt gedeckt und stillschweigend weiter-
versetzt hatte, wie es bekannterweise viele seiner Bischofskol-

legen getan hatten. Es war der 12. März 2010, als zunächst die *Süddeutsche Zeitung* über die Geschichte des Priesters H. berichtete, dann griffen sie Medien weltweit auf:[98] Der Kaplan der Diözese Essen war im September 1979 aus dem Dienst genommen worden, nachdem er gegenüber seinen Vorgesetzten zugegeben hatte, Jungen missbraucht zu haben. Im Dezember 1979 telefonierte der Personalchef des Bistums Essen mit seinem Kollegen Friedrich Fahr in München: Ob H. nach München kommen könnte? Er sollte dort eine Therapie machen. Beiden Männern war klar, dass es um sexuelle Übergriffe ging, dass H. eine Gefahr für Kinder darstellte und deswegen aus dem Dienst entfernt worden war. Am 15. Januar 1980 traf sich der Diözesanrat unter Leitung des Erzbischofs, Joseph Ratzinger. Auf der Tagesordnung stand auch die Frage nach dem jungen Essener Priester. Im Sitzungsprotokoll jenes Tages finden sich keine Angaben über eine Diskussion zur Frage, dort heißt es lediglich, die Bitte aus Essen werde angenommen.

H. kam in eine Münchner Pfarrei. Am 1. Februar 1980 begann er seine priesterliche Arbeit und missbrauchte in den folgenden Jahren wieder Kinder. 1984 zeigten ihn Eltern eines missbrauchten Jungen an, und schließlich ermittelte die Staatsanwaltschaft wegen sexuellen Missbrauchs von zwölf Jungen. 1986 wurde H. verurteilt, er erhielt eine Bewährungsstrafe von 18 Monaten und eine Geldstrafe. Das Bistum versetzte ihn in eine andere Pfarrei. Ratzinger war zu diesem Zeitpunkt schon in Rom, dennoch ist unbestreitbar, dass er formal die Verantwortung für den Einsatz von H. im Bistum München trug, und zwar ganz unabhängig davon, ob er so genau wusste, was er tat, oder nicht. Zudem waren ihm Informationen über H.s Taten unbestreitbar zugänglich, und er hätte sie ohne Weiteres zum Anlass nehmen können, H. nicht in den seelsorglichen Dienst seiner Diözese aufzunehmen. Nicht nur die *New York Times* fragte also im März 2010, wie H. »von der Schande und Suspendierung von seinem Dienst in Essen zur uneingeschränkten Arbeit als Priester in München« gelangen konnte, »obwohl er in dem Brief, in dem seine Versetzung beantragt wurde, als eine potenzielle ›Gefahr‹ beschrieben wurde«.[99]

Als Erstes reagierte das Bistum München und Freising auf die Schlagzeilen. Binnen weniger Tage wurde H., der immer noch als Priester im Bistum tätig war und dabei Kontakt mit Kindern hatte, suspendiert. Außerdem gab es eine Stellungnahme des Pressesprechers. Der Tenor: Joseph Ratzinger hätte nicht gewusst, dass es sich bei H. um einen Missbrauchstäter handelte. Die alleinige Verantwortung für den Einsatz von H. in München übernahm der frühere Generalvikar Gerhard Gruber: »Der wiederholte Einsatz des Mannes in der Pfarrseelsorge war ein schwerer Fehler«, sagte er den Medien. »Ich übernehme dafür die volle Verantwortung.« Zudem versprach der Pressesprecher des Bistums, Bernhard Kellner, nun würden »alle Akten auf sogenannte Altfälle untersucht«.[100] Dann meldete sich auch das Pressebüro des Heiligen Stuhles zu Wort. Federico Lombardi sagte, die Berichte seien Teil einer aggressiven Kampagne, und es wäre »offensichtlich, dass in den letzten Tagen einige Leute mit beträchtlicher Hartnäckigkeit nach (…) Elementen gesucht haben, die den Heiligen Vater persönlich in Fragen des Missbrauchs verwickeln könnten«. Dabei wäre »für jeden objektiven Beobachter klar, dass diese Bemühungen gescheitert sind«.[101]

Nicht wenige bezweifelten allerdings die Plausibilität dieser kirchlichen Stellungnahmen. Es schien nicht unbedingt einleuchtend, dass Ratzinger tatsächlich so gar nichts von H.s Vergangenheit in Essen wusste, obwohl er die Sitzung leitete, in der die Entscheidung zu H.s Einsatz in München gefällt wurde. Zudem war Ratzinger gut mit Friedrich Fahr befreundet, der die Informationen zu H.s Vergangenheit direkt aus Essen erhalten hatte, und er blieb auch in seiner Zeit in Rom über viele Jahre mit dem Weihbischof Heinrich von Soden-Fraunhofen in freundschaftlichem Austausch, der in die Pfarrei H.s gezogen war, um sich dort um H. zu »kümmern«.[102] So überraschte es manche nicht, als sich in den folgenden Wochen Freunde des ehemaligen Generalvikars zu Wort meldeten. Gerhard Gruber, der öffentlich die volle Verantwortung übernommen hatte, hätte ihnen anvertraut, dass er zu diesem Schritt gedrängt worden wäre. »Er stehe unter großem Druck und solle wohl als Sündenbock für den Papst herhalten. Es sei darum gegangen, den Papst ›aus der

Schusslinie zu nehmen‹. Als die Affäre Mitte März aufflog, sei er am Telefon eindringlich ›gebeten‹ worden, die volle Verantwortung zu übernehmen.« Die »fertig formulierte Stellungnahme« hätte er »zugefaxt bekommen«.[103] Darauf folgten wiederum Dementi, auch von Gruber selbst.[104]

Als dann im Winter 2010 der Missbrauchsbericht des Bistums vorgestellt wurde, hieß es zwar, zwischen 1945 und 2009 wären dort 159 Priester »einschlägig auffällig« geworden, und damit wären »sicherlich nicht alle Übergriffe erfasst«, aber in der Amtszeit Ratzingers gäbe es nur einen einzigen Fall, »in den der Kardinal persönlich verwickelt war«. Auch schien es, Ratzinger hätte in jenem Fall alles richtig gemacht, denn der betreffende Täter »durfte nicht mehr Priester sein«. Zwar wurde von Erzbischof Reinhard Marx, Generalvikar Peter Beer und der Gutachterin Marion Westphal eingeräumt, dass es »Hinweise für Schlamperei und Sabotage in erheblichem Umfang« gegeben hätte, von »gelinde gesagt, gravierenden Mängeln (…). Akten verschwanden, landeten in Privatwohnungen, jedermann hatte Zugang und konnte missliebige Einträge entfernen«.[105] Von dieser »Sabotage im erheblichen Umfang« ließ sich aber natürlich nicht logisch sauber auf eine gezielte Vertuschung möglicher Missbrauchsfälle in Ratzingers Amtszeit schließen. Sie bleibt Spekulation, solange es dafür keine handfesten Beweise gibt.

Im Fall H. kam es übrigens nie zu einer Verurteilung. Auch als es längst Leitlinien der Deutschen Bischofskonferenz zum Umgang mit klerikalem Missbrauch gab, und »2006 und 2008« erneut »Mails auftauchen, deren Absender behauptet, von H. missbraucht worden zu sein«, wehrte die Kirche die Anschuldigungen ab, statt gegen den Beschuldigten zu ermitteln. Ein Prälat »leitet die Mails an die Staatsanwaltschaft weiter – wegen versuchter Erpressung«.[106] Erst nach 2010 wurde eine »außergerichtliche« Untersuchung gegen H. durchgeführt, in deren Folge 2016 ein Dekret zu dem Fall verfasst wurde: »Das Dekret kommt zu dem Schluss, dass es spätestens 1986 ein kirchliches Verfahren gegen H. hätte geben müssen.« Und: »Es heißt, der Münchner Kardinal Marx und sein damaliger Generalvikar Peter Beer seien 2016 erzürnt gewesen über das Dekret. Weder Marx noch Beer wollen sich äußern – Beer ist mittlerweile in Rom Professor am vatikanischen Zentrum für Kinderschutz.«[107]

Was tat Benedikt im März 2010, als diese Schlagzeilen zum Fall H. erstmals für Aufregung sorgten? Sowenig er sich zu den Domspatzen geäußert hatte, äußerte er sich zum Fall H. Anderswo brannte die katholische Welt nämlich noch gefährlicher als in Deutschland.

Der Hirtenbrief an die Katholiken in Irland

Im März 2010 schrieb Benedikt einen Hirtenbrief »an die Katholiken in Irland«. Ihn hätte »die ans Licht gekommene Information über den Missbrauch an Kindern und Schutzbefohlenen durch Vertreter der Kirche Irlands, besonders durch Priester und Ordensleute, sehr getroffen«.[108] Ungefähr ein Jahr zuvor, im Mai 2009, war der »Ryan Report« veröffentlicht worden, der Bericht einer staatlichen Untersuchungskommission, die neun Jahre lang Gewalt gegen Kinder in öffentlichen Einrichtungen untersucht hatte. Die Ergebnisse übertrafen alle Befürchtungen. »Es könnte nicht schlimmer sein«, hieß es im *Guardian*. »Der Ryan Report ist der Stoff, aus dem Albträume sind.« Zeugenaussagen hätten zweifelsfrei gezeigt, dass das gesamte System öffentlicher Einrichtungen in Irland Kinder eher wie Gefängnisinsassen und Sklaven behandelt hätte als wie Menschen mit Rechten und Potenzial, dass einige kirchliche Funktionäre nicht nur rituelle Schläge befürworteten, sondern dass sexualisierte und emotionale Gewalt an der Tagesordnung waren und dass es kirchlichen Vorgesetzten gelang, das alles in einer »Kultur eigennütziger Geheimhaltung« konsequent zu verschleiern. Auch wenn keine Namen veröffentlicht wurden und vereinbart worden war, dass es keine strafrechtlichen Ermittlungen geben würde, können die Konsequenzen dieses Berichts für die Kirche in Irland kaum überschätzt werden. Es war »eine Krise für Irland« und zugleich »eine Krise für den globalen Katholizismus«.[109]

Denn Irland war nicht irgendein Land. Es gab kaum ein anderes Land, in dem die katholische Kirche einen vergleichbaren Einfluss auf Staat und Gesellschaft hatte wie dort: »Die Schulen wurden von der Kirche betrieben, die Krankenhäuser wurden von der Kirche betrieben, unsere Waisenhäuser wurden von der Kirche betrieben, und der Staat hat sich in vielen Fällen wirklich seiner Verantwortung entzogen«, fasst Marie Collins diese Situation zusammen.[110] »Die Leute dachten, das sei in Ordnung. (…) Es herrschte Angst vor dem örtlichen Pfarrer, aber auch Respekt. Es war ein Respekt, der auf der Angst vor der Macht basierte, die sie hatten. Es war keine gesunde Situation. Wenn ein Mädchen schwanger wurde, wurden die Eltern im Grunde genommen vom Pfarrer angewiesen, die Tochter hinauszuwerfen. Und genau das taten sie dann auch. (…) Wenn es in einer Ehe Schwierigkeiten gab, ging die Frau zum Pfarrer, und (…) es stand nicht zur Debatte, den Ehemann zu verlassen. (…) Das, was der Pfarrer sagte, wurde getan. Und man diskutierte nicht darüber (…), das war die Situation in den 1940er-, 50er-, 60er-Jahren. Selbst in den 70er- und 80er-Jahren gab es noch diese vollständige Integration der Gesellschaft und der katholischen Kirche. Es war alles ein und dasselbe.« Die irische Gesellschaft war der Kirche gegenüber loyal. »Als dann die Missbrauchskrise ausbrach, glaubten die Menschen zuerst nicht daran.« Das änderte sich nach und nach. Mit jedem neuen Bericht steigerte sich die Skepsis gegenüber der Kirche, und die Menschen wurden immer wütender, »aber es war eine schwelende Wut«. Zum offenen Ausbruch kam sie erst, »als der Ryan Report herauskam, weil er so schrecklich und so endemisch war. Man konnte lange Zeit alle Fälle als Einzelfälle abtun (…), aber als der Ryan Report herauskam, zeigte sich, dass der Umgang mit jungen, unschuldigen und verletzlichen Kindern auf der ganzen Linie absolut entsetzlich gewesen war. In einer Einrichtung nach der anderen. (…) Und die Menschen waren einfach so angewidert.«[111]

Es folgte ein weiterer Report, der Murphy Report, der im Auftrag der irischen Regierung den sexuellen Missbrauch Minderjähriger speziell in der Erzdiözese Dublin untersuchte (wir sind ihm im Fall Tony Walsh bereits kurz begegnet). Er wurde im November 2009 veröffentlicht und kam zu dem Schluss, dass es der Erzdiözese Dublin »bei der Behandlung von Fällen sexuellen Kindesmissbrauchs, zumindest bis Mitte der 1990er-Jahre« vor allem um »die Wahrung der Geheimhaltung, die Vermeidung von skandalöser Berichterstattung, den Schutz des Rufs der Kirche und die Bewahrung ihres Vermögens« ging. »Alle anderen Erwägungen, einschließlich des Wohlergehens der Kinder und der Gerechtigkeit für die Opfer, wurden diesen Prioritäten untergeordnet. Die Erzdiözese setzte ihre eigenen kirchenrechtlichen Regeln nicht um und tat ihr Bestes, um jede Anwendung des staatlichen Rechts zu vermeiden.« Zudem könnte »kein Zweifel daran bestehen, dass klerikaler Kindesmissbrauch von Januar 1975 bis Mai 2004 vertuscht wurde«.[112] Hatte der Ryan Report die Erzählung von den »Einzelfällen« ad absurdum geführt, räumte der Murphy Report mit einem anderen Mythos auf: Bischöfe hatten immer wieder behauptet, sie hätten lange zu wenig über Kindesmissbrauch und seine Folgen gewusst und hätten sich »auf einer Lernkurve« befunden. Die Murphy-Kommission stellte aber fest, dass die Erzdiözese Dublin seit 1987, ein Jahr, in dem es 17 beschuldigte Priester in der Diözese gab, jährlich eine Versicherung gegen das Risiko von Gerichtskosten wegen sexuellen Kindesmissbrauchs abgeschlossen hatte. »Der Abschluss einer Versicherung (…) steht im Widerspruch zu der Ansicht, dass sich die Beamten der Erzdiözese zu einem viel späteren Zeitpunkt immer noch ›auf einer Lernkurve‹ befanden.«[113]

Nach der Veröffentlichung gab es spontane Proteste auf den Straßen Dublins. Marie Collins erinnert sich: »Der Murphy Report deckte so viele Pfarreien im Raum Dublin ab, dass viele Menschen die beteiligten Personen und die Priester kannten. Einige der Priester waren sehr beliebt, und doch hatten sie eine ganze Missbrauchslaufbahn hinter sich, und das schockierte alle zutiefst.« »Es gab natürlich verschiedene Betroffenen-Organisationen, die wütend waren und auf die Straße gingen. Aber auch gewöhnliche Katholiken, gewöhnliche Menschen, die in keiner Weise von der ganzen Angelegenheit betroffen waren, bei denen kein Familienmitglied betroffen war, gingen mit. Ich glaube, nachdem sie die Betroffenen im Fernsehen sahen, sie sprechen hörten und sich bewusst wurden, wie viel Schmerz in all diesen Menschen steckte, (…) wollten sie einfach nur raus und ihre Unterstützung zeigen. (…) Und ich glaube, es gab auch Schuldgefühle in der irischen Gesellschaft. Schuldgefühle, dass das alles so lange so ging und die Gesellschaft es nicht bemerkt oder nichts dagegen unternommen hatte. Es gab also Wut und Schuldgefühle und dieses Gefühl, dass ›wir das nie wieder zulassen werden‹. (…) Dieser ganze Wutausbruch muss diejenigen in der Kirche, die ihn beobachteten, schockiert haben.«[114] Und diese Schockwellen reichten zweifellos bis nach Rom.

Papst Benedikt XVI. bestellte die irischen Bischöfe ein. Am 15. und 16. Februar 2010 trafen sie sich mit ihm und vatikanischen Spitzenbeamten in Rom. In einem anlässlich des Treffens herausgegebenen Statement hieß es, man hätte »gemeinsam das langjährige Versagen der irischen Kirchenbehörden« besprochen.[115] Auf Filmaufnahmen wirkt die Begegnung weniger einmütig. Die irischen Bischöfe sehen verärgert aus. Einige weigern sich, Benedikt XVI. die Hand zu reichen. Bischof Michael Smith bringt die Stimmung im irischen Episkopat rückblickend so auf den Punkt: »Die irischen Bischöfe fühlten sich als die bösen Buben abgestempelt.«[116] Und Éamonn Walsh wird noch deutlicher, am liebsten hätten sie den kurialen Beamten ins Gesicht gesagt: »Ihr Jungs in Rom versucht zu sagen, dass *wir* es nicht richtig gehandhabt haben – aber wir versuchen, euch zu sagen: *Ihr* habt uns mit eurem Legalismus und eurem mangelnden Bewusstsein bei jedem Schritt frustriert.« Ob man sich in Rom über die vatikanische Mitverantwortung für die dramatische Situation im Klaren gewesen wäre? »Nicht, dass ich mir dessen bewusst wäre. Das ist nicht ihre Art, die Dinge zu tun. Sie irren sich nie«, fährt Éamonn Walsh fort.[117]

Er hat recht. Jedenfalls gewinnt man diesen Eindruck, wenn man Benedikts schon erwähnten Brief liest, den er im März 2010 »an die Katholiken in Irland« schrieb: »Die ans Licht gekommene Information« hätte ihn »ebenso wie Euch« getroffen, und »angesichts der Schwere der Vergehen und der oftmals unangemessenen Reaktionen der kirchlichen Autoritäten in Eurem Land« hätte er »entschieden, diesen Hirtenbrief zu schreiben, um meine Nähe zu Euch zum Ausdruck zu bringen und einen Weg der Heilung, der Erneuerung und der Wiedergutmachung vorzuschlagen.« Er schrieb ihnen, »die Kirche in Irland« müsste »die schwere Sünde (…) offen zugeben«. Zugleich sollte ihnen

»der großherzige und oft heroische Beitrag, den vergangene Generationen irischer Männer und Frauen für die Kirche und die ganze Menschheit geleistet haben (…), Ansporn sein für eine ehrliche Gewissenserforschung« und für »kirchliche und persönliche Erneuerung«. Mit leuchtenden Farben malte er ihnen das Leben irischer Heiliger vor Augen und hielt ausdrücklich fest, dass es bis in die jüngste Vergangenheit »in fast jeder Familie in Irland (…) einen Sohn oder eine Tochter, einen Onkel oder eine Tante« gegeben hätte, die ihr »Leben in den Dienst der Kirche gestellt« hätten. Allerdings hätte der Glaube in Irland »aufgrund der raschen Umgestaltung und Säkularisierung« gelitten, »der schnelle soziale Wandel« hätte »das traditionelle Festhalten der Menschen an der katholischen Lehre und ihren Werten beeinträchtigt«, und »viel zu häufig wurde die Glaubenspraxis vernachlässigt«, insbesondere »die regelmäßige Beichte, das tägliche Gebet und jährliche Exerzitien«. Ausdrücklich beklagte er eine »Tendenz vieler Priester und Ordensleute, Denk- und Urteilsweisen weltlicher Realitäten (…) zu übernehmen«. Sie hätten »das Zweite Vatikanische Konzil (…) zuweilen falsch gelesen«. An die Bischöfe gewandt schrieb er: »Es kann nicht geleugnet werden, dass einige von Euch und von Euren Vorgängern bei der Anwendung der seit Langem bestehenden Vorschriften des Kirchenrechts zu sexuellem Missbrauch von Kindern bisweilen furchtbar versagt haben.« Und am Ende des Briefes formulierte er dann drei »konkrete Initiativen zum Umgang mit dieser Situation«. Erstens forderte er alle auf, »um die Ausgießung der Barmherzigkeit Gottes und der Geistesgaben der Heiligkeit und Stärke« zu beten: »Ich lade Euch alle ein, dass dies für die Dauer eines Jahres, von jetzt bis Ostern 2011, die Intention eurer Freitagsopfer[118] sei.« Außerdem bat er alle darum, zu beichten und eucharistische Anbetung zu halten. Zweitens kündigte er »eine Apostolische Visitation einiger Diözesen Irlands sowie von Seminaren und Ordensgemeinschaften« an. Und drittens schlug er »eine landesweite Mission« vor.[119] Bevor er abschließend noch einmal zum Ausdruck brachte, wie sehr er als »Vater« und »Mitchrist erschüttert und verletzt ist durch das, was in unserer geliebten Kirche geschehen ist«, vertraute er alle dem heiligen Pfarrer von Ars an: »Auf die Fürsprache des hl. Johannes Maria Vianney möge das Priestertum in Irland neu lebendig werden und möge die ganze Kirche in Irland in der Wertschätzung für das große Geschenk des priesterlichen Dienstes wachsen.«[120]

Der Brief wurde am 21. März in allen katholischen Messen in Irland verlesen. Wie wurde er aufgenommen? Maeve Lewis, Direktorin der irischen Betroffenenorganisation »One in Four« äußerte sich »zutiefst enttäuscht«, weil der Brief »nur das Versagen der irischen Kirche anspricht und nicht das Versagen, das direkt von der Spitze des Vatikans kommt«. Zudem war sie irritiert darüber, »dass der Papst das Problem mit der Säkularisierung in Verbindung bringt. Das zeigt ein Missverständnis der Dynamik der sexuellen Gewalt, das wenig Anlass zur Hoffnung gibt, dass die Kirche jemals in der Lage sein wird, darauf zu reagieren«.[121] Tony Flannery bringt die damalige Stimmung so auf den Punkt: »Niemand wollte einen Brief von Papst Benedikt hören. (…) Das kam in Irland dermaßen schlecht an. Es fügte dem Image des Vatikans und von Papst Benedikt enormen Schaden zu. Ich weiß nicht, wer Papst Benedikt beraten hatte, aber die Art und Weise, wie sie mit der ganzen Sache um diese Zeit herum umgingen (…) – Gott steh uns bei – es war alles so hoffnungslos.«[122]

Verteidigungsversuche und Schuldzuweisungen

Innerhalb des führenden katholischen Klerus, in Rom und besonders an der Römischen Kurie, versuchte man in diesen Wochen so gut wie nur irgend möglich, den Papst in Schutz zu nehmen. Am 28. März 2010 gab der Wiener Kardinal Christoph Schönborn, der als Mitglied der Glaubenskongregation lange Zeit eng mit Ratzinger zusammengearbeitet hatte und ihn sehr schätzte, dem ORF ein Interview, in dem er »lobende Worte« für ihn fand. Er sagte, Ratzinger »habe sich 1995 energisch dafür eingesetzt, dass der Vatikan eine Untersuchung gegen Groër einleite, die Erfüllung dieser Forderung sei jedoch von der ›anderen Seite‹, also seitens des vatikanischen Regierungschefs, vereitelt worden«.[123] Damit meinte Schönborn Sodano. Der war über diese Äußerung alles andere als erfreut, wie sich schon bald zeigen sollte. Und auch anderweitig gestaltete sich die öffentliche Verteidigung des Papstes nicht immer glücklich: Am 2. April, dem Karfreitag, zitierte der Päpstliche Hofprediger Raniero Cantalamessa in seiner Predigt im Petersdom in Anwesenheit Benedikts aus einem Brief eines jüdischen Freundes. Der hätte ihm geschrieben, er »verfolge mit Abscheu den gewalttätigen, konzentrierten Angriff gegen die Kirche, den Papst und alle Gläubigen aus der ganzen Welt«. Sie erinnerten ihn »an die verwerflichsten Erscheinungen des Antisemitismus«.[124]

Zwei Tage später, am Ostersonntag, legte Angelo Sodano nach. In der Festmesse, die mitten im strömenden Regen auf dem Petersplatz stattfand, wandte er sich unerwartet an den Papst, der offensichtlich erschöpft und ganz in sich zusammengesunken auf dem Päpstlichen Thron saß: »Mit Ihnen ist das Volk Gottes, das sich nicht beeindrucken lässt vom Klatsch (chiacchiericcio) des Augenblicks«, sagte er. Diese Formulierung empörte viele, unter anderem auch Schönborn, der nun nicht mehr an sich halten wollte. Bei einem informellen Treffen mit österreichischen Medienvertretern am 28. April nannte er die Worte Sodanos während der Osterfeierlichkeiten in Rom »eine schwere Beleidigung der Missbrauchsopfer« und fügte hinzu, es sei namentlich Sodano gewesen, der die Bildung einer Untersuchungskommission zum Fall Groër verhindert hätte.[125] Das war wiederum endgültig zu viel für Sodano. Der Kardinalsdekan sprach mit Benedikt. Schönborn wurde zum Papst zitiert. Und einige Wochen später gab das Pressebüro des Heiligen Stuhles eine Pressemitteilung über die Begegnung heraus. In den trockenen Worten des Textes scheint deutlich die gereizte Stimmung durch, die im Frühjahr 2010 unter kurialen Spitzenbeamten herrschte: Der Papst hätte Schönborn in Audienz empfangen, weil der »insbesondere (…) die genaue Bedeutung (…) einiger seiner Urteile zu den Positionen des Staatssekretariats« hätte klären wollen, hieß es da. Und: »Kardinal Angelo Sodano, Dekan des Kardinalskollegiums, und Kardinalstaatssekretär Tarcisio Bertone S. D. B. wurden anschließend zur Teilnahme an der Unterredung eingeladen«, in deren weiterem Verlauf einige »Missverständnisse« ausgeräumt worden wären. Speziell wurde festgehalten, dass das Wort vom Klatsch (chiacchericcio) »fälschlicherweise als respektlos gegenüber den Opfern sexuellen Missbrauchs interpretiert« worden wäre und »Kardinal Angelo Sodano die gleichen Gefühle des Mitgefühls und der Verurteilung des Bösen hegt, wie sie der Heilige Vater bei verschiedenen Gelegenheiten zum Ausdruck gebracht« hätte.[126]

Wie schon nach dem Sapienza-Eklat machten auch im Frühjahr 2010 die neuen Bewegungen und Gemeinschaften mobil. Der italienische Dachverband der kirchlichen Bewegungen CNAL (Consulta Nazionale delle Aggregazioni Laicali) rief zu einer Solidaritätskundgebung für den Papst auf: Am Mittag des 16. Mai sollten alle zum Gebet des Regina Caeli auf den Petersplatz kommen, um sich »wie Kinder um ihren Vater« zu versammeln.[127] Die Menge, die sich an diesem Sonntag auf dem Petersplatz einfand, sprengte Rekorde. Um die 150 000 waren gekommen. Ein Moderator des italienischen Fernsehsenders Rai 1, des wichtigsten öffentlich-rechtlichen Fernsehkanals Italiens, kommentierte die Kundgebung per Liveübertragung. Noch bevor sie überhaupt begonnen hatte, sagte er angesichts der schieren Menschenmassen, es wäre »ein unvergesslicher Tag, ein historischer Tag«. Die Menschen standen bis auf die Via della Conciliazione, und sie jubelten dem Papst zu, der von seinem Fenster in der Terza Loggia des Apostolischen Palastes mit einer Mischung von Erschöpfung und Erleichterung den Blick über die Mengen schweifen ließ. Viele Gruppen hatten Spruchbänder mitgebracht, auf denen neben ihren Solidaritätsbekundungen auch zu lesen stand, wer sie waren und woher sie kamen. Neben einem enormen Banner mit der Aufschrift »Insieme Con Il Papa« hielt jemand von einem kleinen »Gruppo Gesù è amore« aus der Nähe von Neapel ein selbst gebasteltes Schild hoch, auf einem riesigen Spruchband war »Rinnovamento nello Spirito Santo« zu lesen, auf einem anderen, noch größeren, »Comunione e Liberazione«, und selbst der italienische Landwirtschaftsverband Coldiretti war vertreten, seine Mitglieder schwenkten unzählige gelbe Fahnen mit dem Verbandslogo. Auch Prominenz war gekommen. Neben dem Vorsitzenden der italienischen

Bischofskonferenz, Angelo Bagnasco, und zahlreichen anderen Kurien- und Ortsbischöfen, waren auch etliche Abgeordnete und Politiker erschienen, unter anderem der Präsident des italienischen Senats, Renato Schifani, der Bürgermeister der Stadt Rom, Gianni Alemanno, und die rechtsgerichtete Abgeordnete Renata Polverini mit einer ganzen Delegation aus Lazio.[128]

»Ich danke euch von Herzen für eure so herzliche und zahlreiche Anwesenheit!«, rief Benedikt ihnen zu, er nannte es eine »schöne und spontane Demonstration des Glaubens und der Solidarität«, für die er seine »aufrichtige Dankbarkeit zum Ausdruck bringen« wollte. »Der wahre Feind, den es zu fürchten und zu bekämpfen gilt, ist die Sünde, das geistliche Übel, das bisweilen leider auch die Mitglieder der Kirche ansteckt. (…) Wir Christen haben keine Angst vor der Welt, auch wenn wir uns vor ihren Verführungen hüten müssen. Wir müssen die Sünde fürchten und dabei stark in Gott verwurzelt sein.«[129] Das war seine Botschaft. So verstand er die Krise, in der sich die Kirche befand. Es war eine Krise der Sünde. Und deshalb galt es, der Versuchung der Weltlichkeit zu widerstehen. Denn die Weltlichkeit brachte die Sünde mit sich. Aus der Logik Benedikts heraus konnte es keine andere Analyse der Situation geben. Er wiederholte sie in den folgenden Wochen und Jahren immer wieder.

Nicht nur Klaus Mertes fand diese Art der Analyse problematisch: Unter anderem hätte Benedikt damals »eine sehr interessante Formulierung gebracht (…) sinngemäß: Der Teufel hat uns im Priesterjahr Dreck ins Gesicht geschmissen. Da habe ich mich gefragt: Wen meint er denn jetzt? (…) Meint er die Opfer? Meint er die Presse, die darüber berichtet hat? Wer hat denn hier Dreck geschmissen? Wer ist denn der Teufel? Und da war ein Punkt, wo ich mir gedacht habe (…) Ratzinger spielt virtuos einen großartigen Notentext. Das Problem ist nur, der Notenschlüssel davor ist falsch. Deswegen ist das ganze irgendwie falsch.« Denn: »Natürlich hat nicht der Teufel der Kirche Dreck ins Gesicht geschmissen, sondern die priesterlichen Täter haben den Opfern Dreck ins Gesicht geschmissen.«[130] Mertes sieht auch die Solidaritätsbekundungen der Bewegungen kritisch. Dahinter stünde nicht nur das Selbstverständnis der neuen geistlichen Gemeinschaften, »nämlich: Sie sind eine Elitetruppe, die den Papst und die Kirche vor den Angriffen der Welt schützt«. Sondern hinter beidem – den Solidaritätsbekundungen und diesem Selbstverständnis – stünde das eigentliche Problem: »Denn der Schutz, zu dem aufgerufen wird, und der Schutz, der da gegeben wird, schadet der Kirche. Er schützt sie nicht, sondern er schadet ihr, und zwar deswegen, weil er die Kirche wegführt von der Anerkennung der Wahrheit. Und nur die Wahrheit – der mutige Blick in die Wirklichkeit – hilft weiter.«[131] Aber was war Wahrheit? Für Benedikt war Wahrheit nicht einfach die Anerkennung der Wirklichkeit, sondern die Deutung der Realität im Lichte der göttlichen Wahrheit – und göttliche Wahrheit war das, was von der katholischen Kirche verkündet und den Menschen zum Glauben vorgelegt wurde. Die Kirche konnte also gar nicht so auf die Krise reagieren, wie die »Welt« das gerne gehabt hätte. Sie folgte, unter Führung Benedikts XVI., konsequent ihrer eigenen Logik.

Neue Normen und wachsende Entfremdung

Am 15. Juli 2010 wurden der Öffentlichkeit in einer Pressekonferenz im Vatikan die neuen Normen über die der Glaubenskongregation vorbehaltenen schwerwiegenderen Delikte vorgestellt. Schon zuvor hatte der Präfekt der Glaubenskongregation William Levada einen Brief an alle Bischöfe geschrieben, in dem er ihnen mitteilte, dass der Text der Normen von SST »in einigen Abschnitten verändert« worden wäre, »um seine konkrete Anwendbarkeit zu verbessern«. Der Papst hätte die neuen Normen »approbiert und deren Veröffentlichung angeordnet«.[132] Zu den Änderungen in den Normen gehörte unter anderem die Verlängerung der Verjährungsfrist, die nun zwanzig Jahre betrug, und die mögliche Dispens von der Voraussetzung der Priesterweihe und der Promotion im Kirchenrecht für das Gerichtspersonal, die Anwälte und Prokuratoren. Es wurden auch neue Delikte hinzugefügt. Unter anderem »der Straftatbestand der versuchten heiligen Weihe einer Frau« und »der Tatbestand des Erwerbes, der Aufbewahrung und der Verbreitung pornografischer Bilder von Minderjährigen unter 14 Jahren in jedweder

Form und mit jedwedem Mittel«, allerdings mit dem Einschub: »a clerico turpe patrata (durch einen Kleriker in übler Absicht).«[133] Am Päpstlichen Geheimnis wurde nach wie vor festgehalten. Dass von einer Anzeigepflicht gegenüber weltlichen Strafverfolgungsbehörden, einem Nebenklägerstatus für Betroffene oder einer Öffnung der Verfahren, die Einsichtsmöglichkeiten für die Öffentlichkeit mit sich gebracht hätte, keine Rede war, versteht sich quasi von selbst. Derlei Änderungen würden der Logik des weltlichen Strafrechts entsprechen, waren aber inkompatibel mit den Prämissen, auf denen das kirchliche Recht beruhte. Diese Gesetzesänderung – die im Übrigen im Gegensatz zu den Missbrauchsschlagzeilen an der überwältigenden Mehrheit des Kirchenvolkes vollkommen vorbeiging – vermochte kaum jemanden davon zu überzeugen, dass die Kirche den Ernst der Lage verstanden hätte und angemessen darauf reagierte. Die Krise eskalierte also weiter, weltweit, in jedem Land mit einer eigenen Geschwindigkeit.

In Deutschland erschien Anfang 2011 ein offener Appell für tiefgreifende kirchliche Reformen, unterschrieben von 143 katholischen Theologinnen und Theologen aus dem ganzen Land. »Dem Sturm des letzten Jahres darf keine Ruhe folgen! In der gegenwärtigen Lage könnte das nur Grabesruhe sein«, hieß es darin, und die katholische Kirche in Deutschland wäre »in eine beispiellose Krise gestürzt.« Durch das Bekanntwerden der Missbrauchsfälle wäre »bei vielen verantwortlichen Christinnen und Christen mit und ohne Amt (…) nach anfänglichem Entsetzen die Einsicht gewachsen, dass tiefgreifende Reformen notwendig sind«. Daher forderten sie unter anderem eine andere kirchliche Rechtskultur, Mitspracherechte für Laien und Gewissensfreiheit.[134] Als der Papst im Herbst desselben Jahres nach Deutschland reiste, war ihm bang. »In den Tagen vor der Abreise (…) fand er keinen Schlaf«, schreibt Peter Seewald. »Die Aufgabe lag ihm schwer auf der Seele.« Und Georg Gänswein erinnert sich: »Er setzte sich psychisch so stark unter Druck, dass er sagte, er schafft es nicht.«[135]

Es gab natürlich auch in Deutschland Menschen, die ihn begeistert willkommen hießen. Aber zugleich wurden Demonstrationen und Proteste gegen den Besuch angekündigt. Und nicht nur führende Politiker zeigten Verständnis für diese Proteste, sondern auch der Erfurter Bischof Joachim Wanke und der Freiburger Erzbischof Robert Zollitsch. Letzterer sagte der Presse: »Natürlich gibt es auch hier Menschen, denen der Besuch des Papstes ein Stein des Anstoßes ist und die demonstrieren möchten. Wir leben schließlich in einer pluralen Gesellschaft.«[136] Benedikts Rede im Deutschen Bundestag wurde von einer parteiübergreifenden Gruppe Abgeordneter boykottiert, und auch die, die blieben, zeigten sich im Schnitt wenig begeistert. In Erfurt blieben die Vertreter und Vertreterinnen der protestantischen Kirchen nach ihrer Begegnung mit dem Papst enttäuscht zurück, und als er im Freiburger Konzerthaus die Kirche in Deutschland kritisierte und zur Entweltlichung aufrief, hinterließ er bei vielen Rätselraten und bei einigen Empörung. Benedikt seinerseits fühlte sich falsch verstanden und war tief enttäuscht. »Es sei ihm natürlich klar gewesen (...), dass die Anregungen seines Deutschland-Besuchs ›vom etablierten Katholizismus nicht wirklich mitgetragen‹ würden. Aber er habe doch gehofft, dass sein Pastoralbesuch ›im Innern auf seine Weise still wirkt‹«, zitiert ihn Seewald.[137] Die Entfremdung zwischen der krisengeschüttelten Kirche in Deutschland und dem römischen Wahrheitslehrer hatte sich durch den Pastoralbesuch noch vergrößert.

Enda Kennys revolutionäre Rede

Auch in Irland wurde 2011 eine neue Eskalationsstufe erreicht. Zum einen war im Januar ein Brief des Apostolischen Nuntius aus dem Jahr 1997 bekannt geworden, in dem dieser das Rahmendokument der irischen Bischöfe kritisierte – »insbesondere die Regelung der ›Meldepflicht‹ gibt Anlass zu ernsthaften Bedenken sowohl moralischer als auch kanonischer Art«.[138] Das sorgte für gewaltige Empörung. Zum anderen war ein neuer Report veröffentlicht worden, der Cloyne Report, der belegte, dass der kirchliche Umgang mit klerikalem Kindesmissbrauch bis in jüngste Zeit hinein nahezu unverändert geblieben war. Nach seiner Veröffentlichung hielt der irische Premierminister

Enda Kenny eine Rede, die »die Stimmung der Nation in einer Weise traf«, sagt Tony Flannery, »wie ich es in meinem Leben selten bei einer politischen Rede gesehen habe«. Und das von einem »ziemlich traditionellen katholischen Mann, der regelmäßig zur Messe geht und in vielerlei Hinsicht als ziemlich konservativ angesehen wird. Niemand erwartete das von ihm«.[139] Kenny sagte:

Man kann mit Fug und Recht sagen, dass Irland nach dem Ryan und dem Murphy Report vielleicht unerschütterlich ist, wenn es um den Missbrauch von Kindern geht. Aber Cloyne hat bewiesen, dass die Dinge anders liegen. Denn zum ersten Mal in Irland wird in einem Bericht über sexuellen Kindesmissbrauch ein Versuch des Heiligen Stuhls entlarvt, eine Untersuchung in einer souveränen, demokratischen Republik zu vereiteln, und zwar noch vor drei Jahren – und nicht vor dreißig. Und dabei entlarvt der Cloyne Report die Dysfunktionalität, die Abgehobenheit, den Elitismus, den Narzissmus, der die Kultur des Vatikans bis heute beherrscht. Vergewaltigung und Folter von Kindern wurden heruntergespielt oder »gemanaged«, um den Vorrang der Institution, ihre Macht, ihr Ansehen und ihren ›Ruf‹ aufrechtzuerhalten. Weit davon entfernt, Beweise für die Erniedrigung und den Verrat mit dem »Ohr des Herzens« des heiligen Benedikt zu hören, bestand die Reaktion des Vatikans darin, sie mit dem scharfen Auge eines kanonischen Rechtsgelehrten zu zerpflücken und zu analysieren. (…) Es gibt wenig, was ich oder irgendjemand anders in diesem Hohen Haus sagen kann, um dieses oder jenes Opfer zu trösten, sosehr wir es auch wollen. (…) Aber zum Glück für sie und für uns, ist dies nicht Rom. (…) Dies ist die Republik Irland, im Jahr 2011. Eine Republik der Gesetze, der Rechte und Pflichten und einer bürgerlichen Ordnung, in der die Kriminalität und Arroganz einer besonderen Art von »Moral« nicht länger toleriert oder ignoriert wird.

Am Ende der Rede zitierte er Joseph Ratzinger:

Kardinal Joseph Ratzinger sagte: »*Verhaltensstandards, die der Zivilgesellschaft oder dem Funktionieren einer Demokratie angemessen sind, können nicht einfach auf die Kirche angewandt werden.« Während der Heilige Stuhl seine wohlüberlegte Antwort auf den Cloyne Report vorbereitet, stelle ich als irischer Premierminis-*

ter unmissverständlich klar, dass, wenn es um den Schutz der Kinder dieses Staates geht, die Verhaltensnormen, die die Kirche für sich selbst für angemessen hält, nicht auf das Funktionieren der Demokratie und der Zivilgesellschaft in dieser Republik angewandt werden können und werden. Und zwar weder in dieser noch in sonst irgendeiner Weise.[140]

»Ich hörte diese Rede live«, erinnert sich Tom Doyle, »weil ich sie gleich danach in einer irischen Radiosendung kommentieren sollte. Und es trieb mir die Tränen in die Augen: Gott sei Dank sagt er das, was schon lange hätte gesagt werden müssen. (…) Was er gesagt hat, war so wahr. Über den Narzissmus, die selbstgerechte Haltung …« Enda Kennys Rede markierte das Ende einer Ära: »Dass er als Regierungschef eines Landes, das als das katholischste Land der Welt galt, den Vatikan und die Regierung der katholischen Kirche wegen ihrer Einmischung direkt – direkt! – kritisierte. (…) Und er sagte, dass die Realität und die Gesetze und das Leben der Menschen in Irland nicht mehr von Soutanenrascheln und Weihrauchwolken bestimmt wird. Dass nicht mehr die Kirche das Sagen hat (…) das war völlig revolutionär.«[141]

Zur selben Zeit gingen die Mitglieder von SNAP noch einen Schritt weiter. Sie wollten sich nicht mehr mit Appellen und offener Kritik zufriedengeben.

Die Festung bricht

Im Laufe der Krise war nicht nur die Anzahl der Betroffenen und Unterstützer in Medien, Justiz, Wissenschaft und Politik sowie der Grad der Vernetzung untereinander gewachsen, sondern auch die Anzahl der Beweise, die sie in Händen hatten. Durch Untersuchungskommissionen und das öffentliche Sprechen von Betroffenen, durch Gerichtsverfahren, Durchsuchungen und Beschlagnahmung waren mehr und mehr Originalunterlagen aus kirchlichen Archiven der Öffentlichkeit zugänglich geworden und wurden von Non-Profit-Organisationen wie Bishop-Accountability.org gesammelt und ins Netz gestellt. Die gesammelte Evidenz war überwältigend, nicht nur quantitativ – sie umfasste Hunderttausende Seiten –, sondern auch durch das weitgehend einheitliche Bild, das sie vom Vorgehen kirchlicher Spitzenbeamter über Generationen- und Ländergrenzen hinweg abgab. Eine echte Bereitschaft der Bischöfe und kirchlichen Behörden, Fälle aufzuklären und Täter zu stoppen, schien nach wie vor kaum vorhanden, im Gegenteil.

Den Leuten von SNAP schien es immer offensichtlicher, dass Schlagzeilen, öffentliche Empörung und Forderungen von Betroffenenorganisationen alleine den Vatikan nicht wirklich beeindrucken konnten, sondern dass es einen dritten Akteur bräuchte, eine Institution, die die Macht hätte, die Kirchenregierung in Rom zur Verantwortung zu ziehen, und zwar notfalls auch gegen den Willen des Papstes und seiner Verwaltung. Schon zuvor hatte es immer wieder Versuche gegeben, die katholische Kirche an völkerrechtlichen Standards zu messen, denn schließlich war der Heilige Stuhl ein Völkerrechtssubjekt. So hatte beispielsweise der irische Rechtsanwalt Simon McGarr nach der Veröffentlichung des Murphy Reports eine Kampagne zur Ausweisung des Apostolischen Nuntius gestartet (»Expel the Irish Papal Nuncio«). Denn ,»die Reaktion des päpstlichen Nuntius auf den Murphy und den Cloyne Report war beleidigend, brachial und offensichtlich unehrlich«.[142] Zugleich aber »beansprucht der Vatikan Staatlichkeit und verlangt, dass die Feinheiten des diplomatischen Handelns beachtet werden, wenn es ihm passt. Das Ziel der Nuntius-Kampagne« wäre es daher, »sicherzustellen, dass die gleichen Verhaltensnormen der Staaten auch für den Vatikan gelten«.[143] SNAP ging nun noch einen Schritt weiter.

Am 13. September 2011 reichten ihre Anwälte vom Center for Constitutional Rights (CCR) eine Klageschrift beim Internationalen Strafgerichtshof (IGH) ein. Zur Übergabe waren Mitglieder aus den USA, Deutschland, Belgien und den Niederlanden nach Den Haag gereist. Sie forderten die strafrechtliche Verfolgung hochrangiger vatikanischer Beamter wegen Vergewaltigung und anderer Formen sexueller Gewalt und Folter, die sie als Verbrechen gegen die Menschlichkeit werteten. Ihrem Ansuchen[144] legten sie eine 22 000 Seiten umfassende Dokumentation bei. Darin fanden sich Expertenberichte, unter anderem von Tom Doyle, kirchliche Dokumente wie »Crimen Sollicitationis« und »Sacramentorum sanctitatis tutela« sowie Berichte von staatlichen und kirchlichen Untersuchungskommissionen: die Ferns, Ryan, Murphy und Cloyne Reports aus Irland, der Bericht der Winter Commission (1990) und der Hughes Report aus Kanada (1989), der Bericht aus der Erzdiözese München und Freising (2010), ganze 15 Berichte aus verschiedenen Bundesstaaten der USA, darunter vor allem der John Jay Report I und II und der Philadelphia Grand Jury Report I-III, und andere, manche so aktuell wie der Bericht vom 20. September 2010, den die Bundestagsabgeordnete Marlene Rupprecht im Auftrag des Europarates erstellt hatte. Sie fügten eine lange Liste von Originalunterlagen bei, unter anderem vom Fall Marcial Maciel, vom Fall Lawrence Murphy und vom Fall Stephen Kiesle – Unterlagen, in denen sich Ratzingers Unterschrift fand. Außerdem dokumentierten sie neuere Fälle, die erst nach SST an der CDF verhandelt worden waren, wie jenen der jungen betroffenen US-Amerikanerin Megan Peterson oder jenen des betroffenen Kongolesen Benjamin Kitobo, deren Täter zum Teil auch nach Verfahren an der CDF weiter im kirchlichen Dienst blieben. Der von Kitobo beschuldigte belgische Priester beispielsweise hatte weiter Kontakt zu Kindern. Zuletzt leitete er ein Waisenhaus in Ruanda.

Diese gesammelte Dokumentation belegte, so die Anwälte von SNAP, »dass das Problem nicht in isolierten, willkürlichen sexuellen Übergriffen durch untreue Priester besteht, sondern in der gesamten Kirche weitverbreitet ist und systematisch auftritt«. So hätten »Experten und Ermittler, die das Thema und die Beweise sorgfältig untersucht haben, Politiken und Praktiken ermittelt, die das Auftreten und Fortbestehen sexueller Gewalt ermöglichten und den Schaden für die unmittelbar Betroffenen förderten. Nacheinander haben die Ermittlungen vorsätzliche Vertuschungen und aktive Maßnahmen festgestellt, die dazu dienen, die Gewalt zu perpetuieren und den Schaden zu verschlimmern. Praktisch überall, wo Fälle sexueller Gewalt aufgedeckt wurden – unter anderem in Australien, Österreich, Belgien, Frankreich, Deutschland, Italien, den Niederlanden und Mexiko –, wurden die gleichen oder ähnliche Praktiken und Politiken festgestellt«. Sie unterstrichen, dass die Kirche nicht mit staatlichen Strafverfolgungsbehörden kooperierte, sondern im Gegenteil Beweise vernichtet und straffällig gewordene Kleriker wiederholt der staatlichen Strafverfolgung entzogen hätte, beispielsweise indem sie sie in Entwicklungsländer versetzte – und dabei billigend in Kauf nahm, dass weitere Menschen zu Opfern sexualisierter Gewalt wurden. Sie verwiesen auf Einschüchterungstaktiken und Sanktionen, mit denen kirchliche Behörden Betroffene und deren Unterstützer zum Schweigen zu bringen versuchten, während sie Funktionäre, die Vertuschungspraktiken mittrugen, dafür belohnten. Nicht zuletzt wiesen sie auf andere Formen von Gewalt hin, die im Zusammenhang mit klerikalem Kindesmissbrauch auftraten, darunter erzwungene Schwangerschaften und Zwangsabtreibungen. Vor allem aber legten sie die systematische Vertuschung und Straflosigkeit solcher Handlungen innerhalb der katholischen Kirche dar, die durch die Verfassung der römisch-katholischen Kirche und den partikulären Status des Heiligen Stuhles ermöglicht würde. In diesem Zusammenhang zitierten sie auch den jüngsten Bericht von Amnesty International, in dem der Heilige Stuhl erstmals Erwähnung fand. Und schließlich benannten sie namentlich vier Männer an der Spitze der katholischen Kirche, gegen die ermittelt werden sollte: Tarcisio Bertone, William Levada, Angelo Sodano und Benedikt XVI. Jedem Einzelnen warfen sie Mitwisserschaft und Vertuschung vor. Über Benedikt hieß es unter anderem:

Durch die Ämter, die er bekleidet hat und weiterhin bekleidet, hat Papst Benedikt XVI. diese Politik und Praxis im Zusammenhang mit der Vertuschung glaubwürdiger Anschuldigungen wegen sexueller Gewalt, der Strafvereitelung und der Zerstörung von Beweisen angeordnet, gefördert, erleichtert, gelenkt oder anderweitig unterstützt und begünstigt, die Praxis der »Priesterversetzung«, die Bestrafung von Informanten, die Schuldzuweisung an die Opfer und die Atmosphäre fast absoluter Verschwiegenheit bezüglich solcher Behauptungen, die zu sexuellen Übergriffen von Mitgliedern des katholischen Klerus auf Kinder und gefährdete Erwachsene geführt haben und weiterhin führen werden. Er hat es ferner ver-

säumt, sexuelle Gewalttaten seiner Untergebenen an Kindern und gefährdeten Erwachsenen zu verhindern oder zu bestrafen.[145]

Die größte Herausforderung für die Anwälte bestand darin, die Zuständigkeit des IGH zu begründen. Sie zitierten aus dem Statut des IGH und argumentierten, dass Vergewaltigung und sexuelle Gewalt im internationalen Menschenrechtssystem allgemein als Formen der Folter anerkannt wurden. Über mehrere Seiten argumentierten sie, dass »in diesem Fall jedes Element von Verbrechen gegen die Menschlichkeit erfüllt« wäre und das Verhalten des Heiligen Stuhles im Umgang mit der von Klerikern verübten sexualisierten Gewalt gegen Kinder und gefährdete Erwachsene »einen ›weitverbreiteten oder systematischen Angriff‹ gegen eine Zivilbevölkerung‹« darstellte.

Im April 2012 reichten die Anwälte von SNAP weitere Unterlagen nach, um den IGH über »verschiedene Entwicklungen sowie über zusätzliche Beweise zu informieren, die in den sieben Monaten seit der Einreichung ans Licht gekommen sind«. Denn »in den Tagen und Wochen nach dem Einreichen des Antrags vom September« hätte SNAP »495 Nachrichten von Personen aus 65 verschiedenen Ländern« erhalten.[146] Unter anderem verwiesen sie auf den Amnesty-International-Bericht »In Plain Sight« vom 27. September 2011, der für die von Kindern in kirchlichen Einrichtungen erlittene Gewalt mit Nachdruck den Begriff der Folter verwendete. Außerdem verwiesen sie auf weitere Fälle und reichten Unterlagen mit Hinweisen auf Verbrechen ein, die im Ansuchen vom September 2011 noch nicht eigens genannt worden waren. In den Niederlanden beispielsweise wären Betroffene mit Zwangssterilisation dafür bestraft worden, dass sie den von ihnen erlittenen Missbrauch gemeldet hatten: »Das erste bekannte Opfer dieses Vergehens war ein 18-jähriger Schüler in einem katholischen Internat (...). Er wurde in eine römisch-katholische Psychiatrie gebracht, für homosexuell erklärt und kastriert. Es wird berichtet, dass dieses Verfahren mindestens zehn anderen Schülern der Schule aufgezwungen wurde, die versuchten, sexuelle Übergriffe anzuzeigen.« Abschließend machten sie den IGH »auf eine Vergeltungs- und Schikanierungskampagne gegen SNAP aufmerksam«, »die die Bischöfe in den USA seit der Einreichung der Eingabe (…) unternommen haben«. Sie zitierten aus der *New York Times:* »Es gibt einen wachsenden Konsens aufseiten der Bischöfe, dass sie mehr Härte zeigen und einige gute Anwälte engagieren, um scharf zu reagieren.«[147]

In der Tat war man im höheren Klerus, im Vatikan und unter deren loyalen Anhängerschaft alles andere als glücklich. Der Pressesprecher des Heiligen Stuhles, Federico Lombardi, war im September 2011 nicht für ein Statement zur Sache zu haben. Auch der Papst sagte nichts dazu. Dafür äußerte sich der US-Anwalt des Heiligen Stuhles, Jeffrey Lena. Er nannte die Beschwerde von SNAP in Den Haag einen »lächerlichen Publicity-Gag und einen Missbrauch internationaler Gerichtsverfahren«.[148] Auch Völkerrechtsfachleute waren sich weitgehend einig darin, dass das Ansuchen keine großen Chancen hätte. Zum einen wäre der IGH nun einmal für Kriegsverbrechen geschaffen worden, zum anderen fielen die Verbrechen von katholischen Klerikern allesamt in die Jurisdiktion einzelner Nationalstaaten, nicht in die des IGH. So sah es auch der IGH selbst. In einem Brief vom 31. Mai 2012 teilte er SNAP mit, dass einige der mutmaßlichen Vergehen »nicht in die Zuständigkeit des (Gerichts) zu fallen scheinen«. Außerdem wurde SNAP vorgeschlagen, sich an Gerichte in einzelnen Ländern zu wenden.

Nun meldete sich auch Lombardi zu Wort: Er hätte »nie daran gezweifelt, dass dies die Antwort [des IGH] sein würde angesichts der völligen Haltlosigkeit der Anschuldigung«.[149] Barbara Blaine, die anderen Leute von SNAP und die Anwältin Pamela Spees blieben dagegen zuversichtlich. »Wir wussten natürlich, dass der IGH ein Gericht der letzten Instanz sein sollte«, sagte sie dem *National Catholic Reporter* in einem Interview, »aber wir haben uns gesagt, dass er die einzige Institution ist, die wirklich in der Lage ist, mit der weltweiten Dimension dieser Verbrechen umzugehen, und dass es realistischerweise keine nationale Instanz gibt, die in der Lage ist, mit der tatsächlichen Breite und dem Ausmaß dieses Systems umzugehen«. Und sie fügte hinzu: »Wir werden so lange weitermachen, bis es irgendeine Form von Gerechtigkeit und Rechenschaftspflicht gibt und sich das System ändert.«[150] Bis heute werden auf der Seite des Center for Constitutional Rights unter der Überschrift »SNAP v. the Pope, et al.« 18 Einträge zu Klagen gegen den Heiligen Stuhl aufgelistet, die SNAP seit April 2012 bei verschiedenen nationalen und internationalen Institutionen eingereicht hat, unter anderem beim UN-Ausschuss für Kinderrechte und beim UN-Ausschuss gegen Folter. Wiederholt mussten vatikanische Topdiplomaten vor UN-Ausschüssen Rede und Antwort stehen und wurden für den Umgang des Heiligen Stuhles mit klerikaler Gewalt gegen Kinder gerügt. Die gelassene Antwort Lombardis vom Juni 2012 verdeckte also möglicherweise eine anhaltende vatikanische Nervosität im Angesicht des schärferen Windes, der dem Heiligen Stuhl seit 2011 aus den multilateralen Institutionen der Völkerrechtsgemeinschaft entgegenwehte, die er als Völkerrechtssubjekt so gerne für seine eigenen Interessen genutzt hatte. Als im Juni 2012 die Nachricht von der Absage aus Den Haag die Runde machte, hatte man im Vatikan aber längst andere Sorgen.

Vatileaks

Am 25. Januar 2012 lief auf dem italienischen Fernsehsender La7 die Sendung »Gli Intoccabili« (»Die Unberührbaren«) des investigativen Reporters Gianluigi Nuzzi. Er präsentierte einen anonymen Zeugen, der Belege dafür gesammelt haben wollte, dass ein Kurienbischof für die Aufdeckung von Korruption an der Römischen Kurie vom Vatikan bestraft worden wäre. »Ein Bischof, der seit Jahrzehnten in den heiligen Palästen tätig ist.« Nuzzi sagte, Beweise dafür hätte er »schwarz auf weiß in vertraulichen Briefen, Berichten, Dokumenten, die dem Papst und dem Staatssekretär, Kardinal Tarcisio Bertone, übergeben wurden. Dutzende von Papierblättern«, »zahlreiche Aufzeichnungen, Tag für Tag, Name für Name«.[151] Das Fernsehpublikum war fasziniert. Im Vatikan war man entsetzt. Man erkannte die Dokumente. Man wusste, dass sie echt waren – und dass sie direkt vom Schreibtisch Benedikts XVI. kamen. Jemand, der Zugang zu den Privatgemächern des Papstes hatte, musste sie entwendet haben.

Welchen Schock das im Apostolischen Palast auslöste, erahnt man, wenn man Georg Gänswein zuhört: »Wir dürfen nicht vergessen, im Kreis der Apostel war auch einer Verräter, Judas, und das Schlimme war, dass Christus wusste, wer ihn verriet. Wir wussten es nicht.«[152] Dafür gab es wieder weltweit Schlagzeilen. Überall war von »Vatileaks« die Rede. Nuzzi veröffentlichte die geheimen Dokumente in seinem Buch *Sua Santità*, das zum Weltbestseller wurde (deutsche Ausgabe: *Seine Heiligkeit*, Piper 2012). Die Blamage für den Heiligen Stuhl war perfekt. Es dauerte vier Monate, bis der Schuldige gefunden war und festgenommen wurde. Sein Name war Paolo Gabriele, und er war der Kammerdiener Benedikts. Wie sehr dieser Umstand Benedikt persönlich getroffen haben muss, lassen Worte von Wolfgang Beinert erahnen, der damals gemeinsam mit dem Schülerkreis Ratzingers in Rom beim Papst zu Besuch war: »Er hat dann für eine halbe Stunde immer aus dem Nähkästchen geplaudert. Und er ist damals auch zu sprechen gekommen auf den Paolo. (…) Mir ist sehr klar geworden, der war nicht nur irgendein Angestellter von ihm, sondern das war fast so etwas wie sein Sohn, sein Vertrauter. Und der hat das Vertrauen des Vaters nun so tief enttäuscht, das war eine nicht nur sachliche Enttäuschung, das war eine zutiefst menschliche, familiale, könnte man sagen, Enttäuschung für ihn. Wieder war meine Liebe enttäuscht. Wieder habe ich Liebe gesucht und sie nicht gefunden. Und das hält man auf die Dauer nicht aus. Niemand.«[153]

Zumal es, der Einzeltäter-These der vatikanischen Ermittler zum Trotz, den begründeten Verdacht gab, dass Paolo Gabriele womöglich nicht alleine gehandelt hatte. Das warf ein Licht auf Benedikts unmittelbares Umfeld, das ihm vielleicht mehr zu schaffen machte als alle vorausgehenden Krisen. Er hatte ja immer größten Wert auf ein geborgenes, familienähnliches Umfeld gelegt, und zwar gerade weil er fest an das Böse und die feindliche Gesinnung der »Welt« gegenüber der Kirche glaubte und weil er überzeugt war, dass es längst auch innerhalb der Kirche ein »neues Heidentum« gäbe, das da »im Herzen der Kirche selbst unaufhaltsam wächst und sie von innen her auszuhöhlen droht«.[154] Wie auf allen vorherigen Stationen seiner Laufbahn hatte er sich also auch im Apostolischen Palast eine vertraute Umgebung eingerichtet. Um ihn waren lauter Menschen, die – davon war Benedikt überzeugt – ihm völlig loyal ergeben waren und alles für ihn tun würden. Aus diesem Grund hielt er ja an Bertone fest. Aus diesem Grund hatte er sich für Georg Gänswein als Sekretär entschieden, aus diesem Grund war er mit neuen geistlichen Gemeinschaften befreundet, hatte Frauen von den Memores Domini, einer der von Luigi Giussani gegründeten Gemeinschaften, als Haushälterinnen ausgewählt, und war froh, dass Christine Felder von der geistlichen Familie »Das Werk« in der Päpstlichen Wohnung ein und aus ging. Die Loyalität und stille Freundlichkeit dieser Menschen schätzte Benedikt sehr, denn mit Widerspruch, offenen Auseinandersetzungen und Spannungen in seinem Umfeld konnte er schlecht umgehen. Umso unangenehmer waren für ihn Eifersüchteleien unter seinen Vertrauten.

Glaubt man den Autoren Peter Seewald und Paul Badde, war insbesondere Ingrid Stampa eine Schlüsselfigur in diesem Eifersuchtsspiel. Die frühere Musikdozentin habe als Haushälterin für Kardinal Ratzinger gearbeitet und wollte 2005 mit dem Papst in den Apostolischen Palast einziehen, schreibt Seewald: »Sie ließ sich einen Schlüssel zum päpstlichen Appartamento sowie zu dem direkt in die Papstwohnung führenden Aufzug geben, um jederzeit Zugang zu haben.« Vor dem Angelusgebet habe man gesehen, wie sie die Fenster des Apostolischen Palastes öffnete »und dem Publikum auf dem Petersplatz zuwinkte«. Und erst auf das Einwirken eines Sekretärs hin »sah sich Stampa nach zweieinhalb Monaten zum Auszug gezwungen. Auch der Papst atmete auf, aber das Problem war nicht aus der Welt. Die Schlüssel zum Appartamento hatte Stampa behalten, und oft genug stand sie ohne Anmeldung unvermittelt im Arbeitszimmer Benedikts«. Den hätte sie dann mit »hysterischen Auftritten«, »harten Vorhaltungen« und »Tränenattacken« unter Druck gesetzt. Benedikt seinerseits wäre »viel zu weich« gewesen, um sich gegen sie zu wehren.[155] Erst nach Vatileaks hätte Stampa ihren Schlüssel zur Päpstlichen Wohnung abgeben müssen. Und da wurden auch die Mutmaßungen laut, Stampa stecke mit Paolo Gabriele unter einer Decke, denn die beiden waren befreundet und wohnten im selben Haus. »Keiner im Vatikan war dem Meisterdieb so nah wie sie. (...) Das weiß hinter der Sankt Anna Pforte jeder«, raunte Paul Badde in einem Artikel für *Die Welt* im Sommer 2012. Überhaupt, so schrieb er, lieferte Nuzzis Buch »eine Art Generalschlüssel« zu den Abgründen »der Intrigen, des Neides, der Bosheit«, die es im Umfeld des Papstes gäbe.[156] Denn neben Ingrid Stampa wurde auch Josef Clemens, dem langjährigen Vorgänger von Georg Gänswein als Ratzingers Sekretär, Eifersucht nachgesagt. Und gerade weil er als Kurienerzbischof und Benedikt-Vertrauter im weiteren Umfeld des Päpstlichen Haushaltes präsent blieb und Georg Gänswein als völlig ungeeignet erlebte, litt er darunter, nicht mehr dessen Platz an der Seite des Papstes einnehmen zu dürfen. Clemens und Stampa verstünden sich gut, schrieb Badde, zu den Abendessen, zu denen Clemens den Papst dreimal im Jahr zu sich nach Hause einlud, wäre Stampa auch immer eingeladen gewesen, »bis diese Tradition (nach Auskunft eines anderen Bischofs) vor Wochen von Benedikt XVI. selbst abrupt mit einem Brief beendet wurde«.[157]

Und noch eine dritte Figur tauchte in Baddes Artikel auf: Kardinal Paolo Sardi. Auch Seewald ergeht sich in Details, Gerüchten und Anekdoten rund um Vatileaks und »schlechte Fische« im Umfeld Benedikts. Er zitiert den Papst: »Man habe in den vergangenen Jahren ›gelernt und erfahren …, dass sich im Netz des Petrus auch schlechte Fische befinden. Wir haben gesehen, dass die menschliche Schwäche auch in der Kirche vorhanden ist … und zuweilen haben wir gedacht: Der Herr schläft und hat uns vergessen.‹«[158]

Schon im März 2012 beauftragte Benedikt eine Ermittlertruppe, Vatileaks auf den Grund zu gehen. Bei den Ermittlern musste es sich um Kardinäle handeln, denn nur sie konnten auch Kardinäle befragen. Und sie mussten jenseits der Altersgrenze für die Papstwähler in einem möglichen Konklave sein; diese Grenze lag bei achtzig Jahren. Und so bildeten am Ende drei betagte Herren das Ermittlerteam: Kardinal Julián Herranz (82), Kardinal Jozef Tomko (88) und Kardinal Salvatore De Giorgi (81). Diese drei sollten direkt an Benedikt berichten – nicht an das Staatssekretariat oder irgendeine andere Stelle. Den ganzen Sommer 2012 über befragten sie zahlreiche Personen aus dem Umfeld des Papstes. »Vier bis fünf Anhörungen gibt es pro

Woche«, erklärte Lombardi, »von Klerikern wie von Laien, wobei eine solche ›Anhörung einer Person noch nicht gleichbedeutend mit einem Verdacht‹ sei.«[159] Am 29. September 2012 begann schließlich das Verfahren gegen Gabriele. Am 6. Oktober erging das Urteil: 18 Monate Haft wegen schweren Diebstahls. Am 25. Oktober trat Gabriele die Haftstrafe an, und zwar in einer vatikanischen Arrestzelle. Damit war er der einzige Gefangene des Vatikans, seit Beginn der Neuzeit.[160] Aber die Arbeit der Ermittlertruppe ging weiter. Ihr Abschlussbericht lag noch nicht vor.

Missbräuche in neuen geistlichen Gemeinschaften

In der Zwischenzeit war auch das geistliche Idyll Benedikts brüchig geworden. Nicht nur die Legionäre Christi hatten sich als problematische Gemeinschaft erwiesen, die seit Jahren im Auftrag des Papstes untersucht wurde, auch aus anderen neuen geistlichen Gemeinschaften gab es immer öfter und immer lauter beunruhigende Nachrichten. Unter anderem hatte Benedikt schon zu Beginn seines Pontifikates jahrelang mit dem Neokatechumenat um bestimmte Änderungen seiner liturgischen Feiern gerungen und wiederholt vergeblich zum Gehorsam aufgerufen: Ende 2005 durch den Präfekten der Gottesdienstkongregation, der »im Namen des Papstes (...) zur treuen Einhaltung der liturgischen Vorschriften« ermahnte, und »am darauf folgenden 12. Januar forderte Benedikt XVI. sie persönlich zum Gehorsam auf. Aber in der Praxis stieß diese doppelte Mahnung fast überall auf taube Ohren«.[161]

Nun, im Frühjahr 2012, gab es auch eine kirchliche Untersuchung gegen das Neokatechumenat, allerdings nicht im Auftrag des Papstes, sondern im Auftrag des Bischofs von Linz. In einer Pfarrei seiner Diözese hatte es wegen des Neokatechumenats solchen Ärger gegeben, dass er schließlich eine Visitation in Auftrag gegeben hatte. »Die Pfarre wird von einem Pfarradministrator und einem Kaplan geleitet, die beide dem Weg angehören«, heißt es in einem Artikel der *Zeit*. »Der Visitationsbericht, welcher der *Zeit* vorliegt, erhebt schwere Vorwürfe. Die Geistlichen des Wegs hätten ›eine Seelsorge des Verärgerns, Vertreibens und Verletzens‹ praktiziert. ›Erwachsene, psychisch gefestigte Personen‹ seien ›zur Verzweiflung gebracht‹ worden. Kinder mussten öffentlich im Pfarrsaal beichten und bei der Erstkommunion Satan entsagen. ›Familie ist wichtig‹, so soll der Pfarradministrator seine eigene Interpretation der katholischen Sexualmoral verkündigt haben, ›aber nicht die mit zwei Kindern, sondern die mit vier, fünf oder sieben Kindern.‹ Der Bericht belegt: Die Priester ignorierten oder entmachteten alle gemeindeinternen Kontrollinstanzen. Die Folge: Ein Exodus von 256 ehrenamtlich engagierten Katholiken, die mit dem Weg nichts anfangen konnten und die Pfarre verließen – ›und es ist den beiden neokatechumenalen Priestern egal, dass sie weg sind‹, steht im Visitationsreport.«[162]

Auch gegen die geistliche Familie »Das Werk« gingen 2012 im Vatikan Beschwerden ein. Fünf Personen, die teils über zehn Jahre lang Mitglieder gewesen waren, bevor sie die Gemeinschaft zwischen 2002 und 2011 verlassen hatten, erhoben schwere Anklagen. Unter anderem war von Verletzungen des Beichtgeheimnisses, mentaler Kontrolle, Ausbeutung, spiritualisierter Gewalt und sexuellem Missbrauch die Rede. Das brachte auch die mit Benedikt XVI. befreundete Christine Felder in Bedrängnis, die im »Werk« seit Langem eine führende Rolle einnahm. Die Vorwürfe wurden an der CDF und der Religiosenkongregation geprüft, und im Herbst 2012 sah sich Benedikt schließlich dazu veranlasst, eine Päpstliche Visitation der Gemeinschaft in Auftrag zu geben und Ermittlungen gegen zwei Priester des Werkes einleiten zu lassen, die im Vatikan arbeiteten. Darunter jener, den er selbst vor Jahrzehnten an der CDF eingestellt hatte.[163]

Gegen eine weitere, sehr erfolgreiche neue geistliche Gemeinschaft gab es seit Jahren schwere Anschuldigungen: die Gemeinschaft der Seligpreisungen (Communauté des Béatitudes). 2010 hatte der Dominikaner Henry Donneaud den Auftrag erhalten, »die Seligpreisungen wieder in Ordnung zu bringen«. Er sagte der Presse, er wäre »überrascht, dass die Seligpreisungen nicht stärker von den Bischöfen begleitet« worden wären.[164] Wie schlimm die Zustände gemeinschaftsintern waren, zeigte sich, als die Leitung der Seligpreisungen im Herbst 2011 eine Pressemitteilung herausgab, in der es hieß, der Gründer, »Ephraim«, habe »schwere sexuelle Verstöße zugegeben (...), insbesondere gegenüber Schwestern der Gemeinschaft, mit der Folge, dass mehrere von ihnen die Gemeinschaft verließen. Ein Fall betrifft sogar ein minderjähriges Mädchen. Sein Ansehen als charismatischer Gründer hat zusammen mit der Verführungskraft seiner Worte dazu geführt, dass sich die meisten seiner Opfer von angeblich mystischen Aussagen täuschen ließen (...). Trotz der an ihn gerichteten ausdrücklichen Bitte, sich schweigend zu einem Leben des Gebetes und der Buße zurückzuziehen, hielt Ephraim weiterhin Veranstaltungen ohne kirchlichen Auftrag ab.« Von solchen Veranstaltungen grenzte sich die Gemeinschaft nun in aller Deutlichkeit ab.[165]

Und noch ein weiterer Gründer einer außerordentlich erfolgreichen neuen geistlichen Gemeinschaft stellte sich in diesen Jahren als notorischer Missbrauchstäter heraus: Marie-Dominique Philippe, der Gründer der Gemeinschaft vom heiligen Johannes (Communauté Saint Jean). Auch in diese Gemeinschaft musste der Vatikan eingreifen. Schwestern, die mit diesen Eingriffen nicht einverstanden waren, verließen die Gemeinschaft und gründeten eine neue mit dem Namen »Saint Jean et Saint Dominique«. Im Januar 2013 löste Papst Benedikt sie auf. Da stand sein Entschluss zum Rücktritt bereits fest.

Wie muss er sich gefühlt haben angesichts dieser Krisen in ebenjenen neuen Gemeinschaften, die er für den Frühling der Kirche gehalten hatte? Angesichts des Verrats seiner engsten Vertrauten? Angesichts einer Situation, in der sich seine Kirche vor den Ausschüssen der Vereinten Nationen wegen der Folter von Kindern rechtfertigen musste? Angesichts von Korruption und vatikanischen Finanzskandalen, die er nicht beheben konnte? »Es muss ein Gefühl gewesen sein, in dem er sah, wie alles, wofür er sein Leben gegeben hatte, um ihn herum gewissermaßen zusammenbrach«,[166] resümiert Tony Flannery.

8 Der Rückzug – aber kein Ende

Im Dezember 2012 erhielt Benedikt den Abschlussbericht des Ermittlerteams. »Was werden drei über achtzigjährige Kardinäle schon entdecken?«, hätte man sich im Vatikan gefragt, schrieb *La Repubblica*. Doch wider Erwarten hätten sie ein umfangreiches und explosives Dossier erstellt, jedenfalls wenn man von »den von ihm hervorgerufenen Querelen zwischen Kardinälen und Bischöfen« ausging.[1] Nur sehr wenige Personen bekamen diesen Bericht zu lesen. Außer den drei Ermittlern und Benedikt aber anscheinend auch Georg Gänswein. Und der sagt: »Der Bericht hat eben dann auch gezeigt, dass es (…) über die Person von Paolo Gabriele hinaus schon interessante Erkenntnisse über andere Personen gab, die sozusagen in einem, ja, in einem Miteinander und einem – ich will nicht sagen Netzwerk, das wäre übertrieben, aber es waren doch schon Verbindungen da, ja.« Weltweit wurde gemutmaßt, es gäbe eine Art »Homo-Lobby« im Vatikan, die die Kirchenregierung unter Druck setze. Gänswein meint, diese Darstellungen wären »übertrieben«, und er fügt hinzu: »Ich muss ganz ehrlich gestehen, ich habe nie verstanden, warum man in dem, was man homosexuelle Lobby nennt, eine Gefahr sieht. Dass es homosexuelle Personen in der Kurie gibt, ist ein Faktum, von dem ich überzeugt bin, dass es auf die Regierung der Kirche, auf den Gang der Kirche, auf die Regierungsgeschäfte keinerlei Einfluss hat. Es ist ein Faktum, dem man ehrlicherweise ins Gesicht sehen muss und für das es auch geistliche Mittel gibt, damit fertigzuwerden und dieses Problem in den Griff zu bekommen.«[2]

Auch Gerüchte darüber, dass der Rücktrittsentschluss des Papstes mit diesem Bericht zusammenhing, weist Gänswein zurück: »Es wurde sehr oft und wird immer noch gemutmaßt, dass eben Vatileaks sozusagen Papst Benedikt zermürbt hätte und dass das ein Grund gewesen sei, auch an den Rücktritt zu denken. Das hat er – er selber, Papst Benedikt – ja auch in dem Buch *Letzte Gespräche* mit Peter Seewald deutlich gesagt. Es ist für ihn eine menschliche Tragödie, aber überhaupt kein Grund gewesen, in irgendeiner Weise an den Rücktritt oder an den Amtsverzicht zu denken.«[3] Im Jahr 2010 hatte Benedikt Peter Seewald in einem Interview gesagt: »Zurücktreten kann man in einer friedlichen Minute, oder wenn man einfach nicht mehr kann. Aber man darf nicht in der Gefahr davonlaufen und sagen, es soll ein anderer machen. ... Wenn ein Papst zur klaren Erkenntnis kommt, dass er physisch, psychisch und geistig den Auftrag seines Amtes nicht mehr bewältigen kann, dann hat er ein Recht und unter Umständen auch eine Pflicht, zurückzutreten.«[4] Wann genau der Moment gekommen war, in dem er diese Entscheidung tatsächlich fällte, lässt sich kaum sicher rekonstruieren. Fest steht, seine Erschöpfung war im Laufe der Zeit immer größer geworden. Schon an seinem 85. Geburtstag im April 2012 hatte er wie ein Schatten seiner selbst gewirkt, als er eingesunken, mit müder Stimme seine Predigt vor einem kleinen Kreis von Freunden und Vertrauten hielt, die er zur Feier der heiligen Messe eingeladen hatte. »Ich stehe vor der letzten Wegstrecke meines Lebens«, sagte er, »und weiß nicht, was mir verhängt sein wird. Aber ich weiß, dass das Licht Gottes da ist, dass er auferstanden ist, dass sein Licht stärker ist als alles Dunkel.«[5]

Ein knappes Jahr später, am 10. Februar 2013, gab er dann völlig überraschend seinen Rücktritt bekannt. Ein unerhörter Schritt, den kaum jemand für möglich gehalten hatte. Er tat es in modo suo: ohne sich mit vielen Fachleuten besprochen zu haben, bei einer routinemäßigen Zusammenkunft von Kurienkardinälen, auf Latein. Er hätte sein Gewissen vor Gott befragt, sagte er, immer wieder, und wäre zu dem Schluss gelangt, dass seine schwindenden Kräfte dem Amt nicht mehr gewachsen wären. Um dieses Amt zu führen, bräuchte es größere Kräfte, gerade in diesen Zeiten. Deshalb erklärte er seine freie Entscheidung, vom Papstamt zurückzutreten, und zwar am 28. Februar 2013, um 20 Uhr.[6]

Es war ein Paukenschlag, der die Römische Kurie völlig unvorbereitet traf. Wo und wie würde Benedikt nun leben? Welchen Status würde er einnehmen? Würde es nun zwei Päpste geben? Bei manchen wurden Befürchtungen und Erinnerungen an die dunkelsten Kapitel der Kirchengeschichte wach, als es Päpste und Gegenpäpste gegeben hatte und die Kirche in höfischen Intrigen zerrissen zu werden drohte.

In den folgenden Tagen klärten sich einige Fragen. Am 14. Februar kündigte Benedikt an, er wollte fortan »für die Welt verborgen« leben. Damit begegnete er Befürchtungen, er würde seinem Nachfolger ins Tagesgeschäft hineinregieren. Als er sich am 28. Februar 2013 vom Personal des Apostolischen Palastes verabschiedete und, begleitet vom Glockengeläut des Petersdoms, einen Hubschrauber bestieg, der ihn in die päpstliche Sommerresidenz Castel Gandolfo brachte, gingen die Bilder um die Welt. Anfang Mai 2013 zog er in den Vatikan und lebte von nun an im Kloster Mater Ecclesiae, in dem seit 1994 kontemplative Ordensfrauen gewohnt hatten. Mit ihm zogen dort die Memores Domini ein, die ihm schon im Apostolischen Palast den Haushalt geführt hatten, und auch Georg Gänswein blieb ihm erhalten. Da war sein Nachfolger, Franziskus, bereits gewählt.

Benedikt hatte ihn schon im März in Castel Gandolfo getroffen. Gänswein erinnert sich, dass es auch um Vatileaks gegangen war und wie Benedikt »in einem vertraulichen Gespräch Papst Franziskus über die Sache informiert« hätte. Dabei hätte er »ihm dann auch das Dossier übergeben, weil er das Dossier kennen soll, damit er damit macht, was er für richtig hält«. Und er fügt mit fester Stimme hinzu: »Damit ist Vatileaks auch objektiv abgeschlossen.«[7] Klaus Mertes sieht es anders. Er hätte sich sofort gefragt: »Was macht Franziskus damit?« Und: »Was steht denn da drin? Was steht da in diesem Ding drin? Immerhin geht es ja hier um die Kurie. Und der Nachfolger, Papst Franziskus, hat gesagt: Die Kurie ist die Lepra am Körper des Papstamtes. Offensichtlich hat aber auch der Nachfolger noch nicht die Kraft, es zu benennen: Was genau ist da los? Offensichtlich ist das einfach ein riesiger, verschlungener Machtapparat, eine Schlangengrube ohnegleichen – diese Kurie –, und jeder, der da redet, muss auch irgendwie ums Überleben kämpfen. Und vielleicht ist Ratzinger viel zu naiv in diese Schlangengrube hineingetreten, weil er ein zu idealistisches Bild von der Hierarchie hatte.«[8] Diese Schlangengrube war Benedikt nun jedenfalls los. Ab sofort hatte er kein Amt mehr inne und trug keine formale Verantwortung mehr.

Er legte den Fischerring ab und verzichtete fortan auf die roten Schuhe, aber seinen Papstnamen »Benedikt« und seine weiße Soutane behielt er. Obendrein schuf er sich gewissermaßen seinen eigenen Titel und Status: »Papa emeritus« oder »Alt-Papst«. Durch dieses absolute Novum in der katholischen Kirchengeschichte entstand in den folgenden Jahren viel Unmut, auch weil Benedikt gar nicht so »verborgen« lebte wie angekündigt, im Gegenteil. Er empfing viel Besuch, nicht nur von bayerischen Gebirgsschützen und alten Freunden, sondern auch von Bischöfen, die zum Ad-limina-Besuch in Rom waren. Und er meldete sich einige Male mit deutlicher Kritik an kirchlichen Entwicklungen und Diskussionen zu Wort. Das befeuerte bestimmte katholische Milieus, die Franziskus als neuen Papst ablehnten. Es entstand sogar der Verschwörungsglaube, Benedikt wäre von bösen Mächten zum Rücktritt gezwungen worden oder nach wie vor der wahre Papst.[9] Da meldeten sich nicht nur Fachleute zu Wort, um mehr Zurückgezogenheit und mehr Rollenklarheit anzumahnen – umsonst. Benedikt empfing, schrieb und sprach weiter öffentlich und erregte damit teils großes Aufsehen, unter anderem, als er sich im April 2019 mit einem Text im *Klerusblatt* zur Missbrauchsdebatte äußerte.

Glaubt man seinen Worten, tat er das aus purem Verantwortungsbewusstsein, denn: »Da ich selbst zum Zeitpunkt des öffentlichen Ausbruchs der Krise und während ihres Anwachsens an verantwortlicher Stelle als Hirte in der Kirche gewirkt habe, musste ich mir – auch wenn ich jetzt als Emeritus nicht mehr direkt Verantwortung trage – die Frage stellen, was ich aus der Rückschau heraus zu einem neuen Aufbruch beitragen könne.« Anstatt seine eigene langjährige verantwortliche Position, die er ja unumwunden anspricht, im Rückblick kritisch zu reflektieren, sieht er die Ursachen für die eskalierende Krise ausschließlich anderswo, vor allem in einem »seelischen Zusammenbruch«, den er der »Revolution von 1968« anlastet, verbunden mit einem »Zusammenbruch der katholischen Moraltheologie«, die nach dem Konzil nicht mehr naturrechtlich begründet wurde und dadurch relativistisch geworden sei, sodass es »nun auch nichts schlechthin Gutes und ebenso wenig etwas immer Böses geben« konnte. Benedikt kommt auf den Beginn der Missbrauchskrise zu sprechen, den er ohne Umschweife in den 1980er-Jahren ansetzt, und spricht von der Notwendigkeit einer kirchlichen Strafrechtsreform, die ihm schon damals klar geworden sei und die er wie folgt umschreibt: »Ein ausgewogenes Kirchenrecht, das dem Ganzen der Botschaft Jesu entspricht«, dürfe »nicht nur garantistisch für den Angeklagten sein, dessen Achtung ein Rechtsgut ist.« Neben dem Angeklagten müsse auch »das im Spiel stehende Gut« geschützt werden. Und das ist für Benedikt keineswegs das Selbstbestimmungsrecht oder die körperliche Unversehrtheit der Betroffenen, sondern »der Glaube«. Es bekümmert ihn, dass der Glaube »im allgemeinen Rechtsbewusstsein nicht mehr den Rang eines zu schützenden Gutes zu haben scheint«, schreibt er und konstatiert: »Dies ist eine bedenkliche Situation, die von den Hirten der Kirche bedacht und ernst genommen werden muss.« So spitzt sich sein Aufsatz bis zu dem Punkt zu, an dem er den letzten Grund für die Missbrauchskrise »in der Abwesenheit Gottes« festmacht. Und Gott ist es dann auch, der vor allem um Vergebung gebeten werden müsse. Zu diesem Schluss kommt Benedikt, als er sich an eine Begegnung mit einer Betroffenen erinnert: »Eine junge Frau, die als Ministrantin Altardienst leistete, hat mir erzählt, dass der Kaplan, ihr Vorgesetzter als Ministrantin, den sexuellen Missbrauch, den er mit ihr trieb, immer mit den Worten einleitete: ›Das ist mein Leib, der für dich hingegeben wird.‹ Dass diese Frau die Wandlungsworte nicht mehr anhören kann, ohne die ganze Qual des Missbrauchs erschreckend in sich selbst zu spüren, ist offenkundig. Ja, wir müssen den Herrn dringend um Vergebung anflehen und vor allen Dingen ihn beschwören und bitten, dass er uns alle neu die Größe seines Leidens, seines Opfers zu verstehen lehre. Und wir müssen alles tun, um das Geschenk der heiligen Eucharistie vor Missbrauch zu schützen.«[10]

Auch nach allem, was in diesem Buch über Benedikts Amtsführung, seine Theologie, seinen Umgang mit der Missbrauchskrise und mit Betroffenen dargelegt worden ist, können solche Äußerungen noch schockieren. Aber sie können nicht mehr überraschen. Dass sexueller Missbrauch in der kirchlichen Logik primär ein Vergehen gegen die Heiligkeit der Sakramente ist, haben wir gesehen. Dass Ratzinger nicht verstand, dass die Betroffenen in ihrem Recht auf körperliche Selbstbestimmung verletzt worden waren und dass er ihnen durch die von ihm ergriffenen Maßnahmen nicht gerecht wurde, ebenfalls. Dieser Aufsatz Benedikts, rund sechs Jahre nach seinem Rücktritt, macht vor allem eines deutlich: Als Folge eines Umdenkens oder gar als Reue oder Schuldeingeständnis ist sein Rücktritt sicher nicht zu werten. Aber wie dann? War er eine Geste der Demut? Ein Schritt zur Reform des Papstamtes? Ein Scheitern? Oder war es wirklich nur körperliche Schwäche?

Nein, da ist sich Tom Doyle sicher: »Es waren nicht nur körperliche Gebrechen. Es musste viel mehr als das sein.« Denn: »Er tat es gegen alle seine Überzeugungen: Ordnung, Orthodoxie, Tradition – und Tradition hieß: Wenn man einmal gewählt war, war man von den Kardinälen gewählt, die die Eingebung dazu von Gott selbst erhielten, und man wurde von ihnen zum Papst gewählt, bis man stirbt. Man ist als Papst eingesetzt, man untersteht keiner lebendigen Macht, man ist der absolute Herrscher der katholischen Kirche, der Stellvertreter Christi, der Repräsentant des allmächtigen Gottes. Es wäre also verrückt, zwei Vertreter Gottes zu haben! Das macht einfach keinen Sinn.«[11] Aber hatte Benedikt nicht schon – spätestens mit seinem Motu Proprio »Summorum Pontificum« – bewiesen, dass er durchaus imstande war, Tradition in seinem eigenen Sinne frei zu interpretieren? War sein Rücktritt vielleicht doch ein Scheitern?

»Ja, ich glaube auch, dass er in vielfacher Hinsicht ein gescheiterter Papst ist«, sagt Klaus Mertes, »eine tragische Figur. Und ich glaube, dass sein Scheitern auch das Scheitern einer Ära ist. Es ist nicht nur sein persönliches Scheitern. Sondern es ist das Scheitern einer Ära, in der die Kirche noch einmal versucht, über eine starke Freund/Feind-Kennung – wir und die – Identität zu retten. Aber das wird nicht gelingen.«[12] Das heißt, solange die kirchliche Identität entlang der Freund/Feind-Logik aufgebaut wird, könnte die Krise weiter anhalten. Ihre Konsequenzen sind jedenfalls weltweit zu sehen, am deutlichsten vielleicht in Irland: »Der Kirchenbesuch in Irland liegt jetzt bei etwa 20 Prozent«, sagt Tony Flannery, »in Teilen unserer Städte ist der Anteil auf 2, 3 oder 4 Prozent gesunken. Zu Beginn der 1970er-Jahre waren es noch über 90 Prozent. Das zeigt also einen enormen institutionellen Kollaps in nur einer Generation!« Und er fügt hinzu: »Sogar die kirchentreuen Katholiken sind jetzt viel herausfordernder und hinterfragen viel mehr als früher. Es gibt keine automatische Beweihräucherung von Päpsten mehr. Sogar meine Generation (…) stimmte für die Legalisierung der gleichgeschlechtlichen Ehe.«[13] Und Marie Collins merkt an: »Einige unserer Bischöfe erwarten, dass die Dinge wieder so werden, wie sie waren. Aber das wird einfach nicht geschehen. Die Gesellschaft hat sich verändert. Und die jüngere Generation geht jetzt einen anderen Weg. Unsere jüngere Generation ist in jeder Hinsicht ziemlich kirchenfeindlich. Sie ist nicht nur agnostisch oder uninteressiert. Sie ist aktiv kirchenfeindlich, und ich weiß nicht, ob die katholische Kirche in Irland überhaupt angefangen hat zu verstehen, wie sie damit umgehen könnte.«[14]

Wie könnte die Kirche damit umgehen? Indem sie sich der Wahrheit stellt, der Wahrheit im Sinne von »Realität«? Aber ist die Kirche in ihrer aktuellen Verfassung überhaupt dazu in der Lage? Wird sie es schaffen, der Krise wirklich ein Ende zu setzen? Tom Doyle ist sich sicher: Die Krise wird so lange andauern, »wie das System besteht, das diese Krise erzeugt hat. Dieses monarchische kirchliche System, in dem der Leib Christi aus einem Monarchen besteht, umgeben von dieser kleinen Aristokratie, die um jeden Preis bewahrt werden muss. Solange dieser Glaube besteht, solange er aktiv ist, werden wir immer noch das Problem der Misshandlung von Menschen durch den Klerus und die Hierarchie haben, ob sexuell oder anderweitig«.[15] Mit anderen Worten: Ein Ende der Krise ist nicht in Sicht.

Anmerkungen

1 Eine hagiografische Skizze

1 Dominikus Schwaderlapp: »Der Mozart der Theologie. Weihbischof Schwaderlapp über Benedikt XVI.«, Domradio-Interview vom 15. April 2017, unter: https://www.domradio.de/themen/benedikt-xvi/2017-04-15/weihbischof-schwaderlapp-ueber-benedikt-xvi (abgerufen am 28. September 2020).

2 Interview mit Wolfgang Beinert am 24. Mai 2016.

3 ἀκέραιος heißt wörtlich: unvermischt. Das Wort kommt u. a. im Matthäusevangelium vor, wo Jesus zu denen, die ihm folgen, sagt, sie sollen klug wie die Schlangen und arglos wie die Tauben sein (Mt 10,16), und im Philipperbrief, wo die Gemeinde aufgefordert wird, sie sollten alles ohne Murren und ohne Zweifel tun, »damit ihr ohne Tadel und lauter seid, Gottes Kinder, ohne Makel mitten unter einem verdorbenen und verkehrten Geschlecht« (Phil 2,15).

4 Ansprache von Papst Benedikt XVI. im Park von Bresso am 2. Juni 2012, unter: http://www.vatican.va/content/benedict-xvi/de/speeches/2012/june/documents/hf_ben-xvi_spe_20120602_festa-testimonianze.html (abgerufen am 28. September 2020).

5 Benedikt XVI. mit Peter Seewald: *Letzte Gespräche.* Droemer 2016, S. 40.

6 Interview mit Charles Scicluna am 28. November 2017.

7 Interview mit Wolfgang Beinert am 24. Mai 2016.

8 Ludwig Ott: *Grundriss der katholischen Dogmatik.* 9. Auflage, Herder 1978, S. 20 f.

9 Joseph Ratzinger: *Einführung in das Christentum. Vorlesungen über das Apostolische Glaubensbekenntnis,* 6. Auflage, Kösel 1968, S. 73–76.

10 Ebd., S. 173.

11 Erzbistum München und Freising: »Der emeritierte Papst Benedikt XVI. und das Erzbistum«, unter: https://www.erzbistum-muenchen.de/ueber-uns/dioezesangeschichte/papst-benedikt-xvi/und-das-erzbistum (abgerufen am 28. September 2020).

12 Michael Karger: »Der Glaube geht der Theologie voraus«, in: *Die Tages-post,* 16. April 2016, unter: http://www.institut-papst-benedikt.de/en/presseschau/presseschau-detail/article/der-glaube-geht-der-theologie-voraus.html (abgerufen am 28. September 2020).

13 Durch die Apostolische Konstitution *Pastor Bonus* wurde die Kommission noch im selben Jahr zum »Rat für die authentische Interpretation der Gesetzestexte« aufgewertet.

14 »Eucharistische Gestalten« sind Brot und Wein, die in der katholischen Messe konsekriert werden.

15 Vgl. Rüdiger Althaus: »Die Laisierung von Priestern – Ein Akt der Gnade oder der Gerechtigkeit?«, in: *De Processibus Matrimonialibus. Fachzeitschrift zu Fragen des Kanonischen Ehe- und Prozessrechtes* 8/2 (2001), S. 215–241.

16 Juan Ignacio Arrieta: »L'influsso del Cardinale Ratzinger nella revisione del sistema penale canonico«, in: *Civiltà Cattolica* 161, IV (4. Dezember 2010), S. 430 – 440. Deutsch unter: http://www.vatican.va/resources/resources_arrieta-20101204_ge.html (abgerufen am 28. September 2020).

17 Ebd.

18 Ausführlicher: Körperverletzung bzw. Mord (can. 1397), physische Gewalt gegen den Papst (can. 1370); Profanisierung der Eucharistie (can. 1367); Pflichtverletzungen, die sich auf den priesterlichen Zölibat beziehen: sexueller Missbrauch (can. 1395 § 2), eheähnliches Zusammenleben (can. 1395 § 1), sexueller Missbrauch während der Beichte (can. 1387) und der Versuch der Eheschließung (can. 1394 § 1).

19 Juan Ignacio Arrieta: »L'influsso del Cardinale Ratzinger nella revisione del sistema penale canonico«, a. a. O.

20 Johannes Paul II.: Apostolische Konstitution *Pastor Bonus,* Art. 52, unter: http://www.vatican.va/content/john-paul-ii/de/apost_constitutions/documents/hf_jp-ii_apc_19880628_pastor-bonus-roman-curia.html (abgerufen am 28. September 2020).

21 Juan Ignacio Arrieta: »L'influsso del Cardinale Ratzinger nella revisione del sistema penale canonico«, a. a. O.

22 Laurie Goodstein und David M. Halbfinger: »Church Office Failed to Act on Abuse Scandal«, in: *The New York Times,* 1. Juli 2010, unter: https://www.nytimes.com/2010/07/02/world/europe/02pope.html?ref=romancatholicchurch (abgerufen am 28. September 2020).

23 Interview mit Charles Scicluna am 28. November 2017.

24 Siehe »Vatican releases figures on how it disciplined priests accused of sex abuse«, in: *The Guardian,* 6. Mai 2014, unter: https://www.theguardian.com/world/2014/may/06/vatican-figures-disciplined-priests-sex-abuse (abgerufen am 28. September 2020).

25 Der Brief wurde zuerst von *Golias News* veröffentlicht (unter: https://www.golias-editions.fr/2010/04/16/document-exclusif-quand-le-vatican-felicitait-mgr-pican-de-navoir-pas-denonce-son-pretre-pedophile, abgerufen am 28. September 2020), und dann von Medien weltweit aufgegriffen. 2010 der Vorgang vom Vatikan bestätigt. Vgl. John L. Allen

Jr.: »Vatican disses one of its own on sex abuse«, in: *National Catholic Reporter*, 15. April 2010, unter: https://www.ncronline.org/news/accountability/vatican-disses-one-its-own-sex-abuse (abgerufen am 28. September 2020).

26 Siehe Laurie Goodstein und David M. Halbfinger: »Church Office Failed to Act on Abuse Scandal«, a. a. O.

27 Ebd.

28 Interview mit Jörg M. Fegert am 4. Oktober 2019.

29 Ebd.

30 Jason Berry: »Money paved the way for Maciel's influence in the Vatican«, in: *National Catholic Reporter*, 6. April 2010, unter: https://www.ncronline.org/news/accountability/money-paved-way-maciels-influence-vatican (abgerufen am 28. September 2020).

2 Der Beginn der Missbrauchskrise

1 Vgl. Kieran Tapsell: *Potiphar's Wife. The Vatican's Secret and Child Sexual Abuse*, ATF Press 2014.

2 Jason Berry: »The Tragedy of Gilbert Gauthe«, Teil 1, in: *The Times of Acadiana*, 23. Mai 1985, unter: http://www.bishop-accountability.org/news/1985_05_23_Berry_TheTragedy.htm (abgerufen am 28. September 2020). Kopien des Originals finden sich unter: http://www.bishop-accountability.org/news/1985-05-23-Berry-TheTragedy.pdf (abgerufen am 28. September 2020).

3 Jon Nordheimer: »Sex Charges against priest embroil Louisiana parents«, in: *The New York Times*, 20. Juni 1985, unter: https://www.nytimes.com/1985/06/20/us/sex-charges-against-priest-embroil-louisiana-parents.html (abgerufen am 28. September 2020).

4 Infos zum HBO-Film »Judgment« unter: https://www.imdb.com/title/tt0099904/ (abgerufen am 28. September 2020).

5 Evan Moore: »Church abuse case haunts lawyer who defended priest«, in: *USA Today*, 5. Oktober 2013, unter: https://eu.usatoday.com/story/news/nation/2013/10/05/gilbert-Gauthe-catholic-priest/2926325/ (abgerufen am 28. September 2020).

6 Jason Berry: *Lead Us Not Into Temptation. Catholic Priests and the Sexual Abuse of Children*, Doubleday 1992, S. 8.

7 Jason Berry: »The Tragedy of Gilbert Gauthe«, a. a. O.

8 Ebd.

9 Ebd.

10 Marie Keenan: *Child Sexual Abuse and the Catholic Church. Gender, Power, and Organizational Culture*, Oxford University Press 2012, S. 17.

11 Evan Moore: »Church abuse case haunts lawyer who defended priest«, a. a. O.

12 Jason Berry: »The Tragedy of Gilbert Gauthe«, Teil 2, unter: http://www.bishop-accountability.org/news/1985_05_30_Berry_TheTragedy.htm (abgerufen am 28. September 2020).

13 Jon Nordheimer: »Sex Charges against priest embroil Louisiana parents«, a.a.O.

14 »Timeline of a Crisis«, in: *National Catholic Reporter*, 6. Juli 2015, unter: https://www.ncronline.org/blogs/ncr-today/timeline-crisis (abgerufen am 28. September 2020).

15 Newfoundland and Labrador Heritage (2012): »Mount Cashel Orphanage Abuse Scandal Timeline«, unter: https://www.heritage.nf.ca/artic les/politics/wells-government-mount-cashel-timeline.php (abgerufen am 28. September 2020).

16 »Gott würde es billigen«, in: *Der Spiegel* 11/1995, unter: https://www. spiegel.de/spiegel/print/d-9158005.html (abgerufen am 28. September 2020).

17 Barbara Blaine: »Thanks to NCR, my crisis became a cause«, in: *National Catholic Reporter*, 6. Juli 2015, unter: https://www.ncronline.org/ news/accountability/thanks-ncr-my-crisis-became-cause (abgerufen am 28. September 2020).

18 Ebd.

19 Siehe »Assignment History-Rev. Chester John ›Chet‹ Warren, o.s.f.s.«, unter: http://www.bishop-accountability.org/assign/Assignment_His tory_Rev_Chet_Warren_osfs.htm (abgerufen am 28. September 2020).

20 Barbara Blaine: »Thanks to NCR, my crisis became a cause«, a.a.O.

21 Ebd.

22 Ebd.

23 Eamonn O'Neill: »What the Catholic bishops knew«, in: *The Guardian*, 2. April 2010, unter: https://www.theguardian.com/world/2010/apr/02/ catholic-bishop-william-levada (abgerufen am 28. September 2020).

24 Eine Apostolische Nuntiatur ist, wenn man so will, die Botschaft des Heiligen Stuhles im Ausland.

25 Tom Doyle: »Thirty Years: What We've Learned And What I've Learned«, 27. Juli 2013, unter: http://www.bishop-accountability.org/ news2013/07_08/2013_07_27_Doyle_ThirtyYears.htm (abgerufen am 28. September 2020).

26 Schreiben des Präfekten der Kleruskongregation an Bischof Moreno von Tucson vom 31. Januar 1984 unter: http://www.bishop-accountabi lity.org/Vatican/Documents/1984_01_31_Oddi_to_Moreno_Priest_ Files_R.pdf (abgerufen am 28. September 2020).

27 Thomas P. Doyle, A.W.R. Sipe, Patrick J. Wall: *Sex, Priests, and Secret Codes. The Catholic Church's 2,000-Year Paper Trail of Sexual Abuse*, Taylor Trade Publishing 2006, S. 125.

28 Tom Doyle, A short History of »The Manual«, online: http://www. awrsipe.com/Doyle/pdf_files/2010-10-12-Manual-History.pdf

29 Ebd.

30 Ebd.

31 Evan Moore: »Church abuse case haunts lawyer who defended priest«, a.a.O.

32 Jason Berry, Gerald Renner: *Vows of Silence. The Abuse of Power and*

Sexual Crisis in the Papacy of John Paul II, Free Press 2004. Ausschnitte unter: http://www.bishop-accountability.org/news2004_01_06/2004_02_13_BestOfNewOrleans_TheSacrifice.htm (abgerufen am 28. September 2020).

33 Ebd.

34 Kongregation für die Glaubenslehre, Schreiben an die Bischöfe der Katholischen Kirche über die Seelsorge für homosexuelle Personen, 1. Oktober 1986, unter: http://www.vatican.va/roman_curia/congregations/cfaith/documents/rc_con_cfaith_doc_19861001_homosexual-persons_ge.html (abgerufen am 28. September 2020).

35 Interview mit Tom Doyle am 17. November 2016.

36 Lüdecke, Norbert/Bier, Georg, *Das römisch-katholische Kirchenrecht. Eine Einführung*, Stuttgart 2012, 57–75.

37 In Deutschland, Österreich und der Schweiz haben die Bischofskonferenzen 1968 Erklärungen herausgegeben, denen zufolge katholische Eheleute in Ausnahmefällen Verhütungsmittel nutzen dürfen (Deutschland: Königsteiner Erklärung, Österreich: Mariatroster Erklärung, Schweiz: Solothurner Erklärung). Für die meisten katholischen Eheleute weltweit gelten diese Ausnahmen allerdings nicht.

38 Jörg Fegert: »Empathie statt Klerikalismus. Chancen und Grenzen externer Unterstützung bei der Auseinandersetzung mit sexuellem Missbrauch«, in: *Stimmen der Zeit* 3/2019, S. 193.

39 Joseph Ratzinger, Schreiben an Prof. Charles Curran vom 25. Juli 1986, unter: http://www.vatican.va/roman_curia/congregations/cfaith/documents/rc_con_cfaith_doc_19860725_carlo-curran_ge.html (abgerufen am 28. September 2020).

40 Frank Fromherz: »Raymond Hunthausen, retired archbishop of Seattle, dies a tage 96«, in: *National Catholic Reporter*, 22. Juli 2018, unter: https://www.ncronline.org/news/people/raymond-hunthausen-retired-archbishop-seattle-dies-age-96 (abgerufen am 28. September 2020).

41 Roberto Suro: »Pope Plays Down Conflict with U. S. Bishops«, in: *The New York Times*, 19. November 1986, unter: https://www.nytimes.com/1986/11/19/world/pope-plays-down-conflict-with-us-bishops.html (abgerufen am 28. September 2020).

42 »Respectful Bishops Tell Pontiff of a Loving but Restless Laity«, in: *The New York Times*, 17. September 1987, unter: https://www.nytimes.com/1987/09/17/us/the-papal-visit-respectful-bishops-tell-pontiff-of-a-loving-but-restless-laity.html (abgerufen am 28. September 2020).

43 Ebd.

44 »Meeting with the Priests of the United States of America. Address of His Holiness John Paul II«, Church of St. Martha, Miami. 10. September 1987, unter: http://www.vatican.va/content/john-paul-ii/en/speeches/1987/september/documents/hf_jp-ii_spe_19870910_sacerdoti-miami.html

45 »Meeting with the Faithful gathered in the Cathedral of Saint Louis. Address of His Holiness John Paul II«, New Orleans, 12. September

1987, unter: http://www.vatican.va/content/john-paul-ii/en/speeches/ 1987/september/documents/hf_jp-ii_spe_19870912_cattedrale-new-orleans.html (abgerufen am 28. September 2020).

46 Der Brief von John Cummins an den Heiligen Stuhl vom 7. Juli 1981 ist abgebildet in folgendem Artikel: »Stephen Kiesle asked to be removed as priest after abuse conviction, but future Pope, Oakland diocese let him linger«, in: *The Mercury News*, 24. Oktober 2018, unter: https:// www.mercurynews.com/2018/10/24/read-the-documents-stephen-kiesle-asked-to-be-removed-as-priest-but-vatican-oakland-diocese-let-him-linger/ (abgerufen am 28. September 2020).

47 Ebd.

48 Der Brief von John Cummins an Joseph Ratzinger vom 1. Februar 1982 ist abgebildet in folgendem Artikel: »Stephen Kiesle asked to be removed as priest after abuse conviction, but future Pope, Oakland diocese let him linger«, in: *The Mercury News*, 24. Oktober 2018, unter: https:// www.mercurynews.com/2018/10/24/read-the-documents-stephen-kiesle-asked-to-be-removed-as-priest-but-vatican-oakland-diocese-let-him-linger/ (abgerufen am 28. September 2020).

49 Der Brief von John Cummins an Thomas Herron, CDF, vom 17. Januar 1984 ist abgebildet in folgendem Artikel: »Stephen Kiesle asked to be removed as priest after abuse conviction, but future Pope, Oakland diocese let him linger«, in: *The Mercury News*, 24. Oktober 2018, unter: https://www.mercurynews.com/2018/10/24/read-the-documents-stephen-kiesle-asked-to-be-removed-as-priest-but-vatican-oakland-diocese-let-him-linger/ (abgerufen am 28. September 2020).

50 Rob Dennis, Jeremy Herb, Matthew Artz und Chris De Benedetti: »Priests Served Despite Abuse Complaints«, in: *San Jose Mercury News*, 31. März 2008, unter http://www.bishop-accountability.org/news2008/ 03_04/2008_03_31_Dennis_PriestsServed.htm (abgerufen am 28. September 2020).

51 Der Brief von John Cummins an Joseph Ratzinger vom 13. September 1985 ist abgebildet in folgendem Artikel: »Stephen Kiesle asked to be removed as priest after abuse conviction, but future Pope, Oakland diocese let him linger«, in: *The Mercury News*, 24. Oktober 2018, unter: https://www.mercurynews.com/2018/10/24/read-the-documents-stephen-kiesle-asked-to-be-removed-as-priest-but-vatican-oakland-diocese-let-him-linger/ (abgerufen am 28. September 2020).

52 Der Brief von Joseph Ratzinger an John Cummins vom 6. November 1985 ist abgebildet in folgendem Artikel: »Stephen Kiesle asked to be removed as priest after abuse conviction, but future Pope, Oakland diocese let him linger«, in: *The Mercury News*, 24. Oktober 2018, unter: https://www.mercurynews.com/2018/10/24/read-the-documents-stephen-kiesle-asked-to-be-removed-as-priest-but-vatican-oakland-diocese-let-him-linger/ (abgerufen am 28. September 2020).

53 Siehe »Rev. Stephen Kiesle, Summary of Case«, unter: http://www.

bishop-accountability.org/assign/Kiesle_Stephen.htm (abgerufen am 28. September 2020).

54 The National Review Board for the Protection of Children and Young People: »A Report on the Crisis in the United States«, 27. Februar 2004, S. 103.

55 Jason Berry, Gerald Renner: *Vows of Silence*, a. a. O., S. 59.

56 The Investigative Staff of the Boston Globe: *Betrayal. The Crisis In the Catholic Church. The Findings of the Investigation That Inspired the Major Motion Picture Spotlight*, Profile Books 2016, S. 45.

57 Ebd., S. 46.

58 Jerome E. Paulson: »The Clinical and Canonical Considerations in Cases of Pedophilia: The Bishop's Role«, in: *Studia canonica* 22 (1988), S. 77–124, 95.

59 Thomas P. Doyle: »The Canonical Rights of Priests Accused of Sexual Abuse«, in: *Studia canonica* 24 (1990), S. 335–356, 339.

60 Jerome E. Paulson: »The Clinical and Canonical Considerations in Cases of Pedophilia«, a. a. O., S. 109.

61 Francis G. Morrisey: »The Pastoral and Juridical Dimensions of Dismissal from the Clerical State and of Other Penalties for Acts of Sexual Misconduct«, in: *CLSA Proceedings* 53 (1991) S. 221–239, 224.

62 »Bestimmte mildernde Faktoren, wie z. B. psychische Erkrankungen oder psychische Störungen, die einen vorübergehenden Verlust der Einsicht verursachen, müssen bei der Bemessung der Strafe berücksichtigt werden und sollten diese mildern. In Fällen von Pädophilie oder Ephebophilie, die als psychische Krankheiten eingestuft werden, spricht die verminderte Leistungsfähigkeit des angeklagten Priesters gegen die Verhängung der drastischsten Strafe, den Verlust des klerikalen Standes.« Nicholas P. Cafardi: »Stones Instead of Bread. Sexually Abusive Priests in Ministry«, in: *Studia canonica* 27 (1993), S. 145–172, 152 f.

63 Brief von Johannes Paul II. an die Bischöfe der USA vom 11. Juni 1993, unter: http://w2.vatican.va/content/john-paul-ii/en/letters/1993/documents/hf_jp-ii_let_19930611_vescovi-usa.html (abgerufen am 28. September 2020).

64 »Der Papst hat das Heft in der Hand«, Interview mit Karl Lehmann von Ulrich Schwarz und Peter Wensierski, in: *Der Spiegel* 26/2002, 24. Juni 2002, unter: https://www.spiegel.de/spiegel/print/d-22955262.html (abgerufen am 28. September 2020).

65 Sharon Euart: »Canon Law and Clergy Sexual Abuse Crisis. An Overview of the U. S. Experience«, USCCB/CLSA Seminar, 25. Mai 2010, unter: http://www.usccb.org/issues-and-action/child-and-youth-protection/upload/USCCB-CANON-LAW-SEMINAR-2010-EUART.pdf (abgerufen am 28. September 2020).

66 Stefan Loppacher: »Processo penale canonico a abuso sessuale su minori. Un' analisi die recenti sviluppi normativi intorno al ›delictum contra sextum cum minore‹ alla luce degli elementi essenziali di un giusto processo«, EDUSC 2017, S. 28.

67 Jason Berry, Gerald Renner: *Vows of Silence*, a. a. O., S. 101.

68 Ann Rodgers-Melnick: »Vatican Clears Priest, Wuerl Rejects Verdict«, in: *Pittsburgh Post-Gazette*, 21. März 1993, unter: http://www.bishop-accountability.org/news3/1993_03_21_RodgersMelnick_Vatican Clears_Anthony_Cipolla_1.htm (abgerufen am 28. September 2020).

69 Jason Berry, Gerald Renner: *Vows of Silence*, a. a. O., S. 101–104.

70 John L. Allen, Pamela Schaeffer: »Reports of abuse. AIDS exacerbates sexual exploitation of nuns, reports allege«, in: *National Catholic Reporter*, 16. März 2001, unter: https://natcath.org/NCR_Online/archives2/2001a/031601/031601a.htm (abgerufen am 28. September 2020).

71 Ebd.

72 Ebd.

73 Ebd.

74 Chris Hedges: »Documents Allege Abuse of Nuns by Priests«, in: *The New York Times*, 21. März 2001, unter: https://www.nytimes.com/2001/03/21/world/documents-allege-abuse-of-nuns-by-priests.html (abgerufen am 28. September 2020).

75 Ebd.

76 Kongregation für die Glaubenslehre: »Instruktion über die Achtung vor dem beginnenden menschlichen Leben und die Würde der Fortpflanzung«, 22. Februar 1987, unter: http://www.vatican.va/roman_curia/congregations/cfaith/documents/rc_con_cfaith_doc_19870222_res pect-for%20human-life_ge.html (abgerufen am 28. September 2020).

77 Martin Klingst, Patrik Schwarz: »Die Akte Bertone«, in: *Die Zeit* Nr. 14/2010, 31. März 2010, online: https://www.zeit.de/2010/14/Miss-brauch-Priester-Papst/komplettansicht (abgerufen am 28. September 2020).

78 Der Brief von Rembert Weakland an Kardinal Joseph Ratzinger vom 17. Juli 1996 ist abgebildet in *The New York Times:* »The Document Trail: The Predator Priest Who Got Away«, S. 29 f., unter: https://www.nytimes.com/interactive/projects/documents/reverend-lawrence-c-murphy-abuse-case?ref=europe#document (abgerufen am 28. September 2020).

79 Der Brief von Rembert Weakland an Kardinal Gilberto Agostini vom 10. März 1997 ist abgebildet in *The New York Times:* »The Document Trail: The Predator Priest Who Got Away«, S. 38 f., unter: https://www.nytimes.com/interactive/projects/documents/reverend-lawrence-c-murphy-abuse-case?ref=europe#document (abgerufen am 28. September 2020).

80 Der Brief von Lawrence Murphy an Kardinal Joseph Ratzinger vom 12. Januar 1998 ist abgebildet in *The New York Times:* »The Document Trail: The Predator Priest Who Got Away«, S. 54 f., unter: https://www.nytimes.com/interactive/projects/documents/reverend-lawrence-c-murphy-abuse-case?ref=europe#document (abgerufen am 28. September 2020).

81 Der Brief von Tarcisio Bertone an Bischof Raphael Fliss vom 6. April

1998 ist abgebildet in *The New York Times*: »The Document Trail: The Predator Priest Who Got Away«, S. 57 f., unter: https://www.nytimes.com/interactive/projects/documents/reverend-lawrence-c-murphy-abuse-case?ref=europe#document (abgerufen am 28. September 2020).

82 Der Brief von Raphael Fliss an Tarcisio Bertone vom 13. Mai 1998 ist abgebildet in der *New York Times*: »The Document Trail: The Predator Priest Who Got Away«, S. 60, unter: https://www.nytimes.com/interactive/projects/documents/reverend-lawrence-c-murphy-abuse-case?ref=europe#document (abgerufen am 28. September 2020).

83 Die Notiz von Tom Brundage für Bischof Weakland und Bischof Fliss vom 15. Mai 1998 ist abgebildet in der *New York Times*: »The Document Trail: The Predator Priest Who Got Away«, S. 68, unter: https://www.nytimes.com/interactive/projects/documents/reverend-lawrence-c-murphy-abuse-case?ref=europe#document (abgerufen am 28. September 2020).

84 »Riassunto dell'incontro dei Superiori CDF con gli Ecc.mi Presuli interessati al caso del Rev. Lawrence C. MURPHY, sacerdote accusato di sollecitazione in Confessione (Prot.N. 111/96)«, *The New York Times*: »The Document Trail: The Predator Priest Who Got Away«, S. 70, unter: https://www.nytimes.com/interactive/projects/documents/reverend-lawrence-c-murphy-abuse-case?ref=europe#document (abgerufen am 28. September 2020).

85 Der Brief von Rembert Weakland an Tarcisio Bertone vom 2. September 1998 ist abgebildet in *The New York Times*: »The Document Trail: The Predator Priest Who Got Away«, S. 77, unter: https://www.nytimes.com/interactive/projects/documents/reverend-lawrence-c-murphy-abuse-case?ref=europe#document (abgerufen am 28. September 2020).

86 Der Brief von Tarcisio Bertone an Rembert Weakland vom 28. September 1998 ist abgebildet in der *New York Times*: »The Document Trail: The Predator Priest Who Got Away«, S. 81, unter: https://www.nytimes.com/interactive/projects/documents/reverend-lawrence-c-murphy-abuse-case?ref=europe#document (abgerufen am 28. September 2020).

87 Jimmy Akin: »Cardinal Ratzinger An Evil Monster?«, in: *National Catholic Register*, 30. März 2010, online: https://www.ncregister.com/blog/jimmy-akin/cardinal (abgerufen am 28. September 2020).

88 Interview mit Hermann Häring am 7. November 2016.

3 Maciel, der Held der konservativen Restauration

1 Mitgliederzahlen sind mit Vorsicht zu behandeln, denn die Angaben, die von den Legionären selbst stammen, sind nur bedingt belastbar. Immerhin nennen sowohl das päpstliche Jahrbuch als auch das *Wall Street Journal* die Zahl von 650 Priestern. In Letzterem ist außerdem zu lesen: »In einer Zeit, in der die Kirche Mühe hatte, Priesternachwuchs zu rekrutieren, gingen aus den Seminaren der Legionäre Christi 650 geweihte Priester hervor, von denen viele aus wohlhabenden Familien

stammen (...). Außerdem finden sich in den Reihen der Legionäre 2500 Seminaristen, die sich auf das Priestertum vorbereiten, und 1000 geweihte Frauen – Laienschwestern, die Keuschheit und Armut gelobt haben – sowie 65 000 Laienunterstützer, die einer Gruppe namens Regnum Christi angehören.« Siehe: »With Elite Backing, A Catholic Order Has Pull in Mexico«, in: *The Wall Street Journal*, 23. Januar 2006. https:// www.wsj.com/articles/SB113798852937353361

2   Ein Zitat aus »The Envoy«, einer 25-bändigen Sammlung von Maciels Briefen, die Mitgliedern zum Meditieren und für Studien zur Verfügung stand. Zitiert in Jason Berry, Gerald Renner: *Vows of Silence*, a. a. O., S. 245.

3   »Die Kongregation sollte einer evangelisierenden ›Armee in Kampfformation‹ gleichen.« Ein Zitat von Pius XII. (aus »sicut acies ordinata«), in »Legionäre Christi: 50-jähriges Jubiläum, 1991«. Hier zitiert nach dem *Wall Street Journal*.

4   Interview mit Xavier Léger am 25. Mai 2016.

5   Interview mit Pablo Pérez Guajardo am 5. Juli 2016.

6   Interview mit Pablo Pérez Guajardo am 5. Juli 2016: »Die Legionäre, besonders die älteren, machten regelrecht Werbung für Maciels Heiligkeit. Sie erzählten Wundergeschichten. Als er die Messe feierte, soll zum Beispiel einmal während der Konsekration (...) die Hostie in der Luft geschwebt haben. Außerdem erzählte man, dass Maciel, wenn er einem in die Augen sah, Gedanken lesen konnte, dass er sehen konnte, ob man im Stand der Gnade war oder ob man log. Zu allem Überfluss bestätigte auch noch der Vatikan diese übertriebene Vorstellung von Maciels Überlegenheit. Ich erinnere mich an eine Gelegenheit, bei der Kardinal Sodano uns – Priestern und Laien der Gemeinschaft – sagte: ›Selig ihr Legionäre, denn es gibt viele Kardinäle und Bischöfe, aber es gibt nur einen Gründer, und ihr dürft in seiner Gegenwart leben.‹ Uns wurde damit klar, dass Pater Maciel von den Führungspersönlichkeiten der Kirche offiziell als Heiliger betrachtet wurde, als ein Mann, der Hunderte Berufungen anzog, der auf der ganzen Welt Einrichtungen eröffnete, der von Staatsmännern und Businessleuten geschätzt wird, und das alles dank seiner spirituellen Ausstrahlung und Heiligkeit. Aber wenn man darüber nachdenkt, war das alles nur eine Reaktion auf dasselbe erfolgreiche Marketing, das auch von Unternehmen benutzt wird, um mitunter sogar schädliche Produkte zu verkaufen.«

7   Ebd. Pérez sagt weiter: »Zur Heiligenlegende Maciels gehörte auch die Geschichte von einem krebskranken Jungen, der durch Maciels Gebete geheilt worden war. Es ist zwar absolut klar, dass ein zu Lebzeiten gewirktes Wunder im Kanonisierungsprozess nicht zählt, aber es hilft, um den Mythos aufzubauen. Sie arbeiteten so hart daran, stellten die Dokumente zusammen, dass sogar ein Kanonisierungsprozess für Maciels Mutter eröffnet wurde. Wir wissen, dass Untersuchungen für Selig- oder Heiligsprechungsprozesse sehr kostspielig sind. Nur große katholische Organisationen oder reiche Diözesen können sich solche

Prozesse leisten. (…) [Ein] Prozess, der auch von anderen Personen gezahlt werden kann, wenn sie am betreffenden Fall interessiert sind.«

8 Jason Berry, Gerald Renner: *Vows of Silence*, a. a. O., S. 148.

9 Interview mit Pablo Pérez Guajardo am 5. Juli 2016.

10 Siehe https://de.reuters.com/article/idUSN20149650: »With the backing of wealthy families and influential politicians in Mexico and abroad the Legion grew quickly and today counts 800 priests and 2,600 seminarians in 22 countries. Its lay movement, Regnum Christi, has 75,000 members and runs more than 100 universities, elementary and secondary schools, according to its website. The Legion amassed a fortune from its affluent patrons and at its peak had a $650 million yearly budget. Maciel cultivated connections in the highest levels of Mexican society including the owners of breadmaker Bimbo.«

11 Siehe u. a. Interview mit Xavier Léger am 25. Mai 2016: »Die Legionäre und das Opus Dei haben genau dieselbe Methode. Sie präsentieren sich als die ›neuen Jesuiten‹, bereit, katholische Gesellschaften zu retten und Schulen für die nationale Elite aufzubauen. Und natürlich empfangen die Angehörigen katholischer Familien aus dem Spektrum der Superreichen und der oberen Mittelklasse die Legionäre mit offenen Armen.«

12 Interview mit Peter Byrne am 11. Juli 2017.

13 Siehe: »With Elite Backing, A Catholic Order Has Pull in Mexico«, in: *The Wall Street Journal*, 23. Januar 2006. Zitiert wird eine Luanne Zurlo.

14 Siehe: »With Elite Backing, A Catholic Order Has Pull in Mexico«, in: *The Wall Street Journal*, 23. Januar 2006. Zitiert wird David Martínez, ein ehemaliges Mitglied der Legionäre Christi, der heute als Managing Director des Hedgefunds »Fintech« in New York tätig ist.

15 Siehe Jason Berry: »Money paved the way for Maciel's influence in the Vatican«, in: *National Catholic Reporter*, 6. April 2010.

16 Interview mit Xavier Léger am 25. Mai 2016.

17 Interview mit Thomas P. Doyle am 17. November 2016: »Bestimmte Kardinäle waren mit den Legionären Christi befreundet. Diese Kardinäle und Erzbischöfe in der Römischen Kurie unterstützten und beschützten die Legionäre. Einige von ihnen, besonders Kardinal Sodano, der Kardinalstaatssekretär, bekam beträchtliche Summen Geld von den Legionären geschenkt für seine karitativen Einrichtungen. Na ja, das ist ein Euphemismus. Das Geld war für ihn.«

18 Siehe Jason Berry: »Money paved the way for Maciel's influence in the Vatican«, a. a. O. Zitiert wird ein Ex-Legionär, der anonym bleiben wollte. »Diesem Priester zufolge waren die Bauarbeiten kostspielig, und die höherrangigen Mitglieder der Legionären wussten darum.«

19 Ebd.

20 Ebd.

21 John Thavis: *The Vatican Diaries. A Behind-the-Scenes Look at the Power, Personalities and Politics at the Heart of the Catholic Church*, Penguin 2013, S. 78.

22 Sodano erreichte es gegen den Widerstand von Kardinal Raúl Silva

Henríquez, dass Maciel in Santiago eine Schule gründen durfte. Siehe Jason Berry: *Render Unto Rome. The Secret Life of Money in the Catholic Church*, Crown 2011, S. 184 f.

23 Interview mit Pablo Pérez Guajardo am 5. Juli 2016: »Sowohl das Grundstück als auch die Baugenehmigung verdanken sich der Intervention Kardinal Sodanos. Es handelte sich um landwirtschaftliche Nutzflächen, aber Sodano schaffte es dank seiner Verbindungen zur christdemokratischen Partei (Democrazia Cristiana), Baugenehmigungen für diese Flächen zu erhalten. Außerdem leitete sein Neffe, der Ingenieur Sodano, das Bauvorhaben.« Siehe auch Jason Berry: *Render Unto Rome*, a. a. O., S. 185, wo Glenn Favreau wie folgt zitiert wird: »Kardinal Sodano half bei der Umwidmung der Flächen für den Bau der Universität.«

24 Jason Berry: *Render Unto Rome*, a. a. O., S. 185. »Zwei Legionäre, die in das Projekt involviert waren, hielten Andreas Arbeit für unzureichend. Als sie Maciel vorschlugen, die Rechnung nicht zu zahlen, schrie er sie an: ›Ihr zahlt ihn, und zwar sofort!‹«

25 Interview mit Pablo Pérez Guajardo am 5. Juli 2016: »Die Beziehung Angelo Sodanos zu Maciel war so eng, dass er den Kardinal oft einlud, seinen Urlaub in seinem Haus in Sorrent zu verbringen, einer italienischen Region gegenüber der Insel Capri, mit einem einmaligen Blick auf das Mittelmeer. Diese Region ist ein beliebter Aufenthaltsort der internationalen Schickeria, ein berühmter Touristenort, sehr reich und luxuriös. Die Legionäre Christi hatten dort ein Ferienhaus, genau gegenüber der Insel Capri.«

26 Jason Berry: *Render Unto Rome*, a. a. O., S. 185.

27 Jason Berry: »Money paved the way for Maciel's influence in the Vatican«, a. a. O. Siehe auch Jason Berry, Gerald Renner: *Vows of Silence*, a. a. O., S. 216.

28 Kurse, auch jene, die Bischöfe im Umgang mit sexuellem Missbrauch gegen Kinder unterrichten, werden bis heute von den Legionären organisiert und dürfen in ihren Räumlichkeiten stattfinden. Siehe zum Beispiel Bishop Jeffrey R. Haines: »Bishop Training Sets Course For Newly Ordained«, in: *Catholic Herald*, 29. September 2017, unter: https://catholicherald.org/herald-of-hope/bishop-training-sets-course-newly-ordained/ (abgerufen am 28. September 2020).

29 Peter F. Byrne (oder Peader Óg O Broin, wie man seinen irischen Namen eigentlich schreibt) wurde 1991 von Papst Johannes Paul II. zum Priester bei den Legionären geweiht. Er verließ den Orden im Dezember 2013. Heute lebt er in einem Vorort von Dublin. Er ist immer noch als Priester tätig.

30 Interview mit Peter Byrne am 11. Juli 2017.

31 Ebd.

32 Jason Berry, Gerald Renner: »Head of Worldwide Catholic Order accused of history of abuse«, in: *Hartford Courant*, 23. Februar 1997.

33 Ausgestrahlt auf Channel 40 im Mai 1997. Der Sender verlor daraufhin viele Sponsoren und wäre beinahe bankrottgegangen.

34 »¿Quiénes son los Legionarios de Cristo?«, in: *Contenido* (Juni 1997), Titelgeschichte.

35 Eine Kopie der Briefe befindet sich im Besitz der Autoren.

36 Der Brief von Juan Vaca an Marcial Maciel vom 20. Oktober 1976 wurde veröffentlicht in: Fernando M. González: *Marcial Maciel. Los Legionarios de Cristo. Testimonios y documentos inéditos*, Tusquets Editores 2010. http://www.documentcloud.org/documents/243756–6-juan-vaca-letters-to-pope-re-marciel.html Auf S. 2 steht: »For me, Father, the disgrace and moral torture of my life began on that night of December 1949 ... I was not yet thirteen years old ...«

37 »Légion du Christ: comment l'Église a voulu étouffer le scandale«, Interview mit Fernando M. González, in: *Golias Magazine* Nr. 152, September-Oktober 2013, unter: http://pncds72.free.fr/311_legion/311_7_golias_gonzalez.pdf (abgerufen am 28. September 2020).

38 Ebd.

39 Interview mit Tom Doyle am 17. November 2016.

40 Sämtliche Zitate in diesem Absatz stammen aus dem Interview mit Alberto Athié vom 7. Juli 2016.

41 Ebd.

42 Patsy McGarry: »Back to the Future in Rome«, in: *The Irish Times*, 11. Januar 2003. https://www.irishtimes.com/news/back-to-the-future-in-rome-1.345110 (abgerufen am 28. September 2020).

43 »La acusación al padre Marcial Maciel llga al Vaticano,«, in: *Milenio Semanal*, 8. Dezember 1997. Eine Kopie dieses Briefes ist im Besitz der Autoren.

44 Vgl. Daniel Deckers: »Der falsche Prophet«, in: *Frankfurter Allgemeine Zeitung*, 28. März 2012, unter: https://www.faz.net/aktuell/politik/ausland/marcial-maciel-degollado-der-falsche-prophet-11696063-p5.html?printPagedArticle=true#pageIndex_4 (abgerufen am 28. September 2020).

45 Barba und Jurado trafen auch den bekannten *L'Espresso*-Journalisten Sandro Magister. Magisters Artikel erschien am 10. Dezember. http://chiesa.espresso.repubblica.it/articolo/31208bdc4.html

46 Sandro Magister: »The Legionaries of Christ: Fr. Maciel's Trial Draws Nearer«, 20. Mai 2005, unter: http://chiesa.espresso.repubblica.it/articolo/31208bdc4.html (abgerufen am 28. September 2020).

47 Siehe Jason Berry, Gerald Renner: *Vows of Silence*, a. a. O., S. 296. Diese Geschichte wurde von José Barba in einem persönlichen Gespräch am 28. Juni 2016 in Mexiko City und von Martha Wegan in einem Telefongespräch am 20. Februar 2019 bestätigt.

48 Interview mit Alberto Athié am 7. Juli 2016.

49 Ebd. Die Geschichte wird auch nacherzählt in Jason Berry, Gerald Renner: *Vows of Silence*, a. a. O., S. 217 f.

50 Jason Berry, Gerald Renner: *Vows of Silence*, a. a. O., S. 218.

51 Interview mit Pablo Pérez Guajardo am 5. Juli 2016.

52 Interview mit Patricio Cerda (Gedächtnisprotokoll). Außerdem: »It was during a walk in St. Peter's Square in Rome in April 2004 that the former Chilean priest Patricio Cerda (44) presented to Cardinal Joseph Ratzinger, then head of the Congregation for the Doctrine of the Faith and now Pope Benedict XVI, the background he had received regarding allegations against Marcial Maciel, the late founder of the Legionaries of Christ. Specifically, he handed over a dossier with the cases of eight former seminarians who accused Maciel of sexual abuse and who had no response from the Vatican. In addition, Cerda described alleged abuse of minors by religious in Spain.« Siehe Link: https://www.latercera.com/noticia/ex-sacerdote-chileno-relata-reuniones-con-medina-y-ratzinger-por-caso-maciel/

53 Patricio Cerda, ex sacerdote Legionario chileno: »La cúpula de los Legionarios es la gran encubridora de Maciel«, Interview von Claudio Pizarro mit Patricio Cerda, in: *The Clinic*, 17. April 2010, unter: https://www.theclinic.cl/2010/04/17/patricio-cerda-ex-sacerdote-legionario-chileno-%E2%80%9Cla-cupula-de-los-legionarios-es-la-gran-encubridora-de-maciel%E2%80%9D/ (abgerufen am 28. September 2020).

54 Ebd.

55 Zitat aus einem Video der Legionäre, zu sehen in »Verteidiger des Glaubens«, dem Film von Christoph Röhl aus dem Jahr 2019.

56 »Ansprache von Johannes Paul II. an die Legionäre Christi und die Mitglieder der Bewegung ›Regnum Christi‹«, 30. November 2004, unter: https://w2.vatican.va/content/john-paul-ii/de/speeches/2004/november/documents/hf_jp-ii_spe_20041130_legionaries.html (abgerufen am 28. September 2020).

57 Interview mit Peter Byrne am 11. Juli 2017: »Die Legionäre hatten Leute extra eingeflogen. Für diese Audienz. Aus Mexiko. Man sagte ihnen: ›Morgen besteigt ihr ein Flugzeug, fliegt nach Mexiko, seid da für das Foto und diesen Moment mit Johannes Paul II., und dann fliegt ihr wieder zurück nach Mexiko.‹ Sie wollten Johannes Paul II. einmal mehr beeindrucken.«

58 4000 ist die Zahl, die John Thavis in seinem Buch *The Vatican Diaries* (S. 73) angibt. Die Zitate Johannes Pauls II. kommen ebenfalls auf dieser Seite vor.

59 John Thavis: *The Vatican Diaries*, a. a. O., S. 73.

60 Jason Berry: »Vatican to Reopen Case against Maciel«, in: *National Catholic Reporter*, 7. Januar 2005: http://natcath.org/NCR_Online/archives2/2005a/010705/010705i.php (abgerufen am 28. September 2020). Siehe auch Gerald Renner: »Vatican Quietly Scuttles Abuse Probe«, in: *Hartford Courant*, 24. Mai 2005, unter: http://www.bishopaccountability.org/news2005_01_06/2005_05_24_Renner_VaticanQuietly.htm (abgerufen am 28. September 2020).

61 Jason Berry, »Former Legion Followers Criticize Oversight of Order«, *National Catholic Reporter*, 27. Dezember 2013. https://www.ncronline.

org/news/accountability/former-legion-followers-criticize-oversight-order.

62 Interview mit Raúl Olmos, Autor des investigativen Buches *El Imperio Financiero de los Legionarios de Cristo*, am 1. Juli 2016.

63 Interview mit Pablo Pérez Guajardo am 5. Juli 2016.

64 Interview mit Christian Borgogno am 14. Februar 2019.

65 Dass ein solcher Umgang mit internen und externen Kritikern bei den Legionären Christi üblich war, bestätigt Juan Vaca: »Sie tun alles, was in ihrer Macht steht, um ihre Feinde zu zerstören. Wer die Legionäre verlässt, wird als Verräter betrachtet. Als ob er kein Mensch mehr wäre. Nicht einmal die Namen derjenigen, die gegangen sind, dürfen erwähnt werden.« Siehe Jason Berry, Gerald Renner: *Vows of Silence*, a. a. O., S. 189.

66 Raúl Olmos: *El Imperio Financiero de los Legionarios de Cristo. Una mafia empresarial disfrazada de congregación*, Grijalbo 2015, S. 95–97.

67 Jason Berry: »Legion of Christ's Deception, Unearthed in New Documents, Indicates Vatican Cover-up«, in: *National Catholic Reporter*, 18. Februar 2013, unter https://www.ncronline.org/news/accountability/legion-christs-deception-unearthed-new-documents-indicates-wider-cover (abgerufen am 28. September 2020).

68 Interview mit Peter Byrne am 11. Juli 2017.

69 Owen Kearns, Sprecher der Legionäre, machte beispielsweise von der Presseagentur ZENIT Gebrauch, die von den Legionären kontrolliert wurde, um Vaca als »stolzen, statusbewussten Mann, der wegen seiner eigenen Verfehlungen wütend und enttäuscht ist« zu bezeichnen. Er gehe deswegen gegen die Legion vor, weil er »größere Macht innerhalb der Legion« angestrebt hätte. Siehe Jason Berry, Gerald Renner: *Vows of Silence*, a. a. O., S. 189.

70 Interview mit Paul Lennon am 10. Juli 2017. Die Geschichte wird auch in John Thavis‹ *The Vatican Diaries*, S. 73–74, erzählt.

71 Siehe Gerald Renner: »Vatican Quietly Scuttles Abuse Probe«, a. a. O., und Sandro Magister: »The Legionaries of Christ: Fr. Maciel's Trial Draws Nearer«, a. a. O.

72 Interview mit Alberto Athié am 7. Juli 2016.

73 John L. Allen: »New Legionaries intrigue: Statement on Maciel not issued by agency responsible for sex abuse cases«, in: *National Catholic Reporter*, 25. Mai 2005, unter: http://www.nationalcatholicreporter.org/update/bn052505.htm (abgerufen am 28. September 2020).

4 Die neuen Gemeinschaften

1 Benedikt XVI.: *Licht der Welt. Der Papst, die Kirche und die Zeichen der Zeit. Ein Gespräch mit Peter Seewald*, Herder 2010, S. 57.

2 Interview mit Pablo Pérez Guajardo am 5. Juli 2016.

3 Interview mit Xavier Léger am 25. Mai 2016.

4 Ebd.

5 Interview mit Wolfgang Beinert am 24. Mai 2016.

6 Wendelin Meyer: *Katechismus der Ordensfrau. Standes-Katechismus*, Aszetische Bibliothek der Ordensfrauen Bd. 3, Butzon & Bercker 1935, S. 220 f.

7 Ebd.

8 Sandra Schneiders: »God So Loved the World. Ministerial Religious Life in 2009«, Rede auf der IHM Kongregation am 14. Juni 2009, unter: https://anunslife.org/sites/www.anunslife.org/files/assets/blogimages/ SSchneidersLecture2009.pdf (abgerufen am 28. September 2020). Schneiders zitiert darin Erving Goffman: »The Characteristics of Total Institutions«, in Amitai Etzioni und Edward Lehman (Hrsg.): *A Sociological Reader on Complex Organizations*, Holt, Rinehart and Winston 1980, S. 319–339.

9 Ebd.

10 Markus Friedrich: *Die Jesuiten. Aufstieg, Niedergang, Neubeginn*, Piper 2018, S. 582 f.

11 Ebd.

12 Zahlen vom Center for Applied Research in the Apostolate (CARA) der Georgetown University unter: http://cara.georgetown.edu/services/reli gious-institutes/.((abgerufen wann?))

13 Vgl. Jeff Miros: »Some Statistics on Women Religious«, CatholicCul ture.org, 3. Dezember 2009, unter https://www.catholicculture.org/ commentary/some-statistics-on-women-religious/ (abgerufen am 28. September 2020).

14 Siehe Sandra Schneiders: »God So Loved the World«, a. a. O., S. 25.

15 Ein Beispiel hierfür ist der Jesuitengeneral Arrupe: Er hatte einerseits »kein Problem damit, Che Guevaras militante Revolution bei einer Gelegenheit mit Worten von Christus aus dem Neuen Testament in direkte Verbindung zu bringen. Andererseits warf er die gegen Zölibat und Gehorsam eingestellten Amsterdamer Jesuiten aus dem Orden.« Markus Friedrich: *Die Jesuiten*, a. a. O., S. 588.

16 Sandra Schneiders: »God So Loved the World«, a. a. O., S. 9.

17 Eine Reihe von Unterlagen zum Fall Gramick/Nugent hat der *National Catholic Reporter* hier veröffentlicht: http://www.natcath.org/NCR_ Online/documents/gramnuge.htm (abgerufen am 28. September 2020).

18 Megan Fincher: »New Ways co-founder › was the archetype of a priest‹«, in: *National Catholic Reporter*, 10. Januar 2014, unter: https://www. ncronline.org/news/people/new-ways-co-founder-was-archetype- priest (abgerufen am 28. September 2020).

19 Sämtliche Zitate aus dem Brief von Nuntius Pio Laghi an den Bischof Adam Maida von Green Bay vom 9. Mai 1988, unter: https://web. archive.org/web/20060504082400/http://ncronline.org/NCR_Online/ documents/nuncio.htm (abgerufen am 28. September 2020). Brief von Nuntius Pio Laghi an den Bischof Adam Maida von Green Bay vom 9. Mai 1988, unter: https://web.archive.org/web/20060504082400/

http://ncronline.org/NCR_Online/documents/nuncio.htm (abgerufen am 28. September 2020).

20 »Gramick/Nugent Case, 1988–1999«, *National Catholic Reporter*, unter: https://web.archive.org/web/20060504082416/http://ncronline. org/NCR_Online/documents/history.htm#TOP (abgerufen am 28. September 2020).

21 Deutliche Abweichungen von der römischen Linie erlauben sich nur wenige neue Gemeinschaften und dann höchstens in Bezug auf die Feier der Liturgie oder Nebenschauplätze kirchlicher Dogmatik. Hier schießen die Erleuchtungen, Privatoffenbarungen und eigenen Geschmäcker der Gründerinnen und Gründer manchmal übers Ziel hinaus, indem sie versuchen, frömmer oder »katholischer als der Papst« zu sein. So sah sich Kardinal Ratzinger beispielsweise gezwungen, die Engellehre von Gabriele Bitterlich, der Gründerin des Engelwerkes, zu korrigieren, siehe »Kongregation für die Glaubenslehre, Dekret über Lehre und Praktiken der sogenannten Gemeinschaft ›Engelwerk‹«, 6. Juni 1992. Online: http://www.vatican.va/roman_curia/congrega tions/cfaith/documents/rc_con_cfaith_doc_19920606_opus-angelorum_ ge.html (abgerufen am 28. September 2020).

22 Joseph Ratzinger: »Die kirchlichen Bewegungen und ihr theologischer Ort«, Vortrag vom 30. Mai 1998, in: Ders. *Gesammelte Schriften. Kirche – Zeichen unter den Völkern*, Bd. 8/1, Herder 2010, S. 363–390, 364.

23 Joseph Ratzinger: »Die neuen Heiden und die Kirche«, in: *Hochland* 51, Oktober 1958. Der ganze Essay findet sich auch in »Eine ›Kirche von Heiden, die sich noch Christen nennen‹«, kath.net, 16. Juni 2012: http:// kath.net/news/36968 (abgerufen am 28. September 2020).

24 Das Zitat ist online abrufbar auf den Seiten des Vatikans: http://www. vatican.va/content/benedict-xvi/de/speeches/2012/june/documents/ hf_ben-xvi_spe_20120602_festa-testimonianze.html.

25 Interview mit Georg Gänswein am 9. Mai 2017.

26 Ebd.

27 Videos von der Buchvorstellung und Meisners Beitrag sind hier, mit einem Kommentar des Domradios, zu sehen: https://www.domradio. de/themen/interreligiöser-dialog/2014-01-29/kardinal-meisner- reagiert-auf-kritik-aussage-zu-kinderreichen-familien (abgerufen am 28. September 2020).

28 »Meisner bedauert Äußerung über muslimische Familien«, in: *Frankfurter Allgemeine Zeitung*, 29. Januar 2014, online: https://www.faz.net/ aktuell/politik/inland/koelner-kardinal-meisner-bedauert-aeusserung- ueber-muslimische-familien-12774890.html (abgerufen am 28. September 2020).

29 Gordon Urquhart: *The Pope's Armada. Unlocking the Secrets of Mysterious and Powerful New Sects in the Church*, Prometheus Books 1995, S. 35.

30 Siehe Homepage »Neokatechumenaler Weg«, Heilige Familie von Nazareth für die Itineranten-Evangelisierung e. V., unter: https://neokate

chumenalerweg.de/der-neokatechumenale-weg/ (abgerufen am 28. September 2020).

31 »Kiko, la cólera de Dios«, in: *El País*, 29. Juni 2008, unter: https://elpais. com/diario/2008/06/29/eps/1214720809_850215.html (abgerufen am 28. September 2020).

32 Vgl. Gordon Urquhart: *The Pope's Armada*, a. a. O., S. 209 f.

33 Ansprache von Papst Benedikt XVI. an die Gemeinschaft des Neokate- chumenalen Weges, Aula Paolo VI, Vatikan, am 20. Januar 2012, unter: https://www.vatican.va/content/benedict-xvi/de/speeches/2012/january/ documents/hf_ben-xvi_spe_20120120_cammino-neocatecumenale.html (abgerufen am 28. September 2020).

34 *Die integrierte Gemeinde*, Heft 10/11 1972, S. 38 ff.

35 Traudl Wallbrecher, Ludwig Weimer und Arnold Stötzel (Hrsg.): *30 Jahre Wegbegleitung. Joseph Ratzinger/Papst Benedikt XVI. und die Katholische Integrierte Gemeinde*, Urfeld 2006, S. 21.

36 Alan Posener: *Benedikts Kreuzzug. Der Angriff des Vatikans auf die moderne Gesellschaft*, Ullstein 2009, S. 229 f.; Michael Tydesly: *No Hea- venly Delusion? A Comparative Study of Three Communal Movements*, Liverpool University Press 2003, S. 95 f.; Alexander Kissler: *Der deutsche Papst. Benedikt XVI. und seine schwierige Heimat*, Herder 2005, S. 90 f.

37 *30 Jahre Wegbegleitung*, a. a. O., S. 50.

38 Ebd., S. 56.

39 Ebd., S. 103.

40 30 Jahre Wegbegleitung. Joseph Ratzinger/Papst Benedikt XVI. und die Katholische Integrierte Gemeinde, hg. v. Traudl Wallbrecher, Ludwig Weimer und Arnold Stötzel, 2006, 103.

41 Michael Karger: »Fesselnde Glaubensgespräche«, in: *Die Tagespost*, 26. Januar 2017, unter: http://www.institut-papst-benedikt.de/presse schau/presseschau-detail/article/fesselnde-glaubensgespraeche.html (abgerufen am 28. September 2020).

42 Peter Seewald: *Benedikt XVI. Ein Leben*, Droemer 2020, S. 702.

43 Konstitutionen der geistlichen Familie »Das Werk« (approbierte Fas- sung 2001), Kapitel 1, Nr. 11.

44 In der von Julia Verhaeghe verfassten und im »Werk« regelmäßig gebe- teten Herz-Jesu-Litanei heißt es unter anderem: »Heiligstes Herz Jesu, gefangener König der Liebe, fessle unseren wankelmütigen und schwa- chen Willen an dich mit den Ketten deiner Stärke. Heiligstes Herz Jesu, gefangener König der Liebe, fessle unsere missbrauchte Freiheit an dich mit den Ketten eines lebendigen Glaubens. Heiligstes Herz Jesu, gefan- gener König der Liebe, fessle unseren hochmütigen Verstand an dich mit den Ketten einer heilsamen Gottesfurcht.«

45 Konstitutionen der geistlichen Familie »Das Werk« (approbierte Fas- sung 2001), Kapitel 2, Nr. 7.

46 Konstitutionen der geistlichen Familie »Das Werk« (approbierte Fas- sung 2001), Kapitel 1, Fußnote 19.

47 Joseph Ratzinger: »Jesu Gründung gründlich leben«, Predigt bei der Dankmesse für die Päpstliche Anerkennung der geistlichen Familie »Das Werk«, in: Ders. *Gesammelte Schriften. Kirche – Zeichen unter den Völkern,* a.a.O., S.423–427.

48 Włodzimierz Rędzioch: »Joseph Ratzinger, un teologo che sa dare ragione alla fede e comunicare la Verità«, Interview mit Hermann Geißler, in: *Niedziela,* 3.Mai 2012, unter: http://domenica.niedziela.pl/artykul.php?dz=watykan&id_art=00027 (abgerufen am 28.September 2020).

49 Jörg Splett: Rezension zu Hermann Geißlers *Gewissen und Wahrheit bei John Henry Kardinal Newman* (Lang 1995), in: *Theologische Literaturzeitung,* Dezember 1996, Spalte 1190 f., unter: http://www.thlz.com/artikel/1318/ (abgerufen am 28.September 2020).

50 Joseph Ratzinger: »Jesu Gründung gründlich leben«, a.a.O.

51 Joseph Ratzinger: *Aus meinem Leben. Erinnerungen,* DVA 2000, S.157 f.

52 Elio Guerriero: *Benedikt XVI. Die Biografie,* Herder 2018, S.310.

53 Die Katholische Aktion war die einflussreichste internationale katholische Laienbewegung in der Zeit vor dem Konzil. Sie hatte ihre Ursprünge im 19. Jahrhundert und wurde von verschiedenen Päpsten gefördert. Während sie in Deutschland aufgrund des dort schon fest ausgebildeten katholischen Verbandswesens eher schwach war, bestimmte sie in anderen europäischen Ländern das kirchliche Leben insbesondere in der Zeit vor dem Zweiten Vatikanischen Konzil maßgeblich mit.

54 Luigi Giussani: *Was ist und was will Comunione e Liberazione?,* Johannes Verlag 1977, S.84.

55 Gordon Urquhart: *The Pope's Armada,* a.a.O., S.415–425.

56 Elio Guerriero: *Benedikt XVI.,* a.a.O., S.311.

57 Gordon Urquhart: *The Pope's Armada,* a.a.O., S.424.

58 Luigi Accatoli, The Popular Movement. The strengths and limits of political messianism, in: Italian Politics, Vol. 3 (1989), 178–193.

59 Siehe »Prodi resurrected–for now«, in: *The Economist,* 1.März 2017, unter: https://www.economist.com/europe/2007/03/01/prodi-resurrected-for-now (abgerufen am 28.September 2020).

60 »EU panel opposes justice nominee«, BBC News, 11.Oktober 2011, unter: http://news.bbc.co.uk/2/hi/europe/3734572.stm (abgerufen am 28.September 2020).

61 Piera Serra: *L'adolescente sublimato. Psicodinamiche in Comunione e Liberazione,* Guaraldi 1978.

62 Marianne Tigges: »Neue geistliche Bewegungen. Eine Anfrage an Berufung und Sendung der Kirche heute«, in: *Ordenskorrespondenz* 28 (1987), S.289–299.

63 Danièle Hervieu-Léger: *Vers un nouveau christianisme? Introduction à la sociologie du christianisme occidental,* Cerf 1987, S.159–165 und 344–360.

64 Hans Urs von Balthasar: »Integralismus heute«, in: Wolfgang Beinert (Hrsg.): »*Katholischer*« *Fundamentalismus. Häretische Gruppen in der*

Kirche?, Pustet 1991, S. 171. Zuerst erschienen in: *Diakonia* 19 (1988), S. 121–129.

65 Wolfgang Beinert (Hrsg.): *»Katholischer« Fundamentalismus*, a.a.O., S. 81.

66 Ebd., S. 12.

67 Diocese of Clifton: »Report into the presence and activities of the Neo-Catechumenal Way in the Diocese of Clifton«, November 1996.

68 Anke M. Dadder: *Comunione e Liberazione. Phänomenologie einer neuen geistlichen Bewegung*, UVK 2002, S. 302 f.

69 Ebd., S. 307.

70 María del Carmen Tapia: *Tras el umbral. Una vida en el Opus Dei*, 1992, deutsche Ausgabe: *Hinter der Schwelle – Ein Leben im Opus Dei. Der schockierende Bericht einer Frau*, Benziger 1993.

71 Siehe Rafael Ruíz: »›Escrivá amenazó con deshonrarme si hablaba mal del OPUS‹, dice Carmen Tapia«, in: *El País*, 8. Mai 1994, unter: https://elpais.com/diario/1992/05/08/sociedad/705276001_850215.html (abgerufen am 28. September 2020).

72 Weiterführende Lektüre u.a.: Gordon Urquhart: *The Pope's Armada*, a.a.O.; Wolfgang Beinert: *»Katholischer« Fundamentalismus*, a.a.O.; John Paul Lennon: *Catholic Orders & Movements Accused of Being Cult-like: Intra-Ecclesial Sects?*, 2020; Xavier Léger: *Moi, ancien Légionnaire du Christ. 7 ans dans une secte au coeur de l'Église*, Flammarion 2013; María del Carmen Tapia: *Hinter der Schwelle – Ein Leben im Opus Dei*, a.a.O.; Doris Wagner: *Nicht mehr ich. Die wahre Geschichte einer jungen Ordensfrau*, Edition a 2014; Anne Mardon: *Quand L'Église détruit*, Editions L'Harmattan 2019; Marie-Laure Janssens: Le silence de la Vierge, Bayard 2017.
Seiten von und für Ex-Mitglieder verschiedener Gemeinschaften: https://regainnetwork.org; https://www.lenversdudecor.org; https://avref.fr; http://www.opus-info.org (abgerufen am 28. September 2020).

73 Siehe Gordon Urquhart: *The Pope's Armada*, a.a.O., S. 326.

74 Ebd., S. 328.

75 *Die integrierte Gemeinde*, Heft 5/6 1970, S. 11.

76 »Schwere Vorwürfe gegen die Katholische Integrierte Gemeinde«, Bayerischer Rundfunk, 21. November 2019, unter: https://www.br.de/nachrichten/bayern/schwere-vorwuerfe-gegen-die-katholische-integrierte-gemeinde (abgerufen am 28. September 2020).

77 »Schwere Vorwürfe gegen ›Katholische Integrierte Gemeinde‹«, katholisch.de, 18. Oktober 2019, unter: https://www.katholisch.de/artikel/23305-schwere-vorwuerfe-gegen-katholische-integrierte-gemeinde (abgerufen am 28. September 2020).

78 Matthias Drobinski: »Benedikts späte Reue«, *Süddeutsche Zeitung* vom 25. Oktober 2020, unter: https://www.sueddeutsche.de/politik/katholische-kirche-benedikts-spaete-reue-1.5093697 ((abgerufen wann?))

79 Peter Jan Bogaert und Paul Seelen: »Onderzoek naar verkrachting door priester in huizen Het Werk«, in: *Dagblad De Limburger*, 6. April 1998.

80 »Kardinaal: onderzoek Het Werk«, in: *Dagblad De Limburger*, 6. April 1998.

81 Irene Martens: *Slavin van de Kerk. Kroongetuige van Het Werk*, Van Halewyck 1999, S. 139.

82 Ebd., S. 152.

83 Ebd., S. 137.

84 Eine Kopie des Schreibens liegt den Autoren vor.

85 Unter anderem in einem Vortrag vom 30. Mai 1998: »Die kirchlichen Bewegungen und ihr theologischer Ort«, in: Ders. *Gesammelte Schriften. Kirche – Zeichen unter den Völkern, a. a. O.*, S. 363 – 390.

86 Interview mit Xavier Léger am 25. Mai 2016.

5 Der Glaubenspräfekt

1 »Der emeritierte Papst Benedikt XVI. und das Erzbistum«, Erzdiözese München und Freising, unter: https://www.erzbistum-muenchen.de/ueber-uns/dioezesangeschichte/papst-benedikt-xvi/und-das-erzbistum (abgerufen am 28. September 2020).

2 Aus einem Interview mit der *Welt*, siehe Peter Seewald: *Benedikt XVI. Ein Leben*, a. a. O., S. 677.

3 Matthew Fox: *Ratzinger und sein Kreuzzug. Ein engagiertes Plädoyer für Schöpfungsspiritualität statt Dogmenmacht*, Arun 2011, S. 53.

4 Vgl. Peter Seewald: *Benedikt XVI. Ein Leben*, a. a. O., S. 689.

5 Erwin Gatz: »Kurie, Römische II«, in: Gerhard Müller (Ed.): *Theologische Realenzyklopädie* Band 20: Kreuzzüge – Leo XIII., de Gruyter 1990, S. 347 – 352. Zur Geschichte der Behörde in der Neuzeit vgl. außerdem Hubert Wolf (Hrsg.): *Inquisition, Index, Zensur. Wissenskulturen der Neuzeit im Widerstreit*, Schöningh 2003.

6 Erwin Gatz: »Kurie, Römische II«, a. a. O.

7 Henry Kamen: »Inquisition«, in: *Theologische Realenzyklopädie* Band 16: Idealismus – Jesus Christus IV, de Gruyter 1993, S. 189 – 195.

8 Peter Neuner: »Vor 110 Jahren: Einführung des Antimodernisteneides«, Münsteraner Forum für Theologie und Kirche, 1. September 2010, unter: http://www.theologie-und-kirche.de/neuner-antimoderniste neid.pdf (abgerufen am 28. September 2020). Vgl. außerdem Klaus Unterburger: »Erneuerung aus katholischer Tradition oder Neomodernismus? Die exegetischen, ökumenischen und liturgischen Neuaufbrüche in Deutschland in den Augen Roms«, in: »Nach dem Antimodernismus? Über Wege der katholischen Theologie 1918 – 1958«, *Rottenburger Jahrbuch für Kirchengeschichte*, Thorbecke 2012, S. 27 – 42.

9 Peter Neuner: Vor 110 Jahren: Einführung des Antimodernisteneides, in: Münsteraner Forum für Theologie und Kirche, 1. 9. 2010, online: http://www.theologie-und-kirche.de/neuner-antimodernisteneid.pdf (abgerufen am 28. September 2020); vgl. außerdem: Klaus Unterburger: Erneuerung aus katholischer Tradition oder Neomodernismus? Die exegetischen, ökumenischen und liturgischen Neuaufbrüche in

Deutschland in den Augen Roms, in: *Rottenburger Jahrbuch für Kirchengeschichte*, Nach dem Antimodernismus? Über Wege der katholischen Theologie 1918–1958, 2012, 27–42.

10 Paul VI.: »Apostolisches Schreiben Motu proprio *Integrae Servandae*«, 7. Dezember 1965, unter: http://w2.vatican.va/content/paul-vi/de/motu_proprio/documents/hf_p-vi_motu-proprio_19651207_integrae-servandae.html (abgerufen am 28. September 2020).

11 Papst Johannes Paul II.: »Apostolische Konstitution *Pastor Bonus*«, 28. Juni 1988, unter: http://www.vatican.va/content/john-paul-ii/de/apost_constitutions/documents/hf_jp-ii_apc_19880628_pastor-bonus-index.html (abgerufen am 28. September 2020).

12 Michael Seewald: *Dogma im Wandel. Wie Glaubenslehren sich entwickeln*, Herder 2018, S. 259.

13 Joseph Ratzinger: *Das Problem der Dogmengeschichte in der Sicht der katholischen Theologie*, Westdeutscher Verlag 1966, S. 10.

14 Ebd., S. 18.

15 Ratzinger sagte zur Nota Explicativa Praevia, mit der Paul VI. die Primatialstellung des Papstes gegenüber dem Bischofskollegium festschrieb: »Wenn die Novembertage des Jahres 1964 eine desillusionierende Erkenntnis brachten, dann die, dass geschichtliche Vorgänge Zeit brauchen.« Vgl. Michael Seewald: *Dogma im Wandel*, a. a. O., S. 255.

16 Vgl. Mariano Delgado: »Der deutsche Theologe, der Papst wurde« (Rezension zu Elio Guerriero: *Benedikt XVI.*, a. a. O.), in: *Christ in der Gegenwart*, 20. Mai 2018, unter: https://www.herder.de/cig/cig-ausgaben/archiv/2018/20-2018/der-deutsche-theologe-der-papst-wurde/ (abgerufen am 28. September 2020).

17 Alfredo Ottaviani: Notifikation über die Abschaffung des Bücherindexes, 14. Juni 1966, unter: http://www.vatican.va/roman_curia/congregations/cfaith/documents/rc_con_cfaith_doc_19660614_de-indicis-libr-prohib_ge.html (abgerufen am 28. September 2020).

18 Joseph Ratzinger: *Zur Lage des Glaubens. Ein Gespräch mit Vittorio Messori*, Verlag Neue Stadt 1985, S. 50.

19 Interview mit Wolfgang Beinert am 24. Mai 2016.

20 Brief von Nuntius Pio Laghi an den Bischof Adam Maida von Green Bay vom 9. Mai 1988, unter: https://web.archive.org/web/20060504082400/http://ncronline.org/NCR_Online/documents/nuncio.htm (abgerufen am 28. September 2020).

21 Interview mit Tony Flannery am 8. November 2016.

22 Peter Seewald: *Benedikt XVI. Ein Leben*, a. a. O., S. 701.

23 Ebd.

24 Interview mit Wolfgang Beinert am 24. Mai 2016.

25 Interview mit Hermann Häring am 7. November 2016.

26 Interview mit Charles Scicluna am 28. November 2017.

27 Interview mit Georg Gänswein am 9. Mai 2017.

28 Peter Seewald: *Benedikt XVI. Ein Leben*, a. a. O., S. 702 f.

29 Kongregation für die Glaubenslehre: »Antworten auf die vorgelegten

Zweifel«, 29. Oktober 1982, unter: http://www.vatican.va/roman_curia/
congregations/cfaith/documents/rc_con_cfaith_doc_19821029_perin
tinctionem_ge.html (abgerufen am 28. September 2020).

30 Kongregation für die Glaubenslehre: »Rundschreiben an die Vorsitzenden der Bischofskonferenzen über den Gebrauch von Brot mit geringem Glutenanteil und von Most als Materie für die Eucharistie«, 19. Juni
1995, unter: http://www.vatican.va/roman_curia/congregations/cfaith/
documents/rc_con_cfaith_doc_19950619_pane-senza-glutine_ge.html
(abgerufen am 28. September 2020), und: Kongregation für die Glaubenslehre: »Rundschreiben an die Präsidenten der Bischofskonferenzen
über den Gebrauch von Brot mit niedrigem Glutenanteil und von Most
als Materie für die Eucharistie«, 24. Juli 2003, unter: http://www.vatican.
va/roman_curia/congregations/cfaith/documents/rc_con_cfaith_
doc_20030724_pane-senza-glutine_ge.html (abgerufen am 28. September 2020).

31 Peter Seewald: *Benedikt XVI. Ein Leben*, a. a. O., S. 704.

32 Interview mit Charles Scicluna am 28. November 2017.

33 Joseph Ratzinger: *Der Geist der Liturgie. Eine Einführung*, Herder 2000,
S. 144.

34 Peter Seewald: *Benedikt XVI. Ein Leben*, a. a. O., S. 873.

35 Kongregation für die Glaubenslehre: »Note bezüglich des Spenders des
Sakraments der Krankensalbung«, 11. Februar 2005, unter: http://www.
vatican.va/roman_curia/congregations/cfaith/documents/rc_con_
cfaith_doc_20050211_unzione-infermi_ge.html (abgerufen am 28. September 2020).

36 Joseph Ratzinger: *Der Geist der Liturgie*, a. a. O., S. 144.

37 Joseph Ratzinger: »Die neuen Heiden und die Kirche«, a. a. O.

38 Kongregation für die Glaubenslehre: »Notifikation betreffend Schwester Jeannine Gramick SSND und Pater Robert Nugent SDS«, 31. Mai
1999, unter: http://www.vatican.va/roman_curia/congregations/cfaith/
documents/rc_con_cfaith_doc_19990531_gramick-nugent-notification_
ge.html (abgerufen am 28. September 2020).

39 Interview mit Hermann Häring am 7. November 2016.

40 Kongregation für die Glaubenslehre: »Note bezüglich des Spenders des
Sakraments der Krankensalbung«, a. a. O.

41 Kongregation für die Glaubenslehre: »Sacerdotium Ministeriale. Schreiben an die Bischöfe der Katholischen Kirche über einige Fragen bezüglich des Dieners der Eucharistie«, 6. August 1983, unter: http://www.
vatican.va/roman_curia/congregations/cfaith/documents/rc_con_
cfaith_doc_19830806_sacerdotium-ministeriale_ge.html   (abgerufen
am 28. September 2020).

42 Ebd.

43 Kongregation für die Glaubenslehre: »Schreiben an die Bischöfe der
Katholischen Kirche über einige Aspekte der Kirche als Communio«,
28. Mai 1992, unter: http://www.vatican.va/roman_curia/congrega

tions/cfaith/documents/rc_con_cfaith_doc_28051992_communionis-notio_ge.html (abgerufen am 28. September 2020).

44 Kongregation für die Glaubenslehre: »Erklärung ›Dominus Iesus‹ über die Einzigkeit und die Heilsuniversalität Jesu Christi und der Kirche«, 6. August 2000, unter: http://www.vatican.va/roman_curia/congrega tions/cfaith/documents/rc_con_cfaith_doc_20000806_dominus-iesus_ ge.html (abgerufen am 28. September 2020).

45 »Apostolisches Schreiben *Ordinatio Sacerdotalis* von Papst Johannes Paul II. an die Bischöfe der Katholischen Kirche über die nur Männern vorbehaltene Priesterweihe«, 22. Mai 1994, unter: http://www.vatican. va/content/john-paul-ii/de/apost_letters/1994/documents/hf_jp-ii_ apl_19940522_ordinatio-sacerdotalis.html (abgerufen am 28. September 2020).

46 Kongregation für die Glaubenslehre: »Antwort auf den Zweifel bezüglich der im Apostolischen Schreiben ›Ordinatio Sacerdotalis‹ vorgelegten Lehre«, 28. Oktober 1995, unter: http://www.vatican.va/roman_ curia/congregations/cfaith/documents/rc_con_cfaith_doc_ 19951028_dubium-ordinatio-sac_ge.html (abgerufen am 28. September 2020).

47 »Zur Antwort der Glaubenskongregation über die im Apostolischen Schreiben ›Ordinatio Sacerdotalis‹ vorgelegte Lehre«, unter: http:// www.vatican.va/roman_curia/congregations/cfaith/documents/rc_ con_cfaith_doc_19951028_commento-dubium-ordinatio-sac_ge.html (abgerufen am 28. September 2020).

48 »Schreiben an die Bischöfe der Katholischen Kirche über die Zusammenarbeit von Mann und Frau in der Kirche und in der Welt«, 31. Mai 2004, unter: http://www.vatican.va/roman_curia/congregations/cfaith/ documents/rc_con_cfaith_doc_20040731_collaboration_ge.html (abgerufen am 28. September 2020).

49 Ebd.

50 »›Priesterinnen-Weihe‹ auf Donauschiff ›Passau‹«, ORF, 29. Juni 2002, unter: http://religionv1.orf.at/projekt02/news/0206/ne020629_weihe_ fr.htm (abgerufen am 28. September 2020).

51 Kongregation für die Glaubenslehre: »Vorbemerkung zum Dekret zur Feststellung der Exkommunikation«, 5. August 2002, unter: http:// www.vatican.va/roman_curia/congregations/cfaith/documents/rc_ con_cfaith_doc_20020805_decreto-scomunica_ge.html (abgerufen am 28. September 2020).

52 Ebd.

53 Kongregation für die Glaubenslehre: »Dekret über die Ablehnung des Rekurses einiger exkommunizierter Frauen«, 21. Dezember 2002, unter: http://www.vatican.va/roman_curia/congregations/cfaith/docu ments/rc_con_cfaith_doc_20021221_scomunica-donne_ge.html (abgerufen am 28. September 2020).

54 Klaus Lüdicke: »Der neue Entscheid der Glaubenskongregation. Noch

einmal zur Exkommunikation der sieben Frauen«, in: *Orientierung* 67 (2003), S. 47 f.

55 Petr Fiala und Jiři Hanuš: *Die verborgene Kirche. Felix M. Davídek und die Gemeinschaft Koinótés*, Schöningh 2004, S. 18.

56 József Mindszenty: »Zur Ostpolitik des Vatikans. Die Beziehungen zwischen dem Apostolischen Stuhl und dem ungarischen kommunistischen System«, 24. November 1972, Archiv der Mindszenty-Stiftung, Budapest 1995, auf Deutsch veröffentlicht in: Petr Fiala und Jiři Hanuš: *Die verborgene Kirche*, a. a. O., S. 258–264.

57 Siehe Christa Pongratz-Lippitt: »Journey out of Silence«, in: *The Tablet*, 18. November 1995.

58 Petr Fiala und Jiři Hanuš: Die verborgene Kirche, a. a. O., S. 52.

59 Ebd., S. 96.

60 Ebd., S. 103.

61 Ebd., S. 217 f.

62 Vgl. Hans Jorissen: »Stellungnahme zur Frage der Re-Ordination und der bedingungsweisen Ordination«, in: Petr Fiala und Jiři Hanuš: *Die verborgene Kirche*, a. a. O., S. 236–243.

63 Der Brief an Kardinal Joseph Ratzinger vom 13. April 1996 wurde veröffentlicht in: Petr Fiala und Jiři Hanuš: *Die verborgene Kirche*, a. a. O., S. 246 f. (Anhang, 3. Dokumente, Dokument 5a).

64 Der Brief von Jan Franc an Kardinal Joseph Ratzinger aus dem Juni 1998 wurde veröffentlicht in: Petr Fiala und Jiři Hanuš: *Die verborgene Kirche*, a. a. O., S. 249 f. (Anhang, 3. Dokumente, Dokument 5b)

65 Der Brief von Frantisek Mikes an Joseph Ratzinger vom 22. August 1997 wurde veröffentlicht in: Petr Fiala und Jiři Hanuš: *Die verborgene Kirche*, a. a. O., S. 251–253 (Anhang, 3. Dokumente, Dokument 6a).

66 Der Brief von Frantisek Mikes an Joseph Ratzinger vom 24. Juni 1998 wurde veröffentlicht in: Petr Fiala und Jiři Hanuš: *Die verborgene Kirche*, a. a. O., S. 254 f. (Anhang, 3. Dokumente, Dokument 6b).

67 Vgl. Brief von Frantisek Mikes und Prof. Dr. Hans Jorissen vom 11. Oktober 1999, in: Petr Fiala und Jiři Hanuš: *Die verborgene Kirche*, a. a. O., S. 256 f. (Anhang, 3. Dokumente, Dokument 6c).

68 Kongregation für die Glaubenslehre: »Dichiarazione sulla ›Chiesa Clandestina‹ nella Repubblica Ceca«, 11. Februar 2000, unter: http://www.vatican.va/roman_curia/congregations/cfaith/documents/rc_con_cfaith_doc_20000211_chiesa-clandestina_it.html (abgerufen am 28. September 2020).

69 Zitiert nach Matthew Fox: *Ratzinger und sein Kreuzzug*, a. a. O., S. 99.

70 »Woman confirms she was ordained priest«, in: *The Tablet*, 11. November 1995, 1454.

71 Kongregation für die Glaubenslehre: »Brief an György Bulányi«, 11. Juni 1987, unter: http://www.vatican.va/roman_curia/congregations/cfaith/documents/rc_con_cfaith_doc_19860901_lettera-bulanyi_ge.html (abgerufen am 28. September 2020).

72 Liane Bednarz: »Die Radikalen«, in: *Frankfurter Allgemeine Zeitung*,

1. Februar 2016, unter: https://www.faz.net/aktuell/politik/inland/putin-orban-und-afd-rechte-christen-finden-politische-heimat-14043650.html?printPagedArticle=true#pageIndex_2 (abgerufen am 28. September 2020).

73 2015 waren es 124 Millionen Euro, siehe: »Spendenrekord beim katholischen Hilfswerk ›Kirche in Not‹«, Katholische Kirche Österreich, 29. Juni 2016, unter: https://www.katholisch.at/aktuelles/2016/06/29/spendenrekord-beim-katholischen-hilfswerk-kirche-in-not (abgerufen am 28. September 2020). 2018 waren es über 111 Millionen Euro, siehe: »›Kirche in Not‹ nahm 2018 mehr als 111 Millionen Euro Spenden ein«, Erzdiözese Wien, 19. Juni 2019, unter: https://www.erzdioezese-wien.at/site/home/nachrichten/article/75085.html (abgerufen am 28. September 2020).

74 »Grußwort von Joseph Kardinal Ratzinger an den Kirche-in-Not-Kongress«, Zenit, 23. Juni 2002, unter: https://de.zenit.org/articles/gruss wort-von-joseph-kardinal-ratzinger-an-den-kirche-in-not-kongress/ (abgerufen am 28. September 2020).

75 Kongregation für die Glaubenslehre: »Instruktion über die Christliche Freiheit und die Befreiung«, 22. März 1986, unter: http://www.vatican.va/roman_curia/congregations/cfaith/documents/rc_con_cfaith_doc_19860322_freedom-liberation_ge.html (abgerufen am 28. September 2020).

76 Ebd.

77 Interview mit Tony Flannery am 8. November 2016.

78 Kongregation für die Glaubenslehre: »Instruktion *Donum Veritatis* über die kirchliche Berufung des Theologen«, 24. Mai 1990, unter: http://www.vatican.va/roman_curia/congregations/cfaith/documents/rc_con_cfaith_doc_19900524_theologian-vocation_ge.html (abgerufen am 28. September 2020).

79 Ebd.

80 Vgl. Paul R. Pinto: »Anthony de Mello. Stationen einer Rezeption«, in: *Geist und Leben*, 92(2), S. 125–133.

81 Interview mit Tony Flannery am 8. November 2016.

82 Interview von Joachim Frank mit Heiner Wilmer: »Der Missbrauch von Macht steckt in der DNA der Kirche«, in: *Kölner Stadtanzeiger*, 13. Dezember 2018, unter: https://www.ksta.de/politik/interview-zu-missbrauchsfaellen--der-missbrauch-von-macht-steckt-in-der-dna-der-kirche--31741246 (abgerufen am 28. September 2020).

83 Interview mit Tony Flannery am 8. November 2016.

84 Interview mit Tom Doyle am 17. November 2016.

85 Interview mit Hermann Häring am 7. November 2016.

86 Interview mit Tony Flannery am 8. November 2016.

87 Interview mit Hermann Häring am 7. November 2016.

88 Interview mit Tony Flannery am 8. November 2016.

89 »Abtreibung verweigert: Amnesty kritisiert argentinische Behörden«, in: *Ärzteblatt*, 1. März 2019, unter: https://www.aerzteblatt.de/nach

richten/101395/Abtreibung-verweigert-Amnesty-kritisiert-argentini
sche-Behoerden (abgerufen am 28. September 2020).

90 Kerry McDermott: »Miscarrying mother dies after Irish doctors refuse abortion, saying: ›This is a Catholic country‹«, in: Daily Mail, 14. November 2012, unter: https://www.dailymail.co.uk/news/article-2232676/Savita-Halappanavar-dies-Irish-doctors-refuse-abortion-saying-This-Catholic-country.html (abgerufen am 28. September 2020).

91 Vgl. Catholics for Human Rights: »Report on the Holy See at the United Nations«, 19. März 2019, unter: https://www.womensordination.org/blog/wp-content/uploads/2019/03/Catholics-for-Human-Rights-Report-revised.pdf (abgerufen am 28. September 2020).

92 Vgl. Johannes Röser: »Ratzinger 1972, Benedikt 2014«, in: Christ in der Gegenwart, 30. November 2014, unter: https://www.herder.de/cig/geistesleben/2014/07-12-2014/wiederverheiratete-geschiedene-ratzinger-1972-benedikt-2014/ (abgerufen am 28. September 2020).

93 Michael Seewald: *Dogma im Wandel*, a. a. O., S. 262.

94 Ebd., S. 261 f.

95 »Religiöser Gehorsam« ist im kirchlichen Gesetzbuch, dem CIC 1983, in can. 752 definiert: Er ist nicht unwiderruflich, darf aber erst eingestellt werden, wenn das Lehramt die Lehre ändert.

96 Joseph Ratzinger, Schreiben an Prof. Charles Curran vom 25. Juli 1986, unter: http://www.vatican.va/roman_curia/congregations/cfaith/documents/rc_con_cfaith_doc_19860725_carlo-curran_ge.html (abgerufen am 28. September 2020).

97 Kongregation für die Glaubenslehre: »Instruktion *Donum Veritatis* über die kirchliche Berufung des Theologen«, a. a. O.

98 Katechismus der Katholischen Kirche, Nr. 88, unter: http://www.vatican.va/archive/DEU0035/_PS.HTM (abgerufen am 28. September 2020).

99 »Zur Antwort der Glaubenskongregation über die im Apostolischen Schreiben ›Ordinatio Sacerdotalis‹ vorgelegte Lehre«, a. a. O.

100 Wortmeldung von Friedrich Becker, in: Joseph Ratzinger: »Das Problem der Dogmengeschichte in der Sicht der katholischen Theologie« [Diskussion], 34. Zitiert nach: Michael Seewald: *Dogma im Wandel*, a. a. O., S. 260.

101 Interview mit Hermann Häring am 7. November 2016.

6 Der Schutz der heiligen Sakramente

1 Peter Seewald: *Benedikt XVI. Ein Leben*, a. a. O., S. 929.

2 Siehe: »Gott würde es billigen«, in: *Der Spiegel* 11/1995, unter: https://www.spiegel.de/spiegel/print/d-9158005.html (abgerufen am 28. September 2020).

3 »Missbrauch: Causa Groër läutete neue Ära ein«, ORF, 24. März 2013, unter: https://religion.orf.at/stories/2576509/ (abgerufen am 28. September 2020).

4 Predigt von Erzbischof Joachim Kardinal Meisner beim Requiem von Hans Hermann Kardinal Groër in Maria Roggendorf am 5. April 2003.

5 »Ballarat's good men of the cloth«, in: *The Age*, 4. Juni 2002, unter: http://www.theage.com.au/articles/2002/06/13/1023864324376.html (abgerufen am 28. September 2020).

6 Broken Rites Australia, nachzulesen unter »About Us«, rechte Spalte: http://brokenrites.org.au/drupal/node/246 (abgerufen am 28. September 2020).

7 »Ballarat's good men of the cloth«, a. a. O.

8 Melissa Davey: »Paedophile priest Gerald Ridsdale sentenced to 11 more years in jail«, in: *The Guardian*, 31. August 2017, unter: https://www.theguardian.com/australia-news/2017/aug/31/paedophile-priest-gerald-ridsdale-sentenced-to-11-more-years-in-jail (abgerufen am 28. September 2020).

9 Royal Commission into Institutional Responses to Child Sexual Abuse: »Final Report 2017«, unter: https://www.childabuseroyalcommission. gov.au/final-report (abgerufen am 28. September 2020).

10 Department of Justice and Equality: »Report by Commission of Investigation into Catholic Archdiocese of Dublin«, unter: http://www.justice. ie/en/JELR/Pages/PB09000504 (abgerufen am 28. September 2020).

11 »Collapse of Fianna Fáil Labour Coalition 1994«, RTÉ, unter: https:// www.rte.ie/archives/2014/1117/659992-government-falls-over-whe lehan-controversy/ (abgerufen am 28. September 2020).

12 Patsy McGarry: »The story of Dublin's ›most notorious child sexual abuser‹«, in: *The Irish Times*, 20. Februar 2019, unter: https://www. irishtimes.com/news/social-affairs/religion-and-beliefs/the-story-of-dublin-s-most-notorious-child-sexual-abuser-1.3800474 (abgerufen am 28. September 2020).

13 Interview mit Éamonn Walsh am 20. April 2020.

14 Ebd.

15 »Vatican office ordered Irish bishops not to report abuse, report shows«, CatholicCulture.org, 18. Januar 2011, unter: https://www.catholiccul ture.org/news/headlines/index.cfm?storyid=8940 (abgerufen am 28. September 2020).

16 Interview mit Éamonn Walsh am 20. April 2020.

17 Ebd.

18 Interview mit Marie Collins am 4. Mai 2017.

19 Ebd.

20 Ebd.

21 »Cardinal Connell apologises for handling of sex abuse case«, in: *The Irish Times*, 13. April 2002, unter: https://www.irishtimes.com/news/ cardinal-connell-apologises-for-handling-of-sex-abuse-case-1.419901 (abgerufen am 28. September 2020).

22 Paddy Agnew: »Vatican denies it told bishops not to report abuse«, in: *The Irish Times*, 20. Januar 2011, unter: https://www.irishtimes.com/

news/vatican-denies-it-told-bishops-not-to-report-abuse-1.1278438 (abgerufen am 28. September 2020).

23 Patsy McGarry: »The story of Dublin's ›most notorious child sexual abuser‹«, a. a. O.

24 Nicholas P. Cafardi: »Loose Canons. Ratzinger, Church Law & the Sexual-abuse Crisis«, in: *Common Weal Magazine*, 25. Januar 2011, unter: http://www.commonwealmagazine.org/loose-canons (abgerufen am 28. September 2020).

25 Ebd.

26 Interview mit Michael Smith am 7. April 2020.

27 Interview mit Éamonn Walsh am 20. April 2020.

28 Interview mit Michael Smith am 7. April 2020.

29 Interview mit Éamonn Walsh am 20. April 2020.

30 Der Brief liegt der Autorin und dem Autor vor.

31 Aus demselben Brief, der der Autorin und dem Autor vorliegt.

32 Frank Buckley und John Dolan: »Meeting of English-speaking Conference of Bishops with Roman Curia – Summary of Consultation, 6 June 2000.« Der Text wurde Christoph Röhl von einem Teilnehmer des Meetings übergeben.

33 Die »Opening Address by His Eminence Dario Cardinal Castrillón Hoyos« liegt der Autorin und dem Autor vor.

34 Laurie Goodstein und David M. Halbfinger: »Church Office Failed to Act on Abuse Scandal«, in: *The New York Times*, 1. Juli 2010, unter: https://www.nytimes.com/2010/07/02/world/europe/02pope. html?ref=romancatholicchurch (abgerufen am 28. September 2020).

35 Frank Buckley und John Dolan: »Meeting of English-speaking Conference of Bishops with Roman Curia – Summary of Consultation, 6 June 2000.« Der Text wurde der Autorin und dem Autor von einem Teilnehmer des Meetings übergeben.

36 Laurie Goodstein und David M. Halbfinger: »Church Office Failed to Act on Abuse Scandal«, a. a. O.

37 Ebd.

38 Frank Buckley und John Dolan: »Meeting of English-speaking Conference of Bishops with Roman Curia – Summary of Consultation, 6 June 2000.« Der Text wurde der Autorin und dem Autor von einem Teilnehmer des Meetings übergeben.

39 Ebd.

40 Der Text wurde im November 2001 in den *Acta Apostolicae Sedis* veröffentlicht: *AAS* 93 (2001), S. 737–739. Die offizielle deutsche Übersetzung findet sich online auf der Seite des Vatikans: http://www.vatican. va/content/john-paul-ii/de/motu_proprio/documents/hf_jp-ii_motu-proprio_20020110_sacramentorum-sanctitatis-tutela.html (abgerufen am 28. September 2020).

41 Kongregation für die Glaubenslehre: »Schreiben Ad Exsequendam Ecclesiasticam Legem«, 18. Mai 2001, unter: http://www.vatican.va/ roman_curia/congregations/cfaith/documents/rc_con_cfaith_doc_

20010518_epistula-graviora-delicta_ge.html (abgerufen am 28. September 2020).

42 Peter Seewald: *Benedikt XVI. Ein Leben*, a. a. O., S. 704.

43 »Letter from Cardinal Desmond Connell to His Eminence Hoyos Dario Cardinal Castrillón, 5 June 2001.« Der Brief liegt den Autoren vor.

44 Stefan Loppacher: »Processo penale canonico a abuso sessuale su minori«, a. a. O., S. 41.

45 Brian E. Ferme: »Graviora Delicta. The Apostolic Letter M. P. Sacramentorum sanctitatis tutela«, in: Zbigniew Suchecki (Hrsg.): *Il processo penale canonico*, Lateran University Press 2003, S. 365–382.

46 Interview mit Charles Scicluna am 28. November 2017.

47 Interview mit Marie Collins am 4. Mai 2017.

48 Ebd.

49 Siehe Laurie Goodstein und David M. Halbfinger: »Church Office Failed to Act on Abuse Scandal«, a. a. O.

50 Ebd.

51 Ebd.

52 Zitiert nach: Laurie Goodstein und David M. Halbfinger: »Church Office Failed to Act on Abuse Scandal«, in: *The New York Times*, 1. Juli 2010, unter: https://www.nytimes.com/2010/07/02/world/europe/02pope.html?ref=romancatholicchurch (abgerufen am 28. September 2020).

53 »L'attività della Santa Sede«, in: *Acta Apostolicae Sedis*, vol. 2006, S. 554; vol. 2007, S. 564.

54 »L'attività della Santa Sede«, in: Acta Apostolicae Sedis, vol. 2006, S. 554; vol. 2008, S. 438.

55 Vgl. Armin Schwibach: »Dossier: der Papst und der Missbrauch in der Kirche«, kath.net, 14. September 2011, unter: http://www.kath.net/news/33076 (abgerufen am 28. September 2020).

7 Das Pontifikat

1 Interview mit Tom Doyle am 17. November 2016.

2 »Missa Pro Eligendo Romano Pontifice«, Predigt von Kardinal Joseph Ratzinger, Dekan des Kardinalskollegiums, 18. April 2005, unter: http://www.vatican.va/gpII/documents/homily-pro-eligendo-pontifice_20050418_ge.html (abgerufen am 28. September 2020).

3 »Erster Gruß Seiner Heiligkeit Benedikt XVI.«, 19. April 2005, unter: https://w2.vatican.va/content/benedict-xvi/de/speeches/2005/april/documents/hf_ben-xvi_spe_20050419_first-speech.pdf (abgerufen am 28. September 2020).

4 Interview mit Wolfgang Beinert am 24. Mai 2016.

5 Karl Rahner: »Papst, III: Lehramt«, in: *Lexikon für Theologie und Kirche*, Herder 1963, S. 44 f.

6 Siehe can. 331 CIC 1983.

7 Siehe »È morto don Gino Burresi, ›indagato dal Vaticano per abusi‹«,

TusciaWeb, 5. Mai 2018, unter: http://www.tusciaweb.eu/2018/05/e-morto-don-gino-burresi-indagato-dal-vaticano-per-abusi/ (abgerufen am 28. September 2020).

8 John L. Allen: »The Word from Rome: CDF acts against a religious founder«, in: *National Catholic Reporter*, 22. Juli 2005, unter: http://www.nationalcatholicreporter.org/word/word072205.htm (abgerufen am 28. September 2020).

9 La Segreteria Generale della Conferenza Episcopale Italiana: »Comunicazione concernente P. Luigi (Gino) Burresi, della Congregazione dei Servi del Cuore Immacolato di Maria«, 18. Juli 2005, unter: https://www.chiesacattolica.it/wp-content/uploads/sites/31/2017/05/11/Luigi Burresi.pdf (abgerufen am 28. September 2020).

10 Internetauftritt der »Diener des Unbefleckten Herzens Mariens«: https://www.fcim.it (abgerufen am 28. September 2020).

11 »Comunicato della Sala Stampa della Santa Sede«, 19. Mai 2006, unter: http://press.vatican.va/content/salastampa/it/bollettino/pubblico/2006/05/19/0256/00749.html (abgerufen am 28. September 2020).

12 Der ordentliche Prozess (processo ordinario) ist das schriftlich geführte Verfahren, vgl. Manuel Arroba Conde, *Diritto processuale canonico*, Ediurcla 2006, S. 54 f.

13 »Legion of Christ Recommits to Church After Vatican Action«, in: *National Catholic Register*, 29. Mai 2006, unter: https://www.ncregister.com/site/article/legion_of_christ_recommits_to_church_after_vatican_action (abgerufen am 28. September 2020).

14 Ian Fisher und Laurie Goodstein: »Vatican Punishes a Leader After Abuse Charges«, in: *The New York Times*, 19. Mai 2006, unter: https://www.nytimes.com/2006/05/19/world/europe/19cnd-vatican.html (abgerufen am 28. September 2020).

15 Interview mit Pablo Pérez Guajardo am 5. Juli 2016.

16 Jason Berry: »Legion of Christ's Deception Unearthed«, in: *National Catholic Reporter*, 18. Februar 2013, unter: https://www.ncronline.org/news/accountability/legion-christs-deception-unearthed-new-documents-indicates-wider-cover (abgerufen am 28. September 2020).

17 Die Fotos sind im Besitz von Christoph Röhl.

18 Interview mit Peter Byrne am 11. Juli 2017.

19 Interview mit Xavier Léger am 25. Mai 2016.

20 Diese Reden wurden heimlich aufgenommen. Die Tonaufnahmen sind im Besitz von Christoph Röhl.

21 Laurie Goodstein: »Catholic Order Jolted by Reports That Its Founder Led a Double Life«, in: *The New York Times*, 3. Februar 2009, unter: https://www.nytimes.com/2009/02/04/us/04legion.html (abgerufen am 28. September 2020).

22 Dennis Coday: »Legionaries living ›a process of purification‹«, in: *National Catholic Reporter*, 4. Februar 2009, unter: https://www.ncronline.org/news/legionaries-living-process-purification (abgerufen am 28. September 2020).

23 Interview mit Xavier Léger am 25. Mai 2016.
24 Anna Schecter und Brian Ross: »Top Catholic Priest Accused of Sexually Abusing His Own Sons«, ABC News, 13. April 2010, unter: https://abcnews.go.com/Blotter/top-vatican-priest-accused-sexually-abusing-sons/story?id=10968647 (abgerufen am 28. September 2020).
25 »Communiqué of the Holy See regarding the Apostolic Visitation of the Congregation of the Legionaries of Christ«, 1. Mai 2010, unter: http://www.vatican.va/resources/resources_comunicato-legionari-cristo-2010_en.html (abgerufen am 28. September 2020).
26 Interview mit Pablo Pérez Guajardo am 5. Juli 2016.
27 Interview mit Xavier Léger am 25. Mai 2016.
28 »Ansprache von Benedikt XVI. an die Teilnehmer einer Pilgerfahrt der ›Bayerischen Gebirgsschützen‹«, 13. Mai 2006, unter: http://www.vatican.va/content/benedict-xvi/de/speeches/2006/may/documents/hf_ben-xvi_spe_20060513_baviera.html (abgerufen am 28. September 2020).
29 »Ansprache von Benedikt XVI. in der Aula Magna der Universität Regensburg«, 12. September 2006, unter: http://www.vatican.va/content/benedict-xvi/de/speeches/2006/september/documents/hf_ben-xvi_spe_20060912_university-regensburg.html (abgerufen am 28. September 2020).
30 »Muslime empört über Benedikts Islam-Schelte«, in: *Der Spiegel*, 14. September 2006, unter: https://www.spiegel.de/politik/deutschland/papst-in-bayern-muslime-empoert-ueber-benedikts-islam-schelte-a-437140.html (abgerufen am 28. September 2020).
31 Ebd.
32 Ebd.
33 Benedikt XVI.: »Generalaudienz« zur Apostolischen Reise nach München, Altötting und Regensburg, 20. September 2006, unter: http://www.vatican.va/content/benedict-xvi/de/audiences/2006/documents/hf_ben-xvi_aud_20060920.html (abgerufen am 28. September 2020).
34 »Vatikan: Kardinal Bertone, ›Fall Regensburg‹ geschlossen«, Vatikan Radio, 30. Dezember 2006, unter: https://web.archive.org/web/20071011105628/http://www.oecumene.radiovaticana.org/ted/Articolo.asp?c=110525 (abgerufen am 28. September 2020).
35 Jason Berry: »Ratzinger altered canon law to soften Maciel punishment, book argues«, in: *National Catholic Reporter*, 24. März 2012, unter: https://www.ncronline.org/news/vatican/ratzinger-altered-canon-law-soften-maciel-punishment-book-argues (abgerufen am 28. September 2020).
36 »Kardinal Tarcisio Bertone«, in: *Der Spiegel*, 14. August 2006, unter: https://www.spiegel.de/spiegel/print/d-48262969.html (abgerufen am 28. September 2020).
37 Peter Seewald: *Benedikt XVI. Ein Leben*, a. a. O., S. 913 f.
38 Päpstliche Bibelkommission: »Die Interpretation der Bibel in der Kirche«, 15. April 1993, unter: https://www.vatican.va/roman_curia/con

gregations/cfaith/pcb_documents/rc_con_cfaith_doc_19930415_interpretazione_ge.html (abgerufen am 28. September 2020).

39 Joseph Ratzinger: *Einführung in das Christentum*, a. a. O., S. 173.

40 Joseph Ratzinger/Benedikt XVI.: *Jesus von Nazareth. Erster Teil: Von der Taufe im Jordan bis zur Verklärung*, Herder 2007, S. 10 f.

41 Thomas Söding: »Zur Einführung: Die Neutestamentler im Gespräch mit dem Papst über Jesus«, in: Ders. (Hrsg.): *Das Jesus-Buch des Papstes. Die Antwort der Neutestamentler*, Herder 2007, S. 11–19.

42 Ebd., S. 15.

43 Knut Backhaus: »Christus-Ästhetik. Der ›Jesus‹ des Papstes zwischen Rekonstruktion und Realpräsenz«, in: *Das Jesus-Buch des Papstes*, a. a. O., S. 20–29.

44 Martin Ebner: »Jeder Ausleger hat seine blinden Flecken«, in: *Das Jesus-Buch des Papstes*, a. a. O., S. 30–42.

45 Gerd Lüdemann: »Eine peinliche Entgleisung«, in: *Der Spiegel*, 26. April 2007, unter: https://www.spiegel.de/wissenschaft/mensch/papst-benedikts-jesus-buch-eine-peinliche-entgleisung-a-479636.html (abgerufen am 28. September 2020).

46 Vgl. Joseph Ratzinger/Benedikt XVI.: *Jesus von Nazareth. Zweiter Teil: Vom Einzug in Jerusalem bis zur Auferstehung*, Herder 2011, Vorwort, S. 10–14.

47 Interview mit Hermann Häring am 7. November 2016.

48 Joseph Ratzinger: *Aus meinem Leben*, a. a. O., S. 173 f.

49 »Brief des Heiligen Vaters Papst Benedikt XVI. an die Bischöfe anlässlich der Publikation des Apostolischen Schreibens ›Motu Proprio Data‹ Summorum Pontificum über die Römische Liturgie in ihrer Gestalt vor der 1970 durchgeführten Reform«, 7. Juli 2007, unter: http://www.vatican.va/content/benedict-xvi/de/letters/2007/documents/hf_ben-xvi_let_20070707_lettera-vescovi.html (abgerufen am 28. September 2020).

50 Paul VI.: »Apostolische Konstitution ›Missale Romanum‹«, in: *AAS* 61 (1969), 3. April 1969, S. 217–222.

51 Norbert Lüdecke: »Kanonistische Anmerkungen zum Motu Proprio Summorum Pontificum«, in: *Liturgisches Jahrbuch* 58 (2008), S. 3–34.

52 Ebd., S. 13.

53 »Brief des Heiligen Vaters Papst Benedikt XVI. an die Bischöfe anlässlich der Publikation des Apostolischen Schreibens ›Motu Proprio Data‹ Summorum Pontificum über die Römische Liturgie in ihrer Gestalt vor der 1970 durchgeführten Reform«, a. a. O.

54 Tom Heneghan: »Latin Mass a looming headache for Catholic Parishes«, Reuters World News, 8. Juli 2007, unter: https://www.reuters.com/article/us-pope-latin-headache-idUSL0811793620070708 (abgerufen am 28. September 2020).

55 Ebd.

56 Cindy Wooden: »ADL head calls pope's Tridentine Mass letter a ›theological setback‹«, in: *Catholic News Service*, 9. Juli 2007, unter: http://

webarchive.loc.gov/all/20070710201311/http://www.catholicnews.
com/data/stories/cns/0703900.htm (abgerufen am 28. September 2020).

57 Interview mit Hermann Häring am 7. November 2016.

58 »Enzyklika *Spe Salvi* von Papst Benedikt XVI. an die Bischöfe, an die
Priester und Diakone, an die gottgeweihten Personen und an alle
Christgläubigen über die christliche Hoffnung«, 30. November 2007,
unter: http://www.vatican.va/content/benedict-xvi/de/encyclicals/
documents/hf_ben-xvi_enc_20071130_spe-salvi.html (abgerufen am
28. September 2020).

59 »Lettera di Marcello Cini pubblicata sul Manifesto il 14 novembre del
2007«, Il Sole 24 ORE, unter: https://st.ilsole24ore.com/art/Sole
OnLine4/Italia/2008/01/lettera-manifesto-14novembre.shtml (abgerufen am 28. September 2020).

60 »›Un evento incongruo da annullare‹ – La lettera dei docenti contro
Ratzinger«, in: *La Repubblica*, 14. Januar 2008, unter: https://www.
repubblica.it/2007/12/sezioni/esteri/benedettoxvi-18/testo-della-let
tera/testo-della-lettera.html (abgerufen am 28. September 2020).

61 Ebd.

62 Bruno Persano: »Il Papa annulla la visita alla Sapienza – ›Troppe divisi-
oni. Soprassediamo‹«, in: *La Repubblica*, 15. Januar 2008, unter: https://
www.repubblica.it/2008/01/sezioni/esteri/benedettoxvi-19/benedetto
xvi-19/benedettoxvi-19.html (abgerufen am 28. September 2020).

63 »Benedetto XVI, Prodi ›rammaricato‹ – ›Condanno chi ha provocato
tensioni‹«, in: *La Repubblica*, 15. Januar 2008, unter: https://www.
repubblica.it/2007/12/sezioni/esteri/benedettoxvi-18/reazioni-annul
lata-sapienza/reazioni-annullata-sapienza.html (abgerufen am 28. September 2020).

64 Ein Foto der Protestaktion ist zu finden unter: https://updateimages
press.photoshelter.com/image/I00007mVtlVXaMNQ (abgerufen am
28. September 2020).

65 Benedikt XVI.: »Angelus«, Petersplatz, 20. Januar 2008, unter: http://
www.vatican.va/content/benedict-xvi/de/angelus/2008/documents/hf_
ben-xvi_ang_20080120.html (abgerufen am 28. September 2020).

66 »Women religious leadership conference faces investigation for conti-
nued ›problems‹«, in: *Catholic News Agency*, 18. April 2009, online:
https://www.catholicnewsagency.com/news/women_religious_leader
ship_conference_faces_investigation_for_continued_problems (abgerufen am 28. September 2020).

67 Laurie Goodstein: »U.S. Nuns Facing Vatican Scrutiny«, in: *The New
York Times*, 1. Juli 2009, unter: https://www.nytimes.com/2009/07/02/
us/02nuns.html (abgerufen am 28. September 2020).

68 Ebd.

69 Ebd.

70 Vgl. Priesterbruderschaft St. Pius X.: »Die Verworrenheit in der modernen Welt«, unter: https://fsspx.de/de/die-verworrenheit-der-moder
nen-welt (abgerufen am 28. September 2020).

71 Clarissa Pinkola Estés: »Bishop Williamson dreams ›no Jews gassed‹«, in: *National Catholic Reporter*, 10. Februar 2009, online: https://www. ncronline.org/blogs/el-rio-debajo-del-rio/bishop-williamson-dreams-no-jews-gassed; ein Ausschnitt aus dem Originalinterview ist hier zu sehen: https://www.dailymotion.com/video/x2z70ak (beide Seiten abgerufen am 28. September 2020).

72 Ebd.

73 Peter Wensierski: »Vatikan war früher als bekannt über Holocaust-Leugnung informiert«, in: *Der Spiegel*, 23. September 2009, unter: https://www.spiegel.de/panorama/gesellschaft/bischof-williamson-vati kan-war-frueher-als-bekannt-ueber-holocaust-leugnung-informiert-a-650805.html (abgerufen am 28. September 2020).

74 »Lehmann will schnelle Entscheidung zu Williamson«, Welt.de, 15. Februar 2009, unter: https://www.welt.de/politik/article3207275/Leh mann-will-schnelle-Entscheidung-zu-Williamson.html (abgerufen am 28. September 2020).

75 Peter Seewald: *Benedikt XVI. Ein Leben*, a. a. O., S. 912.

76 »Brief Seiner Heiligkeit Papst Benedikt XVI. an die Bischöfe der katholischen Kirche in Sachen Aufhebung der Exkommunikation der vier von Erzbischof Lefebvre geweihten Bischöfe«, 10. März 2009, unter: http://www.vatican.va/content/benedict-xvi/de/letters/2009/docu ments/hf_ben-xvi_let_20090310_remissione-scomunica.html (abgerufen am 28. September 2020).

77 Interview mit Georg Gänswein am 9. Mai 2017.

78 Juan Ignacio Arrieta: »L'influsso del Cardinale Ratzinger nella revisione del sistema penale canonico«, a. a. O.

79 Interview mit Tom Doyle am 17. November 2016.

80 Stephanie Kirchgaessner und Amanda Holpuch: »How cardinal disgraced in Boston child abuse scandal found a Vatican haven«, in: *The Guardian*, 6. November 2015, unter: https://www.theguardian.com/ world/2015/nov/06/cardinal-bernard-law-disgraced-boston-child-abuse-scandal-vatican-haven-spotlight (abgerufen am 28. September 2020).

81 »Vesper und Begegnung mit den Bischöfen der USA. Ansprache von Benedikt XVI.«, Nationalheiligtum der Unbefleckten Empfängnis in Washington, D.C., 16. April 2008. http://www.vatican.va/content/bene dict-xvi/de/speeches/2008/april/documents/hf_ben-xvi_spe_20080416 _bishops-usa.html

82 John L. Allen: »Pope Benedict meets with victims of clerical sexual abuse«, in: *National Catholic Reporter*, 17. April 2008, unter: https:// www.ncronline.org/news/pope-benedict-meets-victims-clerical-sexual-abuse (abgerufen am 28. September 2020).

83 »Pope Meets With Australian Sex Victims«, CBS News, 20. Juli 2008, unter: https://www.cbsnews.com/news/pope-meets-with-australian-sex-victims/ (abgerufen am 28. September 2020).

84 Ebd.

85 Paolo Tessadri: »Noi vittime die preti pedofili«, in: *L'Espresso*, 22. Januar 2009, unter: https://espresso.repubblica.it/palazzo/2009/01/22/news/noi-vittime-dei-preti-pedofili-1.11787 (abgerufen am 28. September 2020).

86 Franca Selvatici: »Don Lelio Cantini sotto inchiesta«, in: *La Repubblica Firenze*, 12. April 2007, unter: https://firenze.repubblica.it/dettaglio/don-lelio-cantini-sotto-inchiesta/1287669?refresh_ce (abgerufen am 28. September 2020).

87 Benedikt XVI.: »Ansprache bei der Begegnung mit den politischen und zivilen Autoritäten und dem diplomatischen Korps im Ehrensaal des Präsidentenpalastes von Luanda«, 20. März 2009, unter: http://w2.vatican.va/content/benedict-xvi/de/speeches/2009/march/documents/hf_ben-xvi_spe_20090320_autorita-civili.html (abgerufen am 28. September 2020).

88 Interview mit Charles Scicluna am 28. November 2017.

89 »Schreiben von Papst Benedikt XVI. zum Beginn des Priesterjahres anlässlich des 150. Jahrestages des ›Dies Natalis‹ von Johannes Maria Vianney«, 16. Juni 2009, unter: http://www.vatican.va/content/benedict-xvi/de/letters/2009/documents/hf_ben-xvi_let_20090616_anno-sacerdotale.html (abgerufen am 28. September 2020).

90 Predigt von Benedikt XVI.: »Zweite Vesper am Hochfest des Heiligsten Herzens Jesu, Eröffnung des Priester-Jahres anlässlich des 150. Todestages des Hl. Johannes Maria Vianney«, 19. Juni 2009, unter: http://www.vatican.va/content/benedict-xvi/de/homilies/2009/documents/hf_ben-xvi_hom_20090619_anno-sac.html (abgerufen am 28. September 2020).

91 Interview mit Georg Gänswein am 9. Mai 2017.

92 »Merkel vermittelt zwischen Leutheusser und Zollitsch«, ZEIT Online, 24. Februar 2010, unter: https://www.zeit.de/wirtschaft/2010–02/zollitsch-merkel-missbrauch (abgerufen am 28. September 2020).

93 Ebd.

94 Andreas Glas: »Georg Ratzinger war Teil des Gewaltsystems bei den Regensburger Domspatzen«, in: *Süddeutsche Zeitung*, 19. Juli 2017, unter: https://www.sueddeutsche.de/bayern/katholische-kirche-georg-ratzinger-war-teil-des-gewaltsystems-bei-den-regensburger-domspatzen-1.3594702–0#seite-2 (abgerufen am 28. September 2020).

95 Ebd.

96 Andreas Glas: »Ratzinger nennt Aufarbeitung des Missbrauchsskandals ›Irrsinn‹«, in: *Süddeutsche Zeitung*, 12. Januar 2016, unter: https://www.sueddeutsche.de/bayern/regensburger-domspatzen-ratzinger-nennt-aufarbeitung-des-missbrauchsskandals-irrsinn-1.2814560 (abgerufen am 28. September 2020).

97 »Bischof beklagt angebliche Kampagne gegen die Kirche«, Welt.de, 21. März 2010, online: https://www.welt.de/News/article102590600/Bischof-beklagt-angebliche-Kampagne-gegen-die-Kirche.html (abgerufen am 28. September 2020).

98 Siehe u. a.: A. Ramelsberger/K. Prummer/D. Stawski: »Pädophiler Pfarrer in Ratzingers Bistum«, in: *Süddeutsche Zeitung*, 12. März 2010, unter: https://www.sueddeutsche.de/politik/missbrauch-in-der-katholischen-kirche-paedophiler-pfarrer-in-ratzingers-bistum-1.14013; Nicholas Kulish und Katrin Bennhold: »Memo to Pope Described Transfer of Pedophile Priest«, in: *The New York Times*, 25. März 2010, unter: https://www.nytimes.com/2010/03/26/world/europe/26church. html; CORRECTIV: »Ratzinger & der pädophile Priester«, aktualisiert am 19. Februar 2020, unter: https://correctiv.org/top-stories/2020/02/ 18/ratzinger-und-der-paedophile-priester/ (alle Artikel abgerufen am 28. September 2020).

99 Nicholas Kulish und Katrin Bennhold: »Memo to Pope Described Transfer of Pedophile Priest«, a. a. O.

100 A. Ramelsberger/K. Prummer/D. Stawski: »Pädophiler Pfarrer in Ratzingers Bistum«, a. a. O.

101 John Thavis und Anna Arco: »Vatican defends Pope against accusations, in: *The Catholic Herald*, 19. März 2010«, unter: https://web. archive.org/web/20100324205101/http://www.catholicherald.co.uk/ articles/a0000774.shtml (abgerufen am 28. September 2020).

102 CORRECTIV: »Ratzinger & der pädophile Priester«, a. a. O.

103 »Papst sollte ›aus der Schusslinie‹ genommen werden«, in: *Der Spiegel*, 17. April 2010, unter: https://www.spiegel.de/panorama/missbrauchs skandal-in-der-kirche-papst-sollte-aus-der-schusslinie-genommen- werden-a-689580.html (abgerufen am 28. September 2020).

104 Monika Maier-Albang: »Eine Chance geben«, in: *Süddeutsche Zeitung*, 20. Mai 2010, online: https://www.sueddeutsche.de/bayern/miss brauch-in-der-katholischen-kirche-eine-chance-geben-1.934114 (abgerufen am 28. September 2020).

105 Rudolf Huber: »Missbrauchsbericht der Kirche: Sumpf aus Sex und Lügen«, in: *Abendzeitung*, 3. Dezember 2010, unter: https://www. abendzeitung-muenchen.de/muenchen/missbrauchsbericht-der-kirche- sumpf-aus-sex-und-luegen-art-130807 (abgerufen am 28. September 2020).

106 Matthias Drobinski: »Kardinale Fehler«, in: *Süddeutsche Zeitung*, 22. September 2020, unter: https://www.sueddeutsche.de/politik/miss brauch-katholische-kirche-ratzinger-papst-1.5039092 (abgerufen am 28. September 2020).

107 Ebd.

108 »Hirtenbrief des Heiligen Vaters Benedikt XVI. an die Katholiken in Irland«, 19. März 2010, unter: http://www.vatican.va/content/bene dict-xvi/de/letters/2010/documents/hf_ben-xvi_let_20100319_ church-ireland.html (abgerufen am 28. September 2020).

109 Madeleine Bunting: »An abuse too far by the Catholic Church«, in: *The Guardian*, 21. Mai 2009, unter: https://www.theguardian.com/com mentisfree/belief/2009/may/21/catholic-abuse-ireland-ryan (abgerufen am 28. September 2020).

110 Interview mit Marie Collins am 4. Mai 2017.

111 Ebd.

112 Department of Justice and Equality: »Report by Commission of Investigation into Catholic Archdiocese of Dublin«, a. a. O.

113 Ebd.

114 Interview mit Marie Collins am 4. Mai 2017.

115 »Final statement of pope-Irish bishops meeting«, in: *National Catholic Reporter*, 16. Februar 2010, online: https://www.ncronline.org/news/accountability/final-statement-pope-irish-bishops-meeting (abgerufen am 28. September 2020).

116 Interview mit Michael Smith am 7. April 2020.

117 Interview mit Éamonn Walsh am 20. April 2020.

118 Ein Freitagsopfer ist die kirchlich vorgeschriebene Abstinenzpflicht – in aller Regel von Fleischspeisen, die Regelung ist aber den einzelnen Bischofskonferenzen überlassen – an allen Freitagen, die nicht auf ein Hochfest fallen, gemäß der cann. 1250–1253 CIC.

119 Mit »landesweiter Mission« meinte Benedikt wohl die Durchführung einer Art »Volksmission«. Volksmissionen sind ein aus der Mode gekommenes Werkzeug kirchlicher Seelsorge. Durch »Gebet, Predigt, Liturgie, Hausbesuche« und »gemeinsame Planung und Anstrengung des Klerus, der Laien und Missionare« sollte dabei in einem bestimmten Gebiet »eine sittlich-religiöse Erneuerung des christlichen Volkes und seiner Lebensbereiche« erreicht werden. »Angesichts des religiösen Niedergangs des Abendlands« zielte die Volksmission »auf die Wiedergewinnung der ›religiös abständigen Christen‹ und die ›Rechristianisierung der entchristlichten Lebensmilieus‹«. Vgl. Viktor Schurr: »Volksmission«, in: *Lexikon für Theologie und Kirche*, Herder 1965, Band 10, Spalte 859; Stefan Knobloch: »Missionarische Seelsorge«, in: *Lexikon für Theologie und Kirche*, Herder 2009, Sonderausgabe, Band 7, Spalte 298.

120 »Hirtenbrief des Heiligen Vaters Benedikt XVI. an die Katholiken in Irland«, a. a. O.

121 Tom Kington: »Pope blasts Irish bishops over sex abuse cases and tells victims: ›I am truly sorry‹«, in: *The Guardian*, 21. März 2010, unter: https://www.theguardian.com/world/2010/mar/21/pope-ireland-letter-paedophile-priests (abgerufen am 28. September 2020).

122 Interview mit Tony Flannery am 8. November 2016.

123 »Schönborn übt scharfe Kritik an Sodano«, in: *Kleine Zeitung*, 9. Mai 2010, unter: https://web.archive.org/web/20100512073448/http://www.kleinezeitung.at/nachrichten/chronik/missbrauch/2350232/schoenborn-uebt-scharfe-kritik-sodano.story (abgerufen am 28. September 2020).

124 »Omelia di Padre Raniero Cantalamessa, O. F. M. Cap., Predicatore della Casa Pontificia«, 2. April 2010, unter: http://www.vatican.va/liturgical_year/holy-week/2010/documents/holy-week_homily-fr-cantalamessa_20100402_it.html (abgerufen am 28. September 2020).

125 »Schönborn übt scharfe Kritik an Sodano«, a. a. O.

126 Dennis Coday: »Benedict, Schonborn meet with Bertone, Sodano«, in: *National Catholic Reporter*, 28. Juni 2010, unter: https://www.ncron-line.org/blogs/ncr-today/benedict-schonborn-meet-bertone-sodano (abgerufen am 28. September 2020).

127 CNAL: »L'invito al Regina Caeli del 16 maggio«, Pellegrinaggio Macerata-Loreto, 22. April 2010, unter: https://www.pellegrinaggio.org/pellegrinaggio/862-linvito-al-regina-caeli-del-16-maggio (abgerufen am 28. September 2020).

128 »Pedofilia, in piazza con il Papa per le vittime degli abusi«, Sky tg24, 16. Mai 2010, unter: https://tg24.sky.it/cronaca/2010/05/16/pedofilia_manifestazione_cei_piazza_san_pietro (abgerufen am 28. September 2020).

129 Benedikt XVI.: »Regina Cæli«, Hochfest der Himmelfahrt Christi, 16. Mai 2010, unter: http://www.vatican.va/content/benedict-xvi/de/angelus/2010/documents/hf_ben-xvi_reg_20100516.html (abgerufen am 28. September 2020).

130 Interview mit Klaus Mertes am 23. Mai 2016 und am 25. Februar 2017.

131 Ebd.

132 »Schreiben an die Bischöfe der katholischen Kirche und die anderen Ordinarien und Hierarchen über die Veränderungen in den Normae de Gravioribus Delictis«, 21. Mai 2010, unter: http://www.vatican.va/resources/resources_lettera-modifiche_ge.html (abgerufen am 28. September 2020).

133 Kongregation für die Glaubenslehre: »Kurze Zusammenfassung der Veränderungen in den *Normae de gravioribus delictis*, die der Kongregation für die Glaubenslehre vorbehalten sind«, ohne Datum, unter: http://www.vatican.va/resources/resources_rel-modifiche_ge.html (abgerufen am 28. September 2020).

134 Siehe z. B.: »Kirche 2011: Ein notwendiger Aufbruch«, in: *Süddeutsche Zeitung*, 3. Februar 2011, unter: https://www.sueddeutsche.de/politik/memorandum-der-theologen-kirche-2011-ein-notwendiger-aufbruch-1.1055197 (abgerufen am 28. September 2020).

135 Peter Seewald: *Benedikt XVI. Ein Leben*, a. a. O., S. 980.

136 »Wowereit hat Verständnis für Proteste«, in: *Der Tagesspiegel*, 27. August 2011, unter: https://www.tagesspiegel.de/berlin/papst-besuch-in-deutschland-wowereit-hat-verstaendnis-fuer-proteste/4546308.html (abgerufen am 28. September 2020).

137 Peter Seewald: *Benedikt XVI. Ein Leben*, a. a. O., S. 990.

138 Paddy Agnew: »Vatican denies it told bishops not to report abuse«, a. a. O.

139 Interview mit Tony Flannery am 8. November 2016.

140 »Enda Kenny speech on Cloyne Report«, in: RTÉ, 20. Juli 2011, unter: https://www.rte.ie/news/2011/0720/303965-cloyne1/ (abgerufen am 28. September 2020).

141 Interview mit Tom Doyle am 17. November 2016.

142 Simon McGarr: »Why we should expel the Vatican's Ambassador, the Papal Nuncio«, Tuppenceworth.ie blog, 21. Juli 2011, unter: https://www.tuppenceworth.ie/blog/2011/07/21/why-we-should-expel-the-vaticans-ambassador-the-papal-nuncio/ (abgerufen am 28. September 2020).

143 Jason Walsh: »Why the ICC likely won't charge pope over Catholic Church sex abuses«, in: *The Christian Science Monitor*, 15. September 2011, unter: https://www.csmonitor.com/World/Europe/2011/0915/Why-the-ICC-likely-won-t-charge-pope-over-Catholic-Church-sex-abuses (abgerufen am 28. September 2020).

144 »SNAP v. the Pope, et al.«, Center for Constitutional Rights, unter: https://ccrjustice.org/home/what-we-do/our-cases/snap-v-pope-et-al (abgerufen am 28. September 2020).

145 »Victims' Communication Pursuant to Article 15 of the Rome Statute Requesting Investigation and Prosecution of High-level Vatican Officials for Rape and Other Forms of Sexual Violence as Crimes Against Humanity and Torture as a Crime Against Humanity«, Center for Constitutional Rights, 13. September 2011, unter: http://s3.documentcloud.org/documents/243877/victims-communication.pdf (abgerufen am 28. September 2020).

146 »Letter to Mr. Luis Moreno Ocampo, Prosecutor, Re: Information Supplementing ICC Communication ICC File No. OTP-CR-159/11«, Center for Constitutional Rights, 11. April 2012, unter: https://ccrjustice.org/sites/default/files/assets/Supplemental%20SNAP%20Submission%20to%20ICC%20OTP%20%2811%20April%202012%29.pdf (abgerufen am 28. September 2020).

147 Laurie Goodstein: »Church Puts Legal Pressure on Abuse Victims' Group«, in: *The New York Times*, 12. März 2012, unter: https://www.nytimes.com/2012/03/13/us/catholic-church-pressures-victims-network-with-subpoenas.html (abgerufen am 28. September 2020).

148 Mike Corder und Rachel Zoll: »Vatican: Sex abuse case at Hague ›ludicrous‹ stunt«, Associated Press 2011, siehe z. B. NBC News: http://www.nbcnews.com/id/44505724/ns/world_news-europe/t/vatican-sex-abuse-case-hague-ludicrous-stunt/#.X2YsHy35xTY (abgerufen am 28. September 2020).

149 Brian Roewe: »International Criminal Court declines to pursue ›crimes against humanity‹ case against Vatican«, in: *National Catholic Reporter*, 18. Juni 2012, unter: https://www.ncronline.org/news/accountability/international-criminal-court-declines-pursue-crimes-against-humanity-case (abgerufen am 28. September 2020).

150 Ebd.

151 Die Sendung ist auf YouTube zu sehen unter: https://www.youtube.com/watch?v=geHb5st1q-Y (abgerufen am 28. September 2020).

152 Interview mit Georg Gänswein am 9. Mai 2017.

153 Interview mit Wolfgang Beinert am 24. Mai 2016.

154 Joseph Ratzinger: »Die neuen Heiden und die Kirche«, a. a. O.

155 Peter Seewald: *Benedikt XVI. Ein Leben*, a. a. O., S. 859 f.

156 Paul Badde: »Der Vatikan – ein Abgrund von Neid und Eifersucht«, in: *Die Welt*, 15. Juli 2012, unter: https://www.welt.de/politik/ausland/article108297292/Der-Vatikan-ein-Abgrund-von-Neid-und-Eifersucht.html (abgerufen am 28. September 2020).

157 Ebd.

158 Peter Seewald: *Benedikt XVI. Ein Leben*, a. a. O., S. 859 f.

159 Paul Badde: »Der Vatikan – ein Abgrund von Neid und Eifersucht«, a. a. O.

160 Stefan Troendle: »Der erste Vatikan-Häftling der Neuzeit rückt ein«, Tagesschau.de, 25. Oktober 2012, unter: https://web.archive.org/web/20121025155422/http://www.tagesschau.de/ausland/vatileaks156.html (abgerufen am 28. September 2020).

161 Sandro Magister: »The Old Form of the Neocatechumenal Mass Is Illicit«, in: CatholicCulture.org, 23. Juni 2008, unter: https://www.catholicculture.org/culture/library/view.cfm?id=8244 (abgerufen am 28. September 2020).

162 Raoul Löbbert: »Satan auf der Schulter«, in: *Die Zeit*, 17. Juli 2014, unter: https://www.zeit.de/2014/30/oesterreich-katholische-kirche-fundamentalisten/komplettansicht (abgerufen am 28. September 2020).

163 Dieser Priester trat Anfang 2019 von seinem Amt an der CDF zurück und wurde schließlich im selben Jahr nach einem Verfahren an der Apostolischen Signatur freigesprochen. Seinen Posten an der CDF erhielt er nicht zurück.

164 Stéphanie Le Bars: »Les Béatitudes en redressement spirituel«, in: *Le Monde*, 6. Februar 2012, unter: https://www.lemonde.fr/societe/article/2011/11/29/les-beatitudes-en-redressement-spirituel_1610706_3224.html (abgerufen am 28. September 2020).

165 »Consultez le communiqué de presse des Béatitudes«, in: *La Croix*, 16. November 2011, unter: https://www.la-croix.com/Religion/S-informer/Actualite/Consultez-le-communique-de-presse-des-Beatitudes-_NG_-2011-11-16-736679 (abgerufen am 28. September 2020).

166 Interview mit Tony Flannery am 8. November 2016.

8 Der Rückzug – aber kein Ende

1 Paolo Rodari: »Ma tra i cardinali ora cresce la fronda Sul rapporto shock non si può più tacere«, in: *La Repubblica*, 24. Februar 2013, unter: https://ricerca.repubblica.it/repubblica/archivio/repubblica/2013/02/24/ma-tra-cardinali-ora-cresce-la-fronda.html?ref=search (abgerufen am 28. September 2020).

2 Interview mit Georg Gänswein am 9. Mai 2017.

3 Ebd.

4 Benedikt XVI.: *Licht der Welt*, a. a. O., S. 47.

5 »Eucharistiefeier anlässlich des 85. Geburtstags von Papst Benedikt XVI., Predigt von Papst Benedikt XVI.«, 16. April 2012, unter:

http://www.vatican.va/content/benedict-xvi/de/homilies/2012/documents/hf_ben-xvi_hom_20120416_85-bxvi.html (abgerufen am 28. September 2020).

6   Benedictus PP. XVI: »Declaratio«, 10. Februar 2010, unter: http://www.vatican.va/content/benedict-xvi/la/speeches/2013/february/documents/hf_ben-xvi_spe_20130211_declaratio.html (abgerufen am 28. September 2020).

7   Interview mit Georg Gänswein am 9. Mai 2017.

8   Interview mit Klaus Mertes am 23. Mai 2016 und am 25. Februar 2017.

9   Robert Siscoe und John Salza: »Is Francis or Benedict the True Pope?«, ohne Datum, unter: http://www.trueorfalsepope.com/p/is-francis-or-benedict-true-pope.html (abgerufen am 28. September 2020).

10 »Benedikt im Wortlaut: Die Kirche und der Skandal des sexuellen Missbrauchs«, in: *Catholic News Agency Deutsch*, 11. April 2019, unter: https://de.catholicnewsagency.com/story/die-kirche-und-der-skandal-des-sexuellen-missbrauchs-von-papst-benedikt-xvi-4498   (abgerufen am 28. September 2020).

11 Interview mit Tom Doyle am 17. November 2016.

12 Interview mit Klaus Mertes am 23. Mai 2016 und am 25. Februar 2017.

13 Interview mit Tony Flannery am 8. November 2016.

14 Interview mit Marie Collins am 4. Mai 2017.

15 Interview mit Tom Doyle am 17. November 2016.

Personenregister

»So lebhaft, dass im Kopf gleich ein Film zu laufen beginnt.«

New York Times

Mark Honigsbaum
Das Jahrhundert der Pandemien

Eine Geschichte der Ansteckung
von der Spanischen Grippe bis
Covid-19

Aus dem Englischen von Monika
Niehaus und Susanne Warmuth
Piper, 480 Seiten
€ 24,00 [D], € 24,70 [A]*
ISBN 978-3-492-07083-6

In den vergangenen hundert Jahren gab es verheerende Krankheiten: die Spanische Grippe, ein tragisches Erbe des Ersten Weltkriegs, eine Lungenpest in Los Angeles und die Papageienkrankheit, die in Argentinien ihren Ursprung nahm. Hinzu kamen AIDS, SARS, Ebola, Zika und schließlich: Covid-19. Dieses Buch erzählt von engagierten Krankheitsdetektiven, trägen Verwaltungsapparaten und begabten Forscherinnen. Ein fesselndes Panorama über die Grenzen der Wissenschaft und die Zukunft der Menschheit.

PIPER

Leseproben, E-Books und mehr unter www.piper.de